환대의 사도행전

LIVE
성경강해

환대의 사도행전

고 치 고   살 리 고   넘 어 서 는   복 음

박대영 지음

사도행전 9-14장

이 책을 내 젊은 날부터
신앙과 삶의 사표가 되어 주신
정민영 · 이재진 선교사님께 드립니다.

환대에서 시작된 150년의 역사

꼭 한번 가보고 싶은 곳이 있었습니다. 사실 누가 애써서 데려다주지 않으면 혼자 찾아가는 게 쉽지 않은 곳이라서 마음에만 두었던 곳입니다. 북웨일즈의 휴양지 랜디드노Llandudno입니다. 멋지고 아름다운 곳이라고 합니다. 사진도 보았고 영상도 보았습니다. 그런 풍광을 굳이 내 눈으로 확인하기 위해 가보고 싶었던 것은 아닙니다. 1867년 여름 조슈아 스파이어스Joshua Spires는 바로 이 해변에서 노는 아이들에게 "God is Love"라는 글자를 조개껍질과 해초로 장식하도록 한 다음에 그 의미를 설명해주었습니다. 6월 2일에 여섯 어린이들과 자신의 거실에서 만나 성경과 찬양을 가르치고 복음을 전한 일과 함께 이 해변 전도는 그해 12월 8일 성서유니온Scripture Union의 모체가 되는 CSSMChildren's Special Service Mission을 시작하게 한 결정적 계기가 되었고, 어린이와 청소년들에게 성경을 읽도록 돕는 이 단체는 이제 150년이 넘도록 전 세계 120여개 나라에서 활발하게 사역하고 있습니다. 나의 가장 한창 시절 주께서 주신 은사와 열정을 다 쏟았던 성서유니온, 그 고귀한 선교단체가 잉태된 역사적인 장소에 꼭 서보고 싶었습니다. 마침 2023년 여름 영국 버밍엄에서 말씀 사역을 할 일이 있어 간 기회에 드디어 이 랜디드노의 해변을 거닐어 볼 수 있었습니다. 눈물 날만큼 감격했고 감사했습니다. 내가 서 있는 이 해변에서 아이들에게 베푼 한 사람의 진정한 '환대'가 그 이후 백 년이 훌쩍 넘게 전 세계 어린이와 청소년들을 말씀으로 환대하는 역사로 이어졌고, 그것이 이 해변으로부터 아주 멀리 떨어진 동양의 한 청소년인 나의 삶을 변화시켰고, 커서는 그가 이 사역에 직접 참여할 수 있는 영광을 누렸다는 사실에, 시간과 장소를 거슬러 이루어진 역사에, 그 역사를 이루신 하나님께 감사의 기도를 드릴 수밖에 없었습니다. 주일학교 운동이 시작되긴 했어도 여전히 어린이들의 복음 전도와 신앙 양육이 주요 관심사가 아니었던 시대에, 그리고 특별히 그들이 직접 성경을 읽도록 해주는 일이 얼마나 중요한지를 모르던 시절에, 한 사람의 작은 환대가 하나님 보시기에는 참으로 뜻깊고 소중한 섬김이었던 것입니다. 그것은 아무도 주목하지 않았던 룻의 시모 나오미를 향한 환대를 하나님께서 귀하게 보시고는 그 인애를 사용하여 텅 빈 사사시대를 충만한 다윗왕국의 시대로 전환하셨던 것만큼이나 의미있는 환대였습니다. 그것은 어린이를 환대하고 싶어 하시는 하나님의 마음을 대신하는 손길이었기에 하나님께서 그 섬김을 위대하게 사용하셨을 것입니다.

하나님의 환대로서의 선교

모든 선교는 하나님의 선교이고, 그것은 우리를 향한 하나님의 환대의 역사입니다. 우리의 선교는 그 환대의 사랑과 은혜에 대한 화답이요, 환대의 역사로의 부름에 순종하는 일입니다. 따라서 환대로서의 선교는 하나님을 하나님으로 드러내는 일이요, 그분의 뜻을 이루는 일입니다. 하나님께서 창조하신 모든 곳에서 모든 시간에 주께서 그 영광과 존귀하심에 어울리게 대접받도록 하는 일이요, 마찬가지로 주께서 창조하신 생명들이 그분이 부여하신 가치에 어울리게 존재하도록 관계하는 것이 환대로서의 선교입니다. 따라서 선교의 주도권은 항상 하나님께서 갖고 계셔야 하는 것은 말할 것도 없고, 그 선교의 방식 역시 먼저 하나님께서 우리에게 당신의 아들 예수 그리스도를 통해서, 특별히 그분의 성육신과 십자가를 통해서 보여주신 방식을 따라야 합니다. 우리는 누군가를 우리의 통제 아래 두기 위해 위선적으로 사랑하고 베풀면서도 그것을 선교라고 부르는 것을 많이 봐왔습니다. 그것은 환대가 아니기 때문에 선교도 아닙니다. 따라서 선교는 못된 세상 질서 가운데서 부당하게 고통하고

8

신음하는 사람들을 건져내는 일입니다. 그들은 못 본 체하고서는 선교라 할 수 없습니다. 거기에 그치지 않고 서로가 서로의 존재를 인정하고 그 가치에 어울리도록 존엄하게 대하는 사람을 창조하고 세상을 만드는 데 까지 나아가야 합니다. 환대는 철저히 관계적인 개념이기에 새로운 관계 맺기 방식이 통하는 인간과 세상이 창조되기 전까지 환대로서의 선교는 미완성일 뿐입니다. 모든 존재하는 생명이 불가분의 관계로 연결되어 있음을 인식하면서, 삼위 하나님께서 환대하는 사랑으로 서로를 인정하고 섬기며 하나로 존재하듯이, 사람과 사람, 사람과 다른 생명이 서로의 존재에 경이감을 표현하고, 서로를 있는 그대로 환영하고, 그 생명을 진작시키기 위해 보살피고 애쓰는 생태계를 만드는 일까지가 선교에 포함됩니다. 사람이 예수님처럼 변하고 세상이 하나님의 통치를 인정하는 곳으로 변하는 일이 선교입니다. 예수께서 선교사로 이 땅에 오셔서 하신 일이 바로 그 환대로서의 선교입니다. 낮아짐과 비움과 내어줌의 사랑으로 죄인인 우리를 용서하시고, 하나님의 창조 의도인 하나님 나라를 창조하시고, 그 안으로 우리를 초대하시고 환대하시는 역사를 이루러 오셨습니다. 우리의 선교는 하나님이 시작하신 선교, 예수께서 성취하신 선교, 성령님께서 완성하시는 환대로서의 선교를 이어받는 일입니다.

사도행전, 환대의 책

사도행전은 선교의 책이고 환대의 책입니다. 십자가와 부활과 승천으로 하늘 보좌 우편에 앉아 하나님 나라를 통치하시는 예수께서 성령님을 보내서 그로 충만한 사도들과 교회를 통해 생명을 주는 은혜의 말씀을 전하게 하시는 역사를 담고 있습니다. 그 복음을 통해 죄인들을 용서하여 주님의 나라로 부르되 예루살렘에서 시작하여 유대와 갈릴리와 사마리아, 즉 팔레스타인의 모든 땅에서 부르고, 더 나아가 땅끝까지 이르러 자기 백성을 불러 환대하시는 역사를 기록하고 있습니다. 이제 사도행전 시리즈의 세 번째 책은 《환대의 사도행전》이라고 부르기로 하였습니다.

여기서는 사도행전 9-14장을 다루고 있습니다. 환대의 역사는 이미 앞에서도 시작되었지만 이 부분에서 본격적으로 드러납니다. 사도행전 9장에서 우리는 예수 믿는 자들을 핍박하던 유대교의 선두 주자 사도 바울이 부활하신 예수님으로부터 환대받는 이야기(행 9:1-9)가 나옵니다. 주께서는 그리스도인 아나니아를 통해서 그를 그리스도의 공동체로 환대하게 하시고(9:10-22), 또 바나바를 통해서 그가 예루살렘의 사도들에게 환대를 받도록 이끌어주십니다(9:23-30). 예루살렘 교회의 대표적인 지도자인 사도 베드로는 룻다에서는 애니아의 중풍병을 고치고 욥바에서는 죽은 다비다를 살립니다(9:31-42). 이 역시 하나님의 환대의 역사를 대리

하는 선교였습니다. 더 나아가 그는 욥바에 있는 무두장이의 집에서 머무는데, 그는 당시에 부정한 직업을 가진 자로 인식되던 사람이었음에도 새로운 정결의 기준을 따라 시몬을 환대한 결정이었습니다(9:43).

베드로의 이 환대의 여정은 이후 전개될 더 충격적인 하나님의 환대 사건을 예비하는 것이었습니다. 유대인들 안에서만 전개되던 환대의 선교가 이방인들에게까지 확대되는데, 그 첫 출발이 바로 유대인들의 교회인 예루살렘 교회의 지도자 베드로였습니다. 사도행전 10장은 이방인 백부장 고넬료를 환대하시는 성령의 이야기입니다. 그 선교에 베드로를 참여시켜 이후 그가 예루살렘 교회에서 사도 바울의 이방인 선교를 지지하고 인정하는 데 결정적인 역할을 맡도록 준비시키고 있습니다.

11장에서는 이방인에게도 성령이 임하였고, 그들이 베드로에게 세례를 받아 하나님의 백성의 공동체 일원으로 받아들여졌다는 사실이 예루살렘 교회에 알려지고, 베드로의 보고를 통해 이 모든 일이 하나님이 주도하신 환대의 역사였음을 온 공동체가 인정하고 하나님께 영광을 돌리는 것으로 마무리되고 있습니다. 이렇듯 이방인 선교의 물꼬가 트이자 봇물 터지듯 이방인들이 하나님의 공동체로 들어오는 역사가 벌어지는데, 대표적으로 로마제국의 3대 도시 가운데 하나인 수리아 안디옥에 이방인들이 다수 회개하여 참여한 교회가 세워집니다. 예루살렘 교회는 바나바를 보내서 이를 확인하고 그 교회를 돕도록 조치를 취함으로써 다시 한번 이방인을 향한 하나님의 환대의 선교에 동참하고 있습니다. 더 나아가 바나바는 혼자 이 사역을 감당할 수 없는 것을 알고 무려 10년 가까이 고향 다소에 내려가 있던 바울을 안디옥 교회로 데려와 함께 사역합니다. 이는 바울에게 얼굴을 찾아주고 그의 존재감을 현상시켜 준 바나바의 환대였습니다. 바나바와 바울의 동역으로 1년 만에 세상으로부터 "그리스도인"이라 불릴 만큼 안디옥 교회는 성장하고 성숙합니다. 더욱이 예루살렘의 교회가 기근으로 고생한다는 말을 듣고 바나바와 바울을 보내 구제하기에 이릅니다. 이방인들이 참여한 안디옥 교회가 유대인 중심의 예루살렘 교회를 환대할 만큼 영적으로, 물질적으로 성장했음을 보여줍니다.

12장은 예루살렘 교회에 불어닥친 박해, 즉 세상으로부터의 냉대에 대해서 다루고 있습니다. 그 결과 열두 사도 중 하나인 요한의 형제 야고보가 순교하고 베드로가 감옥에 갇혀 죽음을 앞두게 됩니다. 하지만 야고보의 순교는 막지 않으셨던 주께서 베드로만은 기적적으로 구출하여 예루살렘을 빠져나가게 하십니다. 하나님의 환대입니다. 하나님의 영광을 가로채고 박해를 주도한 헤롯 왕은 하나님의 심판을 받아 죽습니다. 하나님의 백성들을 냉대하고 박대한 그를 하나님도 냉대하신 것입니다.

13장은 하나님의 환대로서의 선교의 새로운 전기를 맞는 명령이 주어집니다. 하나님께서는 안디옥 교회에서 핵심적인 역할을 맡고 있는 두 귀한 사역자 바나바와 바울을 따로 세워 이방인을 향한 선교에 파송하게 하십니다. 이에 교회는 한마음으로 두 사람을 기도하고 안수하여 보냅니다. 이방인을 향한 하나님의 환대에 두 사도들은 물론이고 안디옥 교회가 순종으로 화답한 것입니다. 13장은 바울과 바나바의 구브로와 비시디아 안디옥 선교를 언급하고, 14장은 이고니온과 루스드라와 더베 선교를 기록하고 있습니다. 예수 그리스도를 통한 하나님의 환대를 말하는 복음에 대해서 늘 환영하는 그룹과 반대하는 그룹이 갈렸습니다. 사도 일행은 항상 유대인 회당에 먼저 가서 유대인을 향한 하나님의 언약이 예수 그리스도를 통해 이루어진 소식을 전합니다. 그들이 반대할 때 이방인들에게로 향했습니다. 때로는 죽음의 위협을 당하고 돌에 맞아 죽을 위기까지 맞았습니다. 그런데 하나님께서 사도 일행을 지키시고 구원하셨습니다. 사도들은 십자가와 부활의 복음을 전하면서 자신들이 먼저 그 십자가의 고난에 동참하였고 하나님의 부활을 경험하였습니다. 그들이 행하는 표적과 기사 역시 주께서 부활하여 왕으로 살아 통치하신다는 것을 보여주는 증거였습니다.

　베드로는 고넬료에게서 경배를 받는 것을 거절함으로써, 그리고 바나바와 바울은 루스드라에서 신적인 존재로 제사를 받는 것을 거절함으로써, 즉 자신들은 하나님의 은혜와 자비가 필요한 인간에 불과하다는 사실을 인정함으로써 그들은 이 모든 선교가 하나님의 선교가 되게 하였습니다. 이것이 선교사로서 그들이 하나님을 환대하는 방식이었습니다.

이제 사도행전 9-14장을 묵상하면서 성도와 교회가 환대의 공동체로서 자신의 정체를 잘 이해하고 빚어져 가기를 기대합니다. 그럴 때 선교적 공동체로서 본연의 정체를 따라 우리가 관계하며 존재할 수 있을 것입니다. 하나님의 선교를 가로막지 말고, 하나님을 떠난 세상이 인위적으로 만든 장벽들을 허물고, 가장 낮은 자리에서 비움과 섬김과 나눔을 통해 모든 존재하는 것들에게 예의를 다하고, 그 존재의 가치와 목적에 어울리게 상대해주신, 우리 주 예수 그리스도의 몸인 교회를 회복해가기를 기대합니다. 오늘도 변함없이 우리가 당신의 전부라고 하시면서 품어주시고 보듬어주시고 보살펴주시는 우리 주님의 따스한 환대의 손을 민망하게 하지 말고 진심어린 환대의 사랑으로 대답하는 우리가 되었으면 좋겠습니다.

반 고흐의 환대, 해바라기
유럽에 나온 길에 친구들의 극진한 사랑으로 버킷리스트 중 하나인

암스테르담의 반 고흐 미술관을 찾았습니다. 직접 보고 싶었던 반 고흐 Vincent van Gogh의 작품들을 붓 터치 하나까지 놓치지 않고 다 봤습니다. 그중에는 반 고흐의 색이 완성되었다고 평가받는 그의 아를arles 시기의 작품들을 한꺼번에 많이 볼 수 있어서 좋았습니다. 반 고흐가 임대한 아를의 라마르틴 2가에 위치한 집은 그에게 특별했습니다. 그는 파리 시절 교류하던 화가들 중에 고갱Paul Gauguin과 툴르즈 로트레크Henri de Toulouse-Lautrec를 비롯하여 자신과 목표가 비슷하다고 생각하는 다른 여러 예술가들과 함께 독자적인 집단을 구성하고 싶어 했습니다. 그들이 아를에 와서 자신과 함께 '남부 인상파 화가들의 공동체'를 세우기 바라면서 그들을 설득하기 위해 노란 집 한 채를 빌려 장식하였습니다. 반 고흐의 요청에 응답한 화가는 고갱뿐이었습니다. 반 고흐는 1888년 9월 동생 테오Theo Van Gogh에게 보내는 편지에서 고갱이 쓸 방을 이렇게 묘사합니다. "방에는 각각 열두 송이와 열네 송이 해바라기를 걸고 아주 예쁜 침대와 다른 소품들이 있는 이 작은 방에 그림을 걸고 보니 이 방은 아주 특별한 곳이 되었구나." 열두 점의 해바라기를 그리고 싶었던 반 고흐는 완성된 작품 네 점을 고갱의 방에 걸어둘 만큼 고갱을 진심으로 환대했습니다. 반 고흐의 노란 해바라기에는 고갱을 환영하는 그의 진심이 담겨 있었던 것입니다. 반 고흐는 이렇게 극진하게 환대했지만, 고갱이 원한 것은 반 고흐의 돈이었습니다. 더 정확히 말하면 반 고흐의 동생 테오가 자신의 빚을 탕감해 주었고 생활비를 대준다는 약속을 받고 반 고흐 곁으로 왔던 것뿐이었습니다. 그에게는 반 고흐가 꿈꾸던 예술가 공동체에 대한 이상이 없었습니다. 결국 반 고흐의 환대에 고갱은 냉대로 화답하여 2달 만에 아를을 떠나고 맙니다. 환대의 사람 반 고흐가 꿈꾸던 이상향은 마치 '교회'와 같았고, 그의 자화상을 보면 그곳은 마치 오직 미술만 생각하는 순수한 수도 공동체와 닮았습니다. 하지만 그건 고갱이 꿈꾸던 이상향은 아니었습니다.

사심 없는 환대의 사람 반 고흐처럼, 복음의 사람들도 때로 이 세상에게는 이해하지 못할 기인처럼 간주될 수도 있겠습니다. 반 고흐가 생전에는 단 한 작품만 팔릴 정도로 인정받지 못했지만 사후에는 그의 바람대로 많은 사람들에게 위안을 주는 그림이 되었듯이, 우리 그리스도인들역시 환대의 복음을 전하면서 살아도 정작 세상으로부터는 오해와 냉대와 박대를 받을 수 있을 것입니다. 하지만 이런 선교적 삶을 인정하실 하나님이 계시니 눈에 띄는 성과를 얻지 못했다고 해서 실패로 여길 것이 아니라 묵묵히 주의 길을 걸어가야겠다는 다짐을 하고 돌아왔습니다.

사도행전 시리즈 제3권 《환대의 사도행전》을 마무리할 수 있도록 도와주신 많은 분들께 감사합니다. 이 설교의 첫 청중이 되어 주신 광주소명교회 성도님들에게 감사드립니다. 특히 팬데믹 기간 동안 환대의 공동체로서의 교회가 어떤 곳인지를 이 말씀을 좇아 실천해볼 수 있는 동지들이 있어서 행복했습니다. 함께하는 소명의 신실한 동역자들(이태환, 김유철, 복대근, 김희훈, 신민항, 장경희) 덕분에 목회와 저술과 강의 사역을 겸할 수 있었습니다. 감사합니다. 20년 가까이 환대의 선교를 몸소 행하시다가 잠시 안식년에 소명공동체와 함께하면서 바나바와 바울과 함께한 안디옥 교회의 유익을 누리게 해주신 김다니엘, 유애림 선교사님께 감사드립니다. 파푸아뉴기니에 가서 현지 동역자들과 성경번역을 마무리하고 계시는 정보영 선교사님이야말로《환대의 사도행전》을 실례로 보여주고 계신 분입니다. 1984년 이후 저를 말씀으로 양육해주시고, 지난 20여 년 이상 마음껏 말과 글로 주님을 섬길 수 있도록 둥지를 제공하여 한껏 환대해준 성서유니온선교회에 감사드립니다. 지금은 고인이 되었지만 저를 환대해주신 스승들인 윤종하 장로님광야교회, 송용석 목사님광주참누리교회, 가나이 목사님오사카, 김북경 목사님런던한인교회에게 감사드립니다. 여전한 스승으로 아버지로 보살펴주시는 황정길 목사님서울반석교회 원로과 권춘자 전도사님께 감사드립니다. 방글라데시의 문선미 목사님의 조건 없는 후원이 있었기에 영국 유학도 가능했습니다. 모두 하나님의 환대의 손을 대신해 주신 분들입니다. 특별히 이 책을 마무리하는 동안 영국과 독일과 화란에서 집필 여건과 영감을 주시고 아낌없는 우정을 베풀어주신 런던의 윤성현 목사님, 버밍엄의 주상선 · 박수련 집사님용원, 용선, 용민, 독일의 김만종 목사님프랑크푸르트 우리교회, 이화정 목사님도르트문트성결교회, 화란의 최영묵 목사님헤이그 이준기념교회께 감사드립니다.

책 한 권이 나올 때마다 그 안에는 가족들의 희생과 인내, 그리고 기도가 담겨 있습니다. 갈수록 약해지시는데도 늘 기도해주시는 부모님(박형수 집사님, 이영재 권사님)과 홀로 계시는 장모님(주영자 집사님)의 하루하루가 행복하시길, 그리고 강건하시길 빕니다. 갱년기의 아내 오차성과 수험생 아들 인서와 사춘기의 막내 선재에게 결코 이 책이 성실하지 못했던 남편과 아빠의 역할을 대신하지 못한다는 것을 알기에 더욱 미안하고 감사합니다. 어느 정도는 고독과 쓸쓸함으로 나를 몰아넣어야 이만한 글이라도 나온다는 궁색한 핑계에 이번에도 잘 넘어가 주기를 바랍니다.

끝으로 이 책을 빌어 정민영 · 이재진 선교사님께 특별한 감사를 드립니다. 두 분은 선교사로서, 사역자로서, 신자로서, 사람으로서 나의 사표가 되어주셨습니다. 성경을 번역하고, 신학을 번역하고, 시대를 번역하고, 삶을 번역하는 것을 배웠습니다. 경쾌하지만 경박하지 않고, 진지하지만 무겁지 않고, 깊지만 어렵지 않고, 고매하지만 도도하지 않는 리더의 품격을 보여주셨습니다. 현역일 때와 은퇴한 후에 나의 보폭과 속도와 방향이 어떻게 같고 어떻게 달라야 하는지를 알게 하셨습니다. 전혀 가르치려 들지 않지만 많은 것을 깨닫게 하시고, 고전적이지만 진부하지 않고, 구석진 진리에 온기를 불어넣고, 낯익은 진리를 낯설게 만들고, 나른한 신앙에 신선한 자극을 주는 분들입니다. 마침내 세련된 아재개그로 무장해제시키는 내공까지 탐나게 하는 어른입니다. 나 같은 사람에게까지 나눠주신 우정에 감사하며 이렇게나마 팬심을 전합니다.

두려운 마음으로《환대의 사도행전》을 내놓습니다. 시인 정현종은 《방문객》에서 환대의 마음은 부서지기도 했을 한 인생의 마음을 바람이 더듬어 보는 그 소심素心과 조심操心을 흉내내며 상대하는 것이라고 했습니다. 부디 이 책이 역사와 그 안에 살았던 당신의 피조물을 향한 하나님의 환대의 마음을 조심스럽게 그리고 소박하게 더듬는 우리의 촉수가 예민해지는 데 한 줌의 도움이라도 되면 좋겠습니다.

2023년 11월
박대영

차례 ——————————————————————————

서문   006

결박하는 자에서 결박당하는 자로 | 9:1-19a   022

고장난 욕망의 계기판, 무한 질주 인생 · 살기 가득한 사울의 질주 ·
예수님이 멈춘 사울의 질주 · 사울을 사명의 길로 안내하는 아나니
아 · 나가는 말 · 기도

박해자에서 사명자로 | 9:19b-31   054

사울의 혁명적 전환 · 사울, 다메섹에서 사역하다 · 피신하는 사울 ·
사울, 예루살렘에 가다 · 사울, 다소로 가다 · 유대와 갈릴리와 사마
리아 사역의 결론 · 나가는 말 · 기도

고치고 살리고 넘어서는 복음 | 9:32-43   092

복음은 생명의 소식 · 사도행전, 생명과 부흥의 책 · 이제 또 다음 단
계로 · 베드로를 통한 생명의 복음의 역사 · 나가는 말 · 기도

고넬료의 환상과 베드로의 환상 | 10:1-23a   121

깨지고 뒤집히고 넓어지고 깊어지는 신앙 · 고넬료의 환상 · 베드로
의 환상 · 욥바로 가는 베드로 · 나가는 말 · 기도

베드로의 환대, 고넬료의 환대, 성령님의 환대 | 10:23b-48 155

구원과 선교, 환대의 사랑 · 고넬료의 환대 · 베드로의 환대 · 성령님
의 환대 · 나가는 말 · 기도

내가 누구이기에 하나님을 능히 막겠느냐? | 11:1-30　　191

나의 최선, 하나님의 최선 · 베드로의 증언과 예루살렘 교회의 승
인 · 안디옥 교회의 태동 · 나가는 말 · 기도

주의 사자의 구원과 심판 | 12:1-25　　230

끝없이 변하는 삶, 그러나 의미를 형성하는 삶 · 선교사들을 준비하
는 예루살렘 박해 · 헤롯의 박해, 야고보의 순교와 베드로의 투옥 ·
교회의 기도 · 주의 사자를 통한 베드로 구원 · 베드로와 기도하던
교회의 만남 · 파수꾼의 죽음 · 헤롯의 교만과 주의 사자를 통한 죽
음 · 하나님의 말씀의 흥왕함과 바나바와 바울의 안디옥 귀환 · 나가
는 말 · 기도

성령에 민감한 선교적 교회 | 13:1-3　　265

안디옥 교회, 이상적인 교회? · 다양한 지도자들 · 교회의 소통 방
식 · 성령의 음성에 민감한 교회 · 순종하는 공동체 · 나가는 말 · 기도

땅끝을 향한 여정의 시작 | 13:4-12　　290

우리를 배려한 하나님의 속도 · 성령이 보내신 선교 · 유대인의 회당
에서 시작하다 · 살라미에서 바보까지 · 서기와 바울과 바 예수 · 바
예수의 방해 · 사도 바울의 서기오 바울 전도 · 나가는 말 · 기도

비시디아 안디옥 회당에 떨어진 부활의 복음 | 13:13-52　　316

부활의 복음의 중요성 · 비시디아 안디옥으로 가다 · 요한의 이탈 ·
안식일에 회당에서 설교하는 바울 · 나가는 말 · 기도

온 몸으로 보여준 십자가와 부활의 복음 | 14:1-28　　362

가식성이 아니라 가시성 · 이고니온 전도 · 루드스라 전도 · 데베 전
도 · 바울의 선교지 재방문 및 귀로 · 선교 보고 · 나가는 말 · 기도

결박하는 자에서
결박당하는 자로 ——— 사도행전 9:1-19a

고장난 욕망의 계기판, 무한 질주 인생

독일의 고속도로 아우토반은 세계에서 가장 빨리 차가 달릴 수 있는 곳입니다. 저도 거기서 시속 200킬로미터 이상으로 달리는 차에 몸을 실어본 적이 있습니다. 거의 비슷한 속도로 달리는 차들 사이에서 앞만 보고 달리니 생각만큼 속도감을 느끼지는 못했습니다. 계기판을 확인하고서야 내가 총알 속에 들어가 있다는 것을 알았습니다. 그때 졸다 자다를 반복하고 있었는데 계기판을 본 순간 잠이 확 깼습니다. 그렇게 차가 빨리 달리는데도 사고는 그리 많지 않다고 합니다. 그런 데는 다 이유가 있었습니다. 모든 도로가 아우토반이 아니라 일정 구간에서만 속도 제한 없이 달릴 수 있게 되어 있었습니다. 그 구간 제한을 잘 지키면 안전하게 운행할 수 있습니다. 또 차들은 저마다 앞차와의 간격을 일정하게 유지했을 뿐 아니라 아우토반에서도 빨리 가려는 차들만 다니는 차선이 따로 있는데, 운전자들이 그걸 잘 지키고 있었습니다. 무엇보다도 운전자들은 자기 차가 낼 수 있는 최고 속도, 한계 속도를 잘 알고 있었습니다. 누군가 '티코'를 끌고 아우토반의 쾌속 차선을 달리겠다는 야심 찬 계획을 세운다면, 그 차는 독일 경찰에게 속도위반으로 정지당하고 말 것입니다.

'죄'는 속도를 지키지 않는 일이요 차선을 지키지 않는 일과 같습니다. 죄인은 욕망의 계기판이 고장 난 사람이요 브레이크가 파열된 사람입니다. 자기 한계도 모르고 속도를 높이며 무한 질주를 하는 사람이요, 방향을 제대로 잡지 못한 채 액셀러레이터에서 발을 뗄 줄 모르는 사람입니다. 같은 죄인들끼리는 자신들이 어떤 방향으로 가고 있는지 모릅니다. 그러면서도 서로를 향해 환호해줍니다. 왜 빠르게 가고 앞서가는 것이 좋은지 설명하지 못합니다. 그런데도 마냥 부러워하고 찬사를 보낼 뿐입니다. 낭떠러지를 향하여, 막다른 절벽을 향하여 무한 질주를 하고 있더라도, 그 속도감에 취하고 사람들의 환호에 취하여 죄인들은 멈출 줄을 모릅니다.

살면서 우리가 만날 수 있는 큰 축복이 있는데, 그것은 바로 누군가에 의해서 그 무한 질주를 제지당하는 일이요, 차선을 교정받는 일이요, 방향을 제대로 안내받는 일입니다. 내 욕망의 계기판이 수리되어 나에게 허용된 욕망의 한계치를 제대로 아는 일입니다. 성공적으로 폭주 인생을 산 사람일수록, 능숙하게 별 탈 없이, 거칠 것 없이 쾌속 인생을 살아온 사람일수록, 멈춰 세우기가 더 어려울 것입니다. 인생 전체를 뒤집고 뒤엎을 만큼 압도적으로 강력한 사건이 일어나지 않으면 스스로는 그 전세를 역전시키고 그 방향에서 돌이킬 수 있는 길은 없어 보입니다. 일단 멈추는 것이 불가능하기 때문입니다.

우리를 멈춰 세우고 궤도를 수정하게 하는 막강한 힘이 하나님에게서 왔다면, 그래서 인생이 통째로 바뀌는 일이 벌어진다면, 그것은 우리가 세상에서 만난 가장 큰 은혜요 가장 큰 축복이 될 것입니다. 하지만 역설적으로 가장 무자비한 자비요, 가장 거룩한 실패요, 가장 복된 추락이요, 가장 극적인 역전이요, 가장 통쾌한 통증이 될 것입니다. 그것은 죽음의 문턱까지 다녀오는 서늘한 경험이요 처절한 상실과 좌절을 동반한 참담한 사건이기도 할 것입니다. 그간 옳다고 믿고 살아온 인생 전체를 부정해야 하는 일이요, 때로 내 자부심의 근거이던 것이 사실은 내 수치의 근거란 걸 인정하지 않을 수 없는 순간이 되기도 할 것입니다. 속이기도 하고 속기도 한 인생이었으며, 나와 남을 살리는 인생이 아니요 나도 모르게 무고한 타인을 넘어뜨리고 화목한 가정을 짓밟고 고귀한 생명을 압살하는 인생이었음을 깨닫는 뼈아픈 순간이기도 할 것입니다.

우리가 그처럼 강력한 신적 충돌을 통해 엄청난 충격을 받은 후 태초의 혼돈과 공허의 상태, 흑암과 무질서의 상태로 돌아가고, 그래서 다시 창조주 하나님에 의해 새롭게 창조되는 이 극적인 전환 사건을 가리켜 '회심'이라고 부릅니다. 베드로를 통해서 복음을 듣고서 "우리가 어찌할꼬" 하며 아연실색하던 오순절의 순례자들 안에 바로 그런 혼돈과 흑암의 역사가 벌어진 것입니다. 그건 서 있을 수 없고 가만 있을 수 없는 영적인 현기증입니다. 고요하던 내면에 파문이 일었고, 평안하던 마음에 난리가 났습니다. 질서가 무너졌고 리듬이 깨졌습니다. '회심'은 그 새로운 질서로의 조율을 예수 그리스도의 손에 맡기는 일이라고 할 수 있습니다.

그 계기는 다양합니다. 모든 게 분명했고, 인생이 내가 계획한 대로, 마음먹은 대로, 내 욕망이 가리키는 대로 살아질 줄 알았는데, 갑자기 찾아온 질병으로, 사업의 위기로, 자식의 탈선으로, 친구의 배신으로, 혹은

24

가족의 때 이른 죽음으로, 아무것으로도 메울 수 없는 공허감이 순식간에 밀려들고, 모든 게 다 부질없고 의미 없다는 생각에 공황 상태로 접어드는 때가 올 수 있습니다. 그 순간을 은혜로운 신적 개입으로 여기고 항복한다면, 그 공백을 하나님께서 채워 가실 것입니다. 새로운 욕망과 거룩한 갈망이 생성될 것입니다. 의미가 형성되는 맥락을 간파하고, 가치 있는 것을 알아볼 줄 아는 안목이 생기고, 삶에 분명한 푯대가 생길 것입니다. 참된 만족을 얻게 될 것이고, 우리의 내면과 관계에 안식과 평화가 깃들 것입니다. 그렇게 인간다운 인간으로 회복될 것이고, 나와 접촉하는 사람들까지도 생명력을 되찾을 것입니다.

사도행전 8장에서 우리는 빌립을 통해 하나님께서 사마리아에서 뒤집고 살리는 역사를 일으키시는 것을 보았습니다. 예루살렘 교회는 박해 앞에서 괴멸되지 않고 창조적으로 해체되었습니다. 겉으로는 그 세력이 약해졌지만, 사실은 역동적인 교회로서의 본연의 정체성을 따라 재편되었습니다. 유대교는 교회를 파괴적으로 해체하려고 했지만, 하나님은 하나님 나라를 분화하고 증식하는 계기로 삼으신 것입니다. 예루살렘의 성도들은 사방으로 흩어졌습니다. 하지만 사마리아로 들어간 사람은 빌립뿐이었습니다. 빌립은 탁월한 영적인 감응력과 민감함을 가진 성령의 사람으로서 당대의 상식을 깨뜨리고 편견을 극복하고 전통을 격파하고서 금단의 땅, 부정한 땅, 저주의 땅, 원수의 땅 사마리아로 들어갔습니다. 그리고 그곳이 복음으로 인해 치유의 땅, 큰 기쁨의 땅이 되게 하였습니다. 광야를 지나 땅끝 에티오피아로 향하는 고위 관리에게도 그 복음의 홀씨가 떨어져 그가 세례를 받고 그리스도의 제자가 되는 역사가 일어났습니다.

살기 가득한 사울의 질주

이것만도 충분히 놀라운 복음이 가져온 역전의 역사입니다. 스데반의 순교에서 시작된 예상치 못한 생명 탄생의 사건이요 하나님 나라 확장의 사건입니다. 그런데 하나님께서 스데반의 죽음을 통해 이루시려는 역사는 여기서 그치지 않았습니다. 사실 이것은 서막에 불과했습니다. 하나님은 자기를 죽이는 자들을 향하여 "이 죄를 저들에게 돌리지 마옵소서"라고 용서를 간구했던 스데반의 기도(행 7:60)에 응답하시기로 하였습니다. 스데반이 순교하는 바로 그 자리에는 "그가 죽임 당함을 마땅히 여겼"던 한 사람이 있었습니다. 스데반과 같은 디아스포라 유대인 출신이며, 그를 재판한 산헤드린 공회원 중 하나였습니다. 스데반을 죽이는 것도 모자라 교회를 잔멸하려고 각 집에 들어가 남녀를 끌어다가 옥에 넘기던 유대교의 젊은 선두 주자가 있었습니다. 그 청년의 고속 질주를 막을 자가 없어 보였습니다. 자기 확신에 가득 찬 그 욕망의 전차를 멈출 수 있는 사람이 없어 보였습니다. 아니 유대교의 미래라고 모두가 그를 칭송하였습니다. 그는 예루살렘의 예수쟁이들을 소탕하는 것으로 만족하지 않았습니다. 도망쳐 흩어진 예수쟁이들까지 색출하여 제거하지 않으면 흩어져 사는 유대인 동포들에게 후환이 될 수 있다고 판단했습니다. 그가 바로 '사울'입니다. 로마식 이름으로는 '바울'입니다. 하나님은 성령의 사람 빌립을 통해 사마리아와 유대를 주님께로 돌아오게 하셨다면, 이제 이 박해의 사람 사울을 통해 팔레스타인 땅을 넘어 이방 세계가 주님의 땅이 되게 하실 것입니다. 그는 예수를 메시아로 믿는 자들을 박해하는 사람에서 십자가의 그 예수가 메시아라는 것을 전하기 위해 박해를 당하는 사람으로 변할 것입니다. 그는 예수 믿는 자를 포박하려던 사람에서 예수에게 포박당하고 복음에 붙잡히고 성령에 사로잡혀서 주님을 위하여, 하나님 나라를 위하여 옥에 갇히고 쇠사슬에 묶이는 사람이 될 것입니다. 스데반을 죽이고 예루살렘의 믿는 자들을 박해하고서도 여전히 사울의 종교적인 욕망은 채워지지 않았습니다. 그래서 또 다른 계획을 세웁니다.

"사울이 주의 제자들에 대하여 여전히 위협과 살기가 등등하여 대제사장에게 가서 다메섹 여러 회당에 가져갈 공문을 청하니 이는 만일 그 도를 따르는 사람을 만나면 남녀를 막론하고 결박하여 예루살렘으로 잡아오려 함이라"(사도행전 9:1-2)

여기서 누가는 사울을 "사납고 잔인한 짐승"처럼 묘사하고 있습니다. 그는 예수의 제자들에 대하여 "여전히" 위협과 살기가 등등하였습니다. 그에게 예수는 사악한 무리의 괴수였습니다. 따라서 그를 따르는 자는 척결의 대상이요 제거의 대상(신 13:1-11; 18:20)이었습니다. 사울의 눈에 그들은 하나님 외에 예수도 신이라고 주장하는 이단이었습니다. 그래서 스데반을 돌로 쳐 죽이면서도 그것을 정당한 일이요, 심지어 하나님을 섬기는 일(요 16:2)이라고 생각했습니다. 그는 구약의 비느하스의 열심을 가지고(민 25:7-13; 시 106:30-31) 이 일에 나섰습니다. 여기 "살기가 등등하다"는 말에서 "등등하다"엠프네오, ἐμπνέω는 '숨을 쉬다'는 단어로 위협과 살기를 풍기는 것을 말하는 관용적인 표현입니다.[1] 사울에게 위협과 살기는 그의 들숨과 날숨이었습니다. 그는 숨 쉬는 모든 순간마다 예

1　BDAG 256 §1; BDAG 324 §1)

수쟁이들을 퇴치하는 일만 생각했다는 뜻입니다. 더욱 이 단어엠프네온, ἐμπνέων는 현재분사인데, 그가 얼마나 열정적으로 오랫동안 추격했는지를 보여줍니다. 26장에서 바울은 직접 자기 입으로 그때 자신은 "극도로 분노한"(행 28:11) 상태였다고 회고하고 있습니다. 그는 "모든 회당에서 여러 번 형벌하여 강제로 모독하는 말을 하게"(행 26:11) 하였습니다.

이런 괴악한 영적인 질병으로부터 유대교의 순전함을 지키기 위해 사울은 특별히 유대인들이 수만 명이나 모여 살고 있는 다메섹까지 가서 예수쟁이들을 체포하여 돌아올 계획을 세웁니다. 그리스도인들은 박해를 만나자 단지 목숨을 건지려고 도망쳐 숨은 것이 아니었습니다. 그들은 동족 유대인들이 살고 있는 곳으로 갔고, 이제 거기서도 회당으로 찾아가 복음을 전했습니다. 당시 대제사장에게는 외국으로 도피한 유대인들을 본국으로 강제 소환할 수 있는 권한이 있었습니다. 사울은 대제사장에게서 회당으로 갖고 갈 공문을 받아서 다메섹으로 향합니다. 혹은 이 표현을 '회당들의 문제에 관해' 다메섹 관리들에게 협조를 구할 공문을 받아서 갔다는 뜻으로 이해할 수도 있습니다. 다메섹 관리들의 도움을 받아 예수를 따르는 자들을 체포하여 예루살렘으로 잡아 오려고 한 것입니다. 이 열정 가득한 바리새인 청년의 거침없는 질주를 누가 막을 수 있었겠습니까? 그는 열렬한 환호와 격려, 그리고 무한 기대를 받으면서 다메섹으로 떠납니다. 사울바울에게 예수는 십자가에 달려 죽은 자, 메시아 놀이를 하다가 신성모독으로 저주받아 죽은 자, 그리고 지금도 무덤에 죽은 채로 있는 자에 불과했습니다.

예수님이 멈춘 사울의 질주

예루살렘에서 다메섹까지는 약 216킬로미터이며, 걸어서는 약 육 일 정도 걸립니다. 이곳은 애굽과 메소포타미아를 오가는 길 위에 있는 상업 중심지였고, 유대인 인구가 꽤 있었습니다. 앞서 저자는 북쪽 사마리아(행 8장) 남서쪽 해안으로 복음이 퍼진 것을 말했는데, 이제 동쪽 수리아에 있는 그리스도인들을 언급하고(행 9장) 있습니다. 한참을 걸어서 이제 다메섹이 그리 멀지 않은 곳까지 이르렀습니다. 때는 해가 중천에 머문 정오였습니다.

"사울이 길을 가다가 다메섹에 가까이 이르더니 홀연히 하늘로부터 빛이 그를 둘러 비추는지라"(사도행전 9:3)

그런데 그때 아무도 예상하지 못한 일이 아무 예고도 없이 느닷없이 '홀연히' 벌어졌습니다. 통제할 수도 없고 대비할 수도 없고 피할 수도 없는 마른하늘에 날벼락 같은 일이었습니다. 하나님의 절대 주권 아래서 벌어진 하나님의 현현 사건이었습니다. 훗날 바울은 아그립바 왕에게 그때의 상황을 직접 자기 말로 이렇게 묘사합니다.

"왕이여 정오가 되어 길에서 보니 하늘로부터 해보다 더 밝은 빛이 나와 내 동행들을 둘러 비추는지라"(사도행전 26:13)

부활하신 예수님은 해보다 더 밝은 빛으로 사울에게 나타나셨습니다. 누구든 성부 하나님의 현현 사건이라고 부를 만한 일이었지만, 나타나신 분은 성부 하나님이 아니라 하나님의 아들 성자 예수였습니다. 3절에서는 눈에 보이는 현현을, 4-7절에서는 귀로 듣는 현현을 소개합니다. 그 강렬한 빛에 사울은 땅에 엎드러졌고 순간 눈이 멀었습니다. 함께한 사람들은 귀로만 들었을 뿐 아무것도 보지 못했습니다(행 9:7). 오직 사울에게만 비추고 그의 눈만 멀게 하는 빛이라니, 정말 신비한 현상입니다. 그는 확실히 실제로 뚜렷한 대상을 보았습니다. 훗날 그는 자신의 이 경험을 고린도 성도들에게 이렇게 묘사합니다.

"내가 자유인이 아니냐 사도가 아니냐 예수 우리 주를 보지 못하였느냐 주 안에서 행한 나의 일이 너희가 아니냐"(고린도전서 9:1)

"맨 나중에 만삭되지 못하여 난 자 같은 내게도 보이셨느니라"(고린도전서 15:8)

그때 하늘에서 소리가 들렸습니다.

"땅에 엎드러져 들으매 소리가 있어 이르시되 사울아 사울아 네가 어찌하여 나를 박해하느냐 하시거늘"(사도행전 9:4)

밝은 빛을 본 사울은 "땅에 엎드러집니다." 하나님의 현존 앞에 선 사람들은 예외 없이 늘 그랬습니다. 예배가 하나님의 현존 앞에 엎드리는 일이라면, 이것이 예배자의 마음과 자세여야 합니다. 얼마나 놀랍고 두려웠을까요? 주님은 이 사울의 이름을 알고 두 번이나 부릅니다. "사울아, 사울아." 그만큼 긴박하고 절박한 순간이었다는 뜻입니다.[2] 이 순간에 불순종이나 거부라는 것은 상상할 수 없습니다. 예수님은 자신을 "사울이 박해하고 있는" 자로 묘사합니다. 특히 '박해하다'디오케이스, διώκεις를 현재 시제로 사용함으로써 주께서는 사울의 걸음이 무엇을 향하고 있는지를 보고 계셨고 알고 계셨다는 것을 보여줍니다. 이 빛과 음성이 사울의 박해하는 질주를 멈춰 세우고 땅에 엎드리게 만든 하늘 경찰의 제지였습니다.

여기서 우리는 지금 사울이 박해하고 있는 대상은 "그 도를 따르는 사람"(행 9:2), 즉 예수님을 믿는 자들인데, 예수님은 자신이 박해를 당하고 있다고 말씀하신 것"나를 박해하느냐"에 주목해봅시다. 어떻게 된 것입니까? 부활하신 예수님은 이제 성도들과 하나가 되셨고, 성도들을 자기 몸으로 삼으셨습니다. 예수를 믿는다는 것은 예수님과 하나가 되었다는 뜻입니다. 그러니 우리가 고난을 당할 때 예수님도 고난을 당하시고, 우리가 조롱당할 때 예수님도 조롱을 당하십니다. 고난 중에도 우리가 견딜 수 있고 심지어 이길 수 있는 것도 바로 우리와 연합된 그 예수님이 사망을 이기고 부활하셨기 때문입니다. 인간의 고통에 수수방관하시는 하나님은 없습니다. 도리어 인간을 도와주실 뿐 아니라 인간과 함께 고난 당하십니다. 인간에게 자유의지를 주셨다는 것은 하나님도 인간에게 고통을 당하기로 하셨다는 뜻입니다. 배반의 고통, 무시의 고통, 조롱의 고통을 당하기로 하셨습니다. 찬란한 빛 가운데 나타나시는 부활의 예수님도 그분의 진면목이지만, 동시에 그러실 필요가 없는데도 믿는 자녀들과 핍

---

2 이름을 두 번 부른 경우. 창 22:11 (아브라함), 46:2 (야곱), 출 3:4 (모세), 삼상 3:4 (사무엘), 삼하 19:4 (압살롬).

박을 같이 당하는 것도 예수님의 참 존재 방식입니다. 눈을 멀게 할 만큼의 찬란한 영광, 그리고 동시에 극심한 고난을 같은 몸에 갖고 계신 분이 바로 사울이 만난 예수님이었습니다. 그것은 사울이 한 번도 생각해본 적이 없고 배워 본 적도 없는 낯선 하나님이었을 것입니다. 유대인에게 하나님 외에 다른 하나님이 계실 수 있다는 것은 상상할 수 없는 일이었습니다. 이것은 사울에게 정조준된 신령한 벼락이요, 그의 영적인 무지와 한계와 오만을 격추한 하나님의 신령한 요격이었습니다. 여호수아가 여리고의 난공불락의 성을 무너뜨렸듯이, 빌립을 통해 사마리아를 무너뜨렸듯이, 에티오피아의 내시를 격추하셨듯이, 요격 대상을 끝까지 추격하는 하나님의 고성능 스커드 미사일이 드디어 사울에게 명중되는 순간이었습니다. 사울^{바울}은 빌립보서에서는 이 사건을 염두에 두면서 자신이 예수께 "붙잡혔다"고 고백합니다.

> "내가 이미 얻었다 함도 아니요 온전히 이루었다 함도 아니라 오직 내가
> 그리스도 예수께 잡힌 바 된 그것을 잡으려고 달려가노라"(빌립보서 3:12)

다메섹으로 그리스도인들을 체포하러 가던 사울을 부활하신 예수께서 먼저 체포하신 것입니다. 이렇듯 모든 회심은 우리가 먼저 예수님을 붙잡은 사건이 아니요, 우리가 예수께 붙잡힌 사건입니다. 시편 기자도 우리를 끝까지 추격하시는 하나님의 열정을 이렇게 표현한 바 있습니다.

> "내 평생에 선하심과 인자하심이 반드시 나를 따르리니 내가 여호와의 집
> 에 영원히 살리로다"(시편 23:6)

여기 "따르다"는 단어라다프 רָדַף는 사냥개가 먹잇감을 절대 놓치지 않고 추격할 때 쓰는 표현입니다. 하나님이 당신의 선하심과 인자하심으로 우리를 추격하실 것이니, 우리가 아무리 사망의 음침한 골짜기를 다니고 원수들에게 우겨쌈을 당하여도, 결국엔 여호와의 집, 여호와의 임재 아래서 영원히 살게 될 것이라고 확신할 수 있습니다.

그런데 이 하나님의 공격이 벼락같은 은혜이기는 하지만, 그렇다고 강제적인 것은 아니었습니다. 예수님은 억지로 밀어붙이거나 무방비 상태나 최면에 걸린 상태에서 회개나 고백을 받아 내시지 않았습니다. 그보다는 사울이 지금 어떤 방향으로 질주하고 있는지, 스데반의 주장을 거부하고 죽이는 데 찬성한 것이 과연 옳았는지 스스로 성찰하도록 질문하십니다.

"어찌하여 나를 박해하느냐"(사도행전 9:4)

그래서 주님은 처음에는 자신의 정체를 밝히지 않으신 것입니다. 사울의 열정 때문에 주님은 영광을 받고 계셨던 것이 아니라 박해를 당하고 계셨습니다. 십자가의 길을 만류하는 베드로를 향해 주님은 "사탄아 내 뒤로 물러 가라. 너는 나를 넘어지게 하는 자로다"(마 16:23)라고 하셨던 것과 비슷합니다. 이 질문으로 사울은 충성된 종이 아니라 용서받지 못할 죄인으로 고발당하고 있습니다. 사울은 갑작스럽게 찾아온 이 압도할 만한 경험은 하나님의 개입이 아니면 도저히 일어날 수 없는 신적인 사건임을 금방 간파했을 것입니다. 이 빛과 음성이 하나님의 현현 사건임을 직감했을 것입니다. 그래서 묻습니다.

"대답하되 주여 누구시니이까"(사도행전 9:5a)

"주여"퀴리에, κύριε라고 부르는 것을 보면 그가 이 존재를 부활하신 인간 예수라고 생각한 것은 아니라도 신적 존재라고는 생각했음을 알 수 있습니다. 그때 하늘에서 곧장 대답하는 소리가 들려옵니다.

"이르시되 나는 네가 박해하는 예수라"(사도행전 9:5b)

여기에서 '에고'나는, ἐγώ라고 표현하여 예수님 자신을 강조하고 또 '수'네가, σὺ라고 표현하여 박해하는 사울을 모두 강조하고 있습니다. 이를 직역하면, '다름 아닌 나는 바로 네가 박해하고 있는 예수란다'입니다. 이것은 자기 제자들을 박해하는 것은 곧 자신을 박해하는 것임을 강조하는 표현입니다. 하나님의 아들 예수를 박해하는 자가 다름 아닌 '사울, 너'라는 것도 강조하고 있습니다. 예수를 향한 박해는 곧 하나님을 향한 것이기에, 지금 사울은 하나님께 결코 용서받지 못할 중죄인으로 정죄 받고 있는 셈입니다(눅 10:16). 사울은 예수와 스데반과 그 도를 따르는 자들이야말로 죽어 마땅하다고 생각했는데, 사실 사형 선고를 받는 사람은 사울 자신이라는 말을 듣고 있는 것입니다.

사울에게 더 충격적인 것은 그렇게 말씀하시는 분이 유일신 성부 하나님이 아니라 신성모독 죄를 범하여 십자가에서 못 박혀 죽은 인간 '나사렛 예수'라는 사실이었을 것입니다. 당연히 바울처럼 율법과 성전, 즉 유대교에 열정적인 사람이면, 갈릴리에서 엄청난 기적을 일으켰고 사람들의 기대를 한 몸에 받고 있던 예수라는 사람에 대해서 몰랐을 리가 없습니다. 그가 예루살렘에 왔을 때도, 그가 재판을 받고 십자가에서 죽을 때도, 열정의 사람 사울은 이 괴악한 이단의 실체를 파악하고 그 결말을 보기 위해 산헤드린 공회원으로서 그의 주변을 늘 떠나지 않고 서성였을 것입니다. 예수도 그전까지 이미 십자가에서 죽은 수백 명, 수천 명 가운데 하나에 불과하다고 여겼는데, 그 예수가 지금 자신에게 신적인 모습으로 나타났으니 그는 환한 빛에 눈이 멀었을 뿐 아니라 모든 지적 기능과 감각기관이 통째로 마비되는 경험을 하였습니다. 아무 생각이 안 나고 아무 느낌도 없는 충격적인 순간 말입니다. 그는 지금 여태 한 번도 경험하지 못한 가공할 만한 충돌을 겪었습니다. 그의 사상은 물론이거니와 그의 존재 자체가 산산이 조각나고 있었습니다. 환멸幻滅하는 중이었습니다. 여태 그를 지탱했던 신학이 무너졌습니다. 창조 전 혼돈과 공허 상태(창 1:2)로 돌아갔습니다. 그런데 그것은 참된 신학이 창조되는 과정이었음을 당시엔 몰랐을 것입니다. 순식간에 타오르던 열정이 꺼졌습니다. 얼굴이 화끈거렸고, 그간 자신이 해왔던 일, 살아왔던 생에 대해서 감당할 수 없을 만큼 부끄럽고 수치스러웠습니다. 모든 꿈이 깨지고 부서졌습니다. 아니 사실은 헛된 꿈이 깨지고 참된 꿈이 꿈틀거리고 있었습니다. 진정한 열정이 예열되고 있었습니다.

바울은 이 순간 진짜 주인을 만났습니다. 그간도 그 주인의 뜻대로, 그 주인을 위해서 살아왔다고 생각했습니다. 하지만 도리어 주인을 욕보이고 있었다는 것을 이제야 알게 되었습니다. 그렇게 신적 존재와 정면으로 충돌하고 하나님의 아들 메시아와 대면했는데도, 지금 자신이 살아 있다는 사실이 믿기지 않았을 것입니다. 그는 순간 예수님의 현현과 자신을 향한 그분의 질문 자체가 큰 은혜라는 것을 깨달았습니다. 하나님의 아들을 박해하는 자에게 굳이 그 이유를 묻는 하나님을 사울은 한 번도 생각해본 적이 없을 것입니다. 선지자들을 제외하고는 아무도 하나님과 만나고는 살아남을 수 있다고 생각하지 않았습니다. 비록 육신의 눈은 멀었지만, 사울은 분명 이것이 죽임을 위한 대면이 아니라 살림을 위한 대면이라는 것을 직감했습니다. 이것은 선지자적 소명이라고 여길 만했습니다. 그래서 감히 묻습니다.

"내가 이르되 주님 무엇을 하리이까"(사도행전 22:10)

오순절의 회심자들이 "우리가 어찌할꼬" 하고 사도들에게 물었던 것과 같습니다. 이렇듯 회심한다는 것은 주인을 바꾸는 일입니다. 내 욕망의 소리에 따라 움직이던 걸음을 멈추고 주인의 소리에 귀를 기울이고 그분의 명령에 따라 순종하는 일입니다. 그곳이 어디든, 어떤 수고와 대가를 요구하신다고 해도, 주인의 말씀에 순종하는 것을 회심이라고 합니다. 부활하신 예수님이 눈 먼 사울에게 명령하십니다.

"너는 일어나 시내로 들어가라 네가 행할 것을 네게 이를 자가 있느니라 하시니"(사도행전 9:6)

대제사장에게 편지를 받아 가져가던 박해자 사울은 이제 예수에게 위임받은 증인 사울이 됩니다. 직접 나타나신 예수님이 곧장 사울에게 그의 궁극적인 사명이방인의 사도을 말씀해주실 수 있었습니다. 그래서 한시라도 빨리 이 유능한 일꾼을 복음의 도구로 쓰실 수도 있었습니다. 그런데 그렇게 하지 않으십니다. 예수께서 승천하신 후 제자들에게 오순절 때까지 성령을 기다리라고 하신 것처럼, 엠마오로 가는 제자에게 자신을 나타내시기 전에 말씀을 풀어 가르쳐주셨던 것처럼, 빌립을 보내서 에티오피아 내시에게 성경을 풀어 설명하게 하셨던 것처럼, 사울에게도 일단 시내로 들어가서 기다리게 하십니다. 그리고 나중에 빌립을 보내셨듯이, 아나니아를 보내서 그를 통해 사울을 향한 사명을 듣게 하십니다.

오늘도 주님은 공동체를 통해서, 영적인 지도자들을 통해서, 또 지체들을 통해서 우리에게 사명을 일깨워주십니다. 그 전에 우리는 "시내로 들어가라"는 작은 명령에 순종해야 합니다. "내가 행할 것을 네게 이를 자"가 도착할 때까지 기다려야 합니다. 우리가 생각하기에 대단하지 않는 사람이나 공동체를 통해서도 주께서는 당신의 뜻을 아주 분명하게 말씀하실 수 있다고 믿어야 합니다. 거창한 내 인생 청사진을 환히 알기 전에는 절대 움직이지 않겠다고 해서는 안 됩니다. 한 번에 한 걸음씩 순종하다 보면 주님이 원하시는 자리에 가 있고 주께서 원하시는 일을 감당하고 있을 것입니다. 그 자리에 있고 그 일을 할 만한 사람으로 성장해 있을 것입니다. 사울과 부활하신 예수님의 대화는 지어낸 이야기일 수 없습니다. 사울만 아는 심리적인 현상이나 신비적인 경험도 아니었습니다. 환한 빛은 사울만 보았지만 그 음성은 사울의 일행이 다 들었습니다.

> "같이 가던 사람들은 소리만 듣고 아무도 보지 못하여 말을 못하고 서 있더라"(사도행전 9:7)

땅에 엎드렸던 사울이 일어나 눈을 떠보려고 합니다. 그런데 눈을 뜰

수 없었습니다.[3]

"사울이 땅에서 일어나 눈은 떴으나 아무것도 보지 못하고 사람의 손에 끌
려 다메섹으로 들어가서 사흘 동안 보지 못하고 먹지도 마시지도 아니하
니라"(사도행전 9:8-9)

그동안 자기 맘대로 결정하고 자기가 가고 싶은 데로 가던 사울이 이
제 예수님의 말씀이 가리키는 방향으로 가고 있습니다. 앞을 볼 수 없어
서 사람들의 손에 이끌려 다메섹 시내로 들어가고 있습니다. 하늘의 공
격을 받고 그는 시력을 잃었습니다. 그렇게 사흘 동안 보지도 못하고 먹
지도 못한 채 지냈습니다. 모든 계획이 틀어졌습니다. 하나님을 뵈옵고
도 살아남은 것이 다행입니다. 하지만 그것은 흡사 죽음과도 같았습니다.
아니 사실상 바울의 사흘은 예수님이 무덤에 계셨던 사흘과 같았습니다.
예수님이 돌아가실 때 어떤 일이 벌어졌습니까? 제 육시에, 그러니까 '정
오에' 온 땅에 어둠이 임하였습니다. 사울이 '정오에' 해보다 더 밝은 빛
에 눈이 멀어 어둠에 잠겼는데, 그때는 예수님을 죽인 온 땅이 어둠에 잠
겼습니다. 하지만 그 어둠 속에서 예수님을 죽인 백부장은 영적인 눈을
떴습니다. "이 사람은 정녕 의인이었도다"(눅 23:47)라는 놀라운 고백이
그의 입에서 나왔습니다. 이는 예수는 십자가에서 죽어야 할 죄인이 아
니라는 뜻이며, 그가 주장한 대로 하나님의 아들(마 27:54)이라는 고백이

---

3 누가복음 1:22의 사가랴의 귀가 먼 표적과 대비된다.

었습니다.

사울에게 이 사흘은 어떤 시간이었을까요? 그의 모든 세계에 균열이 가고 무너졌다가 다시 세워지는 순간이었을 것입니다. 가치관이 변하고, 세계관이 변하고, 신학이 변하는 시간입니다. 옛 관점이 죽고 새 관점이 생기는 기간입니다. 옛 사람이 죽고 새 사람으로 태어나는 시간입니다. 엄청난 자책과 회한의 시간이었고, 혼돈과 공허의 시간이었습니다. 하지만 그것은 동시에 새 창조의 순간이었습니다. 목숨과도 같았던 유대교와 결별하는 순간이요, 원수와도 같았던 예수에게 귀속되는 시간이었습니다. 그간 집요하게 참 복음을 깨닫도록 주께서 자신을 위해 애쓰신 흔적들을 되밟아가는 시간이었을 것입니다. 예수님의 죽음이 생각났고, 무엇보다 최근에 있었던 스데반의 변론이 기억났을 것입니다. 또 자신을 돌로 치는 자들을 향하여 "이 죄를 그들에게 돌리지 마옵소서"라고 용서를 빌었던 동료 스데반의 기도가 사실은 자신을 위한 기도였다는 것도 알게 되었을 것입니다. 그래서 스데반이 돌에 맞으면서 보았던 하늘 보좌 우편에 서 계시던 그 예수님이 이제 자신을 만나주신 것임을 알게 되었을 것입니다. 따라서 이 시간은 그가 보지 못하고 먹지 못하는 순간이면서 동시에 그는 새로운 것을 보는 시간이고 새로운 양식을 먹는 시간이었습니다. 그가 죽는 순간이었지만 동시에 새로운 사람으로 살아나는 순간이었습니다.

사랑하는 여러분, 우리가 겪었던 다양한 지난 아픔이 어쩌면 사울이 경험한 '추락'의 순간이었는지 모릅니다. 질주하던 한 사역자의 욕망을 멈추게 하는 일이었을 뿐 아니라 번지수 없는 열정으로 신앙 생활이 아닌 종교 생활에만 몰두하던 우리의 눈을 열어주는 거룩한 충돌이었을지 모릅니다. 다시는 겪고 싶지 않을 만큼 아프고 쓰리고 얼얼했을 것입니다. 동시에 하나님의 말씀이 들렸고, 무뎌졌던 영적인 감각이 깨어났고, 기도가 간절해졌고, 하나님이 하시는 일이 보이기 시작했을 것입니다. 하나님의 말씀을 통해, 또한 마음을 연 진실한 교제를 통해 다시 한번 큰 충격과 통증을 경험하기도 했을 것입니다. 하지만 그 통증은 시원했고 개운했을 것입니다. 오늘도 우리에게는 여전히 깨어지고 무너지고 부서져야 할 세계관이 남아 있지 않은지 돌아봅시다. 당연히 있을 겁니다. 적발되고 제지 받고 방향이 재조정된다면 큰 복이 될 것입니다. 복음의 강렬한 빛이 우리를 비추도록, 그래서 더 환히 우리 자신이 보이게 해달라고 구합시다. 영적인 눈이 열리고 더 맑아지고 밝아져서 살아계신 주님의 다스림에 즐거이 항복하는 인생을 열어가길 바랍니다.

사울을 사명의 길로 안내하는 아나니아

사울이 혼돈과 공허 속에서 식음을 전폐한 채 사흘간 기도하고 있는데, 하나님은 사울에게 보낼 한 사람을 준비하고 계셨습니다. 그것은 어쩌면 사울의 기도에 대한 응답이었는지 모릅니다. 사울은 이제 유대교로 돌아갈 수도 없고, 아직은 예수의 제자 공동체에도 속하지 않는 사람일 뿐입니다. 아직까지는 '미생'未生입니다. '아직 살지 못한 돌'입니다. 그렇게 혼자 자책하고 각성하고 깨우쳐서 행동했다고 해서 회심이 완성되는 것은 아닙니다. 회심은 그리스도의 몸과의 연합으로 완성됩니다. 그리스도의 몸인 교회에 소속되는 것으로 완성되는 것입니다. 왜냐하면 죄는 기본적으로 나 중심적인 세계관이고, 회심은 하나님 중심의 세계관, 이타적인 세계관이기 때문입니다. 나만 사랑하던 사람이 하나님과 이웃을 사랑하는 사람으로 방향 전환이 이루어지는 것을 회심이라고 부르기 때문입니다. 하나님 나라의 일은 혼자서 하는 것이 아니라 하나님의 공동체 안에서 그들과 함께 하는 것입니다. 하늘의 신령한 복은 나 혼자 수령하여 받아 누리는 것이 아니라 함께 누리는 관계 속에서 구현되기 때문입니다. 그래서 이제 유대교를 떠난 사울을 그리스도의 몸인 교회, 즉 새 언약의 공동체 안으로 들어올 수 있도록 도울 안내자가 필요했습니다. 주께서 세우신 안내자가 바로 '아나니아'였습니다. 하나님은 사울 자신의 회심 경험, 예수를 만난 경험, 그리고 예수님이 그에게 주신 이방인 선교의 사명을 사울이 먼저 다른 사람들에게 직접 말하게 허락하시지 않습니다. 아마 그랬다면 믿을 사람이 없었을 것입니다. 그런 일이 일어나는 것은 천지가 개벽하는 것보다 더 어렵다고 보았을 것입니다. 그래서 예수님은 사울에게 아나니아를 보내십니다.

> "그 때에 다메섹에 아나니아라 하는 제자가 있더니 주께서 환상 중에 불러 이르시되 아나니아야 하시거늘 대답하되 주여 내가 여기 있나이다 하니"(사도행전 9:10)

사울에게 나타나셨던 하나님께서 다메섹의 유대인 그리스도인, 아나니아에게도 환상 중에 나타나셨습니다. 주께서 부르시자 아나니아는 "주여 내가 여기 있나이다", 직역하면, '보소서 주님 저입니다'라고 대답합니다. 어떤 명령을 내리시든 순종할 준비가 된 사람이라고 대답한 것입니다. 사울처럼 그 역시 자신을 부르시는 분이 부활하신 예수님퀴리에, κύριε 이라는 것을 알아보고 있습니다. 주님은 이런 아나니아에게 가야 할 사람과 만나야 할 사람과 해야 할 일과 전해야 할 말씀을 주시고 있습니다.

> "주께서 이르시되 일어나 직가라 하는 거리로 가서 유다의 집에서 다소 사
> 람 사울이라 하는 사람을 찾으라 그가 기도하는 중이니라 그가 아나니아
> 라 하는 사람이 들어와서 자기에게 안수하여 다시 보게 하는 것을 보았느
> 니라 하시거늘"(사도행전 9:11-12)

가야 할 곳은 '직가'라는 거리[4]에 있는 유다라는 사람의 집입니다. 그
가 누구인지는 모르지만 당연히 신자의 집은 아니었을 것이고 유대교의
핵심 관계자의 집이었을 것입니다. 그렇다면 아나니아가 사울을 찾아가
는 일 자체가 위험했습니다. 그곳에 가면 많은 사람들이 함께 있을 것인
데, 그중에 '다소 사람 사울'이라는 사람을 '찾으라'제테손, ζήτησον고 하
십니다. 여기까지 들었을 때 아나니아는 자신의 귀를 의심했을 것입니다.
설마 이 사울이 지금 다메섹의 그리스도인들을 잡으려고 오고 있는 그
사울은 아닐 것이라고 생각했습니다. 그런데 사실이었습니다. 주님은 의
심의 여지없이 바로 그 사울임을 분명히 하시기 위해서 그가 "다소 사람
사울"이라고 하십니다.[5] 또 그를 찾아가면 그가 '기도하는 중'프로슈케타
이, προσεύχεται(현재 시제)일 것이라고 하십니다. 이 환상이 아나니아가 잘

---

4   지금도 직가(Derb el-Mustaqim, Souk et-Tawil 또는 Midhat Pasha Street)라고
    불리며 동문으로 향하는 구도시 동쪽 편에 있다. 이 거리는 너비가 약 12미터 정도이
    며, 양쪽에 고린도식 기둥이 있었고 상업 활동이 이루어졌다.
5   지중해 동편에 살던 사람들은 이름과 성이 따로 있는 것이 아니라 이름만 있었기 때문
    에 출신지를 추가해 불렀다.

못 보고 들은 것이 아니라 확실한 주님의 말씀이라는 것을 눈으로 확인하게 하실 것입니다. 사울은 아나니아의 예상과 달리 예수 따르는 자들을 죽이려고 살기등등한 사람이 아니라 기도하는 사람이니 안심해도 좋다고 말씀하신 겁니다. 사울이 무슨 기도를 하고 있을지는 추측할 수밖에 없습니다. 후회와 참회의 기도로 사흘을 다 보내도 부족했을 것입니다.

놀랍게도 예수님은 이미 기도하고 있는 사울에게도 아나니아란 사람이 그를 찾아갈 것이라는 말씀을 해놓으신 상태였습니다. 아나니아가 사울을 찾아가면 사울이 아나니아를 기다리고 있을 것이라는 뜻입니다. 그리고 그 아나니아가 사울 자신에게 행할 일까지 다 보여주셨습니다. 이렇게 주님은 보낼 사람과 받을 사람을 다 예비하여 만나게 하셨습니다. 아나니아, 그는 "율법에 따라 경건한 사람으로 거기 사는 모든 유대인들에게 칭찬을 듣는"(행 22:12) 사람이었습니다. 도저히 믿기지 않는 사울의 회심을 증언하고 그를 믿을 만한 사람으로 천거할 만큼 신망이 두터운 사람이었습니다.

여태 살아오면서 저에게도 여러 아나니아들이 있었습니다. 그들을 통해서 좋은 사람들을 소개받았고 좋은 공동체를 만났습니다. 저를 천거해주기도 했습니다. 또 그 아나니아들을 통해서 제 사명을 깨닫기도 하였습니다. 저도 누군가에게는 아나니아였습니다. 저의 제자로 삼기보다는 그들에게 더 나은 스승을 소개해주었고, 더 적절한 공동체를 만나게 해주었고, 또 사역지를 주선하거나 추천해주기도 하였습니다. 이와같이 지금도 도처에서 신실한 사람들이 서로에게 아나니아가 되고 선한 네트워크를 형성하여 하나님 나라를 함께 세워가고 있습니다. 여러분도 누군가의 아나니아가 되어 주십시오. 여러분을 통해서 하나님께서 준비하신 사울 같은 깊은 이해가 필요한 일꾼들을 수용하고 품어줄 공동체를 만날 수 있게 해주십시오. 그러기 위해서 여러분의 공동체가 먼저 모든 이들에게 '칭찬을 듣는 경건한 교회'가 되기를 바랍니다.

하지만 처음부터 아나니아가 순순히 영적 중매쟁이 역할에 수긍한 것은 아니었습니다.

"아나니아가 대답하되 주여 이 사람에 대하여 내가 여러 사람에게 듣사온즉 그가 예루살렘에서 주의 성도에게 적지 않은 해를 끼쳤다 하더니 여기서도 주의 이름을 부르는 모든 사람을 결박할 권한을 대제사장들에게서 받았나이다 하거늘"(사도행전 9:13-14)

무례한 반발이 아니라 지극히 당연한 놀라움의 표현입니다. 아나니아는 예루살렘의 사울, 즉 다메섹에서 부활하신 예수님을 만나기 전 사울이 어떤 사람이었는지를 잘 알고 있었습니다. 그가 이번에 왜 다메섹에 왔는지도 소상히 알고 있었습니다. 예루살렘의 숨은 그리스도인들이 이런 기밀 사항을 황급히 다메섹의 그리스도인들에게 전달했을 가능성이 큽니다. 사울, 그는 적어도 그리스도인들에게는 상종해서는 안 되는 위험한 사람이었습니다. 예수님의 제자들이 가장 경계해야 할 무시무시한 논객이고 자객이었습니다. 다메섹에 사는 아나니아가 이렇게 말할 정도면 그의 악명이 얼마나 높았을지 짐작할 수 있습니다. 사울이 나중에 자신을 "죄인 중에 괴수"라고 말한 것은 겸양에서 나온 말이 아닙니다. 그리스도인들에게만은 진짜 잔인하고 악질적인 유대교 지도자였습니다. 아나니아에게 사울은 유대인에게 '사마리아' 같은 존재였습니다. 하지만 빌립이 그 차별의 장벽, 편견의 장벽, 부정의 장벽을 헐고 그들에게 복음을 전하여 형제로 삼았듯이, 이제 아나니아도 예수께서 친히 허문 그 죽음의 장벽을 넘어 믿는 형제들을 잡아 죽인 그 사람을 형제로 맞아들여야 했습니다. 그도 스데반처럼 사울을 용서해야 했습니다.

한국의 현대사를 보면 인간이 만들어놓은 이 반목과 갈등의 벽이 얼마나 견고한지 확인할 수 있는 사건들이 많습니다. 교회도 진보와 보수 간의 갈등의 골이 깊습니다. 가진 자와 못 가진 자 사이의 양극화도 심화되고 있습니다. 정규직과 비정규직, 비장애인과 장애인, 내국인과 외국인, 세대 간의 갈등도 있습니다. 교회뿐 아니라 모든 영역에서 이 아나니아 같은 중재자가 필요한 때입니다. 진정으로 부활하신 예수 그리스도께서 역사하실 때 성령으로 하나가 될 수 있으니, 다른 누구보다도 교회가 앞장서서 그 평화의 중재자가 되어야 합니다. 교회가 진정으로 복음으로 거듭난 교회인지를 알려면 그 교회가 평화의 중재자 역할을 잘 감당하는지, 아니면 갈등과 차별과 반목을 만들어내는지를 보면 될 것입니다. 아나니아는 예전의 사울을 잘 알고 있었지만, 그가 들짐승처럼 미친 듯이 날뛰던 사람에서 이제는 온순한 양이 되어 기도하는 사람으로 변한 것은 몰랐습니다. 예수님은 아나니아에게 그를 왜 받아주어야 하는지 알려주십니다. 당신께서 왜 그를 용서하시고 부르셨는지를 밝히십니다.

"주께서 이르시되 가라 이 사람은 내 이름을 이방인과 임금들과 이스라엘 자손들에게 전하기 위하여 택한 나의 그릇이라 그가 내 이름을 위하여 얼마나 고난을 받아야 할 것을 내가 그에게 보이리라 하시니" (사도행전 9:15-16)

주께서는 얼마 전까지 복음을 박해하였던 이 사람 사울이 이제 복음을 담아 전하는 예수의 택한 그릇스큐오스 에클로게스, σκεῦος ἐκλογῆς이 될 것이라고 하십니다. 열두 제자를 선택하셨던 주님이 이제 사울을 선택하셨습니다. 그는 "나예수님의 이름토 오노마 무, τὸ ὄνομά μου을 전하기바스타사이, βαστάσαι 위하여" 부르셨습니다. 더군다나 주님은 그를 누구에게 보내겠다고 하십니까? "이방인과 임금들과 이스라엘 자손들에게"입니다. 이스라엘 자손이 맨 앞이 아니라 맨 뒤에 언급되고 있습니다. 반대로 아예 언급되어서는 안 될 것 같은 '이방인'이 맨 앞에 언급되고 있습니다. 하나님은 길리기아의 '다소' 출신, 그러니까 이방 지역 출신인 유대인 사울을 불러 이방인과 유대인 모두에게 복음을 전하게 하시겠다고 하십니다. 우리가 하나의 편견을 깨면, 하나님은 또 하나의 편견을 깨실 것입니다. 그런데 우리가 박해자 사울에 머물러 그를 거절한다면, 이방인의 사도 사울을 보기는 더욱 어려웠을 것입니다. 그는 이방인의 사도이지만, 동시에 유대인이스라엘 자손들의 사도이기도 했습니다. 그는 할례자와 무할례자 모두에게(고전 9:19-20) 복음을 전하도록 부름을 받았습니다. 나중에 우리는 그가 임금들, 즉 아그립바 2세 왕(행 25:23-26:29)과 로마 황제 앞에서(행 25:12) 예수의 이름을 전하는 것을 보게 될 것입니다. 더 놀라운 것은 이제 박해자 바울이 피박해자, 즉 박해를 받는 자가 된다는 주님의 예고입니다.

"그가 내 이름을 위하여 얼마나 고난을 받아야 할 것을 내가 그에게 보이리라 하시니"(사도행전 9:16)

46

하나님은 사울 본인에게도 이 사명과 운명을 친히^{맨 앞에 나온 강조의 '에} 고' ἐγώ, 직역하면 '다름 아닌 내가' 보여주겠다고 하십니다. 복음은 죄인들에 게, 사망 아래 있는 자들에게 필요하기 때문에 전파하는 것일 뿐 환영 받 을 것이기 때문에 전하는 것이 아닙니다. 환대보다는 냉대를 받는 일이 압도적으로 많을 것입니다. 그래서 복음이 있는 곳엔 늘 고난도 함께 있 습니다. 그것은 가능성이 아니라 필연^{'고난을 받아야 할 것을', 데이 δεῖ; 고후} 11:30입니다. 사울은 이제 유대교에서 누렸던 존경과 영광을 누리도록 부 르신 것이 아니라, 그가 핍박했던 자들처럼 도망치고 고문을 당하다가 버려지기 위해 부름을 받고 있습니다. 사도행전의 후반부(행 13-28장)는 바울이 이 두 가지, 즉 그가 이방인의 사도요 고난 받는 사도로 살아온 이야기를 기록하고 있습니다. 그것은 바울뿐만 아니라 복음을 듣고 그 복음을 살고 그 복음을 전하며 살겠다고 작정한 모든 제자들에게 찾아오 는 숙명입니다.

> "그리스도를 위하여 너희에게 은혜를 주신 것은 다만 그를 믿을 뿐 아니라
> 또한 그를 위하여 고난도 받게 하려 하심이라 너희에게도 그와 같은 싸움
> 이 있으니 너희가 내 안에서 본 바요 이제도 내 안에서 듣는 바니라"(빌립
> 보서 1:29-30)

이에 아나니아는 더는 주저하거나 지체하지 않고 '가라'는 명령에 곧 장 순종합니다.

"아나니아가 떠나 그 집에 들어가서 그에게 안수하여 이르되 형제 사울아

주 곧 네가 오는 길에서 나타나셨던 예수께서 나를 보내어 너로 다시 보게 하시고 성령으로 충만하게 하신다 하니 즉시 사울의 눈에서 비늘 같은 것이 벗어져 다시 보게 된지라 일어나 세례를 받고 음식을 먹으매 강건하여지니라"(사도행전 9:17-19)

이제 원수 사울을 "형제아델페, ἀδελφέ 사울"로 불러주고 있습니다. 그리고 자신을 보낸 분을 "주퀴리오스, κύριος 곧 네가 오는 길에서 나타나셨던 예수"라고 소개합니다. 예수님의 피가 결코 하나가 될 수 없었던 그들을, 도저히 형제가 될 수 없는 그들을 하나로 묶었습니다. 부활하신 주께서 용서와 화해와 하나됨의 역사가 일어나게 하셨습니다. 그 마음으로 아나니아가 안수하자 사울의 어두웠던 눈이 환해졌습니다. 물론 육신의 눈이 밝아져서 다시 보게 되었다는 뜻이지만, 당연히 복음의 밝은 빛을 경험하고는 사울의 영적 눈도 밝아졌음을 암시하는 표현일 것입니다. 사흘 동안의 기도와 묵상, 예수님과의 교제, 아나니아의 방문 등을 통해 이제 그는 새로운 사람으로 변모되었습니다. 이것은 그가 "성령으로 충만해졌다"는 표현에서 알 수 있습니다. 이제 후로는 성령께서 사울의 인생을 운전하실 것입니다. 가고 서는 것, 방향과 속도 모두 그분이 인도하실 것입니다. 성령의 밝은 빛을 따라 하나님의 말씀을 재해석하고 성령의 소욕을 따라서 살게 될 것입니다. 그 성령의 능력으로 이방인과 왕과 유대인들에게 복음을 전할 것이고, 그 성령의 능력으로 고난도 견뎌낼 것입니다. 자기 지혜로, 자기 힘으로, 자기 확신으로, 자기 열정으로 살았던 삶을 멈추고, 이제 새로운 에너지로 사는 존재가 되었습니다. 이것이 진정한 회심입니다. 이제 더 말이 필요 없습니다. 빌립을 통해서 에티오피아의 내시가 영적 개안을 한 후에 즉시 세례침례를 받음으로 영적 공동체 안으로 공식적으로 들어왔다면, 이제 사울도 세례침례를 통하여 유대교를 떠나서 그 유대교에 의해 죽임을 당했지만 다시 살아나신 예수님의 다스림 아래로 들어가고 있습니다. 그는 비로소 금식을 멈추고 사랑의 식탁교제를 통해 기력을 회복해가기 시작했습니다.

나가는 말

하나님의 거룩한 공세

사울, 그는 유대교의 선두 주자요 촉망 받는 유망주요 유대교의 미래였습니다. 그런 사울이 유대교가 죽인 예수를 메시아로, 그리스도로, 하나님의 아들로 믿게 된 사건은 유대교의 몰락과 성전 종교의 퇴락을 알리는 사건이요, 예수님의 부활을 입증한 사건입니다. 그것은 사랑의 승리요 용서의 승리입니다. 메시아 예수를 죽인 사람을 메시아 예수의 부활과 통치를 증언하는 자로 변화시킨 이 사건이야말로 박해받는 제자 공동체에게는 복음의 능력을 실감나게 경험하는 일이 되었을 것입니다. 하나님의 그 거룩한 공세는 오늘도 멈추지 않습니다. 여러분을 통해서, 우리의 공동체를 통해서 주님은 바로 나를 요격하기를 원하십니다. 눈이 밝아지고 성령에 충만한 이 공동체를 통해서 이 시대 조국 교회의 어둠을 밝히기를 원하십니다.

나를 멈춰 세우는 질문

우리는 지금 어디를 향해 질주하고 있습니까? 나의 가고 서고 앉고 일어서는 것을 결정하는 것은 무엇입니까? 누가 내 향방을 정해줍니까? 이 길 끝에 무엇이 기다리고 있기를 기대하면서 그렇게 옆도 안 보고 뒤도 안 보면서 내달리고 있습니까?

"사울아, 사울아, 네가 어찌하여 나를 핍박하느냐?"

사울에게는 그야말로 경천동지할 질문입니다. 주님을 위해 온몸 다 바쳐 충성해온 인생인 줄 알았는데, 자신이 사랑하고 경외하는 주님을 박해하고 괴롭게 하는 인생으로 드러났으니 말입니다. 자신이 죽인 그 예수가 메시아였고 자신이 죽이려고 달려가는 그 사람들이 이단이 아니라 참 하나님 나라의 백성들이었다니 말입니다. 부활하여 자기 앞에 산 채로 나타나신 하나님의 아들 예수께서 던진 이 질문 하나에 바울은 고압전류에 감전된 사람처럼 옛 사람이 타버렸습니다. 그리고 그 옛 사람을 지탱하던 확신과 사명이 죽음을 맛보았습니다.

영혼의 중매쟁이

위대한 사도 바울도 누군가에 의해서 안수를 받아 눈이 열리고 성령으로 충만하게 되고 세례를 받고 환대를 받습니다. 그에게도 이런 출발이 있었습니다. 처음부터 그는 혼자 사역해도 충분한 걸출한 일꾼이 아니었습니다. 나중에는 바나바가 그를 안디옥 교회로 초청할 것입니다. 베드로가 그의 이방인 사역을 두둔할 것입니다. 그의 곁에는 숱한 조력자들이 있을 것입니다. 본문에는 나오지 않았지만, 사울의 회심은 당연히 집 주인 유다를 포함하여 그를 수행했던 유대교 경찰들에게도 영향을 미쳤을 것입니다. 오늘 나의 작은 섬김과 격려가 또 한 명의 바울을 낳는 일이요, 지도자로서 나의 회심이 나를 둘러싼 많은 이들의 회심으로 이어질지 모릅니다. 아나니아처럼 하나님이 준비하신 영혼들을 생명의 공동체로 인도하고 그들의 눈을 열어주는 영적 중매쟁이들이 되기를 바랍니다. 이제 욕망에 포박된 삶에서 벗어나 복음을 위해 결박되는 인생을 살도록 기도합시다.

복음을 위한 그릇

사랑하는 여러분, 우리가 혹시 주님을 위한다고 하면서 도리어 주님을 박해하는 인생을 살고 있지는 않습니까? 우리 시대의 교회가 세상으로부터 외면당하고 있다는 증거를 더는 제시할 필요도 없을 지경이 되었습니다. 복음을 위해서 당하는 고난이 아니라 교회가 복음에서 멀어져서 당하는 고난입니다. 복음 전파를 위해서 고난 받고 있는 것이 아니라 복음이 전파되지 못하도록 고난을 주고 있다면, 우리는 결코 그 길을 따라가서는 안되겠습니다. 고장 난 욕망의 계기판을 말씀으로 고치고 망가진 브레이크를 성령으로 고쳐서, 이제 부활하신 주께서 가라고 하신 곳으로 가는 복음의 그릇이 되기를 바랍니다. 이제 우리는 우리를 위해서 복음을 결박하고 이웃을 결박하는 자가 아니라, 주님을 위해서 기꺼이 결박을 자처하여 주님과 타인을 생명으로 자유롭게 해주는 인생이 되기를 바랍니다.

함께 기도하겠습니다

살아계신 우리 아버지 하나님,

우리의 길을 앞서 인도하시고, 가던 길에서 우리를 세우기도 하시고

때로 그 길을 끊어 우리로 할 말을 잃게 하시는 하나님,

그리하여 우리로 기어이 당신의 아들 예수께서 걸어가신

그 길을 가게 하시고

주께서 남기신 그 생명의 사역,

하나님 나라의 역사을 감당하게 하시는 하나님,

주께서 오늘 어떻게 저희에게 다가오시든지 간에

주님의 그 거룩한 간섭과 습격을 순전하게 수용하여

익숙하고 길들여진 삶에서 벗어나고

무뎌지고 둔해진 영혼이 깨어나고 예민해져서

더 간절히 더 진실히 더 성실하게

하나님 나라를 살아가고 복음을 담은 가슴으로

살아가게 하여 주시옵소서.

사울의 인생을 송두리째 사로잡으신 하나님,

그의 눈을 멀게 하신 후 다시 새로운 눈으로 열어주신 하나님,

그가 쌓은 모든 것을 허무신 후 하나님의 것으로 세워가신 하나님,

그의 모든 관계를 끊고 낯설고 새로운 방식의 관계 속으로

이끌어주신 하나님,

이제 주께서 저희와 저희 공동체를 어떻게 빚으시더라도

주님의 그 창조의 손길에 전적으로 내어맡기길 원하오니

부디 주님의 사람으로, 복음을 전할 그릇으로 창조하여 주시옵소서.

주께만 온전히 결박되어 진리 안에서

참 자유를 누리는 인생이 되게 하여 주시옵소서.

주께서 침묵하시고 숱한 질문들을 남겨주실 때

그때도 변함없이 우리를 사랑하시는 주님 안에 있음을 굳게 믿으면서

기꺼이 주님 당신과 함께 한 번도 가보지 못한 길에 나서고

한 번도 환영하지 못한 사람과 생각에 마음을 열고 귀를 열게 하셔서

더 넓고 깊게 하나님과 사람을 사랑하고 품을 수 있는

사람으로, 교회로 자라게 하여 주시옵소서.

빌립을 사용하여 사마리아와 에티오피아에 복음을 전하셨고,

이제 아나니아를 통해 사울을 그리스도의 몸의 공동체로 인도하신 주님,

오늘 저희도 누군가를 위해 아나니아가 되어

하나님의 부르심을 전하고, 하나님의 사명을 같이 감당하게 하시옵소서.

아나니아를 통해 주께서 저희에게 말씀하실 때

당신의 음성과 뜻을 잘 분별할 수 있게 하시옵소서.

아멘.

박해자에서
사명자로!

사도행전 9:19b-31

사울의 혁명적 전환

예수를 믿겠다고 나설 때 대개는 그게 무슨 의미인지 모른 채 시작합니다. 하지만 때가 되어 예수님이 누구신지를 점점 알게 되면, 그분의 십자가와 부활, 승천이 역사적 사실인 것과 그 의미가 무엇인지를 알게 되고, 보혜사 성령님을 통해서 그 예수님의 통치가 주 오실 그날까지 이어진다는 것, 그리고 창조와 구원의 목표, 즉 주께서 당신의 자녀요 백성인 우리에게 무엇을 기대하시는지를 알게 됩니다. 그때부터는 '믿는다' 혹은 '사랑한다'는 말을 쓰는 게 조심스러워집니다. 복음은 하나님이 다시 모든 역사의 주인이시고 창조주가 되어 주기로 하셨다는 소식입니다. 그 하나님이 당신의 사랑과 은혜로 우리를 그분의 나라로, 그분의 통치 아래로 부르셨다는 소식입니다. 그들을 제자 혹은 자녀, 하나님의 백성이라고 부릅니다. 교회는 예수 그리스도의 몸이요, 또한 우리는 그분의 성전이요 신부입니다.

목사나 선교사 같은 특별한 사역에 부름 받은 사람들에게만 예외적으로 특별한 삶, 그러니까 내 관심사 전부를, 내 소유 전부를, 내 삶 전부를 요구하는 것이 아닙니다. '그리스도인'은 그리스도를 따르는 자들이란 뜻이며, 그것은 그리스도처럼 삶으로써 이 땅에서 그리스도의 살아계심을 입증하고, 하나님 나라가 저 하늘에서와 같이 이 땅에도 임하고, 하나님의 뜻이 저 하늘에서와 같이 땅에서도 이루어지게 하는 자라는 뜻이기 때문입니다. 예수를 똑바로 아는 순간, 그렇게 안 것을 인정하는 순간, 그렇게 인정한 것에 내 삶을 내어 맡기는 순간, 우리 인생에는 코페르니쿠스적인 전환이 이루어집니다. 그때부터 삶의 방식과 삶의 목표가 달라지기 시작합니다. 정도의 차이는 있더라도, 그것은 늘 급진적이고 전격적이고 통전적wholistic입니다. 이제부터 우리의 삶을 지탱하는 에너지가 달라집니다. 선과 악의 기준이 달라지고, 의와 불의의 기준이 달라지고, 기쁨과 만족의 동기가 달라집니다. 우선순위가 새로워집니다. 무엇보다도 나를 중심으로 움직이던 세상이 이제 하나님을 중심으로, 혹은 예수님을 중심으로 움직이는 세상으로 변하기 시작합니다.

겉으로만 보면 모든 종교인들이 자신을 버려서 무언가를 위해 사는 것 같지만, 자기의 욕망을 투사한 것인 경우가 많습니다. 하나님이나 신을 대신한 또 다른 형태의 '우상'일 뿐입니다. 종교적 대상을 숭배하는 것이나, 민주주의, 과학, 민족이나 국가, 심지어 교회를 절대시하는 것은 본질적으로는 다를 바 없는 우상숭배가 될 수 있습니다. 교회 안에 들어와 있지만 여전히 죽어서 지옥 대신에 천국 가기 위한 목적 하나로 예수를 믿거나, 이 땅에서 하나님 덕분에 남들보다 더 잘 먹고 잘 살고 싶은 욕망에서 예수를 믿는다면, 그리하여 더 높이 오르고, 더 많이 소유하고,

더 앞서가기를 바라는 세상 욕망과 우리의 욕망이 다르지 않다면, 우리는 우상숭배자에 불과합니다. 하나님을 사랑하고 이웃을 사랑할 줄 아는 사람이 되고, 정의와 평화를 사랑하고 긍휼과 연민이 가득한 사람이 되는 것, 즉 진정으로 인간다운 인간이 되고자 하는 욕망이 나를 압도할 때만, 우리는 그리스도인의 길에 들어섰다고 말할 수 있습니다. 그러고도 가야 할 길이 한참이나 멀지만 그래도 그 길 위에 있다는 증거는 오직 그것, 사랑입니다. 그렇지 않으면 어디서나 볼 수 있는 종교인이거나 신념이 강한 사람일 뿐입니다. 참 그리스도인은 세상이 약속한 보상과 그들이 꿈꾸는 낙원을 부러워하거나 거기에 가치를 부여하지 않습니다. 세상을 우선순위 밖으로 밀어냄으로써 감수해야 하는 손해나 고난을 알면서도 그 길을 선택하고, 그 불편함과 불온한 삶을 스스로 선택하였기에 너무 크게 두려워하지 않습니다. 그렇게 우리의 부러움과 두려움의 이유가 달라질 때, 세상은 우리를 점점 감당하지 못할 것입니다. 종교화되고 제도화된 생기 없는 교회는 이단이 기생하거나 자랄 수 있는 최적의 숙주입니다. 그들은 종교의 이름으로 포장된 강한 세속의 욕망을 이용하여 우리를 포섭하기 때문입니다.

사울이 예수님을 만나기 전 정체성이 바로 종교인이었습니다. 스스로는 열정적이고 순수하게 하나님을 위하여 살아왔다고 생각했지만, 훗날 그는 자신이 얼마나 철저한 율법주의자였는지 깨달았습니다. 하나님의 은혜로 산 것이 아니라 율법의 의에 취해서 살아왔다고 고백합니다. 그러니 율법의 기준만 놓고 보자면 흠을 찾을 수 없었던 자신에 대해 자긍심이 강했을 것이고(빌 3:6), 사람들도 그를 유대교의 정점이고 미래라고 생각했을 것입니다. 오히려 죽은 예수에게 자신의 전부를 다 걸고, 그가 마치 살아있는 존재나 되는 듯이 충성하고 헌신하는 사람들, 그리고 그가 보낸 성령을 통하여 어떤 고난도 감내하면서 이웃을 섬기는 사람들, 그러면서도 기쁨과 평안을 고수하는 예수쟁이들이 오히려 이단으로 보였습니다. 자기 힘과 지혜로 살던 사울 자신은 정통이고, 성령의 힘으로 사는 예수쟁이들은 이단이라고 여긴 것입니다. 그래서 예수를 죽였듯이 옛 헬라파 유대인 동료 스데반을 죽였습니다. 그리고 나머지 예수쟁이들을 잡으러 다메섹으로 가던 중이었습니다. 그런데 다메섹에 거의 다 왔을 무렵에 신의 저주를 받아 나무에 달려 죽었다고 생각해왔던 예수를 부활한 실체로 만났습니다. 그는 죽고 끝난 것이 아니었습니다. 제자들이 목숨을 걸고 선포한 대로, 또 스데반이 죽어가면서까지 "하나님의 보좌 우편에 서 계신다"고 말한 대로, 예수는 부활하여 살아 계셨습니다. 이 만남과 대면은 사울의 모든 것을 송두리째 뒤집고 뒤엎는 경천동지할 사건이었습니다.

그런데 사울에게 일어난 가장 큰 변화는 신학의 변화였습니다. 분명히 십자가에서 죽은 그 예수가 살아났다면, 그건 죽은 예수에게는 죄가 없다는 의미가 됩니다. 그럼 왜 죄가 없는데도 예수는 극악한 죄인들에게만 내려지는 '나무에 달려 죽는' 죽음을 당한 것일까? 왜 하나님은 자기 아들을 그런 수치스런 죽음에 내어주었을까? 만약 그에게 죄가 없다면 자신을 포함해서 예수를 정죄하여 죽인 자들이 무슨 짓을 한 것일까? 사흘 동안 전혀 못 보고 아무것도 먹지도 마시지도 않으면서 지내는 동안, 사울은 묻고 또 물었을 것입니다. 아나니아가 방문하기까지 그 사흘 동안 부활의 주님은 전혀 나타나지 않으셨고 아나니아가 올 것이라는 말씀 외에는 아무 말씀도 없으셨습니다. 아무도 보내지 않으셨습니다. 그

대신에 스스로 묻고 대답하면서 자신의 지난 시간과 자신의 지식을 이 부활하신 예수와의 만남 사건을 통해 새롭게 조명하도록 말미를 주셨습니다.

그런 깊은 고뇌와 뉘우침과 묵상 끝에 사울은 분명 이사야 선지자가 미리 말한 대로 이 예수의 죽음은 이스라엘의 속죄 제물이 된 어린양의 죽음이었고, 자신의 온몸에 인류의 저주를 짊어진 죽음이었다는 결론을 내릴 수밖에 없었을 것입니다. 한 사람이 모든 사람을 위하여 죽었으니 결국 모든 사람이 죽은 거나 마찬가지였습니다. 이제 만약 그 사실을 믿고 인정한다면, 그는 이제 예수와 함께 죽은 거나 마찬가지인 것을 알았습니다. 하나님의 아들을 박해했을 뿐 아니라 그 영광스런 부활체를 대면하고도 사울 자신이 이렇게 살아있는 것은 예수가 은혜로, 덤으로 준 삶이고, 이제 남은 생은 그 예수를 위해서, 그 예수를 주인 삼아 살아야 한다고 결론을 내렸습니다. 그것을 갈라디아서에서 이렇게 말합니다.

"내가 그리스도와 함께 십자가에 못 박혔나니 그런즉 이제는 내가 사는 것이 아니요 오직 내 안에 그리스도께서 사시는 것이라 이제 내가 육체 가운데 사는 것은 나를 사랑하사 나를 위하여 자기 자신을 버리신 하나님의 아들을 믿는 믿음 안에서 사는 것이라 내가 하나님의 은혜를 폐하지 아니하노니 만일 의롭게 되는 것이 율법으로 말미암으면 그리스도께서 헛되이 죽으셨느니라"(갈라디아서 2:20-21)

자신들은 의인들의 계보에 속한 그루터기, 남은 자, 소수의 사람 중 하나가 아니라, 구약의 역사에서 자기 기득권을 지키기 위해서 하나님께서 보내신 선지자를 죽이고 그들의 입을 막았던 대다수 악인들의 계보를 잇고 있다는 것을 알게 되었습니다. 이 결론에 이르렀을 무렵, 하나님은 아나니아를 보내셔서 그를 그리스도의 몸인 교회 공동체 안으로 부르시고, 공동체를 통해서 영접을 받고 환대를 받도록 해주셨습니다. 예수님은 아나니아를 통해서 사울에게 두 가지 사명을 감당하도록 그를 선택하여 부르셨다는 사실을 알려주셨습니다. 첫째, 이방인과 임금들과 이스라엘 자손들에게 예수님의 이름을 전하는 그릇이 되는 일입니다. 둘째, 예수님의 이름을 위하여 고난 받는 것입니다. 이제 사도행전의 나머지 부분은 사울이 사도가 되어 어떻게 이 사명을 감당하는지를 소개하고 있다고 해도 과언이 아닙니다.

하지만 본격적으로는 13장부터 사울의 이방인 사역이 시작될 것입니다. 사도행전 9:32-12:25은 유대인과 이방인 간의 장벽이 무너지는 다양한 예수님의 사역, 사도들의 사역, 안디옥 교회의 사역이 소개됩니다. 이런 굳건한 토대가 마련된 후에 안디옥 교회를 통해서 사울과 바나바가 이방인을 위한 선교사로 파송되고 있습니다.

사울, 다메섹에서 사역하다

오늘은 사울이 코페르니쿠스적 전환, 거의 혁명적인 사고의 전환, 패러다임의 전환을 경험한 후에, 그의 삶 역시 얼마나 급진적으로 그리고 얼마나 전격적으로 변하기 시작했는지를 보여줍니다. 어쩌면 우리가 박해자 사울의 이야기가 아니라 박해를 받고 그의 손에 죽은 스데반의 이야기를 다시 읽고 있는 것이 아닌가 하는 착각이 들 정도로 그는 스데반이 걸어갔던 길을 그대로 걸어가고 있습니다. 박해자에서 박해를 받는 자로, 즉 사명자로 사울의 인생은 완전히 변했습니다. 성경은 이것을 '회심'이라고 부릅니다. 사울, 그는 자신이 과거에는 "죄인 중에 괴수"(딤전 1:15)였다고 생각했기 때문에 허송한 세월을 만회하려고 더 열심히 그 반대의 삶을 살았는지 모릅니다. 회심하고 난 후 거의 20여 년 동안 소아시아와 그리스를 중심으로 약 1만 6천 킬로미터뱃길 여행은 5천 6백 킬로미터를 여행하면서 선교를 했습니다. 하지만 이제는 자기 열정으로만 하지 않았습니다. 그것이 예수님을 알기 전과 후에 사울이 달라진 점입니다. 그는 오늘 우리처럼 보혜사 성령님을 의지하여 사역했습니다. 그 성령님을 통해 예수께서 명하시는 대로 사역했습니다. 그분이 가라고 하시면 가고, 멈추라고 하시면 멈추었습니다. 17절에서 아나니아는 사울을 찾아가 이렇게 말해줍니다.

"네가 오는 길에서 나타나셨던 예수께서 나를 보내어 너로 다시 보게 하시고 성령으로 충만하게 하신다 하니"(사도행전 9:17)

사도들로 하여금 목숨의 위협을 두려워하지 않고 부활하신 예수님을 전하게 하였던 그 성령께서 사울에게도 충만하게 임하신 것입니다. 하나님은 사울이 유대교 안에서 그간 애써 쌓아 올린 모든 것을 쓰레기로 만들지 않으셨습니다. 사울 자신은 그것을 "배설물"로 여긴다고 하였지만 (빌 3:8), 그것은 인간적인 자랑거리로 여기지 않는다는 의미일 뿐, 그의 그 학문적인 수련이나 경건의 습관, 하나님 나라를 향한 열정, 심지어 그의 로마 시민권마저도 다 의미 없는 것으로 생각하여 버렸다는 뜻이 아닙니다. 그것은 다만 그리스도를 아는 지식과 비교할 때 아무 것도 아니라는 뜻이고, 그리스도 안에서 쓰임 받지 않으면 무익하다는 뜻일 것입니다.

성령은 이제 사울이 그 모든 것을 재해석할 수 있도록 새로운 관점을 주셨습니다. 방향 전환을 해주신 것입니다. 시각 교정을 해주신 것입니다. 성경을 새롭게 볼 수 있는 안목을 주셨고, 예수의 제자 공동체 안에서 일어난 일을 부활하신 예수께서 보혜사 성령을 통하여 역사하신 것임을 알아볼 수 있게 해주셨습니다. 그러니 하나도 버릴 것이 없었습니다. 현재는 물론이고 미래도 그와 같을 것이고, 인간은 물론이고 모든 피조 세계까지 주께서 당신의 창조 의도를 따라 만들어 가실 것임을 깨달아갔습니다. 그것이 로마서 8장에서 사울이 말한 "하나님을 사랑하는 자, 곧 그 뜻대로 부르심을 입은 자들에게는 모든 것이 합력하여 선을 이루느니라"(롬 8:28)는 말이 의미하는 바일 것입니다. 주 예수님의 손에 이끌림을 받을 때, 성령의 조명을 받을 때, 비로소 우리가 가진 자원이나 조건이 나와 타인의 생명을 살리는 의미 있는 도구가 될 수 있는 것입니다. 세상이 칭송할 만한 것이 있고 탁월한 재능이 있더라도, 성령에 사로잡힐 때, 주와 함께 죽고 함께 사는 세례를 받을 때, 비로소 성령의 그릇이 될 수 있습니다. 하나님께서 사울을 부르신 목적을 따라 이방인과 유대인에게 복음을 전할 사도로 쓰시기 전에 먼저 하신 일이 있습니다.

"사울이 다메섹에 있는 제자들과 함께 며칠 있을새"(사도행전 9:19b)

사울에게 가라는 예수님의 직접적인 명령을 듣고도 주저했을 만큼 아나나이아는 사울의 회심을 의심했습니다. 그렇다면 다른 다메섹의 그리스도인 형제자매들은 더욱 핍박하는 자 사울을 수용하기가 쉽지 않았을 것입니다. 그의 회심을 믿기 어려웠을 뿐만 아니라 그가 자기 친족들에게 행한 무지막지한 핍박을 용서하기란 더욱 힘들었을 것입니다. 하지만 교회 공동체의 도움과 지지 없이 사울이 이 엄청난 선교적 사명을 감당할 수는 없었습니다. 주님만 도와주시면 잘할 수 있는 일이 아니었습니다. 주님은 공동체와 상관없이 유능한 일꾼 하나로만 충분하다고 하신 적이 없습니다. 하나님이 사울에게서 필요했던 것은 그의 탁월한 복음 증거 능력과 가르치는 은사가 전부는 아니었습니다. 그것은 원래부터 하나님이 주신 것입니다. 하나님은 '사울 자신'이 필요했습니다. 그가 당신의 자녀로서 존재하기를 더 원하셨습니다. 그 역시 아나니아의 도움으로 눈이 열렸듯이, 공동체의 사랑을 받아 한 명의 그리스도인으로 성장해야 했고, 그 안에서 하나님 나라를 누려야 했습니다. 그래서 그가 탁월하게 그리고 성공적으로 복음 증거 사역을 해냈다는 말보다 "제자들과 함께 며칠 있었다"는 이 언급이 우리를 뭉클하게 하는 것입니다. 그는 이제 새로운 사람이 되었습니다. 그것은 새로운 사람들과 새로운 종류의 관계를 맺기 시작했다는 뜻입니다. 그 며칠 동안 그들은 그리스도 안에서 한 가족으로 연결되어 갔을 것입니다. 다메섹의 제자 공동체와 교제하고, 그들의 극진한 환대로 무너졌던 건강을 되찾고 나서, 사울이 가장 먼저 한 일이 무엇입니까?

"즉시로 각 회당에서 예수가 하나님의 아들이심을 전파하니"(사도행전 9:20)

그는 원래 다메섹의 회당으로 가고 있던 중이었습니다. 거기서 동료 유대인들에게 영향을 미치려던 예수쟁이 유대인들을 색출하여 예루살렘으로 압송하는 것이 회심 전 그의 사명이었습니다. 그런데 이제 그 유대인 회당에 가서는 그리스도인들이 주장하는 대로 예수가 "하나님의 아들"이라고 선포하였습니다. 그가 차단하려고 했던 그 메시지, 박멸하려고 했던 그 가르침을 사울 자신이 전한 것입니다. 여기 '전파하다'에케뤼쎈, ἐκήρυσσεν가 미완료 시제인 것을 볼 때 그는 회당에서 일정 기간 동안 계속 설교사역을 한 것으로 보입니다. 그것도 "즉시로"유세오스, εὐθέως 전도자의 삶을 시작했다는 것은, 흑암과 침묵 속에서 보낸 사흘 동안의 묵상과 다메섹 공동체와의 교제를 통해서, 사울은 이미 담대히 전할 만큼 주 예수 그리스도의 복음에 대해 상당히 정리되었음을 알 수 있습니다. 그에게 다메섹 도상과 직가라고 불리는 데 있었던 한 유대인의 집은 그의 신학을 새롭게 정립해준 강의실이었고, 그가 새롭게 태어난 분만실이었습니다.

그는 부활하신 영광의 예수를 보고는 그가 바로 스데반이 보았다고 한 하나님의 보좌 우편에 계신 영광스런 아들임을 알게 되었습니다. "하나님의 아들"이라고 고백한 것은 사실상 그가 곧 메시아그리스도라는 고백입니다. 시편 2편에서 "열방이 분노하고 민족들이 허사를 경영하여 하나님의 나라를 공격할 때", 하나님께서 자신의 나라를 구원하기 위하여 "내 사랑하는 아들을 시온에 세웠다"(시 2:7)고 대답하셨습니다. 예수께서 하나님 나라의 왕으로서 공생애 사역을 시작하실 때, 맨 먼저 세례를 받으십니다. 성령이 그 위에 강림하시더니 그 순간 하늘로부터 "너는 내 사랑하는 아들이라"(눅 3:22)는 소리가 들려옵니다. 변화산에서도 "이는 나의 아들, 곧 택함을 받은 자니"(눅 9:35)라는 소리가 구름 속에서 납니다. 둘 모두 이 시편 2:7을 "내 사랑하는 아들을 시온에 세웠다" 인용하여, 예수께서 약속된 바로 그 하나님의 아들임을 드러내 주신 것입니다. 구약에서 '하나님의 아들'은 아버지 하나님의 권한을 이어받은 대리 통치자, 즉 메시아를 의미했습니다. 구약에서 '하나님의 아들', 그것도 아버지를 상속하는 맏아들로 불린 자들이 있는데, 바로 선민 이스라엘 백성들(출 4:22)입니다. 또 이스라엘의 왕(삼하 7:14; 시 89:26-27), 더 나아가 미래의 하나님 나라의 왕(시 2:7; 에녹서 105:2; 에스드라2서 7:28-29; 13:32,37,52) 등을 가리키기도 했습니다. 그렇다면 '하나님의 아들'은 새 이스라엘, 하나님의 백성들을 대표하는 하나님 나라의 왕이요 메시아를 가리킵니다. 유대인의 회당에 가서 사울은 구약에서 약속한 바로 그 메시아, 그 왕이 왔는데, 우리 유대인들이 십자가에 매달아 죽였지만 하나님께서 부활하게 하신 예수가 바로 그 하나님의 아들, 메시아라고 선포한 것입니다. 그 말을 듣고 회당의 유대인들은 어떻게 반응합니까?

"듣는 사람이 다 놀라 말하되 이 사람이 예루살렘에서 이 이름을 부르는 사람을 멸하려던 자가 아니냐 여기 온 것도 그들을 결박하여 대제사장들에게 끌어가고자 함이 아니냐 하더라"(사도행전 9:21)

자기편이라고 생각했던 사울이 불온한 이단들이 전하는 메시지를 전하니 자신들의 눈과 귀를 의심했을 것입니다. 사울은 원래 예루살렘에서 이런 주장을 하던 자들을 멸하던포르쎄오, πορθέω[6], 약탈하고 완전히 파멸시키다: 갈 1:13,23 자고, 이 다메섹까지 도망쳐온 그들을 결박해서 대제사장들에게 끌어가려고 여기 오지 않았느냐고 반문합니다.[7] 재판정에서 피고를 심문해야 하는 검사가 도리어 피고 편에 서서 그를 변호하고 있는 형국입니다. 사울은 불과 사흘 만에 자신이 결박하려고 하는 자들그리스도인과 자신을 동일시하고 있습니다. 이는 전적으로 부활하신 예수님과의 만남 때문에 일어난 변화입니다. 그런 입장 변화, 신분의 변화, 태도의 변화가 가져올 파장을 사울이 몰랐을 리가 없습니다. 어떤 대가를 치러야 하는지를 잘 알고 있었습니다. 그가 사흘 전에 그리스도인들에게 취하려고 했던 취급을 이제 자신이 받아야 한다는 것을 누구보다 더 잘 알았습니다. 동시에 지금껏 자신이 쌓아온 모든 것을 다 버려야 했습니다. 예수를 하나님의 아들 그리스도로 전하는 것 때문에 예수가 당한 그 고난이 이제 자신의 몫이 될 것임을 예수께 직접 들어서 알고 있었습니다. 그런데도 지금 이 순간부터 그는 예수를 위해서, 예수의 나라의 사람으로, 예수가 주신 힘으로 살기로 작정했습니다. 아무리 죽을 고생을 해도 죽지 않으리라는 확신도 있었습니다. 자신은 "이방인과 임금들과 이스라엘 자손들에게" 예수의 이름을 전하게 하려고 하나님께서 몸소 택하신 그릇도구임을 믿었기 때문입니다. 사람들이 놀라고 당황스런 반응을 보이자 사울은 위축된 것이 아니라 더욱 고무되었습니다.

---

6 칠십인역에서 이 단어는 예루살렘을 적대하는 안티오코스와 유대인 순교자를 살육하는 자들에게 쓰이고 있다(마카베오4서 4:23; 11:4).

7 '우크'(οὐχ)는 긍정의 대답을 기대하는 질문이다. 그는 그리스도인들을 말살하려던 사람이 맞다는 것이다.

"사울은 힘을 더 얻어 예수를 그리스도라 증언하여 다메섹에 사는 유대인들을 당혹하게 하니라"(사도행전 9:22)

여기 미완료 동사 '힘을 더 얻어'에네뒤나무토, ἐνεδυναμοῦτο는 사울이 금식 이후에 육체적으로 기운을 차렸다는 뜻일 수 있지만, 말씀을 더욱 힘 있게 전했다는 뜻에 더 가깝습니다. 앞에서는 예수가 '하나님의 아들'이라고 전했는데, 이제 예수를 '그리스도', 즉 메시아로 전했습니다. 유대인들이 메시아가 오면 반드시 일어나리라고 기대했던 일들이 있었는데, 그런 일들이 전혀 일어나지 않았는데도 나무에 달려 저주를 받아 죽은 예수가 메시아라고 사울이 주장하니 당혹스러워 어쩔 줄 몰랐습니다. 지금 그렇게 주장하고 있는 이가 다른 누구도 아니고 바로 유대교의 차세대의 선두 주자요 존경받는 율법 교사요 철두철미한 바리새인인 사울의 입에서 나왔기에, 그들은 반박할 말을 찾지 못한 채 이를 갈고 있었습니다. 저자는 사울이 '예수를 그리스도라 증언했다'고 말하는데, 이 단어 쉼비바조, συμβιβάζω는 무언가가 타당함을 입증하기 위해 사실들을 결합해서 이를 '증명하다'는 뜻입니다. 그가 설득력 있게 예수가 유대인들이 구약에서부터 기대하던 바로 그 메시아라고 효과적으로 증명하자 유대인들이 당혹해한쉬네퀸넨, συνέχυννεν[8] 것입니다.

유대인들은 메시아가 오면 세상은 곧장 끝날 것이라고 생각했습니다. 그때 의인들은 부활하고 악인들은 심판을 받으며, 예루살렘이 중심이 되

---

8 이 '당혹하다'(συγχέω)는 하나님께서 바벨성 사람들의 언어를 "혼잡케 하셨다"고 할 때 칠십역에서 사용한 단어다(창 11:7,9).

어 모든 이방인들이 제거되고 성전이 새롭게 될 것이라고 기대했습니다. 그런데 지금 의인들인 자신들이 부활하지 않은 채 그대로 있고, 이방인 로마도 그대로 예루살렘에 주둔하고 있고, 성전은 정화되지 않았는데, 예수가 메시아이고 그가 부활했다고 주장하니 이를 받아들일 수가 없었던 것입니다. 그러면 예수만 의인이라는 말이 되고, 그를 정죄하고 죽인 유대교는 용서받을 길이 없게 됩니다. 하지만 사울은 예수님이 부활의 첫 열매가 되신다는 것을 깨달았습니다. 이제 예수님 다시 오실 때에는 악인들이 완전히 심판받고 의인들은 그 예수님의 부활에 참여한다는 사실도 새롭게 알게 되었습니다. 이미 그 새 시대는 시작되었고, 우리의 영적 부활도 시작되었고, 그 완성을 기다리고 있다는 것도 잘 이해했습니다.

피신하는 사울

사울은 다메섹에서 한참을 사역했습니다. 얼마나 지났을까요? 23절에 "여러 날이 지나매"라고 말합니다. 그런데 이것은 오해를 줄 수 있는 심각한 오역입니다. 여기 나오는 '히카나이'ἱκαναι가 수량이나 시간과 같이 쓸 때는 상당한 기간이나 상당한 양을 가리킵니다(눅 7:12; 8:27,32; 20:9; 23:8; 행 8:11; 11:24,26; 14:3; 19:26). 따라서 직역하면, '많은 날이 지나매'라고 해야 합니다. 그럼 이 많은 날은 얼마나 지난 시간일까요? 갈라디아서 1장을 보면 삼 년이라는 것을 알 수 있습니다.

"그러나 내 어머니의 태로부터 나를 택정하시고 그의 은혜로 나를 부르신 이가 그의 아들을 이방에 전하기 위하여 그를 내 속에 나타내시기를 기뻐하셨을 때에 내가 곧 혈육과 의논하지 아니하고 또 나보다 먼저 사도 된

67

자들을 만나려고 예루살렘으로 가지 아니하고 아라비아로 갔다가 다시 다
메섹으로 돌아갔노라 그 후 삼 년 만에 내가 게바를 방문하려고 예루살렘
에 올라가서 그와 함께 십오 일을 머무는 동안 주의 형제 야고보 외에 다
른 사도들을 보지 못하였노라"(갈 1:15-19)

여기서는 그가 회심 직후에 아라비아와 다메섹에서 보냈고, 그 기간
이 삼 년이라고 말해주고 있습니다. 그럼 이 아라비아는 어떤 곳일까요?
고린도후서 11장이 그 실마리를 줍니다.

"다메섹에서 아레다 왕의 고관이 나를 잡으려고 다메섹 성을 지켰으나 나
는 광주리를 타고 들창문으로 성벽을 내려가 그 손에서 벗어났노라"(고린
도후서 11:32-33)

여기 아레다 왕은 아라비아, 그러니까 수리아 남쪽에 있던 나바테아
nabatea 왕국의 아레다 왕 4세입니다. 여기 고관은 그 나라의 총독입니다.
당시 다메섹은 아라비아 접경에 있고, 나바테아 왕국의 관할 아래 있었
습니다. 왜 나바테아 왕국의 아레다 왕이 다메섹에 있는 사울을 잡으라
고 자기 신하에게 명령했을까요? 어쩌면 그것은 그가 아라비아에서 왕
성한 복음 전도 활동을 했다는 것을 암시할지 모릅니다. 왕의 눈에 위협
적인 존재로 비칠 만큼 그의 사역은 성공적이었던 것 같습니다. 그래서
다메섹으로 가 있는 사울을 잡으라고 한 것입니다. 어느 정도로 살해 의
지가 강했는가 하면, "밤낮으로 성문까지 지켰다"고 묘사하고 있습니다.
대개 예수님이 광야에서 금식을 하며 사역을 준비한 것처럼 사울도 아

라비아에서 삼 년 동안 기도하면서 사역을 준비했을 것이라고 추측하는데, 그런 언급은 성경에 없습니다. 그가 광주리를 타고 들창문으로 성벽을 내려갔다는 사울의 주장을 사도행전에는 다음과 같이 기록하고 있습니다.

"여러 날이 지나매 유대인들이 사울 죽이기를 공모하더니 그 계교가 사울에게 알려지니라"(사도행전 9:23-24a)

사울의 목숨을 노리는 것은 아레다 왕 4세뿐만 아니라 '유대인들'도 있었습니다. 다메섹의 유대인들이 아레다 왕 4세의 도움을 받아 사울을 제거하려고 했던 것입니다. 여기 "사울 죽이기를 공모하다"라고 할 때 쓰인 '죽이다'아나이레오, ἀναιρέω, 제거하다란 단어가 사도행전 8:1에서는 사울이 스데반이 죽임 당하는 것을 당연하게 여긴다고 할 때 쓰이고 있습니다.

"사울은 그가 죽임 당함을 마땅히 여기더라"(사도행전 8:1)

또한 유대인들이 예수를 죽이려고 공모한다고 할 때(눅 11:53-54)도 쓰입니다. 사울이 이제 스데반과 예수님의 길을 가고 있음을 보여줍니다. 스데반이 동족 유대인들에 의해 돌에 맞아 죽는 것을, 즉 '제거되는' 것을 마땅히 여겼던 사울이, 이제 동족 유대인들에 의해 죽임을 당할 위험에 처한 것입니다. 여기 사울이 다메섹을 빠져나갈 때 그를 도운 사람들을 가리켜 25절에 "그의 제자들"이라고 부르고 있습니다. 삼 년이란 시간이 흘렀기 때문에, 사울을 원수에서 형제로, 그를 스승으로 인정하는 그룹들이 교회 안에 생겨난 것입니다.

사울을 죽이려는 계교에피불레, ἐπιβουλή가 어떻게 알려졌는지는 알 수 없지만, 이 정보 덕분에 사울은 미리 피할 수 있었습니다. 계교의 내용은 사울을 죽이려고 밤낮으로 다메섹 성문을 지키고 있다는 것입니다. '밤낮으로' 계속 지켰다는 것은 사울을 제거하려는 그들의 의지가 얼마나 강했는지를 보여줍니다. 별로 존재감이 없는 사람이었다면 신경도 안 썼을 것입니다. 하지만 사울이 누구입니까? 유대교의 미래였습니다. 그런 그가 유대교를 떠나 그 유대교가 정죄하여 죽인 예수를 믿게 되었다니 제거하지 않고는 견딜 수 없었습니다. 계교를 알자 다메섹의 그리스도인들은 사울을 도피시키기로 하고 돕습니다.

"그들이 그를 죽이려고 밤낮으로 성문까지 지키거늘 그의 제자들이 밤에 사울을 광주리에 담아 성벽에서 달아 내리니라[9]"(사도행전 9:24bc)

예수님이 십자가에 돌아가실 것을 알고 계셨지만, 그렇다고 사역 초기부터 무모하게 유대인들을 자극하거나 자기 정체를 밝히시다가 어이없이 잡히신 것은 아닙니다. 귀신을 쫓아내시고 병을 고치시는 등 메시아만 하실 수 있는 일을 하시고서도 정작 자신이 메시아인 것은 드러내지 말도록 입조심시키셨습니다. 드러낼 때와 감출 때, 나설 때와 물러설

---

9 고후 11:33("나는 광주리를 타고 들창문으로 성벽을 내려가 그 손에서 벗어났노라")에서는 벽의 개구부를 통해 탈출하게 했다고 더 자세하게 기술하고 있다.

때를 잘 구분하여 일하셨습니다. 하나님께서 사울의 길도 그렇게 인도하고 계십니다. 그의 사명은 반드시 고난을 부를 것이라고 하셨지만, 피할 길도 내시면서 보호하고 계십니다. 사도행전 안에서 그런 모습을 자주 보게 될 것입니다. 예루살렘의 제자들이 박해를 피해 흩어졌을 때 복음도 함께 흩어졌듯이, 다메섹에서 사울에게 임한 살해 음모는 자연스럽게 사울을 다른 사역지로 이동시키는 역할을 했습니다. 앞으로 사울 역시 빌립처럼 성령을 따라 이끌리는 인생이 될 것입니다. 자기 주도의 인생을 살았던 사람이, 성령의 역사에 자신을 맡긴 채 오직 그분에게만 수월한 인생이 될 것입니다.

사랑하는 여러분, 사울처럼 예수님이 하나님의 아들이고 그리스도라고 입술로 선언할 뿐 아니라 부활하여 우리 가운데 왕으로 계신 그분의 나라가 이 공동체와 우리가 가 있는 곳 어디에나 임하도록 힘씁시다. 그리하여 사울에게 제자가 생겼듯이 우리도 내가 믿는 그 예수님, 내가 참여하는 그 하나님 나라, 내가 소망하는 그 새 하늘과 새 땅을 전하고 가르치고 양육할 수 있을 만큼 성장하기 바랍니다. 교회를 낳는 교회가 됩시다. 물론 그 일을 잘 해낼수록 고난도 많아지고 위협도 거세질 것입니다. 하지만 그것마저도 보혜사 성령께서 저희를 인도하시는 순풍으로 사용하실 것입니다. 다메섹의 제자들처럼 용기 있고 지혜롭게 그 위기를 잘 돌파하는 공동체가 되기를 바랍니다.

사울, 예루살렘에 가다

사울은 그 길로 예루살렘을 향해 올라갑니다. 갈라디아서에서는 이 예루살렘 여정을 이렇게 묘사한 바 있습니다.

"그 후 삼 년 만에 내가 게바를 방문하려고 예루살렘에 올라가서 그와 함께 십오 일을 머무는 동안 주의 형제 야고보 외에 다른 사도들을 보지 못하였노라"(갈라디아서 2:18-19)

여기서는 아주 결론적인 것만 간략하게 기록하고 있는데, 누가는 좀 더 상세하게 그 정황을 소개하고 있습니다.

"사울이 예루살렘에 가서 제자들을 사귀고자 하나 다 두려워하여 그가 제자 됨을 믿지 아니하니 바나바가 데리고 사도들에게 가서 그가 길에서 어떻게 주를 보았는지와 주께서 그에게 말씀하신 일과 다메섹에서 그가 어떻게 예수의 이름으로 담대히 말하였는지를 전하니라"(사도행전 9:26-27)

삼 년이 지났지만, 분명 다메섹과 아라비아에서 사울이 사역한 소식이 이미 예루살렘의 교회까지, 사도들의 귀에까지 들어갔을 것입니다. 삼 년이 결코 짧지 않은 시간인데, 여전히 예루살렘의 제자들에게 사울은 두려운 존재였습니다. 스데반을 죽이는 데 앞장선 사람, 믿는 자들을 집집마다 들어가서 남녀노소 가리지 않고 끌어내어 옥에 가두고 죽였던 그 광신적인 유대교 열광주의자 사울을 잊기에는 삼 년도 부족했나 봅니다. 그가 변했다는 소식은 신천지 교주 이만희가 회개했다는 소식만큼이나 믿을 수 없는 소식이었습니다. 하지만 사울은 이제 예루살렘의 제자들과도 사랑의 교제를 나누고 싶었습니다. 자신의 과오를 용서받고 싶었을지 모릅니다. 하지만 예루살렘의 제자들과 사도들은 좀처럼 틈을 주지 않았습니다. 앙금이 남아서일까요? 상처가 낫지 않아서일까요? 모를 일입니다. 다만 여전히 사울은 그들에게 두려운 존재였습니다. 죄인 중에 괴수였던 자가 변했다는 것을 믿을 수 없었습니다. 이런 태도는 성령의 공동체인 초대교회의 어쩔 수 없는 한계였고, 이것이 뒤에 사울^{바울}을 통한 이방인 전도의 열매들을 인정하는 데 대단히 소극적인 혹은 부정적인 태도를 취하는 데까지 이어질 것입니다. 그들은 이런 우려와 두려움에 지지 않았습니다. 서로 실망하여 결별하지 않았습니다. 그 명백한 한계나 약함 등을 안고 나아갔습니다.

여기 "사귀고자 하나"는 직역하면 '사귀려고 힘쓰나'입니다. 더군다나 이 '힘쓰다'에페이라젠, ἐπείραζεν라는 단어는 미완료 시제입니다. 한 번 시도해보고 끝난 것이 아니라 한동안 계속해서 시도했다는 것을 보여줍니다. 사울도 자신이 받아들여지기 어려운 사람이라는 것을 잘 알고 있었습니다. 누구든 손양원 목사님처럼 자기 두 아들을 죽인 자를 양자로 받아들일 만큼 사랑의 원자탄들이 될 수 있는 것은 아닙니다. 도리어 우리는 '뒤 끝 수소폭탄'들입니다.

바나바의 거룩한 중매

그런데 그때 한 사람이 나타납니다. 바나바입니다. 우리는 그가 누구인지 잊을 수가 없습니다. 예루살렘 교회의 첫 그리스도인들 가운데 단연 두각을 나타낸 성도였기 때문입니다. 저자 누가는 그를 회심한 성도의 모델로 제시하였고, 반대로 아나니아와 삽비라를 본받지 말아야 할 모델로 제시한 적이 있습니다. 그도 스데반과 사울처럼 디아스포라 유대인, 즉 헬라파 유대인이었습니다. 자기 밭을 팔아서 어려운 자들을 구제하던 참 따뜻한 사람이었습니다. 그런 그에게 사도들은 '바나바' 즉 '위로의 아들'이라는 별명까지 지어줄 정도였습니다. 그런 별명을 가진 사람답게 바나바는 사울과 사도들 사이의 가교 역할을 하고 있습니다. 그것은 사울의 요청에 따라서 한 일이 아니었습니다.

"바나바가 데리고 사도들에게 가서"(사도행전 9:27a)

여기 "데리고"에필람바노마이, ἐπιλαμβάνομαι는 '꽉 잡다', '강제로 붙잡다'라는 매우 강한 단어입니다. 대럴 벅Darrell L. Bock은 이 표현에는 "그를 자기 날개 아래 맞아들였다"는 뜻이 있다고 제안합니다.[10] 사울의 손을 강제로 붙잡고 사도들에게로 끌고 가서 사도들에게 이 사울이 다메섹 도상에서 예수를 만난 일과 그가 다메섹에서 예수의 이름으로 얼마나 복음을 담대하게 전파했는지 파레시아조마이, παρρησιάζομαι, 거리낌 없이 두려워하지 않고 말하다 소개해주었습니다.

"그가 길에서 어떻게 주를 보았는지와 주께서 그에게 말씀하신 일과 다메섹에 그가 어떻게 예수의 이름으로 담대히 말하였는지를 전하니라"(사도행전 9:27b)

그는 어느새 사울을 보증하며 소개할 만큼 그에 대해서 잘 알고 있었습니다. 바나바와 사울은 헬라파 유대인들로서 이전부터 알고 지낸 사이였을지 모릅니다. 당연히 스데반과도 교분이 있었을 것입니다. 한때는 헬

---

10 대럴 벅(전용우),《사도행전》(부흥과개혁사, 2019), 469.

라파 유대인들의 회당에서 순수한 유대교를 만들어보자고 의기투합하던 동료들이었는데, 먼저 스데반과 바나바가 예수님을 영접했고, 사울은 그 친구들을 죽이는 데 앞장서는 참 얄궂은 운명을 맞았던 관계였습니다. 그런데 바나바의 귀에 이 사울이 예수님을 만나 변했다는 소식이 들렸습니다. 그것은 스데반이 사울에 의해서 죽어가면서 한 기도, "주여 이 죄를 그들에게 돌리지 마옵소서"가 응답되었고, 바나바 자신의 오랜 기도도 응답되었다고 여겼을 것입니다. 이 바나바 외에 감히 이 사울이 변화되게 해달라고 기도할 수 있는 사람은 별로 없었을 것입니다. 도리어 하나님이 살아 계시다면, 이토록 잔인하게 형제들을 죽이고 가두는 악랄한 놈을 심판해달라고, 벼락이라도 맞아서 죽게 해달라고 기도한 자들도 있었을 것입니다.

어쩌면 자신의 기도를 기억하고 있었기에 바나바는 사울의 변화 소식을 믿을 수 있었고, 또 누구보다도 믿고 싶었을 것입니다. 그래서 예루살렘에 그가 왔다는 소식을 듣고 찾아갔습니다. 그리고 두 눈으로, 두 귀로 그가 변한 것을 확인했습니다. 그 열정, 그 담대함, 논리, 순수함은 여전했습니다. 다만 그 대상과 목표가 변했습니다. 성령께서 사울을 자기 나라의 가장 위험한 흉기에서 가장 유용한 병기로 바꾸셨음을 알게 되었습니다. 그것은 이미 바나바 자신에게서 일어난 바 있는 변화였기에 더 잘 알 수 있었습니다. 그 감격은 이루 말할 수 없었습니다. 그래서 그의 회심을 믿어주지 않는 사도들 앞에서 자신이 발 벗고 나서서 변호하기로 한 것입니다. 사도들 앞에서 사울을 변호하는 상황은 유대교 앞에서 예수님을 변호하는 상황과 같았습니다.

바나바는 훗날 사울이 거의 잊힌 존재로 고향 다소에서 십여 년을 보내고 있을 때, 그를 수리아 안디옥 교회로 초빙하여 같이 동역합니다(행 11:25-26). 1년 동안의 성공적인 사역 후에 성령께서는 두 사람 바나바와 사울을 따로 세워 이방인 선교사로 파송하도록 안디옥 교회에게 명령하십니다(행 13:1-3). 사울의 첫 선교 사역의 장도에 함께한 사람이 이 위로의 아들 바나바였습니다. 그런 의미에서 바나바가 없는 사울은 상상하기 어렵습니다. 누구든 자신이 사울의 배역을 맡고 싶어 할 겁니다. 바나바 같은 조력자들은 상대적으로 눈여겨 봐주지 않기 때문입니다. 그러나 하나님 나라에서는 그 역할의 경중을 따지지 않습니다. 하나님께서는 우리가 어떤 사역을 했고 무엇을 이루었는지보다 하나님이 맡기신 배역에 얼마나 충성했는지를 보시기 때문입니다. 주님의 일에는 늘 사울만 되는 사람도 없고 늘 바나바만 되는 사람도 없습니다. 어떤 자리에서는 사울의 역할을 감당해야 하고 또 다른 상황에서는 누군가를 위해 바나바가 되기도 해야 합니다. 우리가 서로에게 위로의 아들 바나바가 되어 준다면, 더 순수하고 열정적으로 이웃에게 선하고 거룩한 중매쟁이들이 된다면, 주님은 참으로 좋아하실 것이고, 세상은 우리의 목소리에 귀를 기울이게 될 것입니다. 바나바가 중재한 결과 어떻게 되었습니까?

"사울이 제자들과 함께 있어 예루살렘에 출입하며"(사도행전 9:28)

예루살렘의 제자들은 다메섹의 제자들처럼 그를 환대해주었습니다. 다메섹에 아나니아가 있었다면, 예루살렘에는 바나바가 있었습니다. 무슨 연유인지 사도들은 못 만났고 예루살렘 교회의 지도자가 된 주의 형제 야고보만 만났다고 갈라디아서에서 회고합니다.

"그 후 삼 년 만에 내가 게바를 방문하려고 예루살렘에 올라가서 그와 함

께 십오 일을 머무는 동안 주의 형제 야고보 외에 다른 사도들을 보지 못

하였노라"(갈 1:18-19)

사울바울이 예루살렘의 제자들과 교제했다는 것은 이제 교회의 일원

으로 예루살렘에서 사역할 권한을 인정받았다는 의미도 됩니다. 사울은

다들 박해가 두려워 떠나는 도시인 예루살렘으로 돌아왔습니다. 예루살

렘에서는 교회가 그를 경계하는 것보다 유대교가 배도한 사울을 향해 훨

씬 더 살기등등했을 것입니다. 촉망받던 유대교의 대변자에서 유대교가

가장 위험하게 여기는 이단의 대변자로 변신한 그를 죽이기 위해 혈안이

된 유대교의 중심지 예루살렘으로 돌아올 정도로 사울, 그는 담대한 사

람이었습니다.

헬라파 유대인들의 회당에서 증거하는 사울

그가 예루살렘에서 맨 처음 찾은 곳은 헬라파 유대인들이 모인 회당

이었습니다. 그곳은 자신이 과거에 몸담았던 회당입니다. 스데반이 찾아

가 복음을 전하다가 고소를 당하여 결국 목숨을 잃었던 그 악명 높은 회

당입니다. 호랑이굴에 제 발로 걸어 들어간 것입니다.

"또 주 예수의 이름으로 담대히 말하고 헬라파 유대인들과 함께 말하며 변

론하니 그 사람들이 죽이려고 힘쓰거늘"(사도행전 9:29)

사울은 변함없이 주 예수의 이름으로 담대히 말했습니다. 자신의 동

료인 헬라파 유대인들과 토론을 벌였습니다. '말하다', '변론하다'쉰네제테이, συνεζήτει에 쓰인 미완료 시제는 열띤 분위기를 생생하게 전달해줍니다. 그는 분명 주 예수의 복음이 유대교를 무너뜨리는 것이 아니라 유대교를 살리는 길이라고 주장했을 겁니다. 유대교가 기다리는 메시아가 이미 왔으며, 그가 바로 유대교가 십자가에 죽였지만 살아나신 예수라고 전했습니다. 지금 예루살렘의 유대교에게 이 사울은 가장 적개심을 갖고 있으면서 동시에 가장 무서워하는 대상이었습니다. 그와 변론을 했지만 아무도 이겨낼 수 없었을 것입니다. 예수만 알았다면 유대교는 그를 두려워하지 않았겠지만, 사울은 유대교와 그리스도교 둘 다 알고 있는 당대 거의 유일한 석학이었습니다. 그래서 그들이 선택한 해결 방법은 "죽이려고 힘쓰는" 것이었습니다. 여기 '힘쓰다'에페케이룬, ἐπεχείρουν가 미완료 시제인 것을 볼 때 사울을 잡아 심문할 계획을 오랫동안 세우고 기회를 엿보고 있었음을 알 수 있습니다.

오늘 우리가 해야 할 일은 사울처럼 진짜 복음, 진짜 예수, 진짜 신앙, 진짜 하나님 나라를 보여주는 것입니다. 진짜를 가르치는 일입니다. 한 번도 사라진 적이 없는 그 장구한 하나님 나라의 역사를 오늘도 이어가는 일입니다. 유대교는 사울을 죽일 수는 있었어도 이길 수는 없었습니다. 그것은 이전에 스데반을 죽일 수 있었지만 결코 이길 수 없었던 것과 같습니다. 그들은 스데반의 변증을 듣고 "마음에 찔렸습니다." 분기탱천하였습니다. 회개하지 않았습니다. 자신들의 생각을 꺾고 자신들의 그릇된 생각을 죽이는 대신에 스데반을 죽이기로 하였습니다. 스데반의 입을 닫게 만들기로 했습니다. 하지만 어리석은 자들입니다. 메신저messenger를 침묵시키면 메시지, 즉 복음이 침묵할 것으로 알았기 때문입니다. 메신저 하나 죽인다고 진리가 진리 아닌 것이 되고 죄인이 죄인 아닌 사람이 되는 것이 아닙니다. 늘 힘으로 모든 것을 다 이뤄낸 사람들은 매사에 그렇게 생각합니다. 그것이 은혜의 종교가 아닌 공적주의 종교의 속성입니다. 성령의 능력으로 살아온 사람들이 아니었으니, 그들은 아벨을 죽인 가인처럼, 자신들의 어둠을 폭로하는 사울을 죽이기로 결정합니다. 하지만 가장 손쉬운 방법이지만 가장 효과 없는 방법이요 눈 가리고 아웅 하는 방법일 뿐입니다. 여기서 사울의 모습이 스데반과 겹칩니다. 그는 자신이 죽인 스데반이 건넨 바통을 이어받고 있습니다. 그가 전한 복음을 전하고, 그가 받은 고난을 당하고 있습니다.

사울, 다소로 가다

사울은 다메섹에서처럼 이번에도 죽을 위기에 처합니다. 하지만 다메섹에서처럼 사울의 살해 계획은 사전에 발각됩니다. 사울의 귀에 들어갑니다. 아무리 사울을 죽이려고 해도 하나님이 허락하지 않으시면 아무도 그를 어찌해볼 수 없습니다. 이제 사울은 예수의 것이 되었기 때문입니다. 이번에도 예루살렘의 형제들이 그를 구원하는 데 나섭니다.

"형제들이 알고 가이사랴로 데리고 내려가서 다소로 보내니라"(사도행전 9:30)

앞에서는 "제자들"이라고 불렀는데, 이제는 "형제들"이라고 표현하고 있습니다. 그 보름 동안 사울은 완전히 예루살렘 교회 공동체에게 인정받은 것입니다. 목숨을 아끼지 않고 유대인의 회당에 나아가 예수의 복음을 전하는 사울의 모습을 보고 예루살렘 교회도 그의 회심의 진정성을 확인한 것입니다. 이제 다메섹에서 지난 삼 년간 그가 활동한 소식까지 완전히 믿게 되었을 것입니다. 바나바의 소개로 마음의 빗장을 열었다면, 사울의 목숨을 건 복음 증거 사역은 예루살렘 교회 성도들의 마음 문을 활짝 열고 그를 영접하게 만들었습니다.

공동체에 의해 진로가 결정되는 사울

사울이 고향 다소로 가게 된 것은 그의 결정이 아니었습니다. 이번에는 예루살렘 교회 공동체의 결정에 따릅니다. 예루살렘 교회는 그가 예루살렘에 머무는 것이 사울 자신뿐 아니라 예루살렘 교회 전체를 큰 위험에 빠뜨릴 수 있다고 여겼을 것입니다. 그래서 교회는 사울을 보호하고 교회도 보호하기 위해 다소로 파송하기로 한 것입니다. 사울, 그는 분명 예수님의 제자로 부름 받은 사도였지만, 아주 겸손하게 공동체의 결정에 따라서 움직였습니다. 그는 부활하신 예수님에 의해서 이방인과 유대인의 선교사로 직접 부름을 받았지만, 예루살렘 사도들의 지도를 받는 일에 머뭇거림이 없었습니다. 심지어 그가 안디옥 교회의 파송을 받아 이방인 선교에 나섰을 때도 늘 안디옥 교회와 함께 이 예루살렘 교회에게 자신의 사역을 보고하였습니다. 그는 자신의 극적인 부르심이나 놀라운 사역 성과에 도취된 독불장군이 아니라 공동체를 통한 하나님의 인도에 민감한 일꾼이었습니다.

예수의 복음을 향한 사울의 열정을 막을 사람은 아무도 없었습니다. 은혜로 살아났고 덤으로 살고 있는 인생이라고 여긴 사람을 누가 막을 수 있겠습니까? 하지만 정말 그를 제어할 사람이 없었다면, 그의 열정은 공동체에게나 자기 자신에게나 무엇보다 하나님 나라에 도움이 아니라 해가 되었을 것입니다. 오늘 우리 시대의 교회 역시 열정적으로 봉사하려는 사람들의 선한 마음은 존중하되, 그가 지도자의 권위를 인정하고 다른 지체들과 보조를 잘 맞출 수 있도록 제어 장치를 마련하고 잘 가동해야 합니다. 아무리 기여를 많이 하고 전도를 많이 하고 기도를 많이 하고 성경을 많이 알아도 공동체가 충분히 인정하기 전까지는 섣불리 기회를 주어서는 안 됩니다.

가이사랴에서 다소로

사울은 가이사랴를 거쳐 다소로 내려갑니다. 가이사랴에는 항구가 있습니다. 거기서 배를 타고 다소로 갔을 것입니다. 거기엔 또 누가 있습니까? 전도자 빌립이 있습니다. 사울은 분명 같은 헬라파 유대인 출신인 빌립도 이미 알고 있었을 것입니다. 그가 거기 있다는 소식을 들었을 것이고, 당연히 가이사랴에서 그를 만나고 나서 얼마 동안 머문 후에 고향 다소로 내려갔을 것입니다. 나중에 그가 3차 전도 여행을 마친 후 마지막으로 예루살렘을 방문하러 가는 길에도 이 가이사랴 항구에 내려 빌립의 집에서 묵는 것을 보면(행 21:8), 그와의 교분을 계속 이어가고 있었던 것으로 보입니다. 한때는 회당 친구였다가 원수 관계로 변했었는데, 이제 다시 복음의 동반자로 평생토록 기도하는 사이가 된 것입니다.

사울은 이 길로 고향 다소로 내려갑니다. 유대교의 큰 인물이 되어 금의환향하리라 기대했던 고향 사람들에게, 특별히 그의 부모에게, 그리스도인으로의 사울의 회심은 충격과 경악을 금할 수 없는 소식이었을 것입니다. 예루살렘 중심으로 보자면, 그에게 다소에서의 십여 년은 초야에

묻혀 이름 없이 지낸 잊힌 세월이었습니다. 성경마저도 그의 이 시간에 대해서 철저히 침묵하고 있습니다. 어쩌면 우리가 누구인지는 바로 그 잊힌 존재로 살 때 우리가 어떤 사람이었는지로 드러나지 않을까 싶습니다.

고향에서의 사울의 삶

하지만 다소에서 보낸 그 십여 년은 사울에게 결코 무의미하고 허송한 십 년은 아니었습니다. 우선, 그는 다소에서도 예루살렘에서와 같은 열정으로 복음을 전했습니다. 갈라디아서에서는 그 시절을 이렇게 회상합니다.

> "보라 내가 너희에게 쓰는 것은 하나님 앞에서 거짓말이 아니로다 그 후에
> 내가 수리아와 길리기아 지방에 이르렀으나 그리스도 안에 있는 유대의
> 교회들이 나를 얼굴로는 알지 못하고 다만 우리를 박해하던 자가 전에 멸
> 하려던 그 믿음을 지금 전한다 함을 듣고 나로 말미암아 하나님께 영광을
> 돌리니라"(갈라디아서 2:20-24)

여기 수리아의 주도가 '가이사랴'이고 길리기아의 주도가 '다소'입니다. 그렇다면 사울은 가이사랴에서도 아주 잠깐 머문 것이 아니라 빌립과 함께 어느 정도 사역을 했음을 알 수 있습니다. 그리고 나서 길리기아 지방, 즉 고향 다소로 갔습니다. 거기엔 이미 오순절에 회심한 자들이 고향으로 돌아가 세운 교회들이 있었습니다. 사울은 그들과 협력하여 사역했습니다. 그들도 처음에는 사울을 경계했지만 나중에는 그로 말미암아 하나님께 영광을 돌렸습니다. 사울의 사역은 성공적이었습니다. 그는 자

신의 사역지가 예루살렘이 아니라 지방이라고, 중심이 아니라 주변이라고 낙담하지 않았습니다. 큰 교회 담임이 아니라고 해서 사역을 대충 하지 않았습니다. 때를 얻든지 못 얻든지, 어디에서든지 자신이 복음을 전하지 않으면 저주를 받을 사람처럼 복음을 자랑했습니다. 그 결과 한 번도 사울의 얼굴을 보지 못한 사람들에게까지 그 소식이 전해졌고, 그들은 사울로 인하여 하나님께 영광을 돌리기까지 하였습니다.

둘째, 그가 다소에서 보낸 시기는 그의 신학이 충분히 무르익고 정립된 시기였을 것입니다. 이때가 주후 40년대입니다. 사울이 보낸 대부분의 편지는 주후 50년대에 기록되었습니다. 거기에서 우리는 완숙한 사울의 신학을 엿볼 수 있습니다. 그러니까 40년대에 다소에 머물러 연구하고 사역하는 동안, 사울은 그 후 소아시아와 그리스, 유럽까지 이르러 복음을 전하기에 충분할 만큼 이론적으로 무장했을 뿐만 아니라 현장경험도 쌓았을 것입니다. 다소 시절이 있었기에 성공적인 안디옥 사역도 가능했고, 그 이후 이방인 선교사역을 할 때도 고향 다소 시절의 현장경험이 큰 도움이 되었을 것입니다.

셋째, 이 당시 다소는 시골이 아니었습니다. 길리기아의 주도이자 상업과 교육의 중심지였습니다. 그리스 밀레토스 학파의 본거지이기도 했고, 옥타비아누스 시대 때부터 융성하기 시작하여 사울 당시에는 소아시아 전체의 헬레니즘 문화의 중심지로 떠올랐습니다. 세금이 면제되는 자유도시였기 때문에, 사울도 자연스럽게 로마 시민권을 가질 수 있었습니다. 아테네와 알렉산드리아에 필적할 만큼 학문과 철학의 도시였고, 번영과 사치를 구가하던 도시였습니다. 사울은 이런 배경에서 자랐을 뿐 아니라, 한창 사상이 정립되고 무르익어 갈 무렵에 이런 학문과 문화의 용광로에서 수많은 토론과 변증을 거치면서 예리하고 단단하게 이방인을 위한 사도로서 준비되어 갔을 것입니다. 그가 훗날 헬레니즘 문화의 중심 도시들을 방문하여 그곳의 이방인들과 당당히 주눅 들지 않고 효과적으로 맞서 그리스도의 복음을 변론할 수 있었던 것도 다 이 다소 시절의 준비가 있었기 때문일 것입니다. 사울은 철학과 교양에 능했고, 유대인들의 전통적인 랍비 교육을 통해 성경과 다른 전통에도 해박했습니다. 그는 자유자재로 구약성경을 인용하고 암시할 줄 알았습니다. 하나님은 사울이 다소에서 약 십 년을 무명으로 보내는 동안 단 한 번도 그를 잊으신 적이 없었습니다.

끝으로, 이 다소의 십여 년을 통해서 사울은 분명한 교회론을 정립하였습니다. 사울에게는 예루살렘 중심의 기독교가 아니라 이방인 중심의 기독교, 즉 특정 지역에 멈춰 선 기독교 복음이 아니라 영적인 필요가 있는 곳이면 어디든 찾아가는 역동적이고 선교 지향적인 기독교 복음, 즉 교회론을 정립하는 시기였습니다. 그가 상상하는 교회는 건물 중심의 교회가 아니었습니다. 가톨릭처럼 로마 중심의 교회도 아니었습니다. 특정 인물 중심의 교회도 아니었습니다. 부활하신 그리스도께서 머리가 되시는 세상 모든 곳의 교회요, 모든 사람들의 교회요, 움직이는 교회요, 다채로운 교회에 대한 그림을 갖고 있었습니다. 언제 그런 창의적이면서 성경과 그리스도에게 깊이 뿌리를 내린 교회론을 정립할 수 있었을까요? 분명히 이 다소 시절도 포함될 것입니다. 사울의 다메섹 회심 사건이 그의 인생의 방향을 바꾸었다면, 고향 다소로의 낙향은 그의 남은 이십 년 사역을 견인할 지렛대를 만드는 기간이었습니다.

우리에게나 여러분의 교회에게도 사울이 보냈던 이 십여 년 '다소의 시간'이 있을 것입니다. 누군가에게는 정체停滯처럼 보이고 아무 영향력이 없는 무명의 처사處士의 시절로 보일 수 있지만, 주께서는 신실하게 그 자리에서 충성하는 우리를 눈여겨보실 것입니다. 어디에서든 진정성을 갖고 진실하게 정성을 다하여 부르심에 충성할 때, 주님은 다음 단계의 사역을 위해 그 시간과 장소와 그곳에서의 경험을 사용하실 것입니다. 따라서 성도들과 사역자들은 모든 순간을 사명을 감당하는 카이로스의 시간으로 삼아야 합니다.

유대와 갈릴리와 사마리아 사역의 결론

이렇게 복음은 예수께서 약속하신 대로 여러 반대에도 불구하고 성령에 충만한 종들을 통해 지역과 혈통의 경계를 넘어 확장되고 있었습니다.

"오직 성령이 너희에게 임하시면 너희가 권능을 받고 예루살렘과 온 유대와 사마리아와 땅 끝까지 이르러 내 증인이 되리라"(사도행전 1:8)

이 가운데 '온 유대와 사마리아' 사역의 결론이 바로 이것입니다.

"그리하여 온 유대와 갈릴리와 사마리아 교회가 평안하여 든든히 서 가고 주를 경외함과 성령의 위로로 진행하여 수가 더 많아지니라"(사도행전 9:31)

그런데 여기 "갈릴리"가 더 추가되어 있습니다. 놀랄 일이 아닙니다. 예수님의 제자들은 거의 다 갈릴리 출신들이었기 때문에, 예루살렘에 박해가 일어나자 자기 고향 갈릴리로 가서 복음을 전했을 것입니다. 너무 당연했기 때문에 굳이 누가가 기록하지 않았을 뿐입니다. 우리는 지난 예루살렘 사역의 결론이 어떻게 끝났는지 기억하실 것입니다.

> "하나님의 말씀이 점점 왕성하여 예루살렘에 있는 제자의 수가 더 심히 많아지고 허다한 제사장의 무리도 이 도에 복종하니라"(사도행전 6:7)

예루살렘은 사도들의 복음 증거 사역을 통해 말씀이 흥왕하고, 제자의 수가 많아지고, 유대교의 지도자인 제사장마저 회심하였습니다. 몇 명이 아니라 '허다한 제사장의 무리'가 이 예수 그리스도의 복음 "이 도"에 복종하였습니다. 그런데 유대와 사마리아와 갈릴리의 교회는 평안하여 든든히 서가고, 주를 경외함과 성령의 위로로 진행하여 수가 더 많아졌습니다. 박해가 있었지만 교회는 평안했습니다. 흔들리지 않고 넘어지지 않고 굳게 섰습니다. 세상이 두려움을 줄수록 위축되거나 믿음을 포기한 것이 아니라 더욱 주 예수 그리스도를 경외하였습니다. 성령께서 고난 중에 있는 성도들과 증인들을 위로해주셨습니다. 그 결과 교회는 줄어들거나 사라지지 않고 도리어 그 수가 많아졌습니다. 지속적으로 늘어났습니다. 그것은 예루살렘 교회와 같은 모습이었습니다.

지금 여기저기서 교회가 어렵다, 더는 교회를 세워봐야 안 된다, 교회가 경매에 나왔다, 신학생 수가 줄었다, 선교사 수가 줄었다 등등 부정적인 소식이 압도적으로 많이 들립니다. 하지만 이보다 더 경제적으로 못살던 시대에도, 이보다 더 정치적으로 자유가 없던 시절에도, 이보다 더 종교적인 박해가 심했던 시절에도, 하나님의 교회는 평안했고, 하나님을 세상보다 돈보다 더 경외하였고, 주님의 제자들은 늘어났다고 기록해주고 있습니다. 왜 우리 시대라고 안 되겠습니까? 어찌 성령께서 역사하시지 않겠습니까? 여건을 탓할 일이 아닙니다. 나의 믿음 없음을 탓할 뿐이고 하나님의 교회와 사역자들이 덜 충성하고 덜 신실한 것만 성찰할 뿐입니다. 복음다운 복음을 전하고 그 복음대로 살아도 세상이 받아들이지 않는다면, 주님은 우리의 사역을 실패라고 하시지 않을 것입니다. 그것은 세상이 이 복음으로 살아나는 데 실패한 것일 뿐 하나님 나라가 실패한 것은 아닙니다.

나가는 말

박해자에서 사명자로

사울이 박해자에서 박해를 받으며 사명을 감당하는 자로 변하는 것을 보면서 무엇이 그를 그렇게 만들었는지를 다시 묻지 않을 수 없습니다. 부활하신 예수님과의 만남, 그로 인한 예수에 대한 바른 이해, 복음에 대한 바른 이해, 그것이 그의 삶 전체에 지각변동을 가져왔습니다. 오늘 본문을 묵상하면서 왜 우리의 삶은 이렇게 밋밋할까, 왜 복음을 위한 삶에 좀더 열정적으로 우리 자신을 드리지 못하고, 복음의 역동성과 급진성, 혁명성을 보여주지 못할까 생각해보았습니다. 그리스도인들 사이에서 생명의 기운이 쇠하고 교회가 야성을 잃어버린 이유가 무엇일까요? 사울이 자신의 전부를 걸었던 그 복음과 부활의 예수님과 성령님을 우리는 사울처럼 그 권위 그대로, 그 영광 그대로, 그 진리 그대로 수용하지 않기 때문은 아닐까요. 그렇다면 그런 시대가 오도록 기다릴 것이 아니라 세상이 어두운 것을 탓하지 말고 교회가 빛이 아닌 것을 안타까워하면서 다시 그 복음의 원음을 회복하고 그 나라에 투신하는 삶을 시작해야 하지 않을까요? 우리가 할 일을 해놓고서 하나님의 처분을 기다리고 은혜를 간구하는 것이 마땅할 것입니다. 박해자 사울을 사명자로 바꾸신 주님이 오늘 우리와 함께하시고 우리를 돕고 계시고 우리에게 도전하고 계십니다.

환대의 사람, 바나바의 역할

사울에게는 아나니아가 있었고 바나바가 있었습니다. 성령의 사람들이었던 그들이 가교가 되어 주었기에, 복음의 원수였던 사울이 용서를 받아 그리스도의 몸인 공동체 안으로 들어올 수 있었습니다. 이 환대의 사역은 오늘 우리에게도 요청되는 절실한 역할입니다. 그건 한 생명을 살리는 일이요, 한 가정을 살리는 일이요, 그를 통해 태어날 숱한 생명들을 살리는 존귀한 일입니다. 때를 얻든지 못 얻든지 이 복음의 증인이 되고 또 사람을 주님께로 인도하고 연결하여 환대하는 영적인 중매쟁이들이 되길 바랍니다.

우리가 익어가는 시간

사울의 다소 낙향 시간이 그를 더 잘 준비된 복음의 그릇으로 빚어주는 시간이었듯이, 오늘 우리도 아무도 눈여겨 봐주지 않는 고독과 기다림 끝에 곰삭은 장처럼 진하고 은은한 맛을 내는 하나님의 사람으로, 주님의 교회로 발효되어 가기를 바랍니다. 사울은 안디옥 교회와 전도 여행에서 훌륭한 일꾼이 된 것이 아닙니다. 회심 이후 줄곧 성령과 공동체에 이끌리고 사명에 이끌려 살아갔던 감추어진 시절까지 모두 훌륭했습니다. 바울 사도에게 과정이 꼭 필요했다면 우리에게는 더욱 그런 과정이 있어야 할 것입니다. 때로는 길이 안 보이고 끊긴 것 같고 장애물이 가로막고 너무 멀리 돌아온 듯 보이더라도, 사울의 그 모든 과오의 시간과 낙향의 세월을 한순간도 헛되지 않게 하시고 그를 온전한 당신의 도구로 준비시키신 하나님께서, 우리의 그 느릿느릿했던 시간을 없어서는 안 될 시간으로 멋지게 사용해주실 것을 믿기 바랍니다.

주께서 은혜를 베푸셔서 다시 조국교회가 예루살렘 교회처럼 말씀이 흥왕하고 제자들이 많아지게 하시길 원합니다. 사마리아와 유대와 갈릴리의 교회들처럼, 어떤 환난 속에서도 평안하고, 날로 주를 경외하는 마음이 커지고, 세상의 그 어떤 보상보다도 성령님의 위로를 통해 격려를 받으며 무럭무럭 자라는 교회가 되기를 바랍니다. 우리가 먼저 그 일에 부름 받고 쓰임 받는 축복이 있기를 바랍니다.

함께 기도하겠습니다

박해자였던 사울을 당신의 영광스런 복음의 종으로 변화시키신

우리 아버지 하나님,

아니 그전에 죄인인 우리를 살리셔서

이 복음의 나라로 불러주신 은혜의 하나님,

이제 저희가 그 복음의 능력과 하나님의 권세와 사랑을

추호도 의심하지 않고

오늘 저희에게 맡기신 복음의 증인되는 사명을

충성스럽게 감당할 수 있도록

힘을 주시고 용기를 허락하여 주시옵소서.

시대를 핑계하지 말고

주께서 당신의 성령을 통해 앞서 행하시는 사역에 담대히 참여하여

당신의 백성을 부르시고 세상을 변화시키시는

주님의 역사를 보게 하여 주시옵소서.

바나바를 사용하셔서 사울을 예루살렘 공동체와 연결되게 하신 하나님,

이제 우리도 사람의 편견과 오해와 무관심 때문에

소외되고 외면당하는 그 누군가를 알아보고

그에게 기회를 주고, 그를 공동체의 한 가족으로 불러주고,

그의 편이 되어 주고, 그를 지지해 주는

격려의 사람이 되게 하여 주시옵소서.

귀한 일꾼 사울 곁에 늘 교회 공동체가 있는 것을 보았습니다.

하나님의 관심은 사울의 재능이 아니라

그리스도 몸에서 한 사람으로 온전해져 가는

사울 그 자신이었음을 알게 하셔서 감사합니다.

주님 저희 공동체가 감당해야 할 사역보다 먼저

이 공동체의 모든 지체들이 한 사람 한 사람 서로를 소중히 여기고

없어서는 안 될 유기체로서 서로를 의존하며 살아가는 것을

소중히 여기게 하여 주시옵소서.

세상과 다른 방식으로 살아가고 관계하는 우리 공동체의 존재 자체가

주님의 복음과 하나님 나라의 존재를 입증하기를 원합니다.

그도 직접 부활하신 주님을 만나고 사도의 사명을 받았으면서도

다메섹의 공동체에게 의지하고,

예루살렘 공동체와 지도자들의 인도를 따라

진로를 정하는 사도 바울의 모습을 보았습니다.

내가 공동체에 기여한 것보다 공동체를 통해서

내가 양육받는 것을 더 기억하면서

권위를 존중하고 자신의 연약함을 나누면서

함께 그리스도의 몸으로 잘 지어져 가게 하여 주시옵소서.

주께서 저희를 어디로 보내시든 그곳에서 하나님의 복음을 자랑하고

그 복음의 영광을 드러내는 당신의 사람이 되게 하여 주시옵소서.

아멘.

고치고 살리고
넘어서는 복음

사도행전 9:32-43

복음은 생명의 소식

복음은 생명의 소식입니다. 죽은 자가 살아난다는 소식이고, 소진되어 가는 생명이 다시 생명력을 회복한다는 소식입니다. 복음, 복된 소식을 수납한 사람의 첫째 반응은 '생명 중심적 사고'를 하는 것입니다. 그것은 생명을 가진 사람을 소중히 여긴다는 말이지만, 사실 그 이상입니다. 사람에게만 생명이 있는 것이 아니기 때문입니다. 또 그것은 단지 생명체에만 관심을 갖는 것이 아니라 그 생명이 생명답게 살 수 있게 하는 '생태계'에 대해 관심을 갖는 것까지를 포함합니다. 이것은 인간이 중심이 되고 다른 생명들은 오로지 인간에게 기여하는 것을 존재 목적으로 보는 관점이 아닙니다. 인간과 생태계를 떼려야 뗄 수 없는 유기적 공동체로 보는 견해입니다.

생명 중심적 사고를 할 때 더는 육신의 생명과 영혼의 생명을 나누지 않고, 이 세상의 생명과 죽음 이후의 생명을 나누지도 않습니다. 복음을 가진 사람은 오늘 여기서 생명으로 존재하는 모든 것들이 그 존재에 어울리게 살 수 있도록 배려하고 보살펴주고 기도해줍니다. 그들에게 말을 걸어주고 그들의 말을 들어주고 지켜봐 주는 사람이 됩니다. 모두가 안전하게 그 존재의 신비를 발휘하고 만끽할 수 있도록 지켜주고 서두르지 않고 재촉하지 않으면서 곁에 있습니다. 그들을 지지해주고 뒷받침해줍니다.

반생명적인 행태가 벌어지는 곳은 아무리 구원을 말하고 천국을 말하고 사랑과 은혜를 말한다 해도, 그곳은 복음과 상관없습니다. 하나님은 우리에게 생명이 시작되게 하신 분이고, 그분이 살아계신 분이 아니면 우리는 살아있는 존재가 될 수 없었습니다. 구원은 그 생명의 하나님이 죽은 우리를 환영하고 환대하는 일입니다. 그분을 인정하고 의지하고 믿는 자가 되게 하는 일입니다. 당연히 그 생명의 하나님이 구원하시고 임재하시는 곳에 생명 사건이 일어날 것입니다. 일어나야 마땅합니다.

무엇이 생명 사건입니까? 예수님이 살아 계신 동안에는 병든 자가 낫고 죽은 자가 살아나고 귀신이 쫓겨나는 것으로 하나님의 생명이 이 땅에 쇄도해 들어왔음을 보여주셨습니다. 그것은 생명의 하나님이 다스리시는 천국이, 하나님의 나라가 이 땅에 시작되었음을 실증하고, 메시아의 통치가 이 땅에 시작되었음을 보여주었습니다.

동시에 인간이 맺고 있는 관계에 변화가 찾아왔습니다. 깨졌던 관계가 회복되기 시작했습니다. 미움과 갈등과 분쟁과 시기 질투와 원한이 사라졌습니다. 차별의 담이 허물어졌습니다. 계급은 존재했지만 의미가 없어졌습니다. 인습과 통념도 위태로워졌습니다. 민족의 경계도, 나라의 경계도 그리스도 안에서는 무너졌습니다. 전혀 상관없었던 자들이 한 형제와 자매, 한 가족이 되었습니다. 빈부격차, 남녀노소 가릴 것 없이 평화로운 관계가 되었습니다. 생명은 사랑이 있는 곳에서만 만들어집니다. 사랑이 찾아오니 죽음이 물러간 것입니다.

동시에 관계가 틀어지기도 했습니다. 어제의 동료가 오늘의 원수가 되었습니다. 어제는 형제였고 아들이었는데 오늘은 상종 못할 사이가 되었습니다. 어제는 충성스런 제국의 시민이었는데 오늘은 제국의 통치를 위협하는 불온 세력이 되었습니다. 빛과 어둠이 공존할 수 없기 때문이었습니다. 죽음과 생명이 공존할 수 없기 때문이었습니다.

이것이 복음이 가져온 생명 사건입니다. 따라서 생명 사건은 한 인간 안에서 일어나는 변화에 머물지 않습니다. 오늘 우리의 죽은 실존이 살아납니다. 장차 우리가 몸으로 죽어서 한 줌의 재가 되고 흙이 되더라도 우리는 하나님의 형상으로, 아들 예수님의 형상으로 부활할 것입니다. 그 것은 동시에 우리 가정이 바뀌고 우리 마을이 바뀌고 우리 사회가 바뀌게 합니다. 죽음을 만들어내는 문화 속에서 살아가지만, 그곳에 계속 생명의 생기를 불어넣어 주는 존재가 복음을 받아들이는 우리 그리스도인입니다. 그래서 죽음이 가져온 아픔과 고통과 절망이 있는 곳에 위로와 평화와 소망을 심어주는 자가 됩니다. 우는 자와 함께 울어주고, 웃는 자와 함께 웃어주는 자가 됩니다.

사도행전, 생명과 부흥의 책

사도행전은 예루살렘과 유대와 사마리아와 땅 끝까지 복음, 하나님 나라의 소식, 생명의 소식이 퍼져가는 이야기입니다. 생명의 복음을 받아들이는 사람들이 있는 곳에 교회가 만들어졌고, 교회와 성도들은 곧장 그 사회에 거대한 진동과 격변을 몰고 왔습니다. 그럴수록 어둠의 반격은 거셌고 죽음의 보복은 가혹했지만 성도는 더욱 성도다워졌고, 교회는 거룩해졌고, 믿음의 굳세졌고, 사랑은 깊어졌고, 형제간의 연대감은 견고해졌습니다. 그것은 내적인 성숙을 가져왔을 뿐 아니라 외적인 성장까지 가져왔습니다. 우리는 그것을 '부흥'이라고 부릅니다. 사도행전은 부흥의 책입니다. 하나님 나라가 부흥하는 책이고, 하나님의 말씀이 부흥하는 책입니다. 이제 부흥을 경험한 사람들은 더는 죽음을 두려워하지 않고, 생명의 복음을 위해 자기 목숨을 불사하는 자들로 변했습니다. 죽기로 작정하고 사랑하는 사람들, 죽기를 두려워하지 않고 하나님께 충성하는 사람들을 감당해낼 수 있는 세상과 죽음은 없었습니다. 기껏해야 사탄이 할 수 있는 것은 성도를 가두고 죽이는 것 정도였습니다. 죽음이 비정하고 쓰리고 뼈아프지만, 죽음을 끝이 아니라 참 생명의 시작으로 보는 성도들 앞에 영원한 비탄이란 없습니다. 영원한 절망이란 없습니다. 그냥 오늘 몫의 슬픔이 있을 뿐입니다.

이제 또 다음 단계로

우리는 그동안 복음이 예루살렘에서 시작하여 거센 핍박을 거치면서 유다와 사마리아까지 확산되는 과정을 살펴보았습니다. 그것이 사도행전 1:1-9:32까지의 이야기입니다. 성령께서 임하시고, 그 성령을 의지한 자들이 증인이 되어 이룬 일들입니다. 그 성령이 바로 예수의 영이고 생명의 영입니다. 그러니 그 영으로 충만한 사람들, 즉 교회는 예수님의 몸이 되어 예수께서 생전에 하셨던 일을 하기 시작했습니다. 그것은 다름 아니라 죽음을 몰아내고 생명을 가져오는 일입니다. 제자들은 흩어져 가는 곳마다 이 생명의 시대가 왔다고 전했습니다. 그 생명의 예수님을 왕으로, 인생의 주인으로 영접하라고, 그분을 믿으라고 초대했습니다. 영접한 자들에게 생명의 성령님이 임재하셨습니다. 그리고 예수님처럼 사도들도 병을 고치고 귀신을 쫓아내기 시작했습니다. 자기 소유를 내놓고 가난한 지체를 돕기 시작합니다. 겸손하게 지체의 의견에 경청하기 시작합니다. 원수였던 유대와 사마리아가 복음으로 통일되었습니다. 생명 사건이 일어난 것입니다.

어둠의 세력이 반발했습니다. 예루살렘에 거센 박해의 광풍이 불었습니다. 그 일로 스데반이 순교했습니다. 그는 죽는 순간까지도 자신을 향해 돌을 던지는 이들의 생명을 위해 기도했습니다. 예수님처럼 말입니다. 스데반을 죽인 유대 지도자 가운데 하나가 사울입니다. 그 박해로 사도들만 예루살렘에 남고 주요 성도들과 복음 전도자들은 유대와 사마리아로 흩어졌습니다.

빌립 집사의 활약으로 반¥이방인인 사마리아에도 예수님을 영접하는 자들이 생겼습니다. 이 소식을 듣고 사도들이 내려가 성령이 사마리아에도 임하시도록 기도했습니다. 이는 부정한 땅 반¥이방인인 사마리아인들의 회심을 예수님의 역사요 성령의 역사로 예루살렘 사도 공동체가 정식으로 인정한 사건입니다. 빌립의 전도로 변화된 이들 중에는 완전한 이방인 내시, 에티오피아 사람도 있었습니다. 하지만 시몬은 돈을 주고 성령을 사려다가 큰 책망을 듣습니다. 내시를 전도한 후 빌립은 아소도에서 가이사랴까지 지중해 해안도로를 따라서 내려오면서 각 성읍들을 들러 복음을 전했습니다(행 8:40).

그런데 사도행전은 예루살렘을 벗어나 유대와 사마리아 전도를 다 끝내기 전에, 아주 중요한 한 사람이 극적으로 예수님을 영접한 사건 하나를 소개합니다. 그가 바로 사울입니다. 그는 다메섹으로 그리스도인들을 소탕하러 가던 중에 부활하신 예수님과 만났습니다. 그리스도인들을 붙잡아 가두려고 가던 바울이 부활하신 예수께 붙잡히고 말았습니다. 그 만남을 통해 사울은 십자가에 달려 죽은 예수가 하나님의 저주를 받아 죽은 거짓 메시아가 아니라 인류의 죄를 대신 담당하고 돌아가신 하나님의 어린양이며, 하늘 보좌 우편에서 우리를 통치하시는 하나님 나라의 왕이며 구원자라고 믿게 되었습니다. 그는 아나니아의 도움으로 자신이 박해하던 교회 공동체 안으로 들어가 영접을 받습니다. 삼 년간의 다메섹, 아라비아 사역이 있었음에도, 예루살렘 교회가 여전히 사울에 대한 의구심을 거두지 못하고 있을 때, 위로의 사람 바나바의 도움으로 그는 예루살렘 교회에게 인정받게 됩니다. 하지만 앞으로 사울은 복음을 박해하던 자에서 복음을 위해 박해를 받는 자로 변할 것입니다. 그는 특별히 이방인들에게 복음을 전할 자로 부름을 받았습니다. 이런 놀라운 복음의 승리와 확산과 전개에 대해 사도행전 저자는 간략하게 이렇게 요약하고 있습니다.

"그리하여 온 유대와 갈릴리와 사마리아 교회가 평안하여 든든히 서 가고 주를 경외함과 성령의 위로로 진행하여 수가 더 많아지니라"(사도행전 9:31)

하지만 복음의 도도한 흐름은 이제 대하가 되었기에 그 거센 기운을 막을 수 없었습니다. 이제 복음은 다시 사마리아를 넘어 땅끝까지 가야 했습니다. 이미 사울의 변화, 즉 바울 사도의 회심으로 이방을 향한 움직임은 시작되었습니다. 에티오피아의 내시가 회심하고 세례를 받은 사건 역시 이방인에게 머잖아 복음이 전해질 것을 보여주었습니다. 아니 예루살렘에서 오순절에 예수님을 믿고 세례를 받고 성령을 받은 사람들 중에는 이미 이방 나라들에서 온 디아스포라 유대인들이 많았습니다. 그들은 이미 땅끝으로 생명의 복음을 전하고 있었습니다. 이미 곳곳에서 마른 뼈들에게 생기가 들어가 소생하는 새 창조의 역사가 일어나고 있었습니다. 다만 사도행전은 그것이 교회 차원에서 어떻게 진행되는지를 소개하고 있습니다.

오늘부터 살필 사도행전 9:32-12장 끝까지는 본격적인 이방인 선교를 위한 다른 준비를 소개하고 있습니다. 바울이 이방인을 위한 사도의 대표라면, 유대인 그리스도인 교회, 즉 예루살렘 교회를 대표하는 사람은 베드로입니다. 만약 베드로 사도가 이제 이방인에게로 예수 그리스도의 복음이 전파되어야 할 때가 되었음을 인정한다면, 그리고 이방인들이 할례나 안식일이나 율법 준수를 통해 먼저 유대인이 되지 않고도 아브라함의 믿음의 자손, 영적인 자손이 될 수 있다는 것을 인정한다면, 그것보다 더 중요한 이방인 선교를 위한 준비는 없을 것입니다. 아무리 바울이 온 세계를 돌아다니며 회심자를 얻고 교회를 세운다 해도 예루살렘 교회와 열두 사도들이 인정하지 않는다면, 교회의 생명 사건, 즉 교회가 성령으로, 사랑으로 하나가 되는 역사는 일어나지 않을 것입니다.

사도행전 9:32-12장까지의 주인공은 베드로입니다. 이제 하나님은 유대교의 유망주 사울을 변화시켰듯이, 사도들의 대표인 베드로를 변화시켜 그를 통해 이방인 전도의 길을 열게 하실 것입니다.

1) 사도행전 9:32-43에서 베드로가 병든 병든 애니아를 고치고, 죽은 다비다를 살리고, 부정한 사람 집에 들어가 머뭅니다.

2) 10장에서 베드로는 환상을 본 후에, 이방인 백부장 고넬료에게 복음을 전하고 그가 성령을 받을 수 있게 해줍니다.

3) 11:1-18에서 베드로는 고넬료 경험을 예루살렘 교회에 소개하고, 이제 이방인들도 진정한 그리스도인들이고 주님의 교회의 일원으로 받아들여졌다고 주장하고, 교회가 이를 받아들이고 있습니다.

4) 11:19-30에서는 오순절에 회심한 구브로 출신 그리스도인들을 통해 최초의 이방인 교회인 안디옥 교회가 세워집니다. 예루살렘 교회는 바나바를 파송하여 그 교회를 섬기게 하고, 바나바는 다소에 머물고 있던 사울을 불러서 1년 동안 동역합니다. 이 교회는 나중에 바울과 바나바를 최초의 이방인 선교사로 파송하게 될 것입니다(행 13장). 안디옥 교회는 흉년으로 고생하는 예루살렘 교회를 구제하기 위해 바나바와 바울의 손에 부조할 것을 보냅니다.

5) 12장에서 야고보가 순교합니다. 그리고 베드로는 감옥에 갇혔다가 하나님의 사자의 극적인 도움으로 풀려납니다. 반면에 무고한 그를 가둔 헤롯 왕은 심판을 받아 죽고 맙니다. 이 모든 광경을 바나바와 사울이 지켜보았습니다.

6) 이렇듯 12장은 흉년으로 고생하는 예루살렘 교회를 도우려고 바울과 바나바가 예루살렘에 당도한 이야기로 시작하여(행 11:19-30) 12장 맨 끝에 두 사람이 안디옥 교회로 돌아오면서 끝이 나고 있습니다. 구제헌금으로 이방인 교회와 유대인 교회가 하나가 되고 있는 것입니다. 이것은 또한 이제 이방인 선교사를 파송하게 될 안디옥 교회를 예루살렘 교

회가 인정하는 계기가 되었습니다. 더불어 두 파송 선교사 바나바와 사울은 앞으로 선교의 여정에서 겪을 일을 미리 예루살렘에서 목격하였다고 볼 수 있습니다. 이것이 사도행전 9:32-12장까지의 긴 이야기입니다. 13장부터는 바울과 바나바의 선교 여행이 시작됩니다. 오늘은 그 첫 장면을 잠시 살피겠습니다.

베드로를 통한 생명의 복음의 역사

바울이 회심하면서 이방인 사역 하나가 준비되었습니다. 이제 오늘부터의 주인공은 예루살렘 사도들의 대표인 베드로입니다. 베드로에 의해 두 가지 중요한 이적이 일어납니다. 첫째, 룻다에서 애니아의 중풍병이 낫습니다. 둘째, 욥바에서 죽은 다비다가 살아났습니다. 또 한 가지 중요한 베드로의 행보가 나옵니다. 그가 욥바에서 머물기로 한 숙소가 유대인 무두장이의 시몬의 집이었다는 사실입니다. 무두장이는 아주 천하고 부정한 직업으로 여겨졌습니다. 그런데 사도가 그 많은 성도의 집 가운데 하필, 아니 의도적으로 무두장이의 집 초대에 응하기로 한 것입니다. 첫째는 질병으로부터의 해방이고 둘째는 죽음으로부터의 해방이고 셋째는 정결 규례로부터의 해방입니다. 복음은 해방의 역사이고 구원의 역사입니다. 그것은 자유를 주는 생명의 역사입니다. 생명의 특징은 자유입니다. 자유를 억압하는 곳에 생명이 잦아듭니다. 사람들은 제 숨을 쉴 수 없고 쉼을 누릴 수 없습니다. 자유를 억압하는 것은 사랑이 아닙니다. 사랑이 없는 곳에 생명도 없습니다. 그래서 구원은 늘 자유의 사건이 되고 사랑의 사건이 되어야 합니다. 오늘 베드로를 통해 바로 그 사랑의 사건이 일어나고 해방의 사건, 자유의 사건이 일어나고 있습니다. 베드로가 말로 복음을 선포한 것이 아니라 그의 존재 자체가, 그가 행하는 일 자체가 복음이었습니다. 지식으로 복음을 알고 성경을 아는 것이 중요하지만, 더 중요한 것은 나라는 존재 자체가 복음이 되고, 내가 하는 말이 누군가를 살리고 위로하고 평화를 주는 복음이 되고, 내가 하는 일이 차별을 지우고 불의를 막고 정의와 공평이 있는 세상을 만드는 복음이 되어야 합니다. 비록 우리에게 베드로처럼 질병을 고치는 은사가 없고 죽은 자를 살릴 능력도 없지만 말입니다.

애니아의 질병을 고치다

예루살렘에 박해 광풍이 불 때 사도들은 피하지 않고 예루살렘에 남았습니다. 교회를 지켰습니다. 성도들을 지켰습니다. 하지만 이제 박해의 피바람이 지나가자 사도들은 유대와 사마리아 지역에 세워진 교회들을 심방하면서 양육하는 일을 했습니다. 베드로도 그중 한 명이었습니다.

"그 때에 베드로가 사방으로 두루 다니다가 룻다에 사는 성도들에게도 내려갔더니"(사도행전 9:32)

베드로가 사방으로 두루 다녔습니다. 정확히 어디인지는 안 나오지만, 31절에 언급된 유대와 갈릴리와 사마리아 여러 곳에 흩어진 성도들 모임, 가정 교회를 찾아갔을 것입니다. 자신들이 예루살렘에서 박해를 인내할 때 흩어졌던 전도자들에 의해 생긴 교회들입니다. 물론 유대인 그리스도인들로 구성된 교회입니다. 베드로는 아마 빌립을 통해서 룻다에 성도들이 생겼다는 소식을 듣고 찾아갔을 것입니다. 전도하는 사람이 있고,

전도한 사람들을 양육하는 사람이 있습니다. 교회가 두 역할을 다 해야 하지만, 저는 양육하는 쪽으로 더 많이 쓰임 받고 있는 것 같습니다. 우리 중에도 전도하시는 일에 마음이 많이 가는 분들이 있고 잘 양육하는 일을 잘 하시는 분들이 있습니다. 각자의 은사를 따라서 교회가 격려하는 것이 중요하다고 봅니다. 거기서 베드로는 애니아라는 한 남자를 만납니다. 저자는 그를 이렇게 소개합니다.

> "거기서 애니아라 하는 사람을 만나매 그는 중풍병으로 침상 위에 누운 지 여덟 해라"(사도행전 9:33)

그가 그리스도인인지 아닌지는 언급하지 않습니다. 그가 지난 8년 동안 중풍병을 앓아왔다는 것만 말해주고 있습니다. 이는 그가 중병에 걸려 마비되었거나 낙상하여 회복하지 못했음을 보여줍니다. 아마 믿는 자들을 심방하다가 소개 받은 것을 볼 때 그는 믿는 자일 가능성이 많습니다. 그렇다면 여기서 우리는 큰 변화 하나를 만나게 됩니다. 누가복음부터 사도행전 여기 전까지 예수님이나 사도들은 주로 믿지 않는 자들에게 찾아가 치유해주었습니다. 물론 믿음을 요구하기는 했지만 원래 믿던 자들은 아니었습니다. 그런데 처음으로 믿는 자를 치유해주고 있습니다. 그 다음에 나오는 다비다는 아예 "제자"라고 부르고 있습니다. 믿는 자들이 얼마 되지 않을 때인데 그중에서도 이 중풍병자도 빌립을 통해, 혹은 이미 복음을 받은 성도들을 통해 예수님의 복음, 중풍병자를 낫게 하신 그 예수님의 복음을 듣고 믿었던 것입니다. 그런데 그 예수님의 사도인 베드로가 룻다에 왔다는 소식을 듣고 어느 누구 할 것 없이 그를 이 애니아에게 데려가야 한다고 생각했을 것입니다. 친구들이 지붕을 뜯어 침상 채 중풍병자를 예수 앞에 내려놓았듯이 말입니다. 실제로 이 중풍병자를 치유하는 베드로의 모습은 누가복음 5장에 나오는 예수님의 중풍병자 치유 모습과 거의 흡사합니다.

"베드로가 이르되 애니아야 예수 그리스도께서 너를 낫게 하시니 일어나 네 자리를 정돈하라 한대 곧 일어나니"(사도행전 9:34)

"중풍병자에게 말씀하시되 내가 네게 이르노니 일어나 네 침상을 가지고 집으로 가라 하시매"(누가복음 5:24)

베드로는 현재시제를 사용하여 "낫게 하시니", 이아타이, ἰᾶτταί 이스라엘의 메시아 예수께서 지금 고치시고 있다고 선언합니다. 현재 명령형을 사용하여 "일어나", 아나스테씨, ἀνάστηθι, "네 자리를 정돈하라", 스트로손 세아우토, στρῶσον σεαυτῷ 그의 치유를 선포합니다. "여기 네 자리를 정돈하라"는 직역하면, '네 스스로 펼치라'입니다. 그것이 침상을 정돈하라는 뜻일 수 있고, 음식을 차리는 것을 의미할 수도 있습니다. 둘 중 어떤 경우든 일어나라는 명령에 순종했을 때 그가 누릴 수 있는 축복이 무엇일지를 말씀하시고 있습니다. 이건 분명 예수님 사역의 데자뷰입니다. 베드로는 이건 자신의 힘으로 하는 것이 아니라 '예수 그리스도께 너를 낫게 하신다'고 분명히 밝힙니다. 예수님이 공생애 시절처럼 지금도 살아서 베드로를 통해 역사하시고 믿음의 사람들에게 역사하고 있다는 것입니다. 물론 '성령'을 통해서 역사하신 것입니다.

다시 강조합니다. 비록 우리에게 말 한 마디로 이런 질병 치유를 할 수 있는 능력은 없더라도, 우리는 살아계신 예수님의 능력으로 살 수는 있습니다. 만약 나의 힘으로 살지 않고 예수의 힘으로 산다면, 우리가 무엇을 하든 그것을 통해 생명의 역사는 일어날 것입니다. 우리의 말로 누군가가 위로를 받을 것이고, 우리의 나눔으로 누군가가 살 용기를 얻을 것이고, 우리의 눈물로 누군가가 눈물을 닦게 될 것입니다. 우리의 정의로운 행동으로 누군가의 억울함이 풀릴 것이고, 우리는 누군가의 깨어진 관계, 깨어진 마음도 회복시키는 사람이 될 수 있습니다. 예수님의 능력으로 말입니다. 그것이 바로 생명의 역사입니다. 우리도 '애니아야 예수님이 너를 낫게 하신다'라고 말해줄 수 있습니다. 우리 교회도 그렇게 담대하게 말해줄 수 있습니다. 이것을 보고 믿음의 사람들은 더욱 굳은 믿음이 되었고, 그 때까지 예수님을 알지 못했던 이들은 이제 그 예수님을 '주'로 영접하기로 작정하였습니다. 이 중풍병자만이 아니라 아주 많은 사람들이 죽음에서 생명으로 돌아오는 역사가 일어난 것입니다.

"룻다와 사론에 사는 사람들이 다 그를 보고 주께로 돌아오니라"(사도행전 9:35)

사론은 룻다 바로 북쪽에 있는 큰 평야 지역입니다. 룻다는 해상무역로가 지나가는 도시입니다. 이 도시를 통해 금방 베드로의 치유 사건은 널리 퍼졌던 것입니다. 여기 "다 그를 보고 주께로 돌아왔다"(행 11:21)고 했는데, "다"는 '많다'는 뜻이고, '전부'라는 뜻은 아닙니다. 그의 치유가 주목을 받고 목격되었다는 것은 애니아가 적잖은 영향력이 있는 사람이었을 수 있음을 보여줍니다. 한 사람의 치유는 적잖은 "다" 사람들이 예수를 주와 메시아로 믿는 계기 "돌아오너라"가 되었습니다.

　주 안에서 사랑하는 성도 여러분, 생명이 생명을 부릅니다. 내가 예수님 때문에 살아있으면, 유창하게 전도하지 않아도 정말 살고 싶은 사람들은 내가 믿는 예수를 믿고 싶어 할 것입니다. 교회가 살아났다면 죽음의 문화에 숨이 막힌 사람들은, 세상 어디를 봐도 소망이 없고, 살아갈 날이 암담하고, 살아있는 것이 두렵고 답답하기만 하여 필사적으로 활로를 찾고 숨 쉴 구멍을 사람들은 교회 가자는 말에, 예수 믿자는 말에 따라나서게 될 것입니다. '주께로 돌아올 것입니다.' 우리는 사람들이 얼마나 완고한지도 알지만, 동시에 그들이 하나님 없으면 살 수 없도록 창조된 주님의 형상들인 것도 알고 있으니, 그들이 참 생명의 능력 앞에서 반응할 거라는 믿음이 있어야 합니다. 그리고 그 돌아옴의 역사를 주님은 바라고 기다리신다는 사실도 기억해야 합니다. 그래야 선교적 존재로 살아갈 수 있습니다.

　그러니 기울어가고 망해가는 조국 교회가 지금 당장 시급하게 시작해야 할 일은 말 잘 하는 목사 하나 더 길러내는 것도 아니고, 성경을 지식적으로 많이 아는 전도 일꾼을 만드는 일도 아닙니다. 식어버린 구령의 열정을 회복시키는 일도 우선은 아닙니다. 살아있는 성도, 성령에 감동을 받아 사는 성도, 예수님의 심장으로 긍휼을 품어야 할 때 긍휼히 여길 줄 알고, 아파하는 사람을 보면 아파할 줄 알고 공감할 줄 아는 사람들을 길러내는 일입니다. 사람 냄새 나는 사람다운 사람, 살아있는 사람이 되게 하는 일입니다. 나의 어려운 일을 털어놔도 좋을 만한 안전한 사람이 되게 하는 것입니다. 도와달라고 손 내밀만한 따스한 사람이 되게 하는 것입니다. 그러면 주님은 부족한 우리를 통해서 누군가를 살리실 것입니다. 우리 자신부터 살리시려고, 또 우리를 통해서 누군가를 살리시려고 우리를 먼저 부르셨습니다.

죽은 다비다를 살리다

베드로를 통한 복음의 역사가 더 놀랍게 진전되었습니다. 그가 여전히 룻다에 있는데 욥바의 믿는 자들 안에는 큰 일이 생겼습니다.

> "욥바에 다비다라 하는 여제자가 있으니 그 이름을 번역하면 도르가라 선행과 구제하는 일이 심히 많더니 그 때에 병들어 죽으매 시체를 씻어 다락에 누이니라"(사도행전 9:36-37)

성경 저자는 한 성도의 죽음을 소개하고 있습니다. 애니아는 남자 성도였는데, 이번에는 여자 성도입니다. 이 여자 성도의 이름까지 알려주고 있습니다. 아람어 이름은 '다비다'이고 헬라어 이름은 '도르가'입니다. 둘 다 '영양'가젤이라는 뜻입니다. 그런데 이 여자 성도를 소개할 때는 앞의 애니아라는 남자를 소개할 때보다 훨씬 더 자세하게 소개하고 있습니다. 우리가 잘 알 듯이 1세기에 여자를 남자보다 더 강조하여 그것도 나란히 소개하는 것은 이례적입니다. 하지만 누가복음부터 읽은 독자들이라면 더는 놀라지 않을 것입니다. 유독 누가는 여자 제자들의 활약을 잘 기록하고 있기 때문입니다. 앞에 애니아는 믿는 자인지 아닌지도 분명하지 않게 기록했는데, 이 다비다는 이름을 둘씩이나 소개하고, 또 그녀를 그냥 '성도'라고만 소개하지 않고 "여제자"라고 소개하고 있습니다.[11] 거기에 그치지 않고, 그가 '제자'라는 말을 들을 자격이 얼마나 충분한지 부연설명하고 있습니다. 이 여인은 선행과 구제하는 일이 심이 많은 사람이었습니다. 누가복음만큼 구원 받은 성도의 특징, 회개에 합당한 열매로 이 선행^{아마도 병든 자를 돌보는 일}과 구제를 강조한 복음서 저자는 없습니다. 구제하지 않으면, 자기 소유를 가난한 자들과 나누지 않으면 그건 사랑도 아니고, 그건 예수님의 생명을 받은 사람도 아니고 성령에 충만한 사람도 아니라고 거듭 강조해왔습니다. 성령에 충만한 초대교회는 자기 소유를 가난한 자들을 위해 사용하였고, 반대로 아나니아와 삽비라는 자기 소유를 감추는 거짓말을 했다가 죽음의 심판을 당했습니다. 성령을 돈 주고 사려고 했던 시몬 역시 저주에 가까운 책망을 들었습니다. 구제가 없으면 구원도 없다, 이것이 "가난한 자는 복이 있나니 천국이 저희 것임이요"(눅 6:20)라고 말씀하신 예수님의 복음입니다.

이 다비다는 제자로 불리기에 충분한 여인이었습니다. 여기 선행과 구제가 심히 많았다는 것에서 우리는 몇 가지를 유추해볼 수 있습니다. 첫째, 그는 아마도 적지 않은 소유를 가졌을 것입니다. 둘째, 그는 과부들을 위해 겉옷과 속옷을 지어줄 정도로 개인적인 시간을 맘대로 쓸 수 있는 사람이었습니다. 셋째, 그의 시체가 다락방에 안치되어 있다고 한 것을 보면 그는 다락방이 있는 큰 집을 소유한 사람일 것입니다. 그렇다면 짐작하건대 그의 다락방이 욥바의 가정교회 장소 가운데 하나였을 수 있습니다. 자주장사 루디아의 집이 빌립보 가정교회 처소였던 것처럼 말입

---

11 신약에서 여성 제자를 가리키는 단어 "μαθήτρια"를 사용한 유일한 경우다.

니다. 그는 초대교회가 참 그리스도인의 모습으로 그리고 있는 참으로 이상적인 사람, 예수님의 제자였습니다. 넷째, 남편에 대한 언급이 없는 것을 볼 때 그는 과부였을 것입니다.

그런 사람에게도 '병'이 찾아왔습니다. 그녀의 죽음이 욥바의 교회에게도, 그를 여자 리더로 의지하던 많은 이들에게도 크나큰 손실일 것인데, 하나님은 그런 사람에게도 죽음에 이를 만큼의 병을 주셨습니다. 어제 제가 아는 알바니아 선교사님 한 분이 폐기흉으로 돌아가셨습니다. 사모님 선교사님도 암 투병 중이십니다. 알바니아가 얼마나 복음을 전하기 어려운 땅인지 하나님이 더 잘 아십니다. 그런 곳에 아주 작은 교회를 묵묵히 일구어오신 선교사님 내외에게 병은, 그것도 죽을 병은 정말 어울리지 않는 것 아닙니까? 축복해주어도 시원찮은데 왜 그러시는지 도무지 우리는 모릅니다. 남의 고통을 가중시키며 국가권력을 사유화하는 악한 사람들은 멀쩡하게 죽지도 않고 잘 사는데, 왜 선하디 선한 사람은 먼저 데려가시는지 모를 일입니다.

욥바의 성도들도 아연실색했습니다. 원래 유대인들은 어떤 사람이 죽으면 해가 지기 전에 장사를 지냈습니다. 그런데 성도들은 도저히 그럴 수 없었습니다. 우선 시체를 씻어 다락에 두었습니다.[12] 그들은 그 무렵 베드로가 유대 여러 마을에서 선교사역과 목회사역을 하고 있다는 것을 알고 있었습니다. 특히 룻다에서 중풍병자를 고쳤다는 소식도 들었을 것입니

---

12 벅(Darrelle L. Bock)은 도르가를 다락에 둔 것이 더 많이 헬라화된 유대교의 장사 방식일 수 있다고 제안한다. 대럴 벅(전용우), 《사도행전》(부흥과개혁사,2019), 482. 구약의 소생 기사에서 시신을 다락에 두는 것에 대해서는 왕상 17:19, 왕하 4:10, 21을 참조하라.

다. 룻다에서 욥바까지는 10마일, 그러니까 16킬로 정도밖에 안 되고, 두 도시는 해안도로로 잘 연결되어 있었습니다. 성도들은 죽은 자를 살리신 예수님의 제자가 가까이 있다는 소식을 듣고 한 가닥 희망을 걸어보기로 했습니다.

"룻다가 욥바에서 가까운지라 제자들이 베드로가 거기 있음을 듣고 두 사람을 보내어 지체 말고 와 달라고 간청하여"(사도행전 9:38)

두 사람을 보내서 "지체 말고 와 달라고 간청"했습니다. 베드로라면 살릴 것이라고 굳게 믿고 와달라고 한 것이 아닙니다. 그랬을 리가 없습니다. 그가 오는 것만으로 교회에는 큰 위로가 되었을 것입니다. 하지만 예수님의 능력이 중풍병자에게 나타났다면 예수님의 능력이 죽은 야이로의 딸을 살렸듯이(눅 8:49-56), 이 다비다도 살릴 수 있을지 모른다는 기대는 분명히 했을 것입니다. 시신이 부패하기 전에 어서 지체 말고 와달라고 부탁합니다. 얼마나 생명을 갈구하는 공동체입니까? 얼마나 사랑이 많은 사람들입니까? 그들이 받은 사랑을 어떻게든 보답하고 싶었던 것입니다. 베드로도 이에 즉시 반응합니다.

"베드로가 일어나 그들과 함께 가서 이르매 그들이 데리고 다락방에 올라가니 모든 과부가 베드로 곁에 서서 울며 도르가가 그들과 함께 있을 때에 지은 속옷과 겉옷을 다 내보이거늘"(사도행전 9:39)

욥바로 내려가는 베드로의 심경이 어떠했을까요? 그도 자신을 통해서 어떤 일이 벌어질지 몰랐을 것입니다. 살려달라고 기도하는 마음으로 갔을까요? 자신이 아내와 어미를 잃은 가족을 위로하고 공동체의 영적 어머니를 잃은 자들에게 소망을 주려면 어떤 메시지를 전해야 할까 고민하면서 내려왔을 것입니다.

욥바에 도착하자마자 즉시 다락방으로 올라갔습니다. 거기엔 다비다의 큰 사랑을 받은 과부들이 모여 있었습니다. 그들은 다비다의 구제와 선행의 수혜자들이었습니다. 다비다 때문에 절망이 소망으로 바뀌었습니다. 다비다가 전해준 예수님 때문에 남편 없는 기막힌 세월을 인내할 수 있었습니다. 그가 베풀어준 양식과 의복 때문에 헐벗음과 굶주림을 면한 것이 한두 번이 아니었습니다. 그들은 다비다를 통해서 '생명'을 공급받고 있었습니다. 그런 다비다가 자신들보다 먼저 생명을 잃다니 하늘이 무너져 내린 것 같았습니다. 베드로를 보자 과부들은 이대로 도르가를 보낼 수 없는 이유를 설명하기 시작했습니다.

"도르가가 그들과 함께 있을 때에 지은 속옷과 겉옷을 다 내보이거늘"

여기 '내보이다' 동사에피데이크뉘메나이, ἐπιδεικνύμεναι가 중간태인 것은 과부들이 자기들이 입고 있는 옷을 보여주었다는 것을 말해줍니다. 욥바의 사람들 역시 빌립에 의해 전도를 받았을 가능성이 있습니다. 빌립이 누구입니까? 구제를 담당했던 일곱 성도 가운데 한 명입니다. 헬라파 과부들이 자신들이 구제의 대상에서 빠진다고 불평하자 예루살렘 교회는 헬라파 출신들로 일곱 명의 구제 담당 일꾼들을 세웠는데, 스데반과 빌립이 거기에 들어있었습니다. 아마 빌립이 예루살렘을 떠나 전도할 때도 이런 과부들을 구제하는 일이 얼마나 중요한지 가르쳤을 것입니다. 도르가, 즉 다비다는 그 말씀에 충실하여 생명을 살리고 생명을 나누어주는 사역을 해온 것입니다. 그것이 바로 성령의 역사입니다. 성령의 은사 가운데 하나가 바로 "서로 돕는 것"(고전 12:28)입니다. 이것이 도르가의 은사였던 것입니다.

사랑하는 성도 여러분, 여러분은 누구를 어떻게 살렸습니까? 여러분이 병들어 세상을 떠날 때, 속옷과 겉옷을 보여주면서 참으로 아까운 사람이 먼저 갔다고, 살릴 수만 있으면 좋겠다고 말해줄 수 있는 사람을 몇이나 두셨습니까? 나를 자기 이웃이라고 인정해줄 이웃이 없는 사람에겐 천국이 없습니다. 천국은 이웃이 있는 곳이고 친구가 있는 곳이기 때문입니다. 베푼 만큼 받는 'give and take', 계산과 거래와 계약만 있는 곳은 천국이 아닙니다. 천국은 '증여'의 나라입니다. 받은 사랑이 너무 많아서 베푸는 것이 당연하다고 여기는 사람이 친구가 되고 이웃이 됩니다. 그런 관계가 있는 곳이 천국입니다. 주 안에서 사랑하는 성도 여러분, 이제 천국을 사시길 바랍니다. 이웃을 만들고 친구를 삼아서 천국을 이루는 교회가 되길 바랍니다. 이런 간절한 설명을 듣고 베드로는 어떻게 반응합니까?

"베드로가 사람을 다 내보내고 무릎을 꿇고 기도하고 돌이켜 시체를 향하여 이르되 다비다야 일어나라 하니"(사도행전 9:40)

베드로는 먼저 다락방에 있는 사람들을 다 내보냅니다. 예수님이 하시던 대로 합니다(눅 8:51). 그는 이 일로 자신이 엄청난 사람이 되기를 원하지 않았습니다. 자신이 주목받기보다는 예수님이 드러나길 바랐습니다. 사람들 보는 앞에서 살리면 아무리 겸손해도 사람들은 예수님이 아니라 베드로를 높일 수밖에 없었습니다. 그리고 베드로는 여전히 하나님은 무엇을 원하시는지 알 수 없었을 것입니다. 다 내보낸 것은 다비다를 살리기 위해서가 아니라 어떻게 하는 것이 하나님의 뜻인지 알기 위해서였습니다. 하나님께 기도하기 위해서였습니다.

베드로는 다비다의 시체로부터 등을 돌린 채 무릎을 꿇습니다. 그리고 하나님께 기도합니다. 예수님을 통해 회당장 야이로의 딸을 소생시켰고(눅 8:45-54), 죽은 나사로를 살리셨던 하나님, 엘리사를 통해 과부의 죽은 아들을 살리셨던 하나님이, 이제 자신을 통해서 이 다비다를 주께서 원하시거든 살려달라고 기도했을 것입니다. 애니아를 고칠 때에는 "예수 그리스도께서 너를 낫게 하신다"고 했는데, 이번에는 기도를 통해 그것을 표현하고 있습니다. 그러고는 확신이 들었을 것입니다. 그래서 시체를 향해 몸을 돌리더니 그녀의 아람어 이름을 부르며 소리쳤습니다.

"다비다야 일어나라"

그가 만약 아람어로 말했다면 그는 이렇게 했을 것입니다:

"다비다 쿰Tabitha cumi"

어떤 말이 생각납니까? 예수께서 죽은 12살 회당장 야이로 딸을 향해서 외친 말씀이 생각나실 겁니다

"달리다 쿰Talitha cumi, 소녀야 일어나라"

알파벳 단어 하나만 다르고 똑같습니다. 베드로는 지금 예수님과 똑같은 일을 하고 있는 것입니다. 예수님이 하나님 아버지를 의지하여 행한 대로 베드로도 행했습니다. 그가 어떻게 이런 믿음을 갖게 되었을까

요? 물론 예수님이 살아계신다고 믿었기 때문입니다. 예수님의 부활을 경험했기 때문입니다. 그러니 그 예수님이 여전히 자기를 통해서 죽은 다비다를 살리실 수 있다고 믿은 것입니다. 여기 "일어나라"는 동사는 예수께서 죽은 자 가운데서 "일어나셨다"고 할 때, 그러니까 예수님의 부활을 가리킬 때 쓰는 용어입니다. 예수님이 일어나셨듯이 너도 일어나라, 라고 말한 것입니다. 그 결과 어떻게 되었습니까?

"그가 눈을 떠 베드로를 보고 일어나 앉는지라"

살아났습니다. 다비다가 소생했습니다. 눈을 뜨더니 베드로를 보고는 일어나 앉았습니다. 처음 보는 외간 남자가 자기 다락방에 와 있으니 놀랐을 것입니다. 그런데 눈을 뜬 다비다를 보고 정말 놀란 것은 베드로였을 것입니다. 베드로는 다비다에게 손을 내밀어 일으켜 세웁니다. 그러고는 밖에 있는 성도들을 부릅니다. 과부들을 안으로 들어오게 합니다.

"베드로가 손을 내밀어 일으키고 성도들과 과부들을 불러 들여 그가 살아 난 것을 보이니"(사도행전 9:41)

있을 수 없는 일이 벌어졌습니다. 여기 '살아난'은 '살아 있는'조산, ζῶσαν으로 번역하는 것이 더 적절한 현재시제입니다. 베드로는 도르가가 살아 있는 것을 과부들과 성도들에게 보이셨습니다. 애니아 치유 사건보다 훨씬 더 믿기지 않는 역사였습니다. 예수님이 다시 살아 돌아오신 것 같은 착각이 들게 할 만한 사건이었습니다. 헤롯이 예수님의 기적 소식을 듣고 세례 요한이 살아서 예수 안에 역사한다고 생각한 것처럼 말입니다. 그 파장은 엄청났을 것입니다. 삽시간에 온 욥바에 이 소식이 퍼졌습니다.

"온 욥바 사람이 알고 많은 사람이 주를 믿더라"(사도행전 9:42)

일단 온 욥바 사람들은 다 알았습니다. 아이들도 어른들도 다 알았습니다. 그중에서 많은 사람이 주를 믿기로 작정했습니다. 유대인 중 많은 이들이 예수를 메시아로 인정하기 시작했다는 뜻입니다. 질병을 이긴 예수님이 이제 죽음까지 이기셨습니다. 그래서 죽음 가운데 살던 이들을 자기 백성으로 부르셨습니다.

사랑하는 여러분, 이것이 지금도 성도들을 통해, 교회를 통해 하나님께서 만들어 가기 원하시는 생명의 역사입니다. 저희를 보내서 누군가에게 '다비다 쿰' 하고 외치라고 하십니다. 우리가 우리 자신을 감추고 하나님께만 무릎을 꿇고 의지한다면 주님은 그게 어떤 일이든, 어디서든, 생명을 살리는 전도자로 살아가게 하실 것입니다.

베드로가 소생한 다비다를 성도들과 과부들에게 보여주었듯이 우리 교회는 누구를 죽었다가 살아난 성도로 보여줄 수 있을까요? 우리 교회에 와서 살아난 성도는 누구입니까? 우리의 사랑을 통해서, 우리의 믿음을 통해서, 우리의 섬김과 인내를 통해서 살아난 성도, 살아난 가정은 누구입니까? 그렇게 살아난 증거들이 많을 때, 욥바의 많은 사람들이 주를 믿은 것처럼 저희를 통해 주를 믿는 자들이 많아질 것입니다.

무두장이의 집에 머문 베드로

죽은 사람을 살린 베드로의 위상이 얼마나 높아졌을지 우리는 상상할 수도 없습니다. 당연히 베드로를 가장 극진히 대접해주고 싶었을 사람은 다비다였을 것입니다. 그의 가족들도 어미를 다시 돌려준 것에 감사하여 베드로를 예수님 모시듯 대접해주고 싶었을 것입니다. 하지만 베드로는 그녀의 집을 떠납니다. 그녀의 호의를 거절합니다. 그리고 그가 욥바에서 머물기로 한 곳은 어디입니까?

"베드로가 욥바에 여러 날 있어 시몬이라 하는 무두장이의 집에서 머무니라"(사도행전 9:43)

여기 "여러 날"은 '많은 날들'입니다. 아주 오랫동안 머물려면 좋은 집이면 더 나을 것입니다. 그런데 그가 환대에 응한 집은 "무두장이의 집"이었습니다. 우리 시대는 가죽공예를 하시는 분들이 고급 기술로 인정받습니다만, 당시 유대인들의 생각은 달랐습니다. 죽은 동물의 시신을 만져서 가죽을 만든다는 이유로 천한 직업으로 간주했습니다. 바벨론 탈무드에는 "무두장이와 거래하는 사람들에게는 화 있을진저"라고 합니다. 냄새가 많이 나기 때문에 도시 외곽이나 바닷가_{욥바}에 살아야 했습니다. 부정하고 천한 직업이었습니다. 그런데 그 무두장이 시몬도 회심을 했습니다. 베드로가 왔다는 말을 듣고 비록 누추하고 보잘것없지만 초대하고 싶었습니다. 놀랍게도 베드로가 숙소로 정한 곳은 다비다의 집이 아니라 무두장이의 집이었습니다. 베드로, 그는 정결의 장벽을 뛰어넘고 있는 것입니다. 위에서는 남녀의 경계를 뛰어넘었습니다. 죽음의 경계도 뛰어넘었습니다. 이제 정결의 경계도 넘고 있습니다. 이제 예수님 안에서는 율법이 정한 모든 부정과 거룩의 구분은 사라졌습니다. 아직은 더 온전하게 베드로 사도 안에서 정리가 필요한 상태입니다. 고넬료 사건을 겪은 다음에는 이방인과 유대인 사이의 구분조차 사라지게 됩니다. 그래서 이후로 베드로는 예루살렘 교회 안에서 그 누구보다도 이방인을 향한 복음을 지지하는 사도가 됩니다. 사도 바울의 사역을 신학적으로, 목회적으로, 선교적으로 뒷받침해준 사람이 베드로입니다. 이렇듯 선교는 한 사람의 영웅을 통해서 이뤄지지 않습니다. 앞서는 사람과 뒷받침하는 사람, 도드라진 사람과 감춰진 사람이 저마다 자기 역할에 충실할 때 하나님께서는 그 모든 사람과 상황을 통해 자기 백성을 부르시고 주의 교회를 세우시고 하나님의 뜻을 이루어가십니다.

여러분 가운데 무두장이 같은 친구가 있습니까? 친하게 지내봐야 별로 내게 돌아올 것이 없고 도리어 내가 보살펴주어야 할 사람들과 친구가 되고 있습니까? 오늘날 실질적으로 신분제나 계급제는 폐지되지 않았습니다. 아니 더욱 간교한 형태로 공고해졌습니다. 세상이 그렇다고 교회마저 그런 문화를 당연히 여기며 따라가면 안 됩니다. 돈 있고 힘 있고 많이 배운 사람을 더 잘 대접하고 부러워하는 문화를 만들면 안 됩니다. 그런 것이 하나도 중요하지 않는 교회가 되어야 합니다. 누구든 생명으로 보고 생명으로 존중받고 생명으로 살아갈 수 있도록 배려하는 교회가 되길 바랍니다. 혹시 여러분이 세상에서는 무두장이 같더라도 말씀의 사람들을 혹은 나그네를 잘 대접하기를 바랍니다. 더 번듯한 직장을 갖고 더 넉넉해진 다음에 섬기자는 말을 거두십시오. 베드로는 무두장이를 환대했고, 무두장이도 베드로를 환대했습니다. 환대는 가진 사람만 할 수 있는 일이 아닙니다. 저마다 자기 수준에서 타인을 그 가치 그대로 존중하는 것이 환대입니다. 냉수 한 그릇도 좋고, 문자 한 문장도 좋습니다.

당시에 여관은 매우 위험했고 음란했습니다. 그래서 그리스도인들은 더욱 적극적으로 손님들을 환대했습니다. 구제와 함께 이 손대접이 회심의 중요한 열매였습니다. 여러분의 교회도 이 험한 세상에서 부디 서로를 환대하고 서로에게 안전한 쉼터가 되어 주기를 바랍니다.

나가는 말

생명을 살리는 걸음

빌립과 전도자들이 일으킨 생명 탄생의 역사를 이제 베드로 사도가 이어받아서 사랑과 능력의 심방을 통해 믿는 자들이 성장할 수 있도록 양육하고 있습니다. 룻다에서는 8년 동안 중풍병으로 있던 애니아가 일어났습니다. 욥바에서는 죽었던 여제자 다비다가 살아났습니다. 또 무두장이 시몬이 사도를 자기 집에 영접했습니다. 부정하고 냄새났던 곳이 성전이 되었습니다. 그들에게는 저마다 믿음이 있었고 그들이 베푼 사랑에 화답하는 성도들이 있었습니다. 얼마나 멋진 생명의 역사요, 해방의 역사요, 치유의 역사요, 환대의 역사입니까? 복음이 찾아간 곳에서는 차별과 멸시가 사라졌습니다. 슬픔과 탄식이 물러갔습니다. 그 대신 생명의 찬가가 울려 퍼졌습니다. 이 기적은 그들에게만 머물지 않았습니다. 애니아 치유의 소식을 듣고 룻다와 사론에 사는 사람들이 주께 돌아왔습니다. 소생의 소식을 듣고 욥바의 많은 사람들이 주를 믿었습니다. 이제 부유한 다비다의 집을 놔두고 무두장이 집의 초대에 응한 베드로의 이 대담한 결정이 이 복음이 또 다른 경계를 넘고 장벽을 허물고 더 멀리까지 나아가게 할 것입니다.

주 안에서 사랑하는 성도 여러분, 오늘 우리도 이 생명의 전도사들이 됩시다. 말로도 전하고 삶으로도 전하는 교회가 됩시다. 나를 드러내지 말고 우리의 왕이신 목자 예수님을 드러냅시다. 그분의 능력에 맡기고 '애니아야 일어나라'라고 나 자신에게, 그리고 낙망하여 있는 자들에게 선포합시다. 죽어가는 영혼들에게 '일어나라, 다비다 쿰'이라고 선포합시다. 베드로처럼 무두장이의 초대에 응답하는 교회, 무두장이처럼 담대하게 초대하는 교회가 됩시다. 그렇게 멸시받고 천대받는 자들에게도 안식처가 되는 교회, 저들이 얼마나 존중받고 사랑받아 마땅한 형제요 자매요 하나님의 형상이요 생명인 것을 알게 해주는 교회가 되길 바랍니다.

함께 기도하겠습니다

생명의 주님 감사합니다.

오늘도 말씀으로 침상에 누워 8년을 보내고 있는 애니아 같이

건강 때문에, 경제적인 어려움 때문에, 정신적인 고통 때문에

옴짝달싹 못하고 있는 저희에게 친히 찾아오셔서

"예수 그리스도가 너를 낫게 하시니 일어나라"라고 말씀해주시고

일어나게 하시고 살아나게 하시니 감사합니다.

주님 저희는 도르가처럼 육신이 죽은 것은 아니라도

죽은 것이나 다름 없는 가망 없던 인생이었는데

속히 찾아오셔서 무너진 마음에, 절망하는 마음에,

세상에 치여서 넘어진 마음에,

소중한 사람을 잃고서 아파하는 마음에 공감하여 주시고

다시 한번 손잡아 일으켜 주시니 감사합니다.

저희가 회복되고 저희가 살아나는 것을 보면서

세상이 주님을 향한 기대를 회복하고

주께로 돌아오는 생명의 역사가 있게 하여 주시옵소서.

주님 저희도 베드로 사도의 믿음을 본받기를 원합니다.

사방으로 두루 다니면서 살아계신 주 예수 그리스도의 복음을 드러냈던

그 담대한 순종을,

죽은 여인을 향하여 걸음을 옮겼고, 시신 앞에서 절망하지 않고

아들 주 예수 그리스도를 살리신

하나님의 생명의 능력을 의지했던 그 믿음을,

천시 받던 무두장이 시몬에게 내려가

그와 사귐을 나누고 그를 환대한 그 겸손함을,

주님 저희가 배우게 하시옵소서.

그 경계를 넘어 새로운 시대, 새로운 신분에 어울리게

용기 있는 사랑, 믿음의 섬김, 차별 없는 환대를 보인

그의 걸음이 우리의 걸음이 되게 하여 주옵소서.

그렇게 세상 전체를 바꾸지는 못하더라도

우리의 일상 속에서 세상과 선명하게 차별되는 삶을

살아내도록 도와주시옵소서.

그리하여 저희도 누군가를 살리고 일으키는

생명의 전도사들로 살게 하여 주옵소서.

아멘.

고넬료의 환상과 베드로의 환상

사도행전 10:1-23a

깨지고 뒤집히고 넓어지고 깊어지는 신앙

"배움 이전의 배움"이라는 말이 있습니다. 어떤 구체적인 내용을 배우기 전에 이미 배움이 일어났다는 것입니다. 그 배움이 구체적인 어떤 것을 배우는 것보다 더 중요합니다. 어쩌면 모든 스승들의 결정적인 역할이 그것이 아닌가 생각합니다. 내가 알고 있는 정보를 전달하는 것에 그치지 않고, 즉 나와 동일한 생각을 가진 사람을 만들어내는 것이 아니라, 그들이 어떤 방식으로, 아니 더 나중에는 자기만의 고유한 방식으로 생각하도록 돕는 자들이 스승이라는 것입니다. 배움 이전의 배움은 바로 그 생각하는 능력을 말합니다. 그런 점에서 말하는 것을 받아 적고, 외우고, 시험 보고, 그러고 나서 다시 잊어버리는 일을 반복하게 하는 우리 시대의 교사는 참 스승이라고 보기 어렵습니다. 누군가 리영희 선생의 책을 읽고 "찬물 한 바가지를 끼얹는 느낌"이라고 표현한 바 있습니다. 한 번도 못 들어본 견해를 얻은 것이 아니라 생각 자체를 일깨웠다는 뜻일 것입니다. 카프카Franz Kafka가 말한 것도 같은 맥락입니다.

"내 생각에 사람들이 책을 읽는다면 사람들을 물어뜯고 콱 찌르는 그런 책
만을 읽어야 할 게야. 만약에 우리가 읽는 책이 우리의 두개골을 주먹질로
쳐 깨우지 않는다면, 도대체 무엇 때문에 그 책을 읽는단 말인가? 책이 우
리를 행복하게 만들어 주어서? 맙소사. 책이 없더라도 우리는 행복해질 수
있지 않나. 그리고 우리를 행복하게 만들어주는 책은 아쉬운 대로 우리 자
신이 쓸 수도 있지. 우리가 필요로 하는 책은 우리를 아주 고통스럽게 하
는 불행처럼 우리에게 영향을 미치는 책이지. 마치 우리 자신보다 더 사랑
하는 사람의 죽음처럼, 마치 우리가 모든 사람들로부터 내쫓겨 멀리 숲으
로 추방된 것처럼, 마치 자살과 같은 불행 말일세. 책은 우리 내면 안의 얼
어붙은 바다를 깨는 도끼여야 하네"(프란츠 카프카, 『카프카의 일기』)

왜 사는지, 어떻게 살아야 하는지 정신이 번쩍 나도록 인식하게 하는
것이 카프카에게는 "책"이었다면 니체Friedrich Wilhelm Nietzsche에게는
"철학"이었습니다. 그래서 칸트가 계몽의 비밀을 지능에서 찾지 않고 용
기에서 찾은 것이 너무나 이해가 잘 됩니다. 그러니까 그가 떠올린 계몽
된 사람은 박식한 사람이 아니라 용감한 사람입니다. 감히 따져 묻고 감
히 알려고 하는 용기를 가진 사람 말입니다. 그래서 그는 "감히 알려고
하라"sapere aude를 계몽의 구호로 삼았습니다. 진짜 바보는 뭘 모르는
사람이 아닙니다. 알려고 하는 욕구가 없는 사람입니다. 의지가 꺾인 사
람들입니다. 그래서 현재의 불합리한 제도들, 차별들, 권력들을 그대로
인정하고 공연히 불편해지지 않기 위해서 자기를 무시하고 자기 능력을

부인하는 사람이 진짜 바보입니다. 진정한 교육은 학생의 머리에 무언가를 집어넣는 일이 아니라 그들을 깨닫게 하고 각성시키는 일입니다. 진짜 무서운 것은 무지의 늪이 아니라 자기 무시의 늪입니다. 진짜 가망 없는 것은 자신이 알고 있는 알량한 지식, 경험, 학력, 소유 같은 것들에 기대어서 자기 자신을 고수하려는 마음입니다.

참된 신앙의 특징은 자유입니다. 진리가 있음을 부정하고 내 맘대로 믿어도 좋다는 말이 아닙니다. 그 진리의 폭과 너비와 깊이와 높이를 내 맘대로 재단하지 않는 것을 말합니다. 울타리를 치고, 경계를 긋고, 담을 쌓아서 그 안에서 편안하게 안주하고 그것을 위해서 적을 만들고, 불온한 사람을 만들고, 이단을 만드는 옹졸한 짓을 하지 않는 것입니다. 누군가의 주장을 믿고 맹목적으로 추종하여 이념의 노예가 되는 것도 자기 안에 '자유'가 없기 때문입니다. 그것은 그 사람 안에 '힘'이 없다는 뜻과 같습니다. 저항할 힘, 질문할 힘, 맞설 힘이 없어서 그런 것입니다. 어린아이의 호기심 가득한 눈을 가지고, 그러나 과감하게 자기 껍데기를 벗는 용기를 가지고 진리가 열어가는 신세계로 오늘도 내일도 나아가는 과정이 신앙의 여정입니다. 그래서 작년의 고백으로 올해도 살고 내년도 살려고 해서는 안 됩니다. 10년 전의 감동으로 아직도 살고 있다면, 그것은 조작된 감정이고 강요된 감정일 뿐 살아있는 감정은 아닐 수 있습니다. 십 년 전 연애 감정으로 지금까지 사는 부부가 없듯이 말입니다. 그 감정으로 학창 시절 첫사랑을 만났다가 너무나 달라진 구수한 아줌마, 대머리 아저씨가 된 모습에 크게 실망하는 경우처럼 말입니다.

저는 제 사상을 설파하려고 책을 쓰고 있는 사람이 아닙니다. 여러분 영혼의 운명을 가를 만큼의 중대한 역할을 맡은 사람이 아닙니다. 제 말을 따르면 진리로 가고, 제 말에 딴지를 걸면 진리에서 떠나는 거라고 말할 수 없을 만큼 성경이든 미래의 운명이든 제가 아는 것이 지극히 제한적입니다. 저는 여러분이 여러분의 삶의 자리에서, 여러분의 수준에 따라, 여러분만의 하나님을 만나도록 돕는 조력자일 뿐입니다. 물론 그 조력자가 부실하면 여러분도 좋지 않은 영향을 받겠지만, 조력자가 훌륭하다고 하여 반드시 여러분이 훌륭한 성도가 되는 것도 아닙니다.

성경은 선전이나 정보가 아닙니다. 특정한 행동을 하게 하거나 어떤 신념을 갖도록 조작하는 책이 아닙니다. 성경이나 하나님은 결코 우리를 존엄성과 영혼도 없이, 그저 공포심 때문에 굴종하는 꼭두각시가 되게 하지 않으십니다. 목사가 성경해석의 권리를 독점적으로 점유하고 있는 교회는 이미 죽은 교회입니다. 왜냐하면 그때 성경은 '물화'物化되고 말기 때문입니다. 성경의 진리가 화석화되고 맙니다. 딱딱한 고체가 됩니다. 그저 암기해야 하는 어떤 것이 될 뿐, 우리의 삶에서 구체적으로 역사하는 살아있고 운동력 있는 말씀이 되지 못합니다. 교훈과 책망과 바르게 함과 의로 교육하는 인격적인 말씀이 되지 못합니다. 성경이 물화되면 사람도 물화됩니다. 그러면 괴물 같은 사람이 탄생합니다. 피도 눈물도 없는 사람이 됩니다. 오직 이념을 위해 그리고 기득권을 위해 전쟁을 불사하는 괴물이 됩니다. 신천지의 저 괴물 같은 사람들을 보십시오. 남들과 자신을 기어이 구별하고서야 정체성을 확립하는 저 숱한 '주의'主義들을 보십시오.

오늘 내가 믿고 고백하는 말씀에 나를 던지고 또 내일 또 새롭게 내게 다가오는 말씀에 나를 개방하고 그 말씀을 따져 보고 의심하고 평가해서 낯선 진리를 환영하여 나를 더욱 확장시키는 그 놀라운 마음 형성의 과정이 바로 신앙의 여정인 것입니다. 그럴 때 우리는 참으로 위대하신 하나님, 놀라우신 하나님, 두려운 하나님, 낯선 하나님, 신비로운 하나님을 뵐 수 있을 것입니다. 그래서 겁나도록 신이 나게, 신이 나지만 동시에 겁도 나는 그 '두려움과 떨림'의 긴장을 머금고 처녀림을 걷는 사람처럼 살 수 있습니다.

그래서 또 내일 묵상할 말씀을 기대하고 내일 내게 일어날 일이 기다려지고 내일 읽을 책이 궁금해집니다. 내일 또 어떤 사람과 만나질지 설레기도 하구요. 내일 일어날 사건이, 그게 설령 아프고 쓰리거나 벅차고 기쁘거나 상관없이 참으로 내게는 없어서는 안 될 선한 충격이고 충동이라고 믿으며 맞이하게 됩니다. 그렇게 내가 열릴수록, 내가 보드라워질수록, 내가 말랑말랑한 직선이 될수록, 더 많은 사람이 내 안에 들어오고 더 많은 사람이 내 시선에 들어오고 더 많은 사람의 소리가 내 귀에 들려오게 될 것입니다. 더 풍성하게 하나님께서 열어 가시는 당신 나라의 역사가 보일 것입니다. 더 아름답고, 더 진실하고, 더 선한 하나님을 만나게 될 것입니다.

오늘 본문에서 우리는 두 사람이 변하는 것을 볼 것입니다. 그것은 그냥 작은 변화가 아니라 급진적인 전향radical conversion이고 전복적인 전환subversive transfer입니다. 한 사람은 베드로이고, 다른 한 사람은 고넬료입니다. 두 사람의 변화가 이제 사도행전의 새로운 장을 열 것입니다. 아니 교회사의 새로운 장을 열 것입니다. 그것은 경계를 파괴하는 진전입니다. 오랜 하나님의 약속이 성취되는 순간입니다.

오늘 여기 우리에게까지 그 파장이 미친 엄청난 변화가 사실 이 두 사람의 그 날의 변화, 그 날의 결단, 그 날의 개방을 통해서 이루어지기 시작했습니다. 만약 그들이 바리새인들처럼, 장로들처럼, 빌라도처럼 완강하게 그 성령님의 촉구를, 성령님의 충동을, 성령님의 도전을 거절했다면, 교회의 역사는 상당히 다른 양상으로 전개되었을 것입니다. 그만큼 오늘 두 사람의 전향은 새로운 물꼬를 튼 획기적인 사건이었습니다. 그런데 그 변화는 '인식의 전환'으로부터 시작되었습니다. 생각하는 방식의 전환이 있었습니다. 용기가 필요한 일이었습니다. 그 같은 결정을 내림으로써 앞으로 베드로가 치러야 할 대가는 만만치 않았습니다. 그냥 살던 대로 살고 생각하던 대로 생각했다면, 있던 곳에 계속 있었으면, 신간 편했을 것이고 다툴 일도 없었을 것입니다. 그런데 그는 그동안의 자기 자신으로부터 떠났습니다. 자신이 무너졌습니다. 그러고서야 새로운 자신이 태어났습니다.

10장의 베드로는 9장의 베드로와 다릅니다. 어제의 사도는 오늘의 사도와 다른 사람이 되었습니다. 그것은 10장의 고넬료가 그 이전의 고넬료와 다른 만큼이나 달랐습니다. 우리는 10장에서 고넬료의 회심에 초점을 맞추어 이해하는 경향이 있지만, 사실 그것보다는 베드로의 회심이 더 중요한 변화입니다. 그것이 저자의 의도입니다. 우리 인생에도 이렇게 다양한 회심이 존재합니다. 한 번만 회심하고 끝나지 않습니다. 인생 내내 우리는 회심을 합니다. 회심은 내 전 존재가 변화되어 가는 과정이기 때문이고 깊어지는 과정이고 확장되는 과정이기 때문입니다. 영혼의 회심, 감정의 회심, 지성의 회심, 의지의 회심 등 내 전 존재가 조금씩 우리 주 예수 그리스도를 향해 개방되는 과정, 그분을 수용하는 과정, 그분과 하나가 되는 과정이 회심입니다. 내가 굳게 믿어왔고 찬양해왔고 고백해왔던 하나님이 어느 날 정말 내가 믿어야 하는 그 하나님의 전부가 아니었던 것을 불현듯 깨닫는 순간이 오는 것입니다. 그럼 과거에 내가 고백했던 하나님은 잘못이었습니까? 절대 아닙니다. 그때는 그 하나님만으로 충분했습니다. 하지만 또 우리는 더 놀라우신 하나님을 향해 회심해야 합니다. 복음을 알면 알수록 우리는 여전히 벗겨내야 할 내 껍데기가 있고, 벗어나야 하는 나를 꽉 매고 있는 '악한 주술'이 있습니다. 복음gospel이라는 주술spell로 그 거짓된 현실에서 벗어나 하나님께서 열어 가시는 참된 현실을 발견하는 회심, 참된 나를 발견하고, 참된 이웃의 가치를 발견하는 회심, 그것이 나도 살리고 나를 통해서 타인도 살릴 것입니다.

고넬료의 환상

이방인 선교를 주도할 바울의 회심 사건으로 이방인 선교를 향한 하나님의 구체적인 계획이 시행되기 시작했습니다(행 9:1-30). 베드로의 해안 평야 지역 선교(행 9:31-43)에 이어 오늘 본문부터는 이방인 백부장 고넬료의 회심을 통해 이방인의 구원에 대한 베드로의 신학이 변하는 일이 벌어집니다(행 10:1-11:18). 그리고 바울을 파송할 안디옥 교회가 준비되고(행 11:19-30), 헤롯 아그립바에 의한 예루살렘 박해 사건과 베드로의 극적인 구원과 예루살렘 밖으로의 피신, 아그립바의 죽음 같은 사건들이 연달아 일어납니다(행 12:1-25). 이를 통해 앞으로 바울이 복음을 전하는 곳에서 어떤 일이 있을 것인지를 미리 경험하게 하십니다. 여기서 보듯, 오늘 등장하는 고넬료는 첫 이방인 회심자는 아니겠지만 사도행전에서 그의 회심과 그에게 성령이 내린 사건은 이방인 선교의 포문을 여는 결정적 순간이 되고 있습니다.

베드로는 룻다에서 8년간 중풍병으로 누워있던 애니아를 일으켰습니다. 욥바에서는 이미 죽은 다비다를 소생하게 하였습니다. 질병과 죽음이 예수 그리스도께서 성령을 통해서 가져오신 생명을 받고 극복되었습니다. 베드로는 다른 많은 사람들의 초청을 뒤로하고 굳이 당시에는 부정하게 여겼던 무두장이 시몬의 집에 가서 거기서 많은 시간 머물렀습니다. 시몬이 시몬의 집에 들어간 것입니다. 그러나 시몬 역시 유대인이었습니다. 그는 정결의 범위는 넘어섰지만, 그 정결의 경계가 이방인과 유대인 사이 정결의 담벼락까지 넘어설 수 있다고 생각하지 않았습니다. 그는 더 변해야 했습니다. 그는 더 알아야 했습니다. 그에게는 더 깨어져야 할 얼어붙은 바다가 있었습니다. 그렇게 깨어진 틈으로 더 많은 사람들이 들어오기를 바라셨고, 그렇게 넓어진 베드로의 품을 통해 주님은 더 많은 하나님 나라의 역사를 행하기를 원하시기 때문입니다.

저 같은 옹졸하고 고집 센 사람이 이렇게 목회를 하기까지 하나님은 참 많은 수고를 하셨습니다. 그런 아픔, 고통, 상처, 깨달음, 각성이 없었다면 저는 우리 교회 성도님들을 만나지 못했을 것이고, 부족하나마 목회 현장에 있지 않았을 것입니다. 점점 더 넓어졌고 더 너그러워졌고 더 여유로워졌습니다. 그래서 섣불리 판단하지 않고, 오래 기다려줄 힘이 조금은 생겼습니다. 무조건 기다리기만 하지 않고, '아니'라고 말할 힘도 생겼습니다. 받은 만큼 돌려주려고 하지 않게 되었고, 조금 이룬 것마저 내 힘으로 했다고 생각할 만큼 치기 어린 사람은 아니게 되었습니다. 안 되는 것은 안 된다고 말하게 되었고, 모르는 것은 모른다고 말하게 되었습니다. 그래서 칭찬과 찬사에 목말라 전전긍긍하고 시기하고 질투하는 데 마음을 허비하는 일도 줄었습니다.

선교는 철저히 하나님이 주도하셨습니다. 그래서 어떤 사람도 영광을 주장하지 못하게 하셨습니다. 이것이 사도행전의 특징입니다. 땅끝까지 복음이 전해질 것이라고 하셨지만, 아무도 어떻게 하면 되는지 몰랐습니다. 누가 가야 하는지, 어디로 가야 하는지, 어디서부터 시작해야 하는지 안다고 말할 수 없었습니다. 그래서 선교계획을 짜지도 못했습니다. 스데반의 박해가 있기 전까지 아무도 땅끝이 어디라고 말하는 이가 없었고, 심지어 팔레스틴 땅 안에 있는 '땅끝의 사람들'에게도 가지 못했습니다. 우선 사도들은 성령이 이루신 예루살렘의 부흥을 경험했습니다. 그러고도 더 바깥으로 나갈 생각을 못하고 있었는데, 대대적인 박해를 통해서 어쩔 수 없이 흩어진 전도자들이 유대와 사마리아 복음 전도의 증인이 되었습니다. 이제 진짜 땅끝으로 가야 하는데, 누구 하나 주도권을 쥐고 나서서 땅끝으로 갈 선교사를 세우고 파송하자고 말하지 않았습니다. 이방인들에게도 복음을 전하자고 말하는 이도 없었습니다. 사도들의 대표인 베드로마저도 여전히 복음은 유대인들을 위한 것이었습니다. 물론 이방인들도 회개하고 할례를 받으면, 즉 먼저 유대인이 되면 이 유대인의 메시아가 주는 구원을 받을 수 있다고 생각했습니다. 그렇다고 해서 감히 이방인에게로 가겠다는 마음을 품지 않았습니다. 28절 보시면 "유대인이 이방인과 교제하며 가까이 하는 것이 위법인 줄 알았다"라고 생각하고 있는 것을 볼 수 있습니다. 그런데 어떻게 이방인 선교를 생각하겠습니까? 그러나 하나님은 생각하고 계셨고 일하고 계셨습니다. 사울, 그러니까 바울이 회심한 사건이 이방인 선교에 어떤 영향을 미칠 것인지 알고 있는 사람은 없었습니다. 그는 회심한 후에 지금 고향 다소에 가서 '잊힌 자'로 살고 있을 뿐입니다.

오늘 사도행전 10장에서 일어난 베드로와 고넬료의 만남, 그리고 이방인에게 성령이 내리시는 사건, 그리고 이방인의 세례 같은 하나님이 마련하신 또 다른 프로젝트가 있었기에 드디어 베드로 역시 이방인들에게도 이 예수 그리스도의 복음이 전해지고 하나님 나라의 구원이 선포되어야 할 때가 온 것을 깨닫게 된 것입니다. 유대인 교회, 사도들의 대표격인 베드로가 가장 먼저 깨닫는 것이 그래서 중요했던 것입니다. 그래서 10장은 이방인 고넬료의 회심보다 베드로의 회심이 더 중요한 사건이고, 그것이 본문의 강조점인 것이 분명합니다.

고넬료 소개

먼저 고넬료를 소개하고 있습니다.

> "가이사랴에 고넬료라 하는 사람이 있으니 이달리야 부대라 하는 군대의
> 백부장이라"(사도행전 10:1)

그는 가이사랴에 살고 있습니다. 거기엔 로마의 유대 행정부인 총독 관저가 있고 헤롯이 건설한 아주 화려한 항구가 있는 도시입니다. 이방인들이 많고 유대인들이 상대적으로 적은 도시입니다. 지금 이곳에는 전도자 빌립이 사역하고 있습니다. 고넬료는 이달리야 부대의 백부장이었습니다. 여기 부대speira는 백 명으로 구성된 부대가 여섯 개 모인 크기의 군대를 가리키는 용어입니다. 여섯 명의 백부장이 있는 군대입니다. 고넬료도 그 백부장 가운데 한 명이었습니다. 분명 로마의 용병이었을 것입니다. 요즘으로 하면 대대장, 영관급 장교 정도 됩니다. 이것이 그의 사회적인 지위입니다. 그런데 2절에 그의 종교적인 정체에 대해서 소개합니다.

"그가 경건하여 온 집안과 더불어 하나님을 경외하며 백성을 많이 구제하고 하나님께 항상 기도하더니"(사도행전 10:2)

위로 하나님과의 관계와 옆으로 이웃과의 관계가 어떠했는지를 소개합니다. 그는 하나님을 환대하였고 또 이웃도 환대한 사람입니다. 그는 경건했습니다. 또 가정에도 충실하여 "온 집안과 더불어 하나님을 경외하는" 자였습니다. 여기 "하나님을 경외하는 자"는 유대교로 개종한 이방인을 가리키는 전문용어입니다. 유대교의 유일신을 믿고 유대교의 윤리적인 기준은 받아들이지만, 율법을 지킬 의무는 없는 개종자, 할례를 받아서 유대인이 된 것은 아닌 개종자, 그러나 회당 예배에는 참여하는 개종자a proselyte of gate를 가리키는 용어입니다.[13] 22절을 보시면, 그가 "유대 온 족속이 칭찬하는" 사람이라고 그의 종들이 소개합니다. 그러나 여전히 그는 이방인이고 언약의 외인이었습니다. 유대인들과 함께 밥을 먹어서도 안 되고 같이 앉아서도 안 되는 존재입니다. 성전에 가더라도 이방인의 뜰에까지만 들어갈 수 있었습니다.

이스라엘이 처음부터 이렇게 이방인들에게 배타적이었던 것은 아니었습니다. 선민 이스라엘의 사명, 존재 이유는 열방을 복 되게 하는 제사장 나라가 되는 것입니다. 종말에 이방인들이 시온으로 순례할 것이라고 이사야, 미가, 스가랴 선지자가 예언했습니다. 그런데 역사의 어느 순

---

13 데럴 벅은 고넬료가 완전한 유대교 회심자는 아니지만 이스라엘의 하나님을 접하고 그에 대해 긍정적으로 반응하는 이방인이라고 본다. 회당은 경험했지만 정기적으로 성전 예배에 참여하는 자는 아니며, 유대교의 경건을 받아들인 유대교의 동조자로 본다. 데럴 벅(전용우), 《사도행전》(부흥과개혁사,2019), 495~496.

간 이스라엘 안에 배타적 선민주의가 득세하고 인종적 교만과 증오에 가득 차서 이방인들을 개라고 부르며 그들을 배제시키는 극단적인 집단이 되어버렸습니다. 세상과 구별된 거룩한 공동체가 되면서 동시에 세상을 섬기는 선교적 존재가 되어야 하는데, 전자만 너무 강조하였던 것입니다. 이제 교회가 이방인 선교에 나서기 전에 이런 장벽이 무너져야 했습니다. 그것은 복음이 용납하지 않는 차별이기 때문입니다. 그것은 일종의 폭력이요 자폐적 신앙입니다.

고넬료, 그는 형식적인 유대인들보다 훨씬 더 하나님 앞에 진실한 이방인이었습니다. 그는 피지배국의 백성을 "많이 구제하고 하나님께 항상 기도하는" 사람이었습니다. 유대인에게 이 둘은 금식과 함께 경건한 삶의 표지로 간주되는 종교 행위였지만, 이방인 고넬료에게는 훨씬 많은 장애물들을 넘어야 실천할 수 있는 일들이었습니다. 그가 얼마나 적극적으로 유대교에 참여했는지는 알 수 없지만, 로마의 백부장 신분임을 감안하면, 그가 유대인 회당 예배에 참석했을 가능성은 적어 보입니다. 그는 이방인의 정체성을 유지하면서 최대한 유대인 같은 이방인으로 살았을 것으로 보입니다.

하지만 하나님 보시기에는 이같은 고넬료의 종교적 순수성과 열정만으로 충분하지 않았습니다. 충분했다면 하나님은 굳이 베드로를 고넬료에게 보내지 않으셨을 것입니다. 그러니 어느 종교를 믿든지 진실하기만 하면 된다고 말해서는 안 됩니다. 윤리적으로 욕심부리지 않고 불량하게만 살지 않으면 하나님께서 똑같이 복을 주신다고 말해서는 안 됩니다. 하지만 그의 구제를 통한 환대의 삶과 하나님께 대한 신실한 기도는 그가 하나님의 은혜를 받는 중요한 계기가 된 것은 엄연한 사실이었습니다. 복음에는 장벽이 없습니다. 혈통적, 인종적, 성적 장벽이 없습니다. 하지만 진리에는 경계가 있습니다. 아무 것이나 열심히 믿기만 하면 되는 것이 아닙니다. 예수 그리스도라는 하나님의 아들의 복음, 우리의 구원자를 인정하지 않고서도 하나님의 자녀가 되는 길은 존재하지 않습니다.

고넬료에게 임한 환상

고넬료의 마음을 열고 그를 새로운 세상으로 안내하시려고 쓰신 하나님의 방법은 환상이었습니다. 하나님은 고넬료가 항상 기도하는 유대인의 기도 시간9시, 정오, 오후 3시에, 즉 제9시, 저녁 번제 드리는 오후 3시에 기도하고 있을 때 하나님의 사자를 보냅니다(행 10:3). 시간 언급은 고넬료가 잠들거나 꿈을 꾸는 상태가 아니라 깨어 있는 상태에서 경험한 환상이었음을 말해줍니다. 그는 하나님의 사자가 오는 것을 '밝히' 볼 수 있었습니다. 자기에게 말한 자가 누구인지 오해할 상황이 아니었다는 뜻입니다.

하나님이 고넬료를 찾아가신 사건은 고넬료를 향한 하나님의 환대 사건입니다. 이제 그를 유대인과 이방인 사이에 쌓여 있는 우람하고 견고한 장벽에 균열을 내고 궁극에는 허무는 일에 이 경건한 사람을 쓰시기로 작정하셨기 때문입니다. 고넬료는 누가 자신의 이름을 부르는 소리를 듣습니다. 질겁했을 것입니다. 두려웠지만 소리 나는 쪽을 주목하여 보았습니다. 그리고 대답합니다.

"주여 무슨 일이니이까?"

그는 분명 주께서 자신의 잘못을 추궁하러 임하셨다고 생각하였을 것입니다. 그것이 자신을 향한 하나님의 환대의 초청일 것이라고는 생각도 못했습니다. 주의 사자는 말합니다.

"네 기도와 구제가 하나님 앞에 상달되어 기억하신 바가 되었으니 네가 지
금 사람들을 욥바에 보내어 베드로라 하는 시몬을 청하라 그는 무두장이
시몬의 집에 유숙하니 그 집은 해변에 있다 하더라"(사도행전 10:4b-6)

기도와 구제가 상달되었다는 것은 하나님을 향한 고넬료의 마음을 주
님이 알아주셨다는 뜻입니다. 그것이 구원의 근거가 된 것은 아닙니다.
하지만 그런 몸에 밴 기도가 있었기에 하나님께서 주의 사자를 환상 중
에 보내셨을 때 민감히 반응할 수 있었을 것입니다. 여기 '기억하신 바 되
었다'는 직역하면 '기념물'입니다. 원래 기름과 유향을 섞어 제단 위에
불사르는 고운 가루 한 움큼인 소제물의 남은 부분을 지칭하는 히브리어
단어(레 2:2,9,16)의 칠십인역 표현입니다. 하나님은 그의 기도와 구제를
당신이 기뻐하시는 향기로운 소제로 받으셨다는 뜻입니다. 그래서 이제
하나님께서 고넬료에게 화답하실 차례가 되었습니다.

주의 사자는 고넬료에게 욥바에 있는 시몬을 청하라고 명령하십니다.
가이사랴에서 욥바까지는 약 60킬로미터 떨어져 있습니다. 다음 날 정오
에 베드로가 있는 욥바에 도착했으니 21시간 걸린 셈입니다. 환상을 통
해 하신 말씀은 분명히 알아들었습니다. 하지만 이게 사실인지 아닌지,
꿈인지 아닌지, 그래서 따를 것인지 말 것인지를 결정하는 것은 전적으
로 고넬료 몫입니다. 그런데 꿈이라고 보기에는 천사가 전해준 정보가
너무 구체적입니다. 지명, 만나야 할 사람의 이름, 묵고 있는 숙소의 정확
한 위치, 묵고 있는 집의 주인의 이름과 직업까지 상세합니다. 특히 베드

로 사도가 '무두장이' 집에 묵고 있다는 말을 듣고 고넬료는 '그렇게 부정한 사람의 집에 머물 유대인이라면, 이방인인 나의 초청에 응할 수 있을지 모른다'고 생각했을 것입니다.

참 흥미롭게도 천사가 고넬료에게 직접 복음을 전하지 않습니다. 얼마든지 할 수 있었을 것이고, 어쩌면 어떤 사람보다 더 잘 전할 수도 있었을 것입니다. 하지만 그는 굳이 베드로와 고넬료를 만나게 하시고, 베드로를 통해서 복음을 듣고 세례를 받고 성령도 받게 하십니다. 아나니아를 통해 바울의 눈을 열고 그의 사명을 알리게 하셨던 것처럼 말입니다. 하나님의 계획 속에는 단지 고넬료 한 사람을 구원하는 것만 있지 않았던 것입니다. 환상을 보고 회심한 것이 훨씬 더 신비적이고 기적적으로 보이지만, 사실 유대인 그리스도인 교회의 대표인 베드로를 통해 이방인 고넬료가 구원 받는 것이 훨씬 더 기적 같은 일이 될 것입니다. 우리 한 사람의 변화가, 이 한 교회의 변화가 수많은 기사와 표적보다 더 큰 하나님의 일에 요긴한 땔감이 될 수 있습니다.

주 안에서 사랑하는 형제 자매 여러분, 천사가 아니라 오늘 우리 같이 흠이 많은 사람들, 초대형 교회가 아니라 저희처럼 아담한 교회를 통해서 굳이 하나님께서 당신의 일 가운데 어떤 것을 하시겠다고 하고 어떤 사람을 부르시겠다고 하실 때, 우리도 단순하게 순종하기 바랍니다. 아마 우리가 생각하는 것 이상으로 하나님께서는 무언가를 의도하고 계실 것이기 때문입니다.

고넬료의 즉각적인 순종

고넬료는 즉시 순종합니다. 군인답습니다. 단호하고 주저하지 않고 명령을 이행합니다. 이 순종이 하나님을 향한 고넬료의 환대 사건입니다. 당연히 고위 장교이기에 위수지역을 떠날 수 없었습니다. 그래서 직접 가지 않고 하인 두 명과 경건한 부하 군인 한 명을 보냅니다. 이 경건한 부하 군인 역시 고넬료의 영향으로 유대교에 매우 호의적인 사람이었을 것입니다. 그들에게 자신이 본 환상을 다 말해준 것을 보면, 그런 환상을 한낱 백일몽으로 여기지 않고 아주 진지하게 생각할 줄 아는 하인과 부하를 보냈을 것입니다. 그래야 베드로에게 오라고 말할 때 잘 설명할 수 있을 것이기 때문입니다.

베드로의 환상

고넬료가 환상을 본 다음 날의 일입니다. 이제 장면이 욥바에 있는 베드로에게로 옮겨집니다. 이 때는 고넬료가 보낸 사람들이 이미 욥바에 도착했을 시간입니다. 고넬료가 기도할 때 하나님의 사자가 나타나 말씀하셨는데, 베드로 역시 제6시 기도, 그러니까 정오 기도를 하려고 무두장이 시몬의 집의 평평한 지붕 위로 올라갔습니다. 그런데 정오가 되자 출출해졌습니다. 하인들이 식사를 준비하고 있을 동안 베드로는 기도하기 시작합니다. 그런데 그는 기도 가운데 황홀경 속으로 들어갑니다. 베드로는 하늘이 열리고 그릇 하나가 내려오는 것을 보았습니다. 보통 '하늘이 열린다'는 것은 하나님의 계시가 임할 때 쓰는 표현입니다. 이 그릇은 큰 보자기 같고 네 모서리가 매여 땅에 내려왔는데 자세히 그 안을 보니 "땅에 있는 각종 네 발 가진 짐승과 기는 것과 공중에 나는 것들"이 들어있는 것이었습니다. 이 안에는 정한 짐승들도 들어 있었겠지만 깨끗한 유대인이라면 누구든 혐오스러워할 만한 것들도 들어 있었을 것입니다

(레 11:2-13; 신 14:7-20). 이를 통해 이제는 이렇게 뒤섞여도 괜찮다는 것을 가르쳐 주고 싶으셨던 것입니다. 더 충격적인 일이 베드로에게 벌어집니다. 하늘에서 소리도 들렸습니다. "베드로야 일어나 잡아 먹어라!" 고넬료에게 찾아가 그를 환대하신 하나님께서 이제 베드로를 환대하십니다. 이제 하나님은 베드로를 그가 한 번도 가보지 못한 곳으로 이끄시고, 한 번도 맺어보지 못한 관계로 안내하시고, 한 번도 생각해본 적 없는 새 시대의 축복을 경험하게 하실 것입니다. 그런데 그 축복을 받기 전에 먼저 베드로는 깨져야 하고 넓어져야 하고 무너져야 했습니다. 하나님의 참다운 환대를 받기 위해 이에 어울리는 그릇으로 준비되어야 했습니다. 당황, 낯설음, 충격, 거부, 수용 등의 다양한 과정을 거쳐서 그는 비로소 하나님의 축복의 환대를 수용하는 사람이 될 것입니다. 하나님께서 그 포문을 여신 것입니다. 당연히 베드로에게 이 요구는 자신을 향한 하나님의 시험으로 여겨졌을 것입니다. 하나님께서 손수 토라에서 명하신 것을 스스로 어기는 명령을 하실 리가 없다고 여겼을 것입니다. 그래서 베드로다운 대답을 합니다.

"베드로가 이르되 주여 그럴 수 없나이다 속되고 깨끗하지 아니한 것을 내가 결코 먹지 아니하였나이다"(사도행전 10:14)

베드로는 이것이 순종이라고 생각했습니다. 신실한 유대인이라면, 율법을 지키려는 유대인이라면, 누구든 이렇게 대답할 것입니다. 부정한 것을 먹는 일은 율법이 금하고 있기 때문입니다(레 10:10; 20:25; 겔 4:14; 단 1:8-12; 마카베오2서 5:27; 6:18-25 〔돼지고기를 거부하는 유대인에 대한 기사〕; 토비트서 1:10-11; 유딧서 10:5; 12:2). 이것은 예수께서 십자가의 죽음을 당한 후에 사흘 만에 부활해야 한다고 하셨을 때, 그가 보였던 반응과 비슷합니다.

"주여 그리 마옵소서 이 일이 결코 주께 미치지 아니하리이다"(마태복음 16:22)

그는 이 만류로 칭찬받을 것이라고 기대했겠지만, 주님은 오히려 베드로에게 "사탄아 내 뒤로 물러가라 너는 나를 넘어지게 하는 자로다"라는 충격적인 책망을 하셨습니다. 베드로의 최선이 예수께는 최악이 될 수도 있음을 그는 이미 경험한 바 있었습니다.

이번에도 베드로에게는 이 거절이 최선이었습니다. 손색없는 대답입니다. 이것이 베드로가 가진 지식 안에서 그가 할 수 있는 최고의 대답이었습니다. 얼마 전까지만 해도 실제로 이것은 더할 나위 없는 고백이었습니다. 하지만 이제는 아닙니다. 나중에 그는 이것이 얼마나 자신의 제한된 지식으로 하나님을 평가한 일이고 하나님을 홀대하고 냉대한 일이었는지를 알게 될 것입니다. 이 정보만으로, 이 고백만으로 하나님께 영광을 돌리며 살 수 있었던 시절이 있었지만, 지금은 아닙니다. 그는 깨져야 했습니다. 무너져야 했습니다. 열려야 했습니다. 새로운 차원의 안목을 가져야 했습니다. 새 술은 새 부대에 담아야 하기 때문입니다. 이제 스승 하나님은 그의 시각을 넓혀주시기 위해 똑같은 말씀을 세 번이나 반복하십니다.

"또 두 번째 소리가 있으되 하나님께서 깨끗하게 하신 것을 네가 속되다

138

하지 말라 하더라 이런 일이 세 번 있은 후 그 그릇이 곧 하늘로 올려져 가니라"(사도행전 10:15-16)

두 번째 말씀하실 때는 "하나님께서 깨끗하게 하신 것을 네가 속되다 하지 말라"는 말을 덧붙이시고 있습니다. 대명사와 부정어를 결합하여 쉬 메, σὺ μή, '너는 ~하지 말라' 매우 단호하게 말씀하십니다. 하나님께서 부정한 짐승들이라도 깨끗하게 하셨다면, 감히 사람이 속되다고 말할 수 없다는 뜻입니다. 그러나 세 번째 명령까지 주신 걸 보면 베드로는 두 번째까지 거절한 것으로 보입니다. 베드로, 그는 철저하게 레위기 율법을 준수하려고 했습니다. 그게 옳은 줄 알았고, 그게 하나님이 원하시는 줄 알았고, 그것이 하나님을 사랑하는 것인 줄 알았습니다. 하지만 세 번째까지 똑같은 명령을 들었다면, 누구든 이것은 시험이 아니라 명령이라는 것을 알았을 것입니다. 베드로에게 세 번이나 "네가 나를 사랑하느냐?" 물으셨을 때와 비슷합니다. 그것은 누구나 알아들을 수 있는 분명한 하나님의 뜻이었습니다. 분명 고넬료는 한 번만 말씀하셨을 것입니다. 그렇다면 개종자 고넬료가 예수님의 유대인 제자 베드로보다 훨씬 더 개방적이고 말랑말랑하고 열린 사고를 할 줄 아는 사람이었습니다.

물론 베드로는 이 동물들을 먹는 것이 하나님의 뜻인 것은 알았지만, 왜 이런 환상을 보여주셨는지는 전혀 몰랐을 것입니다. 환상이기 때문에 진짜 먹어야 하는 것도 아니었습니다. 왜 하나님께서는 자신이 손수 주신 율법을 부정하면서까지 베드로 자신에게 환상을 통해 이같이 명령하시는지 알 리가 없었습니다.

욥바로 가는 베드로

이 정보, 이 새로운 진리, 이 낯선 경험이 다른 무엇과 만나면 새로운 창조를 일으킬 것입니다. 그러자면 꼭 필요한 것이 있습니다. 그것이 '묵상'meditation 혹은 devotion입니다. 묵상을 거쳐야 파편적인 경험erfahrung이 의미있는 체험erlebnis이 됩니다. 에드문트 후설Edmund Husserl이나 빌헬름 딜타이Wilhelm Dilthey에 따르면, '체험'은 개개인이 스스로 자기 삶을 형성하는 '경험'을 가리킵니다. 아무리 놀라운 일을 경험했더라도 묵상을 거칠 때라야 자기 삶을 형성하는 경험, 즉 체험이 될 수 있습니다. 그때 한 경험이 다른 경험과 놀랍도록 연결되는 순간을 만나게 됩니다. 우리 옛 성인들은 그것을 '계합'契合이라고도 불렀습니다. 계합은 "지금까지 무의미하던 사물이나 대상이 나를 새롭게 만나 스파크가 일어나는 것을 말합니다. 그것은 너무 오묘해서 뭐라 설명할 수가 없다고 하여 묘계妙契라고도 불렀습니다."[14] 사람 사이의 관계에서도 이 계합이 중요하고, 학문을 깨닫는 일에도 계합의 순간은 반드시 와야 합니다. 그런데 하나님과 우리 사이의 관계에도 이 계합이 필수적입니다. 역사적으로 거대한 계합의 역사가 일어났던 사건이 바로 르네상스이고 종교개혁 아닙니까? 공자, 소크라테스, 플라톤, 석가, 예수님 등이 등장한 지축시대 역시 엄청난 계합의 역사가 일어났던 순간들입니다. 계합이 일어나지 않으면, 성경은 그냥 역사책입니다. 그냥 이스라엘의 이야기이거나 교훈집이거나 시집에 불과합니다. 말씀 묵상, 삶의 묵상을 통해 내 안에 녹아져 있던 체험들이 어느새 다른 체험과 만나서 큰 깨달음을 일으킵니다. 한 깨달

---

14 정민, 《책벌레와 메모광》(문학동네, 2015), 220.

음은 또 다른 사건과 경험을 해석하는 안목을 가져다줍니다.

17절 보십시오. 베드로가 그랬습니다. 그는 환상을 본 즉시 그 의미를 깨달았다면서 좋아서 찬양하지 않았습니다. 환상 자체에 취하지 않았습니다. '나 환상 본 사람'이라고 하면서 우쭐해하지 않았습니다. 그 환상은 나중에 몇 번이고 다시 말할 만큼 생생한 환상이었지만, 그 당시에는 그 의미가 무엇인지는 알지 못했습니다. 안다고 한들 받아들이기도 어려웠습니다. 그는 환상 자체보다는 환상의 뜻과 환상을 주신 하나님의 의도에 더 주목했습니다. 왜 그런 환상을 하필이면 자신에게 보이셨는지도 궁금했을 것입니다. 하나님은 참 안 친절한 분입니다. 숨바꼭질하듯 감추십니다. 잘 숨으시고 때로 너무 과묵하십니다. 그래서 우리가 생각하게 하고 질문하게 하고 궁금해서 견딜 수 없게 하십니다. 그러고 나서 알게 된 것은 고스란히 우리의 것이 되고, 그런 체화된 지식일 때 더 잘 전할 수 있고, 그래야 찬양할 수 있고, 그래야 살아낼 수 있기 때문입니다. 그는 참 좋은 스승이십니다.

"베드로가 본 바 환상이 무슨 뜻인지 속으로 의아해 하더니[15]" (사도행전 10:17)

그때 하나님께서 다시 스승 노릇을 해주십니다. 직접 모범 답안을 주시는 것이 아니라 베드로가 이 환상과 전혀 관계가 없어 보이는, 그러나

---

[15] 이 단어(διηπόρει)는 누가-행전에만 나온다(눅 9:7 예수를 보는 헤롯에 대해; 행 2:12 오순절 때에; 5:24 감옥 경비병들이 베드로가 어떻게 감옥에서 빠져나갔는지를 알 수 없어서)

아주 긴밀한 관계가 있는 사건을 통해 스스로 깨닫도록 안내해주시고 있습니다. 외워서 암기할 진리의 조각 하나를 더 주시는 것이 아니라, 스스로 질문하고 궁리한 끝에 깨달은 진리를 갖게 해주고 싶으셨습니다. 그것은 진리의 확장이요, 진리의 더 깊은 차원, 진리의 더 온전한 차원, 진리의 원천적인 의미를 알게 해주는 것이었습니다. 이를 위해 하나님이 사용하신 또 하나의 방법이 있습니다. 마침 베드로가 이 환상에 대해 의아해하고 있을 때 고넬료가 가이사랴에서 보낸 세 사람이 도착하게 하십니다. 아무도 의도적으로 만들 수 없는, 소름 끼칠 만큼 정확한 타이밍을 사용하셨습니다.

"마침 고넬료가 보낸 사람들이 시몬의 집을 찾아 문 밖에 서서 불러 묻되 베드로라 하는 시몬이 여기 유숙하느냐 하거늘"(사도행전 10:17b-18)

적시에 '실마리'가 도착하였습니다. 도대체 그 환상의 뜻이 무엇인지 감을 잡을 수 없었는데 하나님께서 슬쩍 힌트 하나를 던져주신 것입니다. 하나님의 뜻을 아는 일은 너무 비장하게만 접근할 문제가 아니라 일종의 게임이기도 합니다. 놀이입니다. 그것 자체가 이미 일종의 교제입니다. 하나님은 그 환상의 뜻은 '바로 이거다'라고 학습지 답안지 보여주시는 방식이 아니라, 밖에 너를 찾아온 사람들이 있으니 내려가서 만나라고 말씀하십니다. 어찌 보면 동문서답입니다. 하지만 사실은 그게 정답이었습니다. 아니 정답으로 가는 가장 좋은 길이었습니다.

"베드로가 그 환상에 대하여 생각할 때에 성령께서 그에게 말씀하시되 두

142

사람이 너를 찾으니 일어나 내려가 의심하지 말고 함께 가라 내가 그들을

보내었느니라 하시니 "(사도행전 10:19-20)

성령님은 베드로가 두 사람을 따라서 함께 가이사랴로 가면 그 환상
이 의미하는 바가 무엇인지 온전히 알게 될 것이고, 왜 그런 환상을 하필
베드로에게 보이셨는지, 그리고 왜 하필 유대인이 아니라 이방인 백부장
의 집으로 가야 했는지 다 알게 될 것이라고 하십니다. 그것이 사실 환상
속에서 명령하신 "일어나 잡아 먹으라"는 말씀과 같습니다. 고넬료 사람
들의 이 타이밍의 도착은 우연이 아니라 이 모든 과정을 하나님께서 주
관하고 계시다는 사실을 분명히 보여주는 신호입니다.

"일어나 내려가 의심하지 말고[16] 함께 가라 내가 그들을 보내었느니라 하

시니"(사도행전 10:20)

의심하지 말라고 하십니다. 주저하지 말라는 뜻입니다. 물론 많은 경
우 하나님의 뜻인지 아닌지, 말씀에 기초한 것인지 아닌지, 의심하고 따
져 물어야 합니다. 어떤 권위에도 도전할 수 있어야 합니다. 가방끈이 길
다고, 지위가 높다고, 목사라고 무조건 고개를 조아려서는 안 됩니다. 하
지만 정말 옳다면, 배움이 일천한 사람이 하는 말이라고 해도 고개를 숙
여야 합니다. 무릎을 꿇고 배워야 합니다. 정말 그것이 말이 된다 싶으면

---

16 직역하면 '분간하다'(διακρινόμενος)이다. RSV와 NEB는 '주저하다'로 번역한다. 이
    단어는 여기와 11:12에 한 번 더 나온다.

나를 던져야 한다는 뜻입니다. 나를 걸지 않는 것은 믿음이 아닙니다. 믿는 것 따로, 행하는 것 따로란 없습니다. 성령님은 "의심하지 말고 가라"고 하십니다. 성령님은 '생각하지 말라', '의아해하지 말라'고 하시지 않았습니다. 베드로는 생각했고 의아해했습니다. 요리조리 별 상상을 다 했습니다. 이 환상이 자신의 어떤 지난 경험과 연결할 수 있을지 생각해보았을 것입니다. 하지만 아무리 그가 똑똑해도 방금 그 환상과 앞으로 일어날 일, 한 번도 일어나 본 적이 없는 사건과 연결할 재간은 없을 것입니다. 아무리 탁월한 미래학자라도 그런 것은 불가능합니다. 이제 환상을 보이신 후에 다시 그 미래를 보여줄 것이니 의심하지 말고 순종하라고 하신 것입니다. 우리도 그럴 때는 순종해야 합니다. 머리로 다 이해될 때까지 안 움직이겠다고 하면, 결국 자기 자신이 내 '머리'를 믿는 신이 될 것입니다.

하나님께서 제게 교회 개척에 응하라고 하셨을 때, 오늘 저희 교회가 맞이하고 있는 모습을 조금도 상상할 수 없었습니다. 도대체 왜 하필 제가 해야 합니까, 라고 의아해했을 뿐 '기회 주셔서 대단히 감사합니다'라고 반응하지 않았습니다. 적어도 내가 이 상황을 피해서는 안 된다는 것만 분명했고, 그래서 뒷일은 생각하지 말고 단순히 순종해야 한다고만 믿었습니다. 그런 결론에 이르기까지도 숱한 만남이 있었고 기도가 있었고 자문이 있었습니다. 여전히 목회를 한다는 것이 무슨 뜻인지, 내가 섬기는 교회의 존재 의미가 무엇인지 잘 모르겠지만, 다만 짙은 안개 속을 달리는 차 안에 있었던 그때보다는 좀더 시야가 확보되었을 뿐입니다. 마지못한 순종이라도 없었다면 오늘의 아름다운 공동체는 없었을 것입니다. 지금 베드로에게 요구하신 것이 이와 같은 순종이 아니었을까 싶습니다.

베드로가 옥상에서 내려가 손님들을 맞이합니다. 하지만 아직은 그들이 집 안까지 들어온 것은 아닙니다. 그들은 분명 이방인들이었을 것이기 때문입니다. 유대인이 이방인과 대화하는 것도 큰 일인데, 그들을 집안으로 들여오는 것은 부정한 사람이 되기로 작정한 일이었습니다. 베드로는 다만 자신을 찾아온 자초지종을 묻습니다.

"베드로가 내려가 그 사람들을 보고 이르되 내가 곧 너희가 찾는 사람인데
너희가 무슨 일로 왔느냐"(사도행전 10:21)

당연히 몰라서 물었습니다. 하지만 전혀 모르고서 던진 질문도 아닙니다. 재확인하고 싶었을 것입니다. 하인들이 대답합니다.

"그들이 대답하되 백부장 고넬료는 의인이요 하나님을 경외하는 사람이라
유대 온 족속이 칭찬하더니 그가 거룩한 천사의 지시를 받아 당신을 그 집
으로 청하여 말을 들으려 하느니라 한 대"(사도행전 10:22)

성경 저자의 입에서 나왔던 고넬료에 대한 평가가 이제 그의 하인들의 입을 통해서 확증되고 있습니다. 그는 이미 유대인들 사이에서도 잘 알려진 사람이었습니다. 특별히 여기 "유대 온 족속이 칭찬한다"에서 '칭찬하다'마르튀루메노스, μαρτυρούμενός는 '입증하다'라는 단어입니다. 하인 자신들 뿐만 아니라 그를 아는 많은 유대인들이 고넬료를 인정하고 좋은 평가를 내리고 있다는 뜻입니다. 그는 자신들이 임의로 여기까지 온 것

이 아니라 거룩한 천사들의 지시를 받아 왔다고 하여 이 걸음이 신적 역사임을 강조합니다.

여기까지만 듣고도 베드로 마음 속에서는 계합이 일어나고 있었을 것입니다. 영적인 스파크가 튀었을 것입니다. 이미 베드로가 본 환상과 고넬료가 본 환상이 서로 만나고 있었을 것입니다. 그 환상과 이방인들의 방문이 연결되고 있었습니다. 고넬료의 초청과 성령께서 그들을 따라 욥바로 가라고 명령하신 말씀이 또 연결되고 있었습니다. 그것은 계합을 넘어서 묘합, 아주 기묘한 통찰의 순간이었을 것입니다. 지금 베드로를 찾아온 이 이방인들이 바로 환상 속에서 보았던 부정한 동물들이었습니다. 고넬료가 바로 부정한 동물, 부정한 이방인이었습니다. 그런데 성령님은 그에게 '먹으라'고 명령하셨습니다. 이것은 이 이방인들을 '형제로 받으라'는 의미입니다. 이제 그들도 하나님의 백성이 되기를 나는 원한다, 그들에게도 예수 그리스도의 복음이 전해져야 한다, 는 말씀이셨습니다. 고넬료가 있는 가이사랴로 내려가라는 성령님의 말씀도 다름 아니라 부정한 동물들을 '먹으라'는 말씀과 같았습니다.

"당신을 그 집으로 청하여 말을 들으려 하느니라"(사도행전 10:22)

이방인 고넬료가 자기 집으로 베드로를 오라고 합니다. 천사가 명령하셨다고 합니다. 하나님의 말씀을 듣겠으니 와달라고 초청하고 있습니다. 이것은 나중에 환상 중에 바울에게 "건너오라"고 초청했던 마게도냐 사람들의 초청에 버금가는 엄청난 사건입니다. 이것은 복음의 역사, 교회의 역사에 일대 전환을 가져오는 초청입니다.

우리 성도들이 저를 초청하여 교회를 개척하자고 제안했고, 고심 끝에 제가 그 청을 받아들인 것 역시 고넬료가 베드로를 초청한 것과 같은 의미가 있었습니다. 그때 저는 교단을 망라하여 사역하는 공적인 자리에 있었기에, 자칫 분쟁교회에서 나온 성도들과 예배하는 것 자체로 구설수에 오를 수 있었고, 그러면 저 개인의 사역은 물론이고 소속 단체에도 누를 끼칠 수 있는 초청이었습니다. 그런데 그런 어려움을 각오하고 성령의 촉구에 응답하여 그 초청을 수락했고, 그래서 오늘에 이른 것입니다. 그런데 저는 그 하나님의 섭리가 오늘 우리 교회의 모습에 그칠 것이라고 생각하지는 않습니다. 여전히 잘 모릅니다. 하지만 이 아담한 공동체를 통해서 성도들만 좋은 것이 아니라 분명 더 뜻깊은 교회사적 역할을 감당케 하실 것이라고 믿고 있습니다.

우리도 고넬료의 집으로 내려가라는 까다로운 성령님의 요구를 받을 때가 있을 것입니다. 그것은 고정관념을 깨뜨려야 하는 요구이고, 안전하고 보장된 자리를 떠나라는 요구이고, 지나온 자신의 삶을 부정하라는 요구입니다. 베드로가 믿을 것은 오직 하나, 그것이 하나님의 분명한 명령이라는 것뿐이었습니다. 그를 지지하는 사도들도 아직은 없습니다. 다들 미쳤다고 할 일입니다. 남들이 알면 큰일 날 사안입니다. 베드로였으니 망정이니, 아무도 환상을 보았다는 소식을 안 믿어주었을 것입니다. 아니 그 후로 예루살렘 교회가 지속적으로 바울을 반대하고 바울의 이방인 선교를 인정하지 않고, 또 일부는 끝까지 바울의 선교지를 방문하여 이방인 그리스도인들에게 할례를 받으라고 요구한 것을 보면, 아무리 베드로가 설득해도 끝내 자기 생각을 바꾸지 않은 자들도 분명히 있었습니다. 여러분 지금 베드로가 얼마나 어려운 결정을 하고 있는지 아시겠습니까? 이단으로 보이기로 하는 결정이었습니다.

하지만 말씀을 듣겠다고 기다린다는데, 그렇게 내가 변해야 누군가가 하나님을 만날 수 있다고 하는데 나 편하자고, 나 안전하자고, 내 기득권 유지하자고 주저해서는 안 될 것입니다. 주님이 요구하시면 교회는 더 변해야 합니다. 더 내려놓아야 합니다. 어떻게요? 그건 아직 잘 모릅니다. 그러나 대충 현상 유지만 해도 괜찮을 만큼 조국의 교회가 안녕한 것은 아닙니다. 주일에 한 번 모여서 사이좋게 예배하고 돌아가는 신앙만으로 이 시대 하나님 나라 백성으로 잘 살 수 있는 것이 아닙니다. 시대를 진동시키는 교회가 될 수 있는 것이 아닙니다. 우리 아이들을 어떻게 키워야 할지, 어떻게 청소년들을 양육해야 할지, 어떤 청년으로 서도록 해야 할지, 어떻게 결혼하고, 어떻게 직장 생활을 하고, 어떻게 물질을 쓰고, 어떻게 노후를 맞이하고, 어떻게 죽을 것인지, 요람에서 무덤까지 우리는 우리 자신을 하나님 나라 사람으로 최적화시켜야 합니다. 거죽만 신앙인이 될 것이 아니라 뼛속까지 신앙인이 되어야 합니다. 베드로는 그들의 말을 듣고는 아주 놀라운 결정을 내립니다.

"베드로가 불러 들여 유숙하게 하니라"(사도행전 10:23a)

손님 하루 묵게 해주는 게 뭐 그리 대수냐고 하실지 모르겠지만, 이 사람들은 이방인입니다. 이방인을 집 안으로 들여보낸 것입니다. 당연히 식사도 같이했을 것입니다. 이미 베드로는 이방인들을 형제로 받아들이기로 한 것입니다. 아직 세례를 받은 것도 아니고, 아직 그들이 예수님을 영접한 것도 아닌데 말입니다. 그들은 그냥 이방인들입니다. 이제 베드로는 그게 상관이 없게 되었습니다. 큰 진전이요 의미 있는 진전입니다. 비그리스도인, 그러니까 유대인이라도 상관없고, 이방인이라고 상관없다는 사실을 이제 알아버렸습니다. 유대인들끼리의 정결 규례만 폐지된 것이 아니라, 이방인과 유대인 사이 정결의 장벽도 무너졌다는 걸 알게 된 것입니다.

오전의 베드로와 정오의 환상을 경험하고 또 고넬료에게서 온 사람들을 만나고 난 후의 베드로는 전혀 달라졌습니다. 그냥 조금 변한 정도가 아니라 사실 유대인 베드로가 이 세상의 절대다수를 차지하는 이방인들을 바라보는 시선이 달라졌습니다. 또한 자신이 살고 있는 시대를 보는 안목도 변했습니다. 하나님 나라 역사에서, 언약의 역사에서, 구속의 역사에서 새로운 시대가 열렸다는 것이 무슨 뜻인지, 종말이 왔다는 것이 무슨 뜻인지를 그는 이전보다 더 풍성하게, 더 충격적으로 깨달은 것입니다. 이것이 베드로에게는 또 한 번의 회심 사건입니다. 그런 사실을 사도에게, 그것도 사도의 대표에게 가장 먼저 알게 하신 것은 어쩌면 당연한 것인지도 모릅니다.

사도행전 저자는 이 글을 읽고 있는 독자들에게도 이 각성의 중요성을 알게 하려고 '반복'이라는 방법을 사용하고 있습니다. 고넬료의 회심 이야기는 10장과 11장에 두 번 반복됩니다. 고넬료가 받은 환상 역시 두 번 반복하여 언급됩니다. 베드로에게 주신 환상에서도 세 번이나 '먹으라'는 명령이 나옵니다. 이것은 하나님의 주도적인 역사라는 것, 그것이 아주 명백한 역사적 사실이라는 것을 강조하고 있는 것입니다.

또 정말 우연처럼 보이는 일이 연속적으로 일어납니다. 베드로가 기도하면서 환상을 보고 있는 동안 고넬료의 사람들은 욥바로 오고 있었습니다. 베드로가 자신이 본 것에 대해 당혹해하고 있을 때 고넬료가 보낸 사람들이 베드로가 묵고 있는 집에 도착합니다. 베드로가 환상에 대해 곰곰이 생각하는 동안 성령이 고넬료 사람들과 함께 욥바로 가야 한다고 말씀하십니다. 베드로가 자신을 소개하자 그들은 자신들의 방문 목적을 설명합니다. 도저히 베드로가 하나님의 뜻을 오해할 수 없을 만큼 주도 면밀하게 한치의 오차도 없이 하나님께서는 베드로의 스승 노릇을 해주셨습니다. 우연도 너무 자주 반복되면 우연이 될 수 없는 것입니다. 그것은 필연이 되고 섭리가 됩니다.

나가는 말

배타적 선민주의의 장벽을 넘기 시작하다

사도행전 9장이 이방 선교를 위해 바울을 준비하신 장이라면 사도행전 10장은 그 문을 유대인 교회의 리더이자 사도의 대표인 베드로를 통해서 열게 하시는 이야기를 기록하고 있습니다. 그리고 11장은 이제 예루살렘 교회를 준비하시고, 또 바나바와 사울 두 사람을 파송할 교회인 안디옥 교회를 준비하실 것입니다. 드디어 이방인을 향한 하나님의 구속 경륜이, 언약의 약속이 성취되기 시작하고 있습니다. 우리는 여기서 '하나님의 뜻은 하나님의 뜻을 고도로 예민하게 분별하여 알아듣고 순종하도록 담금질 되고 준비된 종들을 통해 이루신다는 것'을 알 수 있습니다. 이제 두 사람을 통해 배타적 선민주의와 국수주의를 폐기하고 열방이 주를 찬양하기 위해 순례하는 그 멋진 환상을 성취하기 시작하실 것입니다. 고감도의 영적 감응력을 가지고 하나님이 보낸 신호를 민감하게 감지하여 목숨처럼 여기던 신학을 재해석하고 하나님의 새로운 역사에 자신을 개방한 어린아이 같은 사람, 동시에 용기있는 사람을 통해서 주님은 새 일을 해가십니다. 이들을 통해 아브라함에게 주셨던 언약(창 12:1-3), 열방이 복을 받는 역사를 이루시는 것입니다.

경건한 사람 고넬료가 환대하다

이를 위해 하나님은 오늘 두 사람에게 느닷없이 찾아가셨습니다. 이방인 백부장 고넬료와 사도들의 대표 베드로가 그들입니다. 둘 다 자기 분야에서 일가견을 이룬 사람들입니다. 고넬료, 로마 시민권을 가진 사람이면서 유대교의 유일신 여호와를 믿겠다고 결정하는 것, 지배국 로마의 많은 여신들을 놔두고 자신이 주둔하고 있는 피지배국의 신을 믿기로 결정하는 것은, 그야말로 당시로서는 파격 중의 파격이었을 것입니다. 더군다나 경건했습니다. 그 경건이 많은 기도와 항상 드리는 기도로 표현되었습니다. 가족들도 그를 신뢰하였고, 나중에 보면 친족들도 그의 말을 따르고 있었습니다. 베드로가 가이사랴 고넬료의 집에 왔을 때 이미 그의 친족들까지 다 모여 있었습니다. 하인들마저도 그를 인정하였고, 유대 온 족속이 칭찬하던 사람이었습니다. 한 마디로 더할 나위 없는 사람입니다. 이대로 더 할 것도 없고 뺄 것도 없는 사람 말입니다. 그런데 하나님은 그를 깨뜨리십니다. 그 안에 있던 하나님 성상을 깨뜨립니다. 구원 관념을 깨뜨립니다. 하지만 그것은 더 나은 창조를 위한 거룩한 파괴였습니다. 환상을 통해 주의 사자는 이미 경건하고 칭찬이 자자한 고넬료 속에 더 새로운, 더 경이로운, 더 온전한 세계를 창조하시기 시작했습니다.

사도 중의 사도 베드로가 환대하다

베드로, 그는 열두 사도들의 대표입니다. 예루살렘 교회의 가장 주도적인 지도자입니다. 그의 설교로 오순절에 오천 명과 삼천 명이 회개하고 세례를 받았습니다. 장관이었습니다. 그는 목숨을 걸고 진리 아닌 것과 맞섰습니다. 죽음이 두렵지 않은 그를 세상은 두려워했습니다. 누구든 메시아에 대해, 하나님 나라에 대해, 구원에 대해 궁금하면 그를 찾아왔을 것입니다. 사마리아의 회심을 베드로와 요한이 승인했을 때 비로소 성령이 임재하기도 했습니다. 그의 위상은 대단했습니다. 누구든 그를 보면서 메시아 예수님을 떠올렸을 것입니다. 사람들은 그가 선포하는 말씀 속에서 생전의 예수님을 만났습니다. 그런 베드로도 변해야 했습니다. 넓어지고 깊어져야 했습니다. 깨어지고 부서져야 했습니다. 이번에도 하나님이 직접 나서셨습니다. 환상을 보여주셨고 명령하기도 하셨습니다. 온갖 억측과 구설수와 오해를 감수하면서도 그는 그 명령에 따라야 했습니다. 베드로가 먼저 변해야 주께로 돌아올 사람들이 많아질 것입니다. 베드로처럼 변할 수 있는 사람이 많아질 수 있었습니다.

사랑하는 여러분, 오늘 우리가 어떤 사람이 되느냐에 따라 우리 안에 있는 진리가 어떤 식으로 발현될지가 결정될 것입니다. 오늘 주님께서 저희에게 보여주시고 들려주시고 경험하게 해주실 때, 이제 우리는 겸손하게 묵상하고 간절하게 기도하고 또 신실하게 순종하여 영광스럽고 풍성한 하나님 나라를 만끽하십시오. 그리고 고넬료와 베드로 두 사람을 통해 새 역사를 여셨듯이 부족한 저희들을 통해서라도 주의 뜻을 이루시도록 빌어드리는 성도들이 되길 바랍니다.

함께 기도하겠습니다

하나님 아버지

고넬료에게 오신 것처럼, 베드로에게 오신 것처럼,

말씀으로든, 기도 중에서든, 사랑하는 지체들을 통해서든,

우연처럼 가장하여 우리에게 다가오는 그 어떤 것으로든

저희에게 찾아오셔서

부디 저희들을 일깨워주시고, 헛된 가면들 벗겨주시고,

무식을 드러내시고, 무지를 깨우쳐 주시옵소서.

그리하여 진정으로 주님의 사람으로 거듭나게 하여 주옵소서.

그렇게 눈이 열린 베드로가

이방인 사역의 든든한 신학적 후원자가 되었듯이,

또 마음을 열고 단순하게 순종한 고넬료가

가족과 친족들을 구원하는 도구가 되었듯이,

이제 저희들도 넓어지고 깊어져서

주님이 하시는 일을 더 많이 보게 하시고

주님이 저희를 통해 하고자 하신 뜻을

더 수월하게 순종하는 자녀들 되게 하시옵소서.

우리의 무지와 옹졸함과 오만함 때문에

하나님이 하시는 말씀을 알아듣지 못하는 일이 없게 하시옵소서.

전혀 열매가 없어 보이고 결과를 확인할 길 없는 오늘 저희의 작은 순종이

주님이 이뤄가실 역사에 의미 있는 한 걸음이 될 것을 믿으면서

가라고 하면 가고 오라고 하면 오고

마음을 열라고 하면 여는 저희들 되게 하여 주시옵소서.

오늘 저희가 초청하여 유숙하게 할 지체가 누구이며,

우리가 더 넓은 품으로 안아주고 맞아주어야 할

이웃은 누구인지를 보게 하시옵소서.

거룩함을 지키면서도 배타적이지 않은

자녀가 되는 지혜를 허락하여 주시옵소서.

사랑의 주님, 부디 저희가 먼저 저희를 찾아오신

하나님의 환대의 가치를 잘 알아서

저희도 우리의 환대를 뜻밖의 사랑으로,

기적 같은 호의로 여길 만한 누군가에게

담대히 나아가게 하여 주시옵소서.

아멘.

베드로의 환대, 고넬료의 환대, 성령님의 환대

사도행전 10:23b-48

구원과 선교, 환대의 사랑

사랑의 가장 핵심적인 요소가 '환대'입니다. 환대는 사람을 사람에게 어울리게 대접하는 것을 말합니다. 그의 사람다움을 확인해주고, 사람이 되려는 노력을 지지해주는 일입니다. 그가 사람으로서의 권리를 주장할 수 있게 하고, 그에게 '자리'를 마련해주는 것이 환대입니다. 만약 누군가에게 납득할 수 없는 이유를 들이대면서 절대 어떤 장소에 들어올 수 없다고 막는다면, 그것은 환대가 아니라 냉대입니다. 그 '자리'라는 것이 장소를 가리킬 수도 있고 어떤 '역할'을 가리킬 수도 있습니다. 동시에 어떤 사람에게는 특정한 자리에만 있도록 강제하는 것은 환대가 아닙니다. 가령 과거에는 여자의 자리는 가정이었습니다. 사회생활을 하는 여성들을 향해 "여자가 집구석에서 살림이나 잘할 것이지 저렇게 나돌아다닌다."라고 말했습니다. 심지어 여성에게는 투표할 권리마저 주어지지 않았습니다. 미국에서도 흑인들은 백인들 가게에 들어갈 수 없었고, 남

155

아공에서는 흑인이 백인들의 교회에 가서 예배할 수 없었습니다. 거기엔 그들의 자리가 없었습니다. 오늘날에도 돈 없으면 교회 다닐 수 없다, 교회에서 사람 대접 받을 수 없다, 돈 없고 배움이 짧으면 직분을 받을 수 없다, 는 말이 심심찮게 나옵니다. 그것은 교회가 '환대'의 사랑을 베풀지 않고 있다는 것을 그렇게 표현한 겁니다. 일본인들이 재일한국인들에게 거주권은 주면서도 "조센징"이라고 부르며 환대하지는 않는 것처럼, 교회도 수많은 사람들을 이쪽에도 속하지 않고 저쪽에서 속하지 않는 사람으로 만들 수 있습니다.

누구든 그 사람의 타고난 조건이나 외적인 조건에 관계없이 그 안에는 '신성함'이 깃들어 있다고 믿을 때 우리는 그를 환대할 수 있습니다. 로버트 파크Robert Ezra Park의 말대로 우리는 어느 정도 가면을 쓰고 삽니다. 다양한 가면을 쓰고 다양한 역할을 합니다. 저는 아버지의 가면, 목사의 가면, 저술가의 가면, 이웃집 아저씨의 가면을 쓰고 삽니다. 하지만 누구든 그 가면 뒤에는 얼굴이 있습니다. 그 얼굴이 바로 신성한 것, 명예입니다. 따라서 얼굴이 있다는 것은 명예가 있다는 말과 같습니다. 영어 표현 중에 "lose one's face", "save one's face"라는 말이 있습니다. 직역하면, '얼굴을 잃는다', '얼굴을 구원한다'는 말인데 이것은 '체면을 잃는다', '체면을 살린다'는 뜻입니다. 우리 인간에게는 아무리 가면이 깨지고 부서져도 절대로 손상될 수 없는 '얼굴'이 있는 것입니다.

환대는 바로 그 얼굴을 지켜주는 것입니다. 우리 말에도 "면面을 세워준다"는 표현이 있습니다. 한나 아렌트Hannah Arendt 식으로 표현하면 그 얼굴이 "현상現像되게" 해주는 일이 환대입니다. 아예 지켜야 할 얼굴이 없는 사람으로 취급하지 않는 것이 환대입니다. 과거 백인 여인들은 방에 흑인 남자 종이 있는데도 속옷을 갈아입었습니다. 흑인 남자는 아예 없는 것이나 다름없는 존재로 간주했기 때문입니다. 여러분이 만약 택시 안에서 전화로 타인이 들으면 불쾌하거나 내밀한 온갖 사적인 대화를 태연히 나눈다면, 적어도 여러분은 그 택시 운전사를 없는 존재로 간주하는, 현상하지 않은 것, 즉 환대하지 않은 것이 됩니다. 자기가 지불하는 택시 요금 안에 사람을 그렇게 다뤄도 좋은 권리까지 들어있다고 생각한 것입니다. 팁 문화가 없는 우리는 식당 종업원을 함부로 부르거나 무례하게 지시하는 일도 종종 봅니다. 모두 환대가 아닙니다.

사랑은 환대입니다. 환대는 사랑입니다. 사랑은 누군가를 그 가치 그대로 인정해주는 것이고 그에 걸맞게 대접해주는 것입니다. 차별하지 않는 것이고, 차별 대우를 기대하지 않는 것입니다. 차별 대우 받을 권리를 포기하는 것이고, 차별해도 좋은 권리를 쓰지 않는 것입니다. 그래서 누구에게든 그 사람에게 어울리는 '자리'를 마련해주는 일, 그것이 환대로서의 사랑입니다. 따라서 모든 사랑의 공동체는 환대의 공동체입니다. 나그네에게 묵을 곳을 마련해주는 일시적인 환대뿐 아니라 나와 생각이 다르고 살아온 이야기가 다르고, 그래서 사람을 대하는 방식이 다른 사람에게도 오래 참고 기다려주면서 '자리'와 '얼굴'을 마련해주는 것이 사랑입니다. 그 사람이 나한테 적응하게 하거나 우리 공동체에 순응하기를 기다리는 대신에 그 사람을 통해서 내가 깊어지고 넓어지고 말랑말랑해지도록 허용하는 것이 환대의 사랑입니다. 그래서 우리 공동체가 불가역적 괴물 집단이 되는 것이 아니라, 가변적인, 아니 역동적인 공동체가 되는 것이 환대의 공동체, 사랑의 공동체가 되는 일입니다.

하나님의 구원은 우리를 향한 하나님의 환대 사건입니다. 하나님을 냉대한 우리는 하나님 나라에서 있을 곳자리이 없었습니다. 죄인이었고 부정한 자였습니다. 구약의 이스라엘도 땅과 자손의 약속을 받았지만, 오랫동안 거처가 없이 떠돌아다니는 하비루habiru였습니다. 유랑하고 방랑하는 자였습니다. 그런데 하나님은 토착민들의 하나님이 아니라 떠돌이들의 하나님이 되어 주시기로 했습니다. 바벨탑의 하나님이 아니라 순례자들의 하나님이 되시겠다고 하셨습니다. 그래서 그들을 '가나안'이라는 '장소'로 환대하셨습니다. 그러나 이스라엘은 그 땅에서 하나님을 환대하지 않았습니다. '성전'이라는 하나님의 공간이 있었지만, 그곳을 부정하게 만들어 우상과 하나님이 공유하도록 강요했습니다. 이방인처럼 우상을 숭배하여 하나님을 쫓아낸 성전과 이스라엘 안에 하나님도 더는 머물기를 원치 않으셨습니다. 하나님은 그런 홀대를 받아들이는 대신에 자기 백성 이스라엘이 이방인들과 같이 살도록 추방하셨습니다. 가나안 땅은 빈 공간이 되게 하셨고, 이스라엘은 잊힌 나라, 현상되지 않는 나라, 없어도 좋은 존재처럼 되게 하셨습니다. 하나님을 향한 이스라엘의 홀대, 냉대, 박대에 하나님도 맞짱을 뜨신 것입니다.

그래서 구원은 환대의 회복 사건입니다. 그러니 구원받은 자의 삶 역시 환대여야 합니다. 하나님께서 자격 없는 이스라엘과 다시 언약을 맺어 하나님의 자녀로 대접하여 주셨듯이, 이제 그들도 언약의 외인이던 이방인들을 환대하여 하나님의 백성으로 대접해주어야 했습니다. 누구도 타고난 조건 때문에 처음부터 '낙인'을 찍어서는 안 되었습니다. 태생적인 조건이 축복의 당연한 이유가 되게 해서도 안 되었습니다. 회심의 가장 뚜렷한 열매가 바로 환대입니다.

오늘 우리는 베드로가 고넬료를 환대하는 것을 보게 될 것입니다. 그것이 베드로의 회심의 결과입니다. 또 우리는 고넬료가 베드로를 환대하는 것을 보게 될 것입니다. 그것이 고넬료의 회심의 결과입니다. 또 우리는 성령께서 이방인들을 환대하는 것을 보게 될 것입니다. 그것이 새 언약 시대의 축복입니다. 11장에서는 유대인 교회가 이방인 교회를 환대하는 것을 보게 될 것입니다. 이방인들이 많은 안디옥에 그리스도인들이 생기자 예루살렘 교회는 바나바를 일꾼으로 보내서 그들을 환대합니다. 이방인 교회인 안디옥 교회가 기근으로 고생하는 예루살렘 교회에 구제 헌금을 전달함으로써 또 그들을 환대하고 있습니다. 12장을 보면 세상은 하나님의 교회를 박대합니다. 학대합니다. 핍박합니다. 하지만 성령께서는 베드로가 갇혀 있는 감옥에 문을 여심으로써 죽기를 각오하고 복음을 고수한 당신의 사람들을 환대하십니다. 감옥에서 나온 베드로를 예루살렘의 기도하던 교회가 환대합니다. 바나바는 고향 다소에서 잊힌 자로 살고 있던 바울을 안디옥으로 초청합니다. 그가 교회 앞에 다시 현상하게 해준 것입니다. 이것이 바나바가 바울에게 베푼 환대의 사랑입니다. 13장에 가면 성령께서 안디옥 교회에게 바나바와 바울을 따로 세워 이방인 선교, 즉 이방인을 환대하는 일에 보내라고 명령하십니다. 안디옥 교회는 그 말씀을 따름으로써 성령님을 환대합니다. 우리의 말씀 순종은 하나님을 환대하는 일입니다. 하나님을 믿어 드리는 것이 환대입니다. 하나님 나라의 역사, 선교의 역사는 환대와 박대의 역사입니다. 세상으로부터는 끝없이 냉대와 박대를 당하면서도 끝까지 우리를 향한 하나님의 환대의 소식을 전하는 것을 선교라고 부릅니다. 이제 조금 더 자세히 이 베드로와 고넬료와 성령님 간의 환대의 이야기를 같이 묵상해보겠습니다.

고넬료의 환대

베드로는 지붕에서 내려와 고넬료가 보낸 이방인들을 자기가 묵고 있는 시몬의 집 안으로 들어오게 합니다. 그리고 하루를 거기서 기거하게 해줍니다. 그날 그들 사이에는 어떤 대화가 오고 갔을까요? 베드로가 본 환상, 부정한 짐승을 "잡아 먹으라"는 말이 의미하는 바가 과연 무엇인지 알기 위해 베드로의 촉수는 예민해져 있었을 것입니다. 그날 베드로는 분명 잠을 이루지 못했을 것입니다. 유대인으로서 해서는 안 될 일이라고 여겨지던 일인 이방인과의 접촉을 허용했고, 그동안 개나 돼지 같은 존재로 여겼던 이방인들 세 명과 한 지붕 아래 있었으니 잠이 올 리가 없었습니다. 하지만 다음 날 아침, 베드로는 "의심하지 말고 함께 가라 내가 그들을 보내었느니라"는 성령님의 음성을 따라 여장을 챙겨 가이사랴로 출발합니다.

욥바의 베드로, 욥바의 요나

욥바 하면 떠오르는 인물이 있습니다. 요나입니다. 그는 이스라엘의 원수 나라 앗수르의 니느웨에 가서 하나님의 경고를 전하라는 명령을 받았습니다. 그것은 베드로에게 가이사랴 이방인의 집으로 가라는 명령과 다르지 않습니다. 고넬료도 이스라엘을 지배하는 원수 나라 로마의 하수인입니다. 요나는 이 명령에 불순종하기 위해 욥바로 내려갔고 거기서 배를 타고 다시스로 향했습니다. 반면에 베드로는 욥바에서 가이사랴를 향해 순종의 걸음을 내딛은 것입니다.

이 심상치 않은 여정에 욥바의 유대인 그리스도인 여섯 명이 동행했다고 11장에서 베드로는 진술하고(행 11:12) 있습니다. 베드로 혼자 보내

160

는 것이 안심이 되지 않았을 것입니다. 지금 베드로는 유대인 그리스도인의 대표 자격으로 가고 있고, 이 여섯 명의 형제들 역시 유대인 교회의 대표 자격으로 가고 있는 것입니다. 이 중에는 예루살렘에서부터 베드로를 수행해온 제자들도 있었을 것입니다. 베드로 혼자만 경험했다면 사람들은 아무리 베드로의 말이라고 해도 믿지 않았을 것입니다. 하지만 아무도 부인할 수 없을 만큼 복수의 유대인 그리스도인 증인들이 베드로와 함께 있었습니다. 고넬료의 종과 하인들이 가이사랴에서 욥바로 오는 길보다 베드로가 가이사랴로 내려가는 길이 더 오래 걸렸을 것입니다. 중간에서 쉬었을 것이고 날이 어두워지자 걸음을 중단한 채 어딘가에서 하룻밤을 보낸 후 다음 날 아침에 다시 출발하여 가이사랴에 도착했을 것입니다.

고넬료의 친척과 친구 환대

이튿날 가이사랴 고넬료의 집에 도착하니 고넬료 혼자만 베드로를 기다리고 있었던 게 아니었습니다.

"이튿날 가이사랴에 들어가니 고넬료가 그의 친척과 가까운 친구들을 모아 기다리더니"(사도행전 10:24)

고넬료는 베드로를 환대하기 전에 친척들과 가까운 친구들을 환대했습니다. 그 중에는 유대인들이 끼어 있었을 수도 있지만, 대부분 이방인들이었을 것입니다. 그들도 고넬료처럼 여호와를 경외하는 자, 즉 유대교의 하나님 여호와를 인정하고 예배하는 개종자들이었는지는 분명하지 않습니다. 당시에 로마 시민으로서 피지배국의 종교인 유대교를 믿는 것은 흔치 않은 일이었습니다. 다신교 사회였지만 유대교만은 유일신 숭배를 요구했기 때문입니다. 물론 친척들이나 친구들은 고넬료가 유대교로 개종한 사실을 알고 있었을 것입니다. 그런데도 고넬료와 가까이 지냈고 그의 초청에 응했다면, 평소에 고넬료가 얼마나 신망이 두터운 사람이었는지를 짐작하게 해줍니다.

고넬료의 환상은 해석이 필요 없는 환상이었습니다. 하지만 고넬료역시 그 환상을 통해 하나님이 무슨 일을 하시려는지는 예측할 수 없었습니다. 그가 사도 베드로를 몰랐을 리 없습니다. 당연히 예수라는 갈릴리 청년에 대해서도, 그가 십자가형을 받고 처형되었다는 사실도 알고있었을 것입니다. 그가 갈릴리에서 행한 이적도, 그가 전했던 가르침도, 당연히 들어 알고 있었을 것입니다. 어쩌면 그가 부활했다고 떠들고 다니는 그의 제자들의 행적과 사도들의 대표인 베드로에 대해서도 로마 백부장 정도의 정보력을 감안하면 그의 귀에까지 들어왔을 가능성은 충분합니다. 하지만 하나님께서 그에게 환상을 주시기 전까지 베드로와 예수는 그에게 아무 상관이 없는 인물이었습니다. 지금 가이사랴에서 그가 모시고 있는 그의 상관 빌라도가 몇 달 전 유월절에 예루살렘에서 그를 재판한 것 때문에 가끔 괴로워하는 것이 신경 쓰였을 뿐입니다.

그런데 그 요주의 인물 베드로를 가이사랴의 집에 청하라는 하나님의환상은 사도 바울이 다메섹 도상에서 부활하신 예수님을 만난 사건과 버금가는 충격적인 경험이었을 것입니다. 이는 제자들이 여인들에게서 예수님의 무덤이 비었고 그가 다시 살아나셨다는 말을 들었을 때의 충격과같은 경험이었을 것입니다. 이것은 그가 알고 있는 모든 유대교에 대한

162

지식과 메시아에 대한 기대를 재해석하지 않으면 안 되는 경험이었습니다. 경건한 유대인이 아니라 그들이 부정하다고 여기는 이방인 고넬료에게 나타나신 하나님은 그간 고넬료 자신이 형성해온 신학으로는 도저히 담을 수 없었습니다.

어떤 시원한 결론을 내린 것은 아니었지만, 그는 이 하나님의 불시 방문을 수용하기로 하였습니다. 그것은 분명 불쾌한 심판이 아니라 축복의 습격임을 알고 있었습니다. 왜냐하면 천사가 고넬료에게 "네 기도와 구제가 하나님 앞에 상달되어 기억하신 바 되었다"고 칭찬하셨기 때문입니다. 그렇다면 고넬료는 분명히 하나님이 예비하신 새로운 길, 새로운 뜻, 유대교는 줄 수 없는 어떤 축복을 주실 것이라고 기대했을 것입니다. 이 좋은 것을 혼자 누릴 수는 없었습니다. 그래서 친족을 불렀습니다. 찾아가 설득했을 것입니다. 가까운 친구들을 불렀습니다. 같은 부대에 속한 하나님을 경외하는 자들이었을 것입니다. 그들을 찾아가 설득했습니다. 성전 미문에 앉아 있던 걸인에게 베드로와 요한이 "은과 금은 내게 없거니와 내게 있는 이것을 네게 주노니 나사렛 예수 그리스도의 이름으로 일어나 걸으라"고 했을 때의 심정과 같았을 것입니다. 베드로를 초청한 다소 불편할 수도 있는 자리에 선뜻 와주었다는 것은 평소에 고넬료가 친족들과 친구들에게 얼마나 관대했고 넉넉했고 또 신망이 두터웠었는지를 짐작하게 합니다. 특히 가난한 자들에게 많이 구제한 사람이었기에 와주었을 것입니다. 그런데 이번에 그가 준비한 것은 그동안과 비교할 수 없는 환대성령이 임하고 예수 그리스도를 소개 받게 됨가 될 것임을 그들은 물론 고넬료 자신도 몰랐습니다. 고넬료는 자신이 줄 수 있는 구제 정도의 환대가 아니라, 하나님의 종 베드로를 통해서 하나님께서 몸소 주시는 환대를 사랑하는 친족들과 친구들이 경험하길 원했습니다. 그동안 자신이 주었던 금과 은, 진미, 좋은 음악이 아니라 하늘이 준 축복으로 대접하고 싶었습니다.

주 안에서 사랑하는 성도 여러분, 오늘 이것이 우리가 베풀 수 있는 환대입니다. 우리가 직접 우리 소유 가운데 일부를 베푸는 환대도 중요하지만, 하나님께서 축복하시도록 그분께로 초대하는 환대가 훨씬 더 중요합니다. 그것은 내가 주는 것과 비교할 수 없을 만큼 풍성합니다. 하나님을 소개하고 그리스도의 은혜를 소개하고 하나님의 나라의 소망을 소개하고 생명의 길인 하나님의 말씀을 소개한다면, 좋은 부동산 정보보다, 알찬 입시 정보보다, 알뜰한 바겐세일 정보보다, 쫀득한 연예계 소식보다 훨씬 더 극진한 환대가 될 것입니다.

고넬료의 베드로 환대와 베드로의 거절

긴 여정 끝에 드디어 베드로 일행은 가이사랴 고넬료의 집에 당도합니다. 이에 지배국의 백부장인데도 고넬료는 자기 상관에게 하듯 베드로 발 앞에 엎드리어 절합니다. 극진한 환영입니다. 겸손한 환영입니다. 두려움에 찬 환영입니다. 이 모습을 보고 베드로는 물론이고 곁에 있던 그의 친족들과 친구들이 놀랐을 것입니다. 우리를 구성하는 다양한 지위가 있고 신분이 있습니다. 자기 삶에서 어떤 이름을, 어떤 자리를 중요하게 여기는지를 보면 그 사람의 가치관을 알 수 있습니다. 저는 목사입니다. 그런데 어디 가서든 내가 목사인 것을 밝히고 교회에서 받는 반응을 거기서도 기대해서는 안 됩니다. 마찬가지로 성도들도 교회 와서 세상 직업으로 자신을 과시하지 않도록 조심해야 합니다. 고넬료는 이 부분을 주의했습니다. 하나님의 계시로 만난 사람인 베드로 앞에서 이 순간 고넬료는 백부장이 아니었습니다. 백부장이라는 사실이 베드로를 만날 때는 하나도 중요하지 않았습니다. 그는 오히려 지금 이방인이면서 하나님을 믿는 사람이라는 정체성을 가지고 하나님이 천사를 통해 계시하여 보내신 사람을 맞이하고 있었습니다. 따라서 그에게 베드로는 '신적인 존재'나 다름 없었습니다. 그는 차별 대우를 받아야 마땅한 자였고, 자신이 보일 수 있는 최고의 환대를 바쳐야 마땅한 자였습니다.

나흘 전까지는 전혀 그렇지 않았습니다. 나흘 전까지 베드로에게 고넬료는 상종해서는 안 될 개 같은 이방인이었다면, 고넬료에게 베드로는 '예수교'라는 불온한 이단의 핵심 추종자였습니다. 둘 다 서로에게 박멸의 대상이었고, 경멸의 대상이었고, 환대는커녕 냉대와 박대의 대상이었습니다. 왜 바뀌었습니까? 하나님께서 둘 사이의 관계를 바꾸셨기 때문입니다. 베드로를 보는 시선, 관점, 안목만 바뀌었습니다. 시선 전환, 그것이 환대의 시작입니다. 하나님의 시선으로 바라보는 것, 하나님의 마음으로 바라보는 것, 하나님의 관심으로 주목하는 것, 거기에서 거짓 없는 진실한 환대는 시작됩니다. 언제는 아무 상관 없었던 저와 여러분이 이제 없어서는 안 될 사이가 된 것은 제가 여러분에게 무언가를 해드렸기 때문이 아닙니다. 하나님 때문입니다. 하나님이 여기까지 인도하셨고, 한 운명공동체로 묶어주셨고, 그래서 의심 없이 저도 순종하여 이제 여러분을 거리를 지나치는 숱한 무명의 사람 중의 하나로 보는 것이 아니라 저마다 이름을 가지고서 자기 인생 이야기의 주인공으로 살고 있는 주체로 보기 시작한 것입니다. 환대의 대상으로 보기 시작했습니다. 모든 교회는 그런 의미에서 환대의 공동체인 것입니다. 서로를 하나님이 정의하신 대로 바라보기 시작하는 것, 하나님이 귀하게 여기시는 대로 귀하게 여기기 시작하는 것, 그래서 백부장도 일개 유대인 그리스도인에게 엎드려 절하게 하는 것, 그것이 진정한 환대의 기적입니다. 그런데 여기서 더욱 우리를 놀라게 하는 것은 베드로의 반응입니다.

"베드로가 일으켜 이르되 일어서라 나도 사람이라 하고"(사도행전 10:26)

여러분, 베드로가 일어나라고 명령하고 있습니까, 아니면 일으켜 세워 주고 있습니까? 그렇습니다. 가서 그를 '만져서' 일으켜 세워주고 있습니다. 유대인이 이방인을 만지고 있습니다. 며칠 전까지만 해도 벌레 같이 여겼던 이방인들입니다. 유대인들은 시장에만 다녀와도 깨끗이 씻었습니다. 직접 접촉하지 않았더라도 혹시 이방인들이 만진 물건을 자기도 모르게 만졌을지 모르기 때문입니다. 그런데 이제 베드로는 이방인 고넬료를 만져서 일으켜 세워줍니다.

더 놀랍게도 베드로는 고넬료의 환대를 거절하고 있습니다. 이것은 베드로를 향한 고넬료의 '정의'를 수용하지 않겠다는 뜻입니다. 발 앞에 엎드린 고넬료의 마음에 이미 베드로는 천사와 방불한 존재말입니다. 그는 지금 베드로를 주 안에서 존경하는 형제가 아니라 경배해야 할 대상으로 여기고 있습니다. 인간이 아니라 신적인 존재말입니다. 하지만 이것은 인간이 인간에게 보일 수 있는 환대는 아닙니다. 그것은 환대가 아니라 경배요, 따라서 하나님께만 어울리는 일입니다. 정말 베드로가 하나님의 사람이라면, 그런 환대를 환영할 것이 아니라 그런 환대에 환장해야 마땅합니다. 자신이 '사람'이 아니라 우상처럼 간주되는 것에 불쾌해

166

져야 합니다. 환대는 자선이나 동정과 다릅니다. 환대는 친구 사이에서만 이뤄질 수 있을 뿐 강자와 약자, 지배자와 피지배자 사이에서는 존재할 수 없습니다. 뇌물과 선물이 전혀 다르듯이, 경배와 환대도 전혀 다릅니다. 그렇다면 베드로는 환대를 거절한 것이 아니라 진정한 환대를 바란 것입니다. 그것은 훗날 바울과 바나바도 루스드라에서 자신들을 신적 존재로 추앙하려는 자들을 향해 자신들은 사람에 불과하다는 것을 강조하는 데서 재현될 것입니다(행 14:15).

지금 베드로는 두 가지 극단적인 태도를 버리고 있는 중입니다. 고넬료를 만져 일으켜 세움으로써 이방인을 상종 못할 존재로 다루던 인습을 깨뜨리고 있습니다. 그것이 이방인 고넬료를 향한 참된 환대입니다. 또한 베드로는 고넬료에게 하나님 같은 존재로 대접 받는 것도 거절합니다. 그는 고넬료의 형제요 친구가 되기를 원했습니다. 진정한 환대를 요구한 것입니다. 연예인들이나 정치인들이 시설을 방문하여 그곳의 아이들이나 장애인들을 함부로 만지고 끌어안고, 심지어 어떤 정치인처럼 기자들이 목욕을 시키는 장면을 촬영하게 하는 것은 환대가 아니라 극심한 폭력이고 모욕입니다. 자기 같은 사람들의 환대를 받으려면 그만한 모욕 정도는 감수해야 한다는 식이었습니다. 제가 초등학교 때의 일입니다. 가정 형편이 불우했던 한 친구를 특정하여 학교 전체가 성금 모으는 행사를 했습니다. 그리고 공개적으로 그 친구에게 돈을 전달했습니다. 그것을 본 어린 제가 다 수치스러웠습니다. 오른손이 하는 일 왼손이 모르게 하는 것은 오른손으로 베푼 그 사람을 위한 일이면서 동시에 그 섬김을 받는 사람을 살리기 위한 명령이기도 합니다. 진정한 환대의 조건을 알려주신 말씀인 것입니다. 참된 만짐은 엎드린 사람을 일으켜 세워주는 만짐입니다. 사람됨을 상실한 사람에게 사람됨을 회복시켜주는 것입니다. 개로 전락한 이방인을 하나님의 형상으로 회복시켜주는 만짐이 환대입니다. 저희 공동체도 서로가 서로를 붙잡아 일으켜 세워주면 좋겠습니다. 그렇게 비굴하게 엎드려야 살아남을 수 있다고 생각하는 이웃들을 다시 사람됨의 자리로, 당당한 아버지 어머니의 자리로 회복시켜 주는 좋은 사람들이 되면 좋겠습니다.

참된 대접은 숭배가 아닙니다. 만약 여러분이 저를 친구가 아닌 특별한 성직자로 대접한다면, 여러분은 저를 환대하는 것이 아닙니다. 욕보이는 것입니다. 선을 긋는 것입니다. 한 해의 절반 동안 한결같이 저를 신사적으로 깍듯이 대해주던 영국 사람들에게 저는 질려버렸습니다. 절대 저와는 친구는 안 하겠다는 뜻이었기 때문입니다. 그냥 너는 보살핌이 필요한 이방인으로 남아 있으라는 뜻이었습니다. 깍듯한 예의를 갖춰 대하는 것이 늘 좋은 일은 아닙니다. 저를 하나님 대하듯, 천사 대하듯, 하나님의 특별한 종 대하듯 하는 것은 결코 환대가 아닙니다.

고넬료의 설명

베드로는 고넬료와 대화를 나누면서 집 안으로 들어가 보니 이미 그의 친족들과 친구들이 모여 있었습니다. 베드로가 등장하자 기다리던 이방인들이 놀랐을 것입니다. 베드로가 온다는 것을 이미 들었겠지만, 그들은 유대인과의 직접적인 접촉에 적잖이 긴장하고 있었을 것입니다. 그러자 베드로는 그들을 안심시키면서 이렇게 말합니다.

"유대인으로서 이방인과 교제하며 가까이 하는 것이 위법인 줄은 너희도

알거니와 하나님께서 내게 지시하사 아무도 속되다 하거나 깨끗하지 않
다 하지 말라 하시기로 부름을 사양하지 아니하고 왔노라 묻노니 무슨 일
로 나를 불렀느냐"(사도행전 10:28-29)

유대인 입장에서 베드로는 지금 자신이 위법을 하고 있는 중임을 인
정합니다. 모세의 율법을 어겼다는 뜻이 아니라 유대인의 금기를 깨뜨리
고 있다는 뜻입니다. 그러나 이제 베드로에게는 전통이나 관습보다, 우리
에게 익숙한 그 어떤 것보다 하나님의 지시를 따르는 일이 더 중요했습
니다. 그것이 하나님을 환대하는 일이었습니다. 역사상 주님은 숱하게 자
신의 얼굴을 바꿔오셨습니다. 흑인에게는 입술이 두툼한 시커먼 하나님
이 되셨고, 백인에게는 하얀 얼굴의 하나님이 되셨습니다. 여인에게는 여
성스런 어머니 같은 하나님이 되셨습니다. 가부장적인 근엄한 하나님의
모습이 아니라 노래 좋아하고 춤 좋아하고 술 좋아하시는, 그러니까 풍
류와 음주가무를 즐기시는 하나님도 되셨습니다.

이제 복음이 이전보다 훨씬 더 광범위하게 이방인들에게로 퍼져 나가
야 하는 중요한 시점에서 유대인과 이방인의 접촉이 그들을 부정하게 만
든다는 오해는 그냥 간과하고 넘어갈 수 없는 비진리였습니다. 그래서
하나님께서 그들을 불편하게 하시기로 한 것입니다. 충격적인 방법과 직
접적인 개입을 통해서 견고한 장벽을 허무셔야 했습니다. 하지만 그것
이 얼마나 유대인들에게는 수용하기 어려운 일이었는지는 이후 베드로
의 행보를 보면 짐작할 수 있습니다. 갈라디아서에 보면 바울이 베드로
를 책망하기까지 하는 장면이 나옵니다. 베드로가 이방인 성도들이 많은
안디옥 교회에 갔을 때의 일입니다. 어느 날 이방인 성도들과 식사하고

있었습니다. 그때 그의 귀에 야고보가 보낸 열성파 유대 그리스도인들이 예루살렘으로부터 도착했다는 소식을 들었습니다. 베드로는 얼른 그 자리를 떴습니다. 그러자 그와 함께 있던 유대인들과 심지어 안디옥 교회의 지도자인 바나바마저도 그 자리를 뜨는 사건이 벌어졌습니다. 당시에 바나바와 안디옥 교회에서 동역하고 있던 바울이 이 장면을 보고 베드로 사도를 면전에서 책망하였습니다.

> "그러므로 나는 그들이 복음의 진리를 따라 바르게 행하지 아니함을 보고 모든 자 앞에서 게바에게 이르되 네가 유대인으로서 이방인을 따르고 유대인답게 살지 아니하면서 어찌하여 억지로 이방인을 유대인답게 살게 하려느냐 하였노라"(갈라디아서 2:14)

하나님께서 자의적으로 깨끗한 것과 부정한 것을 정하신 때가 있었습니다. 그 자체로 그것이 깨끗하거나 더러워서가 아닙니다. 하나님이 자기 백성의 순종과 거룩함을 위해서 임의로 정하신 측면이 강합니다. 그 자체가 속성상 더럽고 깨끗한 것이었다면 신약에서도, 제칠안식일 교인들이 하듯이, 돼지고기나 낙지 먹는 것을 금했어야 했습니다. 하지만 그런 율법 조항의 문자적인 적용은 다른 율법 조문들처럼 예수님이 오시기 전까지만 유효했습니다. 정한 것과 부정한 것의 구별이 있었던 시대에 이방인들을 조심스럽게 상대한 것은 이해할 만했습니다. 하지만 이제는 그마저도 허용할 수 없는 새 시대가 되었습니다.

> "하나님께서 내게 지시하사 아무도 속되다 하거나 깨끗하지 않다 하지 말

라"(사도행전 10:28)

고넬료는 로마의 관리였고, 원하든 원치 않든 공적으로 이방 제사에 참여할 수밖에 없었을 것입니다. 하지만 이제 주 예수 안에서 그건 문제될 것이 없습니다. 이것이 새 시대에 어울리는 태도입니다. 우리 건강에, 혹은 위생상으로 유익한 것과 해로운 것을 구분할 수 있겠지만, 정한 것과 부정한 것, 죄가 되는 것과 죄가 되지 않는 것의 구분은 더이상 존재하지 않습니다. 따라서 교회는 여성들, 노인들, 아이들, 장애인들, 외국인 노동자들, 돈 없는 사람들, 특정 지역의 사람들, 이혼한 사람들, 싱글맘들, 혹은 늦게까지 결혼하지 않은혹은 못한 사람들, 이런 사람들에게 '오염'의 낙인을 찍지 않아야 합니다. 부정한 사람들인 듯이 간주해서는 안 됩니다. 마치 나타나서는 안 될 자리에 나타난 사람처럼, 연미복을 입지 않고 연회에 참여한 사람처럼 다루어서는 안 됩니다. 그것은 환대가 아니라 냉대이기 때문입니다. 베드로는 그런 경계를 뛰어넘고 인습의 장벽을 뚫고 가이사랴 고넬료의 집으로 온 것입니다. 그러나 여전히 왜 하나님께서 그에게 가라고 하셨는지, 고넬료는 왜 자신을 내려오라고 사람까지 보내서 불렀는지 그것까지는 알지 못했습니다. 혹은 고넬료는 하나님께 더 들은 것이 있는가 하여 묻습니다.

"부름을 사양하지 아니하고 왔노라 묻노니 무슨 일로 나를 불렀느냐"(사도행전 10:29)

그건 사실 고넬료가 묻고 싶었던 질문이었을 것입니다. 고넬료도 무슨 할 말이 있어서 베드로를 부른 것이 아닙니다. 로마의 백부장 자격으로 부른 것이 아닙니다. 베드로도 이미 그를 찾아온 하인들과 종을 통해서 들어 알고 있었습니다. 베드로는 자신이 천사의 지시대로 욥바에서 이곳 가이사랴까지 왔기 때문입니다.

이제 30-33절에서 고넬료는 베드로를 청하여 내려오게 한 것이 자신의 개인적인 관심사 때문이 아니라 천사의 지시에 따라 한 것이라고 그가 환상 중에 들은 것을 소개합니다. 고넬료는 베드로가 그의 하인들을 통해 들은 그대로(행 10:22) 말했습니다. 고넬료가 여기서 전하는 말은 10장 앞에서 사도행전 저자가 진술한 것과 거의 같습니다. 다만 천사를 "한 사람이 빛난 옷을 입고 내 앞에 서서"라고 말한 것이 다릅니다. 이방인 고넬료는 즉시 그가 하나님의 천사라는 것을 알아보지 못했기에 이렇게 본 대로만 묘사했을 것입니다. 고넬료는 자기가 본 환상을 말하고는 이렇게 마무리합니다.

"내가 곧 당신에게 사람을 보내었는데 오셨으니 잘하였나이다 이제 우리는 주께서 당신에게 명하신 모든 것을 듣고자 하여 다 하나님 앞에 있나이다"(사도행전 10:33)

고넬료는 베드로가 성령의 촉구를 따라, 또 고넬료가 보낸 하인들의 간청을 따라 가이사랴까지 와준 것에 대해 감사하고 있습니다. "오셨으니 잘하였나이다." 그러고는 다시 공을 베드로에게 돌리고 있습니다. 고넬료는 "우리가 왜 이렇게 만나야 하는지 저는 모릅니다. 이제 당신이 저에게 가르쳐주실 차례입니다. 그렇게 하실 줄 알고 친족과 친구들을 다

172

모이게 한 것입니다"라고 말하고 있는 셈입니다.

그런데 고넬료는 어디에 모였다고 말합니까? "다 하나님 앞에 있나이다." 이것이 하나님의 말씀을 듣는 태도입니다. 하나님 앞에 모인 사람들만이 하나님의 말씀을 들을 수 있습니다. 우리가 예배에 참여할 때 우리는 한 인간의 강연을 들으러 오는 것이 아닙니다. 우리는 개인적으로 묵상을 하든 공동체와 함께 예배하든, '하나님 앞에' 자신을 세우는 훈련을 먼저 해야 합니다. 그렇지 않으면 언제든 복음을 소비하는 소비자로 전락하게 됩니다. 자기 취향에 맞는 말씀을 골라서 즐기는 복음 소비자 말입니다. 말씀을 들을 사람을 영적으로 준비시키는 일, 그것도 하나님의 임재 앞에 세우는 일, 그것이 말씀의 종들을 향한 최고의 환대입니다. 강사 대접을 극진히 해주어도 말씀을 들으려는 열의가 없는 사람들, 말씀에 냉소적으로 반응하는 사람들, 고기 구워 먹고 노는 데 여념이 없다면 강사를 환대하는 것이 아닙니다. 고넬료는 베드로에게 이제 "주께서 당신에게 명하신 것"을 들려달라고 합니다. 그런데 성령께서는 베드로에게 고넬료를 향해 무슨 말씀을 전하라고까지 말씀하신 적이 있습니까? 적어도 사도행전 저자는 그걸 부정합니다. 그걸 갖고 있었다면, 베드로가 고넬료에게 거듭 왜 자신을 불렀는지를 묻지 않았을 것입니다.

베드로의 환대

이제 고넬료의 환대에 대해 베드로가 어떻게 반응하는지를 보겠습니다. 베드로가 주께 받은 말씀은 무엇일까요? 성령께서는 이미 베드로가 고넬료에게 해야 할 말씀을 주셨습니다. 고넬료 한 사람만을 위해서 특별히 주신 말씀이 아닙니다. 이 말씀은 모든 죄인들에게, 구원이 필요한 모든 사람에게 필요한 말씀입니다. 베드로는 이제 이방인들을 위한 복음이 따로 있고 유대인들을 위한 복음이 따로 있는 것이 아님을 깨달았습니다.

그렇다면 이제 그가 이방인 고넬료에게 전해야 할 말씀은 그간 동족 유대인들에게 전해주었던 바로 그 복음, 하나님의 아들 우리 주 예수 그리스도의 복음이었습니다. 선지자들을 통한 메시아의 약속, 세례 요한이 전한 메시아, 메시아 예수님의 오심과 그분의 말씀과 능력의 사역, 그 사역의 절정으로서의 십자가와 부활, 그리고 그분의 다시 오심과 심판. 이제 베드로는 34-43절까지 이 복음을 전하고 있습니다. 물론 이 복음이 이방인들에게도 복음이 된다는 것은 알고 있었습니다. 하지만 그 전에 조건이 있다고 믿었습니다. 그것은 이방인들이 먼저 유대인이 되는 것입니다. 그래서 할례를 받고, 성전 제사에도 참여하고, 성결규례도 지키고, 안식일도 준수해야 한다고 요구했습니다. 아직까지 저 예루살렘의 교회와 열한 명의 사도와 예수님의 동생 야고보는 그렇게 믿고 있습니다.

그런데 베드로가 변했습니다. 맨 먼저 변했습니다. 그는 사실상 회심했습니다. 그의 회심은 이방인 형제자매의 회심으로 이어졌고, 그의 회심 때문에 사도 바울의 이방인 선교가 초대교회에서 하나님의 유효한 사역으로 인정받는 계기가 되었습니다. 하지만 유대인들에게 복음을 전할 때와 달리 청중들이 이방인들이기 때문에 그가 더 강조한 것이 있습니다. 복음을 받는 청중에 따라 복음의 전체 가운데 어떤 부분을 더욱 강조하는 것은 당연합니다. 먼저 복음의 원천이 되시는 하나님을 이렇게 소개합니다.

"베드로가 입을 열어 말하되 내가 참으로 하나님은 사람의 외모를 보지 아니하시고 각 나라 중 하나님을 경외하며 의를 행하는 사람은 다 받으시는 줄 깨달았도다"(사도행전 10:34-35)

그는 하나님에 대해 두 가지를 말합니다. 첫째, 하나님은 사람의 외모로 판단하지 않으시는 분입니다. 둘째, '각 나라' 중 하나님을 경외하며 의를 행하는 사람은 '다' 받으시는 분입니다. 여기서 베드로는 '각 나라' 판티 에쓰네이, παντί ἔθνει를 맨 앞에 두어 강조하고 있습니다. 물론 어제까지도 베드로는 하나님이 외모로 사람을 취한다고 생각하지 않았을 것입니다. 예수님의 공생애 사역을 생각해도 그분은 유대교가 하는 방식과는 사뭇 달랐습니다. 그 다름 때문에 불온한 사람으로 간주되기도 했습니다. 그는 유대교가 배척한 사람들만 골라서 의도적으로 찾아가셨습니다. 하나님의 종말의 축복과 가장 거리가 먼 사람들은 가장 가깝다고 하시고, 가장 가까울 것 같은 부자 청년이나 율법학자 니고데모는 가장 멀다고 하셨습니다. 구약에서도 주의 성령이 임하시면 고난받는 종이 가난한 자에게 아름다운 소식을 전하고 마음이 상한 자를 고치며 포로된 자에게 자유를, 갇힌 자에게 놓임을 선포하게 하실 거라고(사 61:1) 약속하셨습니다. 하지만 여전히 그 대상은 유대인들이나 혹은 율법 준수를 통해 유대인이 된 이방인들에게만 해당된다고 생각했습니다. 우상숭배하는 이방인에게는 여전히 하나님께서 엄격한 얼굴을 하실 거라고 생각했습니다. 그런데 이제 이방인에게마저도 이방인이라는 이유로 하나님은 처음부터 구원에서 배제하거나 더 엄격한 구원 조건을 요구하시지 않고, 오직 예수 그리스도의 십자가의 공로로 그들 역시 구원받을 수 있게 하셨다는 것을 깨달은 것입니다. 이제 그는 더 깊어졌습니다. 더 넓어졌습니다. 더 멀리까지 보게 되었습니다. 그래서 비로소 이방인들을 환대하는 사람이 될 수 있었습니다. 사실 이것은 유대교는 물론이고 예루살렘 교회의 동료들에게도 받아들여지기 힘든 주장이었습니다. 그리스도인은 누구입니까?

첫째, 우리 그리스도인들은 외모로 사람을 판단하지 않으시는 하나님을 믿는 사람들입니다. 이것이 얼마나 세상의 판단 기준과 다른지 우리는 너무도 잘 알고 있을 것입니다. 하나님이 이런 분이셨기에 우리가 하나님 자녀가 되었습니다. 그럼 우리 역시 세상 나라를 거슬러 외모로 사람을 판단해서는 안 되겠습니다. 외모를 꾸미려고 살아서도 안 되겠습니다. 우리는 멋을 내는 사람이 아니라 멋있는 사람이 되어야 하고, 폼 내는 사람이 아니라 폼 나는 사람이 되어야 합니다. 껍데기를 벗고 가면을 벗고 민낯으로 주님을 뵈옵고, 민낯으로 내 옆에 있는 지체를 대해야 합니다.

어릴 때는 아무나 친구들을 집에 데려오던 아들들이 자기 집이 좁고 볼품 없다는 것을 알기 시작했는지 더는 데려오지 않았습니다. 누가 가르쳐주지 않았는데도 자연스럽게 '외모'를 의식하기 시작하던 그 변화를 기억합니다. 그런 아이들 속에 그리스도인으로서의 자긍심을 심어주지 않으면, 앞으로 내내 그들의 인생은 그 외모를 위해, 스펙을 위해 허비될 것입니다.

둘째, 우리는 '각 나라' 중 하나님을 경외하며 의를 행하는 사람은 '다' 받으시는 하나님을 믿는 사람들입니다. 여기서 강조하여 읽어야 하는 부분은 "각 나라"입니다. 각 나라는 유대인이 아닌 모든 나라를 가리킵니다. 물론 그렇다고 종교적인 신념이나 생활모습과 관계없이 모든 나라 사람이 혹은 모든 이방인이 하나님 앞에 받아들여진다는 뜻은 아닙니다. 그렇다면 이제 하나님이 구원을 위해, 즉 하나님의 백성으로 받으시기 위해 기대하시는 것은 무엇입니까? "하나님을 경외하는 것과 의를 행하는 것"입니다. 고넬료가 갖춘 그 조건입니다. 이것은 다 마음의 문제이고 가치관의 문제입니다. 그러면 이것은 무엇을 요구하고 무엇을 요구하지 않는다는 뜻입니까? 유대인처럼 율법을 준수하도록 요구하지 않고 오직 예수님을 구원자로, 그리고 구주로 믿고 순종하는 것을 요구한다는 뜻입니다. 하지만 하나님을 경외하고 의를 행하는 것은 율법의 정수이기도 합니다. 유대인이나 이방인이나 율법 조문에 매이지 않은 채 이렇게 살 수 있는 길은 하나뿐입니다. 그건 주 예수 그리스도를 믿는 것입니다. 예수님을 믿고 순종할 때 하나님을 경외하고 의를 행하는 삶으로 그 열매가 나타난다는 뜻입니다. 따라서 이것은 더 높은 차원의 율법 준수, 그래서 더 지키기 어려운 율법 준수를 요구하는 것이 아닙니다. 이것은 참 믿음의 열매요 새 언약 백성의 열매입니다. 율법 준수를 통해 이방인이 이 경지에 이르러야 한다고 생각했다면, 베드로에게 달라진 것은 전혀 없었을 것입니다. 하지만 예수 그리스도를 향한 '믿음'으로 반응하는 자는 누구든, 이방인이든 유대인이든 차별 없이 자기 백성으로 받으실 것입니다. 반대로 예수님을 믿는다고 입술로 고백하면서도 하나님을 경외하지 않거나 의를 행하지 않는 자는 하나님의 백성이라고 할 수 없습니다.

35절 끝에 보십시오. 베드로는 이 사실을 "깨달았다"라고 고백하고 있습니다. 이방인 고넬료 앞에서 예수님의 수제자이며 예루살렘 교회의 핵심 지도자이고 사도인 베드로는 자신이 처음부터 알았다고 하지 않습니다. 자기도 몰랐는데 이제 새롭게 알게 되었다고 정직하게 인정합니다. 그렇게 말하는 것이 얼마나 어려운지 아실 겁니다. 그건 고넬료를 만나기 전까지 베드로 자신이 이룬 성과에 대해서 스스로 깎아내리는 발언입니다. 그는 지금 "나는 복음의 핵심인 이 사실도 모르면서 그동안 사도 노릇을 해왔습니다. 이런 것도 모르면서 복음을 가르쳤습니다."라고 말하고 있는 셈입니다.

"내가 이제야 깨달았습니다!" 성도 여러분, 여러분의 지도자들을 위해 기도해주십시오. "제가 그간 잘못 가르쳤습니다. 그게 아니란 걸 깨달았습니다."라는 말을 스스럼없이 할 수 있도록 기도해주십시오. 그렇게 늘 말랑말랑하게 열린 마음으로 잘 배우는 사람이 되도록 기도해주십시오. 베드로가 이번에는 예수님과 복음에 대해서 독특하게 강조하는 것이 있습니다.

> "만유의 주 되신 예수 그리스도로 말미암아 화평의 복음을 전하사 이스라엘 자손들에게 보내신 말씀 곧 요한이 그 세례를 반포한 후에 갈릴리에서 시작하여 온 유대에 두루 전파된 그것을 너희도 알거니와"(사도행전 10:36-37)

베드로는 예수님을 "만유의 주 되신 예수 그리스도^{메시아}"라고 합니다. 그것은 하나님에게나 어울리는 호칭입니다. 우리 예수님도 유대인의 메시아가 아니라 온 세상에 존재하는 모든 생명들의 메시아라고 소개합니다. 그러니 당연히 이제 예수님은 유대인만의 메시아가 아니라 이방인들의 메시아도 되시는 것입니다.

또 그분의 복음을 "화평의 복음"이라고 소개합니다. 여기 '화평'^{에이레네, εἰρήνη}은 구약의 '샬롬'의 개념입니다. 하나님과 그의 백성 사이의 안녕한 관계는 물론 백성들 사이의 안녕의 관계를 묘사하는 단어입니다. 하나님의 아들 그리스도의 복음은 하나님과 원수 관계이던 우리를 화해시킨 복음입니다. 그래서 예수님도 산상수훈에서 "화평케 하는 자는 복이 있나니 하나님의 아들이라 일컬음을 받을 것"이라고 하신 것입니다. 그런데 이제 베드로가 강조하는 것은 그리스도의 복음은 이제 그간 원수였던 유대인과 이방인 간의 장벽을 허물고 그리스도 안에서 한 형제자매가 되게 하는 평화의 복음이기도 하다는 것입니다. 그 복된 소식을 처음에는 혈통적인 '이스라엘 자손들'에게 주셨습니다. 그 예수 그리스도의 복음, 화평의 복음을 맨 처음 증거한 증인이 세례 요한입니다. 베드로는 "그것을 너희도 알거니와"라고 하지요? 고넬료와 그의 친족과 친구들도 세례 요한의 활동에 대해서는 이미 잘 알고 있을 만큼 세례 요한은 당시에 중요한 인물이었던 것입니다. 예수님이 만유의 주가 되시고 평화의 복음을 전하시는 분이라는 것은 그분이 직접 오셔서 행하신 일을 통해 증명되었습니다.

> "하나님이 나사렛 예수에게 성령과 능력을 기름 붓듯 하셨으매 그가 두루
> 다니시며 선한 일을 행하시고 마귀에게 눌린 모든 사람을 고치셨으니 이
> 는 하나님이 함께 하셨음이라"(사도행전 10:38)

구약에서 당신의 메시아들에게 기름을 부어 대리 통치자로 임명하셨던 하나님이 이제 당신의 아들에게 성령을 부으시고 능력을 부어주심으로 당신 나라의 왕으로 삼으셨습니다. 그리고 이제 사망의 나라, 원수인 사탄의 나라에 매인 자들을 해방시키러 오셨음을 보이시기 위해 귀신을

쫓아내고 병을 고쳐주셨습니다. 베드로는 그것을 "선한 일"이라고 표현합니다. 그것은 인간 예수의 힘이 아니라 하나님이 그 예수와 함께하심으로만 할 수 있는 일이었습니다. 하나님만 하실 수 있는 일을 예수님이 하셨습니다. 고넬료는 이 하나님을 믿는 자입니다. 그러니 그가 하나님을 경외한다면, 또한 그가 믿고 순종해야 할 분은 하나님이 보내신 메시아, 하나님이 함께하시는 메시아 예수님이라고 베드로는 말하고 있는 것입니다.

그런데 고넬료에게 저 예수님을 믿을 수 없는 큰 장애물이 있었습니다. 고넬료에게 예수는 누구입니까? 자기가 가이사랴에서 모시고 있는 상관 빌라도에 의해 십자가에 죽은 로마의 반역자였습니다. 유대교의 하나님 여호와를 믿는 것은 로마 시민에게는 불법이 아니라 자유였습니다. 하지만 로마의 반역자로 십자가에 죽은 자를 메시아로 믿는 것은 불법입니다. 만약 이 사실이 발각되면 자신의 백부장 자리를 내놓아야 할 수도 있는 일이었습니다. 그것은 빌립보 감옥의 간수에게 "주 예수를 믿으라 그리하면 너와 네 집이 구원을 얻으리라"고 했던 바울의 요구와 다름이 아닙니다. 이제 가이사 황제를 주로 삼지 말고 예수를 주로 삼을 때 구원을 얻을 수 있다는 요구이기 때문에, 로마 관리에게는 엄청난 위험 부담을 지우는 명령이었습니다. 베드로는 그 예수의 죽음에 대해서 이렇게 진술합니다.

"우리는 유대인의 땅과 예루살렘에서 그가 행하신 모든 일에 증인이라 그를 그들이 나무에 달아 죽였으나"(사도행전 10:39)

고넬료가 소문으로 듣기는 했지만 도저히 믿을 수는 없었던 소식을 베드로는 전해줍니다. 그것은 예수님의 부활 소식이었습니다. 그가 십자가에 죽고 끝났다면, 이런 번거로운 성령의 환상이나 베드로의 방문이나 복음 증거 같은 것은 할 필요가 없었습니다. 유대교가 맞고 사도들은 틀렸다는 고넬료의 생각이 옳았을 것입니다. 하지만 부활이 모든 것을 바꾸어놓았습니다. 죄인과 하나님 사이의 관계가 해결되었고 이방인과 유대인의 구별도 사라졌습니다. 이 부활은 그냥 사도들의 주장이 아니라 명백한 증거가 있고 증인이 있는 역사적 사실이었습니다. 베드로는 그것을 힘주어 강조합니다.

> "하나님이 사흘 만에 다시 살리사 나타내시되 모든 백성에게 하신 것이 아니요 오직 미리 택하신 증인 곧 죽은 자 가운데서 부활하신 후 그를 모시고 음식을 먹은 우리에게 하신 것이라"(사도행전 10:40-41)

여기 부활하신 예수가 사도들과 음식을 먹었다는 사실을 베드로가 굳이 언급하고 있는 이유는 분명합니다. 예수의 부활이 단지 영으로의 부활이 아니라 몸으로의 부활이라고 말하고 싶어서입니다. 그럼 죽은 자 가운데서 살아나신 이 예수님에게 하나님이 부여하신 권한은 무엇입니까?

> "우리에게 명하사 백성에게 전도하되 하나님이 살아 있는 자와 죽은 자의 재판장으로 정하신 자가 곧 이 사람인 것을 증언하게 하셨고"(사도행전 10:42)

재판의 권한입니다. 이제 예수께서 재판하실 것입니다. 그분을 영접한 자와 그렇지 않은 자를 그분이 재판하실 것입니다. 그것은 로마 황제의 일이 아닙니다. 하나님 나라의 왕이신 예수님의 일입니다. 사도는 자신들 "우리"의 사명은 백성에게 전도하는 것과 예수님이 재판장이 되신다는 것을 증언하는 것이라고 합니다. 여기 백성은 유대인을 가리키지만, 이제는 이방인으로 확대되어야 한다는 사실을 깨달았습니다. 재판장 예수님의 심판 기준이 무엇인지는 이미 구약에서 선지자들이 증거하였습니다.

"그에 대하여 모든 선지자도 증언하되 그를 믿는 사람들이 다 그의 이름을
힘입어 죄 사함을 받는다 하였느니라"(사도행전 10:43)

심판의 기준은 '믿음'입니다. 사도는 부활하신 예수님을 믿는 사람들이 그 이름을 힘입어 죄 용서를 받는다는 사실을 이미 구약의 '모든' 선지자가 증언하고 있다고 합니다. '모든 선지자'는 구약성경을 가리킬 수 있고 혹은 특정 구절(마샬 1980; 193, 사 33:24; 53:4; 렘 33:34; 단 9:24)을 뜻할 수도 있습니다. 베드로는 지금 그간 고넬료가 하나님께 돌렸던 사죄의 권한이 그리고 유대교의 성전 체제와 성전 권력자들에게 돌렸던 권한이 이 십자가에서 죽은 나사렛 예수에게 있다는 말을 베드로는 하고 있는 것입니다. 고넬료는 이 베드로의 말씀을 어떤 마음으로 듣고 있었을까요? 사도행전 저자가 직접적으로 밝히지 않지만, 그가 이미 베드로의 증언을 믿고 있었다는 사실을 이 순간 그에게 성령이 임하신 것을 통해서 알 수 있습니다.

성령님의 환대

베드로는 이렇게 복음을 증거함으로 고넬료와 함께 모인 이방인 친구들과 친족들을 환대했습니다. 그런데 성령께서는 베드로의 설교를 중간에서 끊으십니다. 왜 그러셨을까요? 이미 고넬료 안에는 더는 들을 필요가 없을 만큼 충분히 그 복음을 받아들일 믿음이 생겼기 때문입니다. 지금은 고넬료의 고백을 들을 차례이지 베드로의 그 긴 설교를 더는 들을 필요가 없기 때문입니다.

"베드로가 이 말을 할 때에 성령이 말씀 듣는 모든 사람에게 내려오시니"(사도행전 10:44)

베드로의 설교가 다 끝나지도 않았는데 성령께서는 이미 말씀을 듣는 모든 사람에게 임하셨습니다. 성령이 임하셨다는 것을 모든 사람들이 다 알아볼 만큼 내려오셨습니다.

"베드로와 함께 온 할례 받은 신자들이 이방인들에게도 성령 부어 주심으로 말미암아 놀라니 이는 방언을 말하며 하나님 높임을 들음이러라"(사도행전 10:44-46)

바울과 함께 온 욥바의 유대인들, 혹은 베드로의 수행원들은 오순절에 예루살렘에 성령이 내리신 것을 목격한 사람들입니다. 사도행전 저자는 그들을 "할례 받은 신자들"이라고 소개합니다. 여기서 중요한 한 단어가 있습니다. "이방인들에게도"라고 할 때 '도'라는 조사입니다. 그들은 성령이 임한 것에 놀란 것이 아니라 성령께서 유대인에게처럼 이방인에게 '도' 내리셨다는 사실에 놀랐습니다. 아무도 부정할 수 없을 만큼 명백한 증거가 있었습니다. 방언과 하나님 찬양입니다. 그것은 오순절 성령 강림 때에도 보았던 증거들입니다. 이방인들도 방언을 했습니다. 이방인들도 예수 그리스도의 아버지 하나님을 찬양하였습니다. 예수의 기적이 성령이 아니면, 하나님의 동행하심이 아니면 불가능했듯이 이방인의 방언과 찬양도 성령의 역사로만 가능한 회심이었습니다. 그러니 부정할 수 없었습니다. 인정할 수밖에 없었습니다.

이것이 성령님께서 이방인들을 환대하신 사건입니다. 예루살렘 유대인들과 유월절 순례자들을 환대하셨던 성령님, 사마리아에 신자들도 환대하셨던 성령님께서 이제 예루살렘과 유대와 사마리아를 지나 땅끝까지 환대하시려고 이 고넬료 가정부터 활짝 여신 것입니다. 유대교가 환대한 것보다 훨씬 더 극진하게, 아무 차별 없이 환대하셨습니다.

고넬료, 그는 유대인들에게는 내부자이면서 동시에 외부자였습니다. 성전에 가더라도 그는 이방인의 뜰에서만 기도할 수 있었습니다. 거기는 눈먼 사람, 저는 사람, 할례받지 않은 사람도 들어갈 수 있었으니, 엄청난 특권도 아닙니다. 하지만 이방인들은 유대인 남녀들이 들어갈 수 있는 여인의 뜰, 유대인 남자들만 들어갈 수 있는 이스라엘의 뜰까지는 들어갈 수 없었습니다. 이방인의 뜰에서 여인의 뜰로 올라가기 전에 소렉이라는 담장이 있어서 이방인들의 출입을 금했습니다. 거기엔 다음과 같은 경고가 새겨진 현판이 서 있습니다.

"어떤 이방인도 이 경계를 넘어 성소와 현관 안으로 들어오지 못한다. 만약 어기는 자는 자신의 죽음에 대하여 자신에게 책임이 있음을 알아야 한다."

'너희는 우리와 다르다'는 것을 이보다 더 잘 보여주는 것은 없을 것입니다. '이방인'이라는 낙인은 고넬료에게 그만큼 뼈아팠습니다. 지배국의 백부장이라는 지위도 그 낙인 앞에서는 소용없었습니다. 성전 안에 들어오면 그는 더이상 백부장이 아니었습니다. 마치 감옥의 재소자처럼 제사장은 그를 무시해도 되었고 차별해도 되었습니다. 오염된 사람으로 간주되었습니다. 유대인 입장에서는 이방인의 뜰을 만들어 준 것만으로도 엄청난 호의였습니다. 그러나 낙인자는 더는 관용의 한계를 시험하지 말아야 합니다. 이방인이라는 낙인이 찍힌 자는 낙인을 찍은 자들이 요구하는 특정한 행동을 해야만 그 장소에 있을 수가 있었습니다. 단지 공공의 예의를 지키는 정도가 아니라 모욕적인 차별을 감내해야만 합니다. 심지어 원하지 않고 필요하지도 않는, 그것도 변덕스런 정상인들의 친절을 수용해야 합니다. 하지만 이것은 진정한 의미에서의 환대가 아닙니다.

이런 성령의 역사를 보고서 베드로는 더는 설교를 이어가지 않았습니다. 다만 성령께서 이방인들을 자기 백성으로 인정하셨으니 이제 교회가 이들을 한 가족으로, 한 형제자매로, 친구로 인정하자고 제안합니다. 그것이 바로 베드로의 세례 제안이 의미하는 바입니다. 이것은 다시 한번 베드로의 환대입니다.

"이에 베드로가 이르되 이 사람들이 우리와 같이 성령을 받았으니 누가 능히 물로 세례 베풂을 금하리요 하고 명하여 예수 그리스도의 이름으로 세례를 베풀라 하니라"(사도행전 10:47-48)

그렇습니다. 교회는 하나님께서 허락하신 것을 자신들의 제한된 신학 지식과 전통의 이름으로 금해서는 안 됩니다. 물론 성령께서 하신 일인지 아닌지는 잘 분별해야 하겠지만, 교회는 늘 하나님의 역동적인 역사가 우리의 보신주의 때문에 가로막히지 않는지 두려운 마음으로 살펴야 할 것입니다. 잘 지키는 것만큼 중요한 것이 잘 무너지는 것입니다. 무너지고 균열이 생기고 썩지 않으면 생명이 아닙니다. 생명의 공동체는 변하고 새로워질 수밖에 없습니다. 한 가족이 된 가이사랴의 공동체는 이제 복음을 전해준 베드로를 환대합니다.

"그들이 베드로에게 며칠 더 머물기를 청하니라"(사도행전 10:48)

고넬료 이야기의 한 단락이 함께 머물러 거하는 교제의 장면으로 마무리되고 있습니다. 얼마나 멋집니까? 이제 더는 베드로가 이방인 고넬료의 집에 머무는 것이 문제가 되지 않았습니다. 이 교제가 자연스러워지기까지, 이 교제가 진정한 환대가 되기까지, 우리는 예수께서 십자가와 부활을 통해 하신 일을 알아야 했습니다. 하나님 나라의 성격을 알아야 했습니다. 복음을 알아야 했습니다. 왜냐하면 복음만이 우리가 서로 차이를 넘어 외모로 취하지 않으면서 모든 차별과 혐오와 배제와 특권을 정당화하는 허튼 논리와 장애물들을 용기 있게 정리하고, 삼위 하나님이 누리셨던 그 하나 됨의 교제 속으로 들어갈 수 있게 해주시기 때문입니다. 사탄이 하는 일은 유대인과 이방인이 며칠 더 머물며 교제하기 위해 필요한 복잡하고 정교하고 난해한 조건들을 제작하는 일입니다. 하지만 성령께서 하는 일은 그 조건들을 지우는 일이었습니다.

나가는 말

환대의 선순환

얼마나 멋지고 놀라운 환대의 선순환입니까? 하나님의 환대가 성령의 환상으로 나타났습니다. 고넬료가 이 환상을 주신 하나님을 환대하여 종들을 욥바로 보냅니다. 베드로 역시 정오의 환상을 환대하여 고넬료가 보낸 이방인들을 묵고 있는 집으로 환대하고 또 가이사랴까지 내려갑니다. 고넬료는 베드로를 환대하여 그에게 엎드려 절하고 친족들과 친구들을 하나님 앞에 서게 함으로써 말씀의 종을 환대합니다. 베드로는 이방인을 위한 메시아가 되신 예수 그리스도의 화평의 복음을 전해 줌으로써 고넬료의 집에 모인 이들을 환대하였습니다. 이런 환대에 다시 성령께서 고넬료의 가정에 내려오심으로 환대하십니다. 이에 베드로는 세례로 화답하고 고넬료의 무리는 베드로를 가정에 초청하여 더 머물게 하고 가르치게 함으로써 그를 환대하고 있습니다. 얼마나 멋진 환대 사슬입니까?

교회와 세상을 살리는 환대의 복음

지금도 하나님 나라가 있는 곳에 환대의 사랑이 있습니다. 지금 우리를 살리고 교회를 살리고 우리 자녀들을 살리는 방법은 오직 복음의 환대뿐입니다. 말로 전하는 복음이 아니라 환대로 전하는 복음이 우리를 살릴 것입니다. 아들을 내어주심으로 우리를 살리시고 평화의 관계를 맺어주신 우리 하나님의 환대에 우리도 하나님 환대와 이웃 환대로 화답할 때 이곳이 생명의 공동체가 될 것이고, 하나님 나라의 역사는 이 영적 생태계를 통해서 진행될 것이라고 믿습니다. 오늘 누구를 환대하시겠습니까? 나를 환대하여 살려준 하나님의 사람들은 누구입니까?

함께 기도하겠습니다

사랑의 주님,

저희에게 찾아오시고 저희를 받아주셔서 감사합니다.

그 아낌없는 환대의 사랑이 없었다면,

저희는 당신의 나라에서 자리가 없고 얼굴도 없는 자였을 것입니다.

그런데 이제 저희의 이름을 부르시고, 저희를 기억하시고,

저희 삶에 참견하시고,

저희를 존귀한 당신 백성으로 샬롬을 누리며 살게 하시니 감사합니다.

사람을 외모로 취하지 않으시는 하나님께 감사합니다.

주 예수 그리스도로 말미암아 여호와를 경외하는 자,

의를 행하는 자를 기뻐하시는 주님,

이제 저희도 주님의 이 환대의 사랑을 본받아

할 수 있는 만큼 모든 곳에 사는 모든 생명들을 환대하여

그들과 평화의 관계를 맺고, 생명을 누리며 살게 하여 주옵소서.

유대인 베드로가 이방인 고넬료의 집에 들어가 같이 식탁을 나누고

복음으로 교제하는 것이 너무도 아름답게 보였습니다.

주님 이 멋진 당신의 선물마저도 의구심을 갖고서 평가하게 하고

어떻게든 격의 없이 서로 사랑하고 이해하고 하나가 되는 것이

행복이 아니라 짐이 될 것이라고 가르치고 있는 것이

우리의 현실입니다.

교제를 위해서 더 많은 조건들을

상대에게 요구하게 만드는 못된 세상에 저희가 살고 있습니다.

주님, 부디 저희는 사랑 말고는 아무 것도 요구하지 않으신 당신처럼

먼저 손 내밀고 먼저 기다리고 먼저 품어주는 사랑으로

더 많은 생명들과 평화를 누리게 하여 주옵소서.

그렇게 저희는 오늘도 내일도 평화의 증인으로 살게 하여 주옵소서.

아멘.

내가 누구이기에 하나님을 능히 막겠느냐?

사도행전 11:1-30

나의 최선, 하나님의 최선

진인사 대천명盡人事 待天命, 제가 참 좋아하는 말입니다. 최선을 다하여 내가 할 일을 다 한 다음에 하늘의 뜻을 기다린다는 말입니다. 최선을 다했다는 말로 충분할 때도 있습니다. 하지만 그렇다고 해서 좋지 않은 결과마저 항상 정당화되는 것은 아닙니다. 나의 최선이 누군가에게는 최악이 될 수도 있기 때문입니다. 최선의 열정이 최선의 의도를 보장하는 것은 아니기 때문입니다. '최선'은 늘 상대적이고 관계적입니다. 나의 최선이 상대방에게도 최선이 될 때, 결과와 상관없이 진정한 최선이 되는 겁니다. 그릇된 가르침에 최선을 다해도 하나님은 그 최선 때문에 인정하시는 것은 아닙니다. 광야의 이스라엘 백성들이 황금 송아지 하나님을 만들어 섬길 때 그들은 최선을 다했습니다. 하지만 하나님은 그들이 '내 백성이 아니다'라고 선언하셨습니다. 이스라엘이 우상을 숭배할 때도 최선을 다했습니다. 심지어 아들까지 몰렉이라는 우상에게 바쳤습니다. 그

191

러나 하나님은 그것을 최악의 범죄로 간주하셨습니다. 사사 입다는 암몬 자손을 이기고 돌아올 때 맨 먼저 자신을 영접하는 자를 여호와께 바치겠다고 서원하였다가 무남독녀 자기 딸을 잃었습니다.

만약 '최선'을 관계에 적용한다면, 우리에게 아직 '최선'은 없습니다. 죽을 때까지 우리는 최선을 다한 적이 없는 것이기 때문입니다. 왜 그렇습니까? 하나님을 알수록, 그분이 기뻐하시는 뜻을 깨달을수록 우리는 더 그분을 사랑하게 되고 더 신뢰하게 되고 더 의지하게 될 것입니다. 그분을 더 배우고 싶어 하고, 그분을 더 가까이 따르고 싶어질 것입니다. 그렇게 할수록 우리 자신이 얼마나 무지하고 미약하고 예측할 수 없을 만큼 불완전한 사람인 줄을 알게 됩니다. 그래서 자연스레 말수가 줄어들고, 장담하는 말도 못하고, 실수를 인정하는 것도 수월해지고, 고집을 꺾는 일도 편하게 할 수 있게 됩니다. 불현듯 일어난 일들에 크게 당황해하지 않고, 거부하거나 피하여 도망하기보다는 난데없는 '습격'을 하나님의 거룩한 공세로 알고 더 잘 환영하는 사람이 될 것입니다. 그러면 우리의 최선의 한계가 더 뒤로 물러갑니다. 더 기꺼운 마음으로 더 많이 나를 버리고 나를 던지고 나를 부인할 수 있게 된다는 뜻입니다. 10년 전의 나의 최선은 나의 최선이 아니었고 지금 나의 최선도 여전히 결정판이 아닙니다. 오류가 섞여 있고 편견이 섞여 있고 오만함도 섞여 있는 최선입니다.

다른 사람에 의해서 그렇게 된다면 좀 인정하기 어렵겠지만, 하나님이 나를 확장시키시고 깊이를 더해주시고 더 입체적으로 보게 하신다는 것을 느낀다면, 우리는 좀 더 감사한 마음으로 어제의 나를 떠날 수 있게 될 것입니다. 사도행전은 바로 그런 '확장'의 이야기입니다. 하나님 나라 차원의 확장은 물론이고 개인적인 차원의 확장도 보입니다. 둘은 떼려야 뗄 수 없는 관계입니다. 개인의 확장 과정을 통해서 복음은 지역의 경계, 혈통의 경계, 성性과 계급의 경계를 넘어서 확장되고 있습니다. 그것을 주도하신 분은 하나님이시오, 그것을 실행하시는 분은 성령님이십니다. 그것이 가능하도록 구속하여 주신 분이 예수님이십니다. 특별히 지금 저희가 살피고 있는 사도행전 10-12장은 성령께서 개입하셔서 개인과 교회에 지평이 넓어지고 깊어지는 역사를 기록하고 있습니다.

사도행전 11:1-18은 유대와 예루살렘 교회가 유대인들뿐 아니라 이방인들도 그리스도의 복음으로 구원을 얻는 시대가 도래하였다는 사실을 인정한 놀라운 진전을 소개하고 있습니다. 11:19-30은 이방인들이 포함된 큰 교회가 안디옥에 세워졌고, 예루살렘 교회는 바나바를 지도자로 보냄으로써 그것이 성령을 통해서 이뤄진 일임을 인정해주었고, 안디옥 교회가 성령의 예고대로 일어난 기근 때문에 고생하고 있는 예루살렘 교회를 부조함으로써 안디옥 교회가 성령을 통해 세워졌음을 증명하는 내용이 이어집니다. 이런 아마도 경건한 이방인들의 구원은 앞으로 13장부터 이어질 바울의 이방인 선교의 기폭제가 될 것입니다. 하나님은 사도를 중심으로 한 예루살렘 교회와 바울을 파송하는 안디옥 교회를 잘 준비시킨 후에 13장에서 바나바와 바울을 선교지로 파송한 것입니다.

베드로의 증언과 예루살렘 교회의 승인

스데반의 박해 때 예루살렘에 남았던 사도들이 이제 유대 여러 지역에 흩어져 베드로처럼 복음을 전하고 있었습니다. 당연히 그들은 유대인들에게 복음을 전했을 것입니다. 유대에 있는 사도들과 형제들의 귀에 이방인들 "도" 카이, καί 하나님의 말씀을 받았다는 소식이 들려왔습니다.

유대인들에 의해 죽은 나사렛 예수가 부활하셔서 하나님의 아들로 인정받았고 이제 다시 오실 것을 약속하고 승천하셨다는 말씀을 이방인들도 받았다는 소식을 들은 것입니다. 동시에 유대인들의 입장에서 그것은 베드로가 이방인들과 접촉하여 부정해졌다는 뜻이기도 했습니다.

유대의 그리스도인들의 반응

그래서 베드로가 예루살렘에 도착하자 할례자들, 즉 예루살렘 교회의 극우파 논객들은 베드로가 정결법을 무시한 채 이방인들과 교제했다는 이유로 비난했습니다.[17] 물론 베드로도 부정한 동물을 먹으라는 명령에 세 번이나 거절하였으니, 이렇게 할례자들직역하면 '할례에 속한 자'들, 즉 유대인 그리스도인들이 자신을 비난하는 것을 이해했을 것입니다.

"네가 무할례자의 집에 들어가 함께 먹었다"(사도행전 11:3)

여기까지만 봐서는 그들이 구원의 조건으로 율법 준수를 요구했다는 증거는 없습니다. 그러나 여기 할례자들의 태도를 보십시오. 대단한 용기이고 열심 아닙니까? 그랬습니다. 할례자들은 나름대로 자신이 옳다고 믿는 것을 지키기 위해 최선을 다했습니다. 그것은 나무랄 수 없고 도리어 칭찬받을 만합니다. 하지만 그 최선이 지금 성령님의 역사를 가로

---

17 이들의 생각은 희년서 22.16과 일치할 것이다. "너 자신을 열방으로부터 떨어져 있게 하고, 이들과 함께 먹지 말라. 즉 이들의 일을 따라서 행하지 말고, 이들의 동료가 되지 말라. 왜냐하면 이들의 일은 부정한 것이며, 이들의 모든 길은 타락이며 혐오스럽고 부정하기 때문이다."

막고 구속 역사를 가로막고 있습니다. 티끌만도 못한 한 줌 지식과 신념으로 막아서려는 시도가 되어 버렸습니다. 물론 아직은 그들은 그 사실을 모른 채 열정을 보이고 있습니다. 이렇듯 우리도 살면서 잘 모른 채로 누군가를 너무 쉽게 판단하여 내 사랑의 대상에서 제외한 일이 적잖았을 것입니다. 실제로 그랬던 기억들이 떠올라 얼굴이 달아오르기도 합니다. 참 많이 어설펐고 옹졸했고 순진했습니다. 그중에는 하나님이 하시는 일을 좁은 신학적인 틀로 재단하느라 마땅히 감사하고 찬양하고 예배해야 할 때 비난하고 정죄한 적도 있었습니다. 지금 이 할례자들처럼 말입니다.

베드로의 변호

하지만 짐작하건대 이런 비난에도 베드로는 크게 흥분하거나 속상하지 않았을 것입니다. 사도에게 무례하게 대한다고 책망하지도 않았을 것입니다. 욥바와 가이사랴 경험 전까지 자기도 그들처럼 생각했기 때문입니다. 그들이 보기에 베드로는 이단 사설에 현혹된 사람이었으니 베드로를 비난하는 것이 무례한 일이 아니라 정의로운 열정이었습니다.

베드로가 본 환상

바울도 훗날 이방인 회심자들이 할례를 받아야 한다고 주장하는 갈라디아 교회 일부 성도들을 향해 '저주'를 선포하기도 했습니다. 그들이 이교도가 아니고 같은 공동체 안에 있는 그리스도인들인데도 심한 말을 했습니다. 그러니 지금 베드로는 할례자들의 이의 제기에 놀라지 않았을 것입니다. 베드로 자신을 바꾼 것이 성령님과 그분의 역사였다면, 성령님

195

이 불과 얼마 전의 자기처럼 생각하는 이 형제들도 변화시키실 것이라고
믿었을 것입니다.

베드로는 처음부터 차례로 차분히 왜 자신이 이방인들에게 세례를 주
었고 그들이 구원받을 수 있도록 도왔는지를 설명하기 시작합니다. 내용
만 보면 그것은 우리가 10장에서 보았던 것과 크게 다르지 않습니다. 다
만 실제 일어난 순서가 아니라 베드로 자신을 중심으로 순서를 재구성하
고 있는 것이 다릅니다.[18] 그러면서도 그가 욥바의 피장皮匠 시몬의 집에
서 묵었다는 것과 고넬료가 보낸 세 이방인이 자신이 묵던 유대인의 집
에 들어와 하룻밤을 같이 보냈다는 말은 생략하고 있습니다. 이유는 모
르겠지만, 할례자들을 불필요하게 자극할 수 있는 정보였기 때문일 것
입니다. 숨기려고 한 것이 아니라 전략적으로 굳이 언급하지 않은 것입
니다. 6절에서 보자기를 "주목하여 보았다"는 표현을 덧붙이고 있고,
10:12에 나온 보자기에 들어 있는 것들 목록에 "들짐승"을 추가하고 있
습니다.

베드로는 정한 짐승과 속된 짐승이 모두 들어 있는 보자기가 "하늘로
부터"투 우라누, τοῦ οὐρανοῦ, 설명할 때 추가된 표현 내려오는 것을 보았습니다.
그리고 "잡아먹으라"는 음성도 들었습니다. 하나님이 깨끗하게 하신 것
을 네가 속되다고 하지 말라는 말을 들었습니다. 이 표현은 10:15에 나온
그대로 반복하고 있는데 그만큼 중요하다는 뜻일 것입니다. 베드로는 이
경험을 세 번이나 연달아 했습니다. 여기서 정한 짐승과 부정한 짐승은
할례받은 유대인과 할례받지 않은 이방인을 가리킵니다. 하나님께서는

---

18 11:5에서는 "내가"(ἐγώ)를 맨 앞에 배치하여 이것을 강조하고 있다.

그들도 깨끗하다고 하셨습니다. 사실 처음부터 이방인들 자체가 부정한 존재는 아니었습니다. 이방인으로 태어나게 하신 분이 하나님이신데 이방인이라는 이유로 부정하다고 하면 안 됩니다. 심지어 이방인들을 만지면 더러워진다고 말한 율법 조문은 단 한 군데도 없습니다. 유대인들이 너무 엄격한 기준을 정해서 지킨 것뿐입니다. 거룩과 정결을 지키겠다는 열심에서 시작했겠지만, 결국 자신들을 고립시키고 타인을 배제함으로써 제사장의 사명, 빛의 사명, 증인의 사명, '다리'의 사명을 감당하는 일에는 실패한 원인이 되었습니다. 그들의 종교적 확신과 열정이 참 많은 이방인들을 하나님으로부터 더 멀어지게 했고 하나님에 대해서 오해하게 만들었습니다.

교회가 지나치게 보수적이거나 지나치게 진보적일 때, 지나치게 성령의 은사를 강조하거나 지나치게 선교만을 강조할 때, 지나치게 사회복지를 강조하거나 교육만을 강조할 때, 그 경도되고 과한 열정 때문에, 너무 확고한 신념 때문에, 지킨 것만큼이나 지키지 못하고 잃어버린 것도 많았을 것입니다.

고넬료의 집으로 간 베드로

이 환상을 볼 때까지만 해도 베드로는 고넬료도 환상을 보았고 그가 하나님의 사자의 명령에 순종하여 하인 둘과 경건한 종 한 명을 베드로 자신에게 보낸 것은 몰랐습니다. 성령님은 고넬료의 사람들이 베드로가 묵고 있는 시몬의 집에 거의 다 왔을 때 베드로에게 환상을 주신 것입니다. 그리고 베드로가 환상의 뜻이 무엇인지 생각하고 있을 때 고넬료가 보낸 사람들이 시몬의 집에 도착합니다. 그때 성령님은 다시 베드로에게 명령하십니다.

"아무 의심[19] 말고 함께 가라"(사도행전 11:12)

이에 베드로는 그간 고이 간직해온 자신의 '최선'을 고집하지 않습니다. 최선이라고 생각했던 그 경계선을 넘었습니다. 그래서 더 확장시켜 주신 그 지평을 따라 또 다른 최선을 향해 걸음을 옮겼습니다. 이것이 베드로의 고넬료 사람들 영접과 가이사랴까지 동행한 사건의 의미입니다. 남들이 보면 그간 지켜온 신념을 포기하는 일처럼 보이고 스스로 자신을 부정하는 듯 보이는 행보였습니다. 하지만 우리의 최선이 늘 하나님께도 최선이 되는 것은 아닙니다. 하나님께서 성령님을 통해 보여주신 최선이 지금 베드로가 우리 주 예수 그리스도의 통치에 순종하고 참여하는 진정한 최선이었습니다. 그래서 그는 여섯 명의 다른 유대인 동료들과 가이사랴에 있는 이방인 고넬료의 집으로 내려간 것입니다. 이 여섯이 예루살렘에서부터 베드로를 수행하는 사람들인지 아니면 욥바의 그리스도인들도 포함된 것인지는 분명하지 않습니다. 다만 저자는 여기서 그가 '여섯 명'의 유대인 형제들을 데리고 내려갔다는 사실을 강조하고 있습니다. 베드로 자신의 진술이 얼마나 믿을 만한 사실인지, 얼마나 증인이 충분한지를 보여주고 있는 것입니다.

---

19 이 단어(μηδέν διακρινόμενον)는 '차별하지 말고'라고도 번역할 수 있다. 이방인이라고 해서 어떤 편파도 가해서는 안 된다는 의미다(10:34; 15:9).

고넬료가 본 환상

베드로 일행을 맞이한 고넬료는 왜 자신이 베드로를 감히 내려오라고 청했는지 자초지종을 설명합니다. 하나님께서 보내신 천사가 명령하신 대로 그는 순종했습니다. 이 순종의 끝에 무엇이 기다릴지 몰랐지만 그는 순종했습니다. 그 천사를 보낸 하나님이 유대교의 하나님이 아니라 놀랍게도 유대교가 죽인, 지금 자신이 가이사랴에서 모시고 있는 총독 빌라도가 죽인 예수의 아버지 하나님인 것만은 알았습니다. 베드로는 바로 그 예수의 제자였기 때문입니다. 그래서 고넬료로서도 이것은 도무지 이해할 수 없는 명령이었습니다. 하지만 그는 순종했습니다. 이것은 자신도 그 베드로처럼 이제부터는 로마로부터 불온한 사람으로 간주되는 것을 감수하겠다는 의미였기에 간단한 순종은 아니었습니다. 고넬료는 자기가 헛것을 봤다고 무시할 수도 있었고, 못 들은 체 할 수도 있었습니다. 하지만 그는 '여호와를 경외하는 자'답게 민감하게, 신속하게 반응했습니다. 베드로를 찾아온 고넬료의 사람들은 천사가 자기 주인 고넬료에게 나타나 하신 말씀을 전합니다.

"그가 너와 네 온 집이 구원 받을 말씀을 네게 이르리라"[20](사도행전 11:14)

그래서 고넬료는 베드로가 도착하자 "이제 우리는 주께서 당신에게 명하신 모든 것을 듣고자 하여 다 하나님 앞에 있나이다"(행 10:33)라고 말했던 것입니다. 베드로에게는 고넬료에게 전해줄 구원의 말씀, 복음이 있

---

20 이 표현은 10장에서는 나오지 않고 있다.

었습니다. 다만 그 복음을 이방인에게 직접 전해주어도 되는지에 대해 이 전까지 베드로는 몰랐는데 이제 깨달은 것입니다. 이제 때가 되었습니다.

성령이 고넬료 일가에게 내리고 베드로가 하나님의 일로 판단함

베드로도 지체하지 않고 복음을 전하기 시작합니다. 그런데 그 복음 증거가 다 끝나기도 전에 놀라운 일이 벌어졌습니다. 성령님이 고넬료 집에서 그 말씀을 듣고 있던 모든 자들에게 임하신 것입니다. 베드로는 그 순간을 이렇게 묘사합니다.

"내가 말을 시작할 때에 성령이 그들에게 임하시기를 처음 우리에게 하신 것과 같이 하는지라"(사도행전 11:15)

여기에도 1절의 "이방인들도"에 이어서 "처음 우리에게 하신 것 같이"라는 표현이 등장합니다. 이것은 오순절에 유대인들에게 임한 성령님이 이방인들에게도 임하셨다는 것을 강조하는 표현입니다. 여기 '처음'은 오순절에 사도들에게 성령께서 임하셨을 때를 가리킵니다. 고넬료와 그의 친구들처럼(행 10:46), 사도들도 배우지 않은 언어로 갑자기 방언을(행 2:4) 했었습니다. 여기서 베드로는 10장에서는 듣지 못했던 이야기 하나를 덧붙입니다.

"내가 주의 말씀에 요한은 물로 세례를 베풀었으나 너희는 성령으로 세례를 받으리라 하신 것이 생각났노라"(사도행전 11:16)

베드로는 성령이 이방인들에게 내리는 것을 보면서 이것이 예수께서 공생애 기간 동안 말씀하셨던 바로 그 성령으로 주시는 세례라는 것을 알게 된 것입니다. 세례는 우리가 회심할 때, 예수님을 영접할 때 받는 의식입니다. 그렇다면 성령님이 보시기에 고넬료와 그의 친구와 친족들은 베드로가 복음을 전하는 동안 하나님께서 자기 아들을 우리 죄를 위하여 십자가에 내어주어 구원하시고 이제 그 아들 예수 그리스도를 통해 우리를 다스리신다는 사실을 새롭게 깨달은 것입니다. 그것을 확인한 베드로가 보일 수 있는 반응은 하나님이 하시는 일을 거스르지 않는 것이었습니다. 성령님의 역사가 이 이방인들에게 일어나도록 허용하는 것뿐이었습니다. 이제 제한된 지식 가지고 판단하기보다는 이제 그가 성령의 통로가 되고 도구가 되고 이방인 전도의 새 시대가 열렸음을 알리는 선도적인 전도자가 되는 것이 베드로에게 요구되는 참된 믿음이었습니다. 그것이 베드로에게 새롭게 요구하시는 '최선'이었습니다. 그의 고백을 들어보십시오.

"그런즉 하나님이 우리가 주 예수 그리스도를 믿을 때에 주신 것과 같은 선물을 그들에게도 주셨으니 내가 누구이기에 하나님을 능히 막겠느냐 하더라"(사도행전 11:17)

주 안에서 사랑하는 성도 여러분, 인간이 할 수 있는 가장 최선은 우리가 하나님께, 혹은 예수님께 무언가를 해드리는 것이 아닙니다. 그분이 우리 안에서 자유롭게 역사하시도록 해드리는 것입니다. 저도 무언가를 해드리는 것이 도리라고 생각했었습니다. 그보다 잘 준비된 사람, 즉 더 권력이 있고 돈이 있는 사람이, 더 예쁘고 똑똑한 사람이, 더 큰 기여를 할 수 있다고 생각하던 시절도 있었습니다. 우리가 누군가를 축복할 때 "하나님 나라에서 크게 쓰임 받게 해주십시오", "귀한 일꾼 되게 해주십시오"라고 할 때, 아마도 저와 비슷한 마음을 품고 구했을 것입니다. 하지만 그런 마음을 품는 동안 우리가 주님의 일에 도움이 되기는커녕 방해하며 살기도 했다는 것을 어느 순간부터 깨닫기 시작했습니다. 오히려 세상에서 더 힘이 있을수록, 더 재능이 많을수록 하나님의 영광을 더 많이 가렸고, 주님의 역사를 더 유능하게 방해하기도 했습니다. 그런데 하나님 나라에서는 반드시 그런 유능한 사람만 귀하게 쓰임 받는 것은 아니었습니다. 그 나라에는 신실한 사람이 필요했습니다. 이제 우리는 더 큰 것과 더 작은 것을, 더 귀한 일과 덜 귀한 일을 임의로 나누어서는 안 되겠습니다. 정말 중요한 것은 다른 데 있습니다. 우리가 얼마나 민감하게 주님이 기뻐하시는 자리에 기꺼이 가 있는지가 중요합니다. 우리 눈에 무시해도 좋을 만한 역할이 주님 나라에서는 시대를 변혁하는 출발이 될 수 있기 때문입니다. 시모를 향한 모압 여인 과부 룻의 인애가 다윗 왕조를 여는 시작이 될 줄을 누가 알았겠습니까? 나그네에게 물 한 모금 대접한 것이 천사를 대접하는 것이 될 줄 누가 알았겠습니까? 이 고넬료에게 임한 성령님을 있는 그대로 환영하는 것이 새 시대를 열고, 바울의 이방인 선교를 위해 문을 여는 일이 되고, 그래서 오늘 우리에게까지 복음이 전해지는 시작이 될 줄을 누가 알았겠습니까?

큰 열차에 볼트 조이는 일 하나 소홀히 한 것이 큰 사고로 이어질 수 있습니다. 저는 잘 조여진 볼트 하나로 살다가 가고 싶습니다. 우리도 그렇게 예수께서, 성령께서, 하나님께서 자유롭게 사용하시고 부리시는 공동체가 되기를 바랍니다.

"내가 누구이기에 하나님을 능히 막겠느냐?"

"내가 누구이기에 하나님을 능히 막겠느냐?"

"내가 누구이기에 하나님을 능히 막겠느냐?"

이제 더는 저의 알량한 지식으로, 미천한 경험으로, 근시안적 안목으로 그분을 막고 싶지 않습니다. 그래서 저는 여러분이 필요합니다. 공동체가 필요합니다. 스승이 필요하고 책이 필요하고 고난도 필요하고 기도의 응답도 필요합니다.

"내가 누구이기에"

내가 누구인지 알기 위해서 필요합니다.

"하나님을"

하나님을 알기 위해 필요합니다. 성도님들에게서, 성경에서, 기도 속에서, 고난 속에서 저는 저를 알고 하나님을 알아갑니다.

"능히 막겠느냐?"

하나님 나라의 훼방꾼이 된 숱한 사역자들 가운데 한 사람이 아니라 네가 이 시대에 나의 위안이다, 라고 주께서 말씀해주실 성도가 되고 교회가 되고 사역자가 되고 싶습니다.

유대 그리스도인들의 승인

이것이 베드로의 회심입니다. 이제 "여기가 좋사오니" 했던 베드로는 더 이상 없습니다. 수제자로 자처했던 베드로는 없습니다. 십자가는 절대 안 된다고 예수님을 꾸짖었던 베드로는 더는 없습니다. 제사장의 뜰에서 예수님을 모른다고 부인하던 베드로는 더는 없습니다. 부활하신 예수님을 보고도 의심했던 베드로는 더는 없습니다. 부활한 후 갈릴리에서 기다리시겠다는 예수님을 말씀을 믿지 않고 고기잡이에 나섰던 베드로는 더는 없습니다. 동물 가죽을 다루는 사람은 부정하다고 여겼던 베드로는 더는 없습니다. 심지어 이방인과는 상종해서는 안 된다고 여겼던 베드로가 변했습니다. 그렇게 그의 인생은 회심 인생이었습니다. 앞으로도 하나님은 그를 부르시는 그날까지, 계속 그에게 '니체의 망치'를 두드리실 것입니다. 더 버릴 것이 없을 만큼 남김없이 버리고 깨지고 부서지도록 하실 것입니다. 이런 베드로의 회심을 보고 예루살렘의 할례자들은 어떻게 반응합니까?

"그들이 이 말을 듣고 잠잠하여 하나님께 영광을 돌려 이르되 그러면 하나님께서 이방인에게도 생명 얻는 회개를 주셨도다 하니라"(사도행전 11:18)

잠잠해졌습니다. 고소하기를 멈추었습니다. 비난을 멈추었습니다. 질문을 멈추었습니다. 사도 베드로를 비난하면서까지 그리스도 예수님을 통해 주신 값진 구원을 하찮은 것으로 만들지 않으려던 유대인 그리스도인들의 최선이 하나님께는 최선이 아니었다는 것을 깨달았습니다. 이방인들이 예수님을 믿고 구원받으려면 먼저 할례를 행하고 음식 규례를 지키고 안식일을 준수해서 아브라함의 혈통적인 유대인이 되어야 한다는 생각을 포기하기로 했습니다. 아까 전까지 자신이 비난하던 베드로의 하나님께, 이방인에게 성령을 주신 하나님께, 그들은 영광을 돌렸습니다. 찬양했습니다. "하나님 잘 하셨습니다"라고 말한 것입니다. '하나님 하시는 일이 맘에는 안 들지만 하나님이 하신다니 어쩌겠습니까. 저도 인정하겠습니다'라는 태도가 아닙니다. 그건 영광을 돌리는 것이 아닙니다. 그들은 "하나님께서 이방인에게 '도' 생명 얻는 회개를 주셨도다"라고 고백하며 영광을 돌렸습니다. 회개는 죄인들에게 요구되는 행동이지만(행 2:38), 이것은 또한 하나님이 죄인들에게 주시는 은혜의 선물이기도 합니다. 예수님 덕분에 이스라엘이 회개할 수 있었던 것같이(행 5:31), 이제 하나님으로 말미암아 이방인도 회개할 기회를 얻었음을 예루살렘 교회가 인정한 것입니다. "하나님이 하신 일이 옳습니다. 앞으로 저희도 그 하나님 아버지의 역사를 이어가겠습니다"라고 말한 것입니다. 그것이 하나님께 영광을 돌리는 자세입니다.

2016년에 여성에게 목사 안수를 허용하고 있는 한 교단 총회에서 일어난 일입니다. 총회에 중요한 안건 하나가 올라왔는데, 그건 각 노회에서 1명씩 여성 총대를 의무적으로 파견하자는 제안이었습니다. 당시까지 그 교단의 전체 총대 가운데 1.6%만이 여자였기에 개선하자는 취지였습니다. 이 안건은 남자 장로들과 목사들의 압도적이고도 격렬한 반대를 받아 상정조차 되지 않았습니다. 총회장이 이와 관련한 발언을 하려고 발언권을 요구했지만 그마저도 거절당했습니다. 종교개혁 500주년을 앞둔 해이니 의미 있는 개혁을 하자고 읍소했지만 씨알도 안 먹혔습니다. 아마 후대의 그리스도인들은 과거에 이런 일이 있었다고 해도 믿지 않을 것입니다. 물론 여기까지가 그들의 최선입니다. 하지만 적어도 그들은 아직 회심할 맘이 없습니다. 더는 무너질 것이 없고, 더는 개방하여 확장할 여지가 없습니다. 하나님께서 절대 지금보다 더 많은 여성 총대들이 활동하는 것을 원치 않는다고 그들은 믿고 있습니다.

"내가 누구이기에 하나님을 능히 막겠느냐?"(사도행전 11:17)

여성안수를 허용하지 않는 것은 그들만의 성경 이해를 반영한 것이겠지만, 안수를 허용하고서도 여성을 담임 목사로는 청빙하지 않으려고 하고 그저 남자 목사들의 조력자 정도로 부리려고 하니 얼마나 위선적인지 모릅니다. 하지만 할례파 그리스도인들과 베드로 사이의 긴장은 베드로의 탁월하고 기민한 영적 지도력과 하나님의 성령에 대한 단호한 순종의 지로 인해 창조적으로 해소되었습니다. 양해하면 해결되는 사안이 아니었고 신앙과 불경 사이를 가르는 심각한 사안이었는데도 말입니다.

안디옥 교회의 태동

사도행전 11장 1-18절이 이방인 고넬료 한 사람으로 말미암아 그의 가정과 친구들과 친족들이 주님께 돌아오고 예루살렘 교회가 주 예수 그리스도를 영접한 이방인들을 추가적인 조건 없이 하나님 나라 가족으로 인정한 이야기라면, 19-30절은 수많은 이방인들이 예수님께 돌아와 안디옥 교회가 세워지는 이야기를 전하고 있습니다. 이것은 이제 13장부터 사도 바울의 선교팀을 통해 들불처럼 복음이 이방 지역으로 확산되는 것으로 발전할 것입니다.

안디옥의 유대인 그리스도인과 헬라인 그리스도인

18절에서 19절까지 시간이 얼마나 경과했는지 모를 일입니다. 스데반의 일로 더는 예루살렘에 그리스도인들이 머물 수 없게 되자 유대와 사마리아 전역으로 흩어져 복음을 전했습니다. 우리는 그 대표적인 사람

빌립을 묵상한 적이 있고 또 베드로도 보았습니다. 다른 복음 전도자들도 사마리아를 넘어 베니게와 구브로, 수리아 안디옥에 가서 복음을 전했습니다. 이들은 거의 헬라파 유대인들이었을 것입니다.

"그 때에 스데반의 일로 일어난 환난으로 말미암아 흩어진 자들이 베니게[21]와 구브로와 안디옥[22]까지 이르러 유대인에게만 말씀을 전하였는데"(사도행전 11:19)

이때까지만 해도 그들은 유대인들에게만 말씀을 전했습니다. 이들은 아마 지금 예루살렘 교회가 이방인들도 생명 얻는 회개를 할 수 있다는 사실을 모르고 있었을 가능성이 큽니다. 여기 "유대인에게만" 말씀을 전한 것은, 사도 바울이 훗날 먼저 유대인에게 전하고 나중에 이방인에게도 전했던 방식과는 다릅니다. 그런데 20절에 베드로처럼 안디옥의 헬라인들에게 주 예수님을 전파하는 복음 전도자들이 나타나기 시작했습니다. 성경은 그들이 구브로 출신이었고, 또 구레네 출신의 몇 사람도 있었다고 소개하고 있습니다.

"그 중에 구브로와 구레네 몇 사람이 안디옥에 이르러 헬라인에게도 말하여 주 예수를 전파하니"(사도행전 11:20)

---

21 수리아의 지중해 해안 지대에 있었으며, 이 지역의 대표적인 도시로는 두로와 시돈이 있다.
22 오론테스강에 인접해 있고, 셀레우코스 통치기에는 수리아의 수도였다. 인구 60만에 이르는 로마제국의 3대 도시 가운데 하나였다.

그들이 어떻게 당시에는 누구도 용납하지 않았고 이단이라고 오해받을 수도 있었는데 이렇듯 이방인에게 전도할 생각을 했을까 싶습니다. 베드로를 통해 예루살렘 교회가 이방인 전도를 용납했다는 소식을 들은 사람들일까요? 본문만 봐서는 그런 뉘앙스를 찾을 수 없습니다. 저자 누가는 주 예수의 복음을 받은 자들을 "헬라인"이라고 소개하고 있습니다. 물론 이 '헬라인'의 정체가 무엇인지는 여러 의견이 있습니다. 저는 전도를 받은 이 헬라인이 순수한 이방인이 아니라 고넬료처럼 이스라엘의 하나님 여호와를 경외하는 이방인이었을 가능성이 크다고 생각합니다. 왜 그렇게 생각하느냐 하면, 성경은 순수한 이방인을 상대로 복음 전도를 한 사람으로 사도 바울을 강조하고 있기 때문입니다. 바울은 유대교로 전향한 이방인이 아니라 전혀 구약성경이나 유대교에 대해 배경이 없는 순수 이방인을 전도한 최초의 선교사였습니다. 그렇다면 여기 20절에 나온 헬라인은 고넬료처럼 유대교에 호의적이고 그들의 메시아를 기다려온 사람들일 수 있습니다. 복음전도자들은 유대교가 기다려온 메시아로 오신 분이 바로 예수라고 소개했을 것입니다. 여기서는 "주 예수를 전파했다"라고 말합니다. 베드로와 고넬료의 만남을 기뻐하셨던 주님께서, 이방인들이 그 복음을 믿었을 때 성령으로 세례를 주셨던 주님께서 이번에도 그들 속에 역사하셨습니다. 누가는 그것을 이렇게 표현합니다.

"주의 손이 그들과 함께 하시매 수많은 사람들이 믿고 주께 돌아오더라"(사도행전 11:21)

전혀 기대하지 않았고 예상하지 못한 결과였습니다. 주께서 하셨다고 밖에는 볼 수가 없었습니다. 몇 사람이 아니라 수많은 이방인들이 믿고 주께 돌아왔습니다. 예수님을 구주로, 주로, 메시아로 영접했습니다. 여기 '주의 손이 함께 하셨다'는 것은 하나님의 권능으로 치유, 축사 기적을 동반한 어떤 일이 벌어졌다는 뜻일 것입니다. 복음 전도자들이 전하는 십자가와 특별히 부활의 복음에 화답하여 부활의 주 예수께서 당신이 살아계신 것을 입증하는 기적을 베푸셨고, 그것이 이방인들에게 복음이 호소력 있게 다가오게 한 것 같습니다. 이렇듯 안디옥의 이방인들이 나그네 전도자들의 말씀과 그들이 일으킨 기적으로 예수 그리스도의 복음이 사실이라는 것을 믿게 되었습니다.

주의 손이 함께 하시는 사역자, 주의 손이 함께 하시는 성도들, 주의 손이 함께 하시는 교회, 주의 손이 함께 하시는 자녀들, 그리하여 믿고 주께 돌아오는 성도들, 그것이 교회의 존재 목적입니다. 지금도 주님은 우리가 주 예수님을 전파하길 기다리십니다. 담대하게 말씀하십시오. 이 전도자들은 자기가 알고 있는 사람들만 찾아가서 관계 전도를 한 것이 아닙니다. 그런데도 수많은 사람들이 주께 돌아왔습니다. 어떤 방법으로 전했는지는 안 나옵니다. 마땅히 신중했을 것이고 배려했을 것입니다. 하지만 그들은 예수님이 주와 구주가 되시는 복음을 부끄러워하지 않고 확신 있게 전했습니다. 그것이 교회의 존재 목적입니다. 전도는 은혜받은 자의 마땅한 책임입니다. 좋은 방법을 찾고 전도의 중요성을 공부하기 위해 하세월을 보내고 있을 수만은 없습니다. 추수는 하나님이 하십니다. 우리는 다만 씨를 뿌리면 되는 일입니다.

"그런즉 그들이 믿지 아니하는 이를 어찌 부르리요 듣지도 못한 이를 어찌 믿으리요 전파하는 자가 없이 어찌 들으리요 보내심을 받지 아니하였으면 어찌 전파하리요 기록된 바 아름답도다 좋은 소식을 전하는 자들의 발이여 함과 같으니라"(로마서 10:14-15)

예루살렘 교회가 바나바를 파송하다

베드로가 이방인과 접촉한 일과 세례를 준 일이 금방 예루살렘에 전해졌듯이, 수리아 안디옥에서 수많은 이방인들의 주께 돌아온 회심 사건 역시 금방 예루살렘 교회의 사도들의 귀에 들어갔습니다. 정말 기쁘지만 동시에 당혹스런 보고였습니다. 이것은 사실상 베드로를 통해 이방인 고넬료를 당신 백성으로 부르신 주님의 역사를 더욱 분명히 한 사건이었습니다.

안디옥으로의 바나바 파송

그들은 이미 베드로를 통해서 예방주사를 맞았으니 그 충격이 덜했을 것입니다. 그래서 이번에는 신속하게 대응합니다. 그들이 맨 처음 한 일은 무엇입니까?

"예루살렘 교회[23]가 이 사람들의 소문을 듣고 바나바를 안디옥까지 보내니"(사도행전 11:22)

---

23 교회(ἐκκλησία)라고 부르는 것을 볼 때 공동체의 자기 정체성이 커지고 있음을 알수 있다. 9:31 이후로 잘 안 나오다가 이후로는 더 자주 나올 것이다(11:26; 12:1, 5; 13:1; 14:23, 27; 15:3, 4, 22, 41; 16:5; 18:22; 20:17, 28).

사도들은 바나바를 안디옥에 파견합니다. 일전에 사마리아가 복음을 듣고 주께로 돌아왔다는 소식을 들었을 때 예루살렘 교회는 베드로와 요한을 보낸 바 있습니다. 그런데 이번에는 바나바를 보냅니다. 그는 앞서 회심한 사울바울을 예루살렘 공동체와 연결해준 레위 사람입니다. 그는 위로의 사람이라는 별명처럼 매우 관계 중심적인 사람이며 자기 소유를 팔아 가난한 자들을 도울 만큼 헌신적이고 긍휼이 많은 사람이었습니다. 게다가 안디옥 교회 전도를 주도한 구브로 출신의 전도자들처럼 바나바도 구브로 출신이었고, 헬라어를 잘 구사하는 헬라파 유대인이었습니다. 그렇다면 안디옥 교회에서 기다리는 고향 출신의 전도자들에게 예루살렘 교회의 입장을 전달하고 그들과 잘 협력하여 신생 교회를 양육하는 데 바나바는 매우 적합한 사람이었을 것입니다. 예루살렘 교회는 이 회심의 역사가 성령께서 하신 일인지를 파악하기 위한 목적으로도 바나바를 보냈을 것입니다. 이것이 예루살렘 교회의 위상이고 중요한 역할이었습니다. 훗날 바울과 선교여행을 함께 떠난 바나바는 안디옥 교회로부터 파송을 받았지만 매번 예루살렘 교회를 찾아와 선교 보고를 하는데, 이 또한 모교회로서의 예루살렘 교회의 역할에 대해 동의했기 때문일 것입니다.

바나바의 사역과 바나바 소개

여기 23절에 바나바가 안디옥에 가서 한 일과 그 결과를 소개하고 있습니다.

"그가 이르러 하나님의 은혜를 보고 기뻐하여 모든 사람에게 굳건한 마음

으로 주와 함께 머물러 있으라 권하니"(사도행전 11:23)

그가 가서 맨 먼저 한 일은 이 집단적인 회심 사건이 정말 주의 손이 하신 일인지, 예루살렘 교회도 인정할 만한 회심인지를 판단하는 일이었습니다. 그는 회심한 이방인들을 만나서 이것저것을 물었고 그들의 삶을 살폈을 것입니다. 그가 얻은 결론은 이것입니다.

"하나님의 은혜를 보고 기뻐하여"[24]

안디옥 이방인들의 회심은 하나님이 하신 일이었습니다. 하나님의 은혜가 한 일이었습니다. 복음전도자들은 그 하나님의 역사가 일어나도록 순종했을 뿐입니다. 하나님의 은혜가 고넬료에게 이르렀듯이 안디옥의 이방인들에게 미쳤습니다. 생명 얻는 회개를 이방인들에게 주셨습니다. 그 결과 18절에서는 예루살렘 교회가 "하나님께 영광을 돌렸다"고 했는데, 여기서는 바나바가 "기뻐했다"고 표현하고 있습니다.

목회자와 교회는 언제 기뻐합니까? 하나님의 은혜가 성도들 가운데, 이 공동체 가운데 임하는 것을 볼 때 기뻐합니다. 하나님의 은혜는 인간은 할 수 없는 것을 하나님이 하시는 것을 말합니다. 하나님만이 주실 수 있는 은사를 선물로 주신다는 뜻입니다. 하나님의 은혜가 보이면 사람에게 영광을 돌리지 못합니다. 어떤 인간의 말도 최종적인 권위로 돌리

---

24 "하나님의 은혜를 보고 기뻐한다"(τὴν χάριν τοῦ θεοῦ ἐχάρη)에서 '은혜'(χάρις)와 '기뻐하다'(χαίρω)는 발음이 비슷한 언어유희다.

지 않게 됩니다. 은혜가 보이는 곳에 갈등 대신에 평화가 있고 안식이 있습니다. 하나님의 은혜가 있는 공동체에서는 하나님의 말씀이 가장 크게 들리고, 하나님의 역사만 도드라지고, 하나님께 대한 찬양만 드높아지고, 하나님께 드리는 기도가 간절해지고, 하나님을 향한 예배는 뜨거워집니다. 그럴수록 희락이 가득해집니다. 역설적으로 하나님의 자유가 커질수록 우리의 자유가 넘실거리게 됩니다. 바나바는 기뻤습니다. 그런데 하나님의 은혜는 단회적인 것이 아닙니다. 교회는 주님 오실 때까지 그 은혜로만 유지될 수 있습니다. 그렇다면 그 은혜를 얻으려면 우리는 어떤 마음의 밭이 되어야 합니까? 은혜가 선물이지만, 그 은혜를 받을 믿음의 손이 반드시 있어야 합니다. 이제 바나바는 그것을 당부합니다.

"모든 사람에게 굳건한 마음으로 주와 함께 머물러 있으라 권하니"(사도행전 11:23)

위로의 사람 바나바는 명령하지 않고 권했습니다. 그는 지금 제자훈련을 하고 있는 것입니다. 복음전도자들이 예수님이 누구신지 소개하고 그분을 믿는 믿음으로 인도했다면, 이제 사도급인 바나바를 통해 어떻게 사는 것이 신자의 도리인지 안디옥 성도들은 잘 배운 것입니다. 성도는 어떻게 사는 사람이라고 가르쳤습니까?

"굳건한 마음으로 주와 함께 머물러 있는 사람"

그가 제자입니다. 그가 성도입니다. 그들이 교회입니다. 이제 세상에게 흔들리지 않고 항상 주님을 마음 중심에 주인으로 모시고 사는 삶, 이것이 하나님의 은혜에 합당한 성도의 삶입니다. 이것이 우리 교회가 추구하는 교회상입니다. 어디에 있든지, 모이든지 흩어지든지, 주일이든지 주중이든지 굳건한 마음으로 주와 함께 머무는 사람, 주님은 그런 사람을 오늘도 저희 가운데서 보기를 원하십니다. 바나바의 제자훈련 결과 안디옥 교회에는 어떤 변화가 일어났습니까? 이미 수많은 사람들이 주께 돌아온 바 있는데, 그 돌아온 자들이 제자로 성숙하자 또 다른 부흥이 찾아왔습니다.

"이에 큰 무리가 주께 더하여지더라"(사도행전 11:24b)

이제 복음전도자들 대신에 바나바의 가르침을 받은 자들이 다시 복음전도자들이 된 듯합니다. 제자가 제자를 낳은 것입니다. 물론 성령님의 역사입니다. 하나님의 은혜입니다. 주의 손이 함께 하신 결과입니다. 하지만 성경은 그렇게만 말하지 않습니다. 결코 지도자 역할을 과소평가하지 않으십니다. 지도자의 자격 역시 소홀히 다루지 않으십니다. 바나바가 어떤 사람이었기에 그 같은 부흥의 역사가 일어났을까요? 성경은 친절하게 바나바를 다시 소개합니다.

"바나바는 착한 사람이요 성령과 믿음이 충만한 사람이라"(사도행전 11:24a)

1) 그가 착한 사람인 것은 우리도 알고 있습니다.

회심하자마자 자기 밭을 사도들의 발 앞에 내놓고는 가난한 자들을 구제하는 데 써달라고 부탁했던 사람입니다.

2) 그는 성령이 충만한 사람이었습니다.

베드로처럼 내가 누구이기에 하나님을 능히 막겠느냐, 라는 태도로 사역했던 사람입니다. 성령께서 역사하시도록 맡겨드리는 사람이었습니다. 성령의 자유로운 역사가 그를 통해서 나타났습니다.

3) 그는 믿음이 충만한 사람이었습니다.

우리 주 예수 그리스도만을 왕으로 모시고 그분의 뜻과 전략과 능력으로 사역한 말씀의 사람이었다는 뜻입니다. 그가 바로 제자입니다. 착한 사람, 성령이 충만한 사람, 믿음이 충만한 사람, 오늘도 주님은 그런 일꾼들을 찾으십니다. 그들을 통해서 부흥을 보기 원하십니다.

바나바가 사울을 불러 동역하다

이렇게 큰 무리가 다시 주님께로 돌아오니 이제 바나바 혼자 이 양육의 사역을 감당할 수 없었습니다. 물론 다른 제자 그룹들이 있었지만, 바나바와 같은 사역자, 그러니까 요즘으로 하면 신학적인 소양을 겸비한 잘 훈련된 목회자가 더 필요했습니다.

사울을 부른 바나바

그때 바나바에게 떠오른 한 사람이 있었습니다. 그가 바로 사울, 즉 사도 바울입니다. 그는 바울로부터 하나님께서 그에게 주신 소명과 사명에 대한 소식을 들었을 것입니다. 잊기 어려울 만큼 그의 사명이 너무도 중요하다는 것을 알고 있었을 것입니다. 바나바는 사울을 찾아 '다소'로 떠났습니다. 어쩌면 지금이 바로 이방인의 사도로 부름 받은 그 사울_{바울}을 안디옥의 이방인 사역에 사용하실 때라고 판단했을 수 있습니다. 우리가 알듯이 그는 예루살렘에서는 모르는 이가 없을 만큼 대표적인 유대교 지도자였습니다. 유대교의 미래로 여길 만큼 촉망받는 지도자였습니다. 교회에게는 가장 상대하기 버거운 논객이었습니다. 그 옛날 비느하스처럼 단지 책상에만 앉아 있던 먹물이 아니라 옳은 일엔 온 몸을 던지는 실천가였습니다. 그래서 그는 교회에게 가장 소름 끼칠 만큼 위협적인 존재였습니다. 그런 그를 거꾸러뜨릴 만한 사람은 교회에 없었을지 모릅니다.

사도들도 예수님이 메시아라는 것은 분명히 알았지만, 바울을 상대할 만큼 신학적으로 준비된 자들은 아니었을지 모릅니다. 그래서 부활하신 예수님이 직접 사울에게 나타나셔야 했을 것입니다. 이성적인 그를 제압한 것은 이성적인 논증이 아니라 부활하신 예수님과의 인격적인 대면, 기적 같은 만남이었습니다.

여러분 기억하십니까? 부활의 주 예수께서 사울을 변화시켰지만, 예루살렘 교회와 사도들은 선뜻 그를 받아주지 않았습니다. 그는 여전한 두려움의 대상이었습니다. 바나바가 간신히 중재하여 회심한 지 삼 년만에 예루살렘 사도들에게로 데리고 갔습니다. 사도들은 사울의 회심과 사역을 인정해 주었지만, 동역자로 같이 사역하도록 자리를 내주지는 않았습니다. 그래서 사울바울은 어쩔 수 없이 고향 다소로 내려갈 수밖에 없었습니다. 승승장구하던 바울에게는 그 시간의 의미가 무엇이었는지는 추측에 맡길 수밖에 없습니다. 예루살렘에 유학 가서 잘 나가던 아들이 이상한 종교에 빠져서 돌아왔으니 부모들이 반길 리가 없었을 것입니다. 아주 특별한 사정이 있지 않았으면 바울 역시 15세 무렵에 결혼했을 것입니다. 하지만 회심과 함께 그의 모든 지위와 자리가 사라졌고 아마 부인도 그때 떠났을 가능성이 있습니다.

하지만 이 약 10여년 기간 동안 바울은 그 후에 이방인 사역을 하는 데 필요한 온갖 준비를 다 했을 것입니다. 다산 정약용 선생이 강진 유배 18년 동안 무려 이백 여권의 책을 저술했듯이, 바울에게 다소의 10년은 허송세월이 아니었습니다. 그렇게 유능한 사람, 조금이라도 더 빨리 사역하게 하셨으면 하나님 나라에 훨씬 보탬이 되었을 것이라고 우리 같은 하수들은 생각하겠지만, 고수 하나님은 그렇게 10년의 숙성 기간을 거쳐야만 사울이 감당할 수 있는 사역을 예비해놓고 계셨던 것입니다.

이 10년이 어떤 기간입니까? 그가 가장 절실하게 배운 것은 무엇이었을까요? 바울의 입에서 "내가 누구이기에"라는 고백이 나오게 한 시간이었습니다. 그래서 이후 바울의 사역은 "하나님을 능히 막을 수 없다"는 마음으로 하나님이 그를 통해서 하시고 싶은 역사를 다 이루시게 하는 믿음의 사람, 성령의 사람이 된 것입니다.

주님은 오늘도 이 바울처럼 푹 발효된 사람, 푹 고아낸 사람, 완전히 숙성된 사람을 찾고 계십니다. 너무 자신감이 충만한 사람이 아니라 "내가 누구이기에" 하고 말하는 겸양의 사람, 그래서 감히 하나님의 일을 막지 않는 사역자를 기다리고 있습니다.

바나바와 바울의 동역

바울과 바나바는 환상의 콤비였습니다. 바나바는 사랑이 많은 관계 중심의 사람입니다. 얼마나 사람이 넉넉하고 푸근하면 그의 별명이 "위로의 아들"이겠습니까? 그는 안디옥 교회 안에서 엄마 역할을 담당하고 바울이 아빠 역할을 담당했을 것입니다. 바나바는 자애로움과 따스함으로 성도들을 잘 목양하는 사람이고, 바울은 성경과 신학에 능한 훌륭한 교사였습니다. 진리의 진수를 맛볼 수 있게 하는 사람이었습니다. 바나바는 예루살렘 교회 쪽에 가까운 사람이었고, 바울^{사울}은 유대교와 더 철저하게 결별하고 이방인들에게 좀더 적극적인 사역자였습니다. 두 사람은 이렇게 안디옥 교회를 균형 있게 자랄 수 있게 해줄 잘 어울리는 동역자였습니다. 둘은 1년 동안 로마제국 안에서 로마, 알렉산드리아와 함께 세 번째로 큰 도시 수리아 안디옥에 탄탄한 주님의 교회 하나를 세워나갔습니다.

"만나매 안디옥에 데리고 와서 둘이 교회에 일 년간 모여 있어 큰 무리를 가르쳤고"(사도행전 11:26a)

그 결과가 어떠했을 것 같습니까? 교회가 더 수적으로 성장했다는 말이 나올 것 같습니다. 우리 시대 같으면 건물 새로 지어서 이전했다는 말이 나와야 어울릴 것 같습니다. 그런데 성경은 두 사람의 동역의 결과를 이렇게 소개합니다.

"제자들이 안디옥에서 비로소 그리스도인이라 일컬음을 받게 되었더라"(사도행전 11:26b)

1) 큰 무리가 제자가 되었습니다. 물론 모든 성도는 다 제자입니다. 하지만 양육을 거친 성도를 그냥 성도라고 부를 수가 없었을 것입니다. 2) 그 제자들이 그리스도인이라 불리기 시작했습니다. 당연히 교회 밖에 세상 사람들에 의해서 그렇게 불렸습니다. 세상 사람들이 이것을 조롱 조

로 불렀는지 아니면 그리스도를 믿는 사람들이란 중립적인 의미로 불렸는지는 분명하지 않습니다. 다만 제자의 가장 큰 특징은 그가 '그리스도 예수'를 통해 자기 정체성을 규정하는 존재라는 데 있습니다. 세상 사람들에게 안디옥의 제자들은 그리스도를 전하고, 그리스도를 소망하고, 그들이 알고 있는 그리스도처럼 이 땅을 사는 자들로 보였던 것입니다.

"그리스도인"크리스티아노스, Χριστιανος이란 말이 성경에 처음으로 나오고 있습니다.[25] 지금은 예수를 그리스도메시아로 믿는 사람들을 통칭하는 이름으로 불리지만, 어쩌면 이 이름은 당시에 존재했던 당연한 그리스도인의 정체성을 하나로 묶어주고 이어주는 더 보편적이고 포괄적인 호칭이 아니었을까 싶습니다. 히브리파 유대인 신자, 헬라파 유대인 신자, 사마리아의 신자, 고넬료처럼 유대교의 여호와를 경외하는 이방인 신자 등 지역과 출신을 따라 다양한 신자들이 존재했고 회심 후에도 이들은 저마다 다른 특징들을 고수하였을 것입니다. 그런데 이들 모두를 하나로 묶고 부를 수 있는 호칭이 없었는데 드디어 '그리스도인'이라는 호칭이 등장한 것입니다. 이제 다양한 교회들 사이의 약간의 차이에도 불구하고 그들은 모두 예수를 그리스도로 고백하고 그분의 통치 아래서 살기 원하는 '그리스도인'이라는 이름 아래 하나가 될 수 있었습니다.

오늘 우리에게도 이것은 중요합니다. 우리가 살고 말하고 생각하는 모습 속에서 우리가 전하는 바로 그 그리스도가 드러나고 있는지 묻고 있습니다. 안디옥 교회는 달랐습니다. 세상이 보기에도 그들은 남다른 사람들이었습니다. 새로운 별칭을 지어주어야 할 정도로 남달랐습니다. 당

---

25 이 단어는 신약 단 세 번만 나온다(행 11:26; 26:28; 벧전 4:16).

시에 헤로디아노이헤롯의 추종자, 가이사리아노이가이사의 추종자, 네로니아
노이네로의 추종자가 있었는데, 드디어 세상이 안디옥의 제자들을 크리스
티아노스Χριστιανος, 즉 그리스도의 추종자들로 불렀던 것입니다.

예루살렘의 기근과 안디옥 교회의 부조

이렇게 안디옥 교회는 예루살렘이 파견한 바나바와 사울을 통해 복음
위에서 든든히 서 가고 있었습니다. 그들이 얼마나 성숙한 데까지 자랐
는지를 보여주는 사건이 27-30절에 나옵니다. 교회의 선지자들 중의 어
떤 이들이 예루살렘에서 출발하여 안디옥으로 왔습니다. 그 중에 아가보
라는 사람이 있었습니다. 그가 성령으로 예언하는데, 장차 천하에 큰 흉
년이 들 것이라는 예언이었습니다.[26]

성령의 기근 예언

베드로와 고넬료가 개인적으로 환상을 보았다면, 이제 안디옥 교회
는 공동체적으로 성령께서 주신 환상을 경험한 것입니다. 그것이 아가보
의 예언입니다. 그런데 실제 그런 흉년이 클라우디우스 황제가 다스리던
때48년에 일어납니다. 이제 안디옥 교회는 왜 하나님께서 자신들에게 흉
년을 미리 예고하셨는지를 묵상해야 했습니다. 세상 돌아가는 것을 모든
사람들이 다 알 수도 없습니다. 또 제대로 보는 이들도 드뭅니다. 보는 입
장에서 따라서 다릅니다. 그런데 우리 그리스도인들만 볼 수 있는 것이

---

26 클라우디우스 황제(주후 41-54년) 때 흉년이 있었다. 첫 해, 둘째 해, 셋째, 넷째, 열한
번째 해에 흉년이 닥쳤다. 기근은 유대 뿐 아니라 애굽(첫해), 그리스(여덟, 아홉 번째
해), 로마(아홉 번째, 열 번째, 열한 번째 해)에도 닥쳤다.

있습니다. 우리는 많이 아는 데 목적을 두는 것이 아니라 그 앎을 통해서 어떻게 살 것인지를 고민하는 사람들입니다. 아가보를 통해서 기근이 있을 것을 미리 알게 하셨다는 것은 안디옥 교회가 하나님의 손을 대신하라는 뜻이었습니다. 요셉을 통해 흉년을 예고하신 이유도 그날을 대비하여 그를 통해 기근에 시달리는 인근 나라 사람들에게 '복'과 '안식'을 나눠주도록 하기 위함이었습니다.

이번에도 마찬가지였습니다. 아무도 하나님이 내리시겠다는 그 흉년을 막을 수는 없어도 안디옥 교회는 그 흉년을 대비할 수는 있었습니다. 그런데 거기에 그치지 않았습니다. 우리는 흉년을 가급적 겪지 않으면 좋을 만한 나쁜 일이라고 생각할 수도 있겠습니다. 당연히 힘들고 고달프고 생명을 위협하는 일입니다. 하지만 그것이 성령을 통해서 예고되었다는 것은 다시 한번 하나님께서 이 고난을 통해서 하실 일이 있다는 뜻이 아니겠습니까? 그것은 바로 이방인이 주축이 된 안디옥 교회와 유대인이 주축이 된 예루살렘 교회 간의 인정과 연합을 가져올 좋은 기회였던 것입니다. 그것은 사도 바울이 마게도냐와 아가야에서 구제헌금을 모아 예루살렘 교회를 도우면서 기대했던 이방인 교회와 유대인 교회 간의 일치 노력과 흡사합니다.

안디옥 교회의 부조

예루살렘은 지리적으로 높은 곳에 있어서 먹거리는 거의 타지의 것에 의존했습니다. 예루살렘은 정치와 상업, 종교, 행정과 문화, 교육의 중심일 뿐이었습니다. 흉년이 들면 예루살렘은 직격탄을 맞습니다. 예루살렘에는 과부들이 많이 살고 있었는데, 그들이 오순절을 기점으로 예수님을 믿게 되면서 유대교가 담당해주던 구제의 혜택에서 제외되었습니다. 이제 교회가 그 구제를 맡아왔는데, 흉년이 오면 사회적 약자들이 많은 예루살렘 교회가 감당하기에는 역부족이었습니다. 반면에 안디옥은 로마의 삼 대 도시에 속할 만큼 크고 매우 부유한 항구 도시였습니다. 더군다나 그들은 아가보의 예언으로 미리 흉년을 대비할 수 있었습니다.

실제 흉년이 들자 안디옥 교회는 모교회인 예루살렘 교회의 안위를 걱정하기 시작했습니다. 특별히 위로의 사람, 자기 밭을 팔아 구제했던 (행 4:37) 사람 바나바가 있었으니 그냥 지나칠 수 없었을 것입니다. 그가 나서서 지도자 회의를 소집하여 예루살렘 교회를 도와야 한다고 말했을 것입니다. 바나바와 바울은 이 순간 왜 하나님이 미리 이런 어려움을 알게 하셨는지 곰곰이 생각해본 끝에 구제헌금을 통해 두 교회를 더욱 하나로 묶으시려는 하나님의 뜻을 묵상하였을 것입니다. 이런 경험이 있었기 때문에 훗날 사도 바울도 아가야와 마게도냐 교회에서 구제헌금을 모아 예루살렘 교회에 전달하여 자신의 선교를 통해 세워진 이방인 교회와 예루살렘 교회를 한 주님의 몸으로 연결시키는 아이디어를 고안할 수 있었을 것입니다. 로마 교회에게 보내는 편지에서 그는 이방 교회에서 받은 구제헌금을 예루살렘 교회에게 전달하는 일을 "이방인을 제물로 드리는" 제사장의 사명을 감당하는 것이라고 말하고(롬 15:16) 있습니다. 안디옥 교회의 지도자들은 원탁에 둘러 모여 어떤 결정을 내립니까?

"제자들이 각각 그 힘대로 유대에 사는 형제들에게 부조를 보내기로 작정하고 이를 실행하여 바나바와 사울의 손으로 장로들에게 보내니라"(사도행전 11:29-30)

첫째, 각각 그 힘대로 부조하기로 결정했습니다. 안디옥 교회는 성도들에게 헌금을 강요하지 않았습니다. 할당하지도 않았습니다. 각각 그 힘대로, 각각 자신의 형편에 따라, 각각 자신의 마음이 가는 만큼 그들은 부조했습니다. 아무리 대비했더라도 그들에게도 흉년이 닥쳤으니 넉넉하지는 않았을 것입니다. 하지만 그런 중에도 그들은 더 어려운 예루살렘 교회를 도왔습니다.

둘째, 이를 전달할 사람으로 교회제자들는 바나바와 사울을 선택했습니다. 그들은 안디옥 교회의 가장 대표적인 두 지도자였고 예루살렘 교회 안에서도 가장 잘 알려진 두 지도자였습니다. 이방인 장로들이 가는 것보다 유대인으로서 이방인 교회를 지도하는 두 사람이 가는 것이 예루살렘 교회와의 소통에 더 용이했을 것입니다. 예루살렘 교회가 복음을 전하고 바나바를 지도자로 보내줌으로써 영적인 도움을 안디옥 교회에게 주었다면, 안디옥 교회는 구제헌금으로 이에 화답한 것입니다. 바울은 훗날 로마서에서 이런 경우를 다음과 같이 표현하고 있습니다.

"저희가 기뻐서 하였거니와 또한 저희는 그들에게 빚진 자니 만일 이방인들이 그들의 영적인 것을 나눠 가졌으면 육적인 것으로 그들을 섬기는 것이 마땅하니라"(로마서 15:27)

예루살렘 교회가 이 헌금을 받았다는 것은 사실상 이방인 교회를 인정했다는 말과 같습니다. 여기 29절을 보시면 "유대에 사는 형제들에게"라고 부르고 있지 않습니까? 이미 안디옥 교회는 예루살렘 교회를 '형제'로 간주하고 있었던 것입니다. 이 '형제'라는 말은 원래 유대인들이 자기 민족들을 향해서만 썼던 표현입니다. '소유 나눔'을 통해서 둘은 어느새 하나가 되어 가고 있었습니다. 이것이 성령께서 예고하신 대로 천하에 임한 흉년에 교회가 반응하기 원하셨던 바로 그 태도였습니다. 하나님께서 하시는 일을 감히 사람이 막을 수 없었습니다.

나가는 말

할례자들의 냉대와 베드로의 환대

분명 하나님의 뜻에 순종한 일인데, 예루살렘 공동체가 베드로에게 보낸 첫 반응은 비난이었습니다. "잡아 먹으라!"는 하나님의 명령에 베드로가 거절했을 때의 심정처럼 그것은 베드로를 위한 비난이었고 하나님의 나라와 그분의 의와 영광을 위한 거절이었습니다. 베드로는 분명 서운해하지 않았을 것입니다. 은혜를 통해 자기 무지를 깨닫고 자기 한계를 넘어 하나님이 기뻐하시는 데까지 나아가기 전 자신의 모습과 같았기 때문입니다. 이렇듯 은혜를 기억할 때, 자신의 죄인이었던 시절을 기억할 때, 우리는 우리에게 반대하고 냉대하고 심지어 박대하는 자를 이해할 수 있고 용납할 수 있습니다. 그는 처음부터 차례대로 친절하게 자초지종을 설명함으로써 예루살렘 교회를 환대했습니다. 그들도 자신과 같은 각성에 이르기를 바라는 마음으로 그간 벌어졌던 일을 전했습니다. 그의 메시지의 핵심은 '하나님께서 하셨다!'는 것입니다. 그러니 우리는 결코 그 일을 막아서는 안 된다는 것이었습니다.

하나님을 향한 베드로의 환대

낯선 타자를 환대하는 것, 그에게 나의 시간을 내어주고 나의 소유를 나눠주는 일, 그것은 그간 누려왔던 나만의 특권을 포기해야 할 수 있는 일이고, 조금 불편하겠다고 생각해야 할 수 있고, 그것이 궁극에는 내 존재를 확대하는 일임을 알아야 할 수 있습니다. 그것은 타인에게 자유를 주는 일입니다. 그 타인 중의 타인이 바로 '하나님, 예수님, 성령님'이십니다. 사랑은 그분이 하시겠다고 하면 하시도록 자유를 드리는 일입니다. 그것이 사랑입니다. 그래서 환대는 믿음과 사랑의 열매입니다. 그것은 또한 장래에 완성될 소망이 주는 너그러움이 있을 때 가능합니다. 그래서 그분이 무슨 일을 하시더라도, 그 결과가 설령 내가 기대한 것과 당장은 다르더라도 온전히 수용하는 것이 환대입니다. 그래서 끈질긴 인내로 하나님께만 영광을 다 돌려드리고 찬양하는 것, 그것을 '사랑'이라고 부르고, 그 환대하는 사랑의 행위 전체를 '예배'라고 부릅니다. 베드로의 말에 그 모든 것이 담겨 있습니다.

"내가 누구이기에 하나님을 능히 막겠느냐?"

베드로도, 고넬료도, 하나님을 막지 않았습니다. 예루살렘 교회도 잠잠하고 비난을 멈추고, 하나님께서 이방인들에게도 생명 얻는 회개를 주셨다고 영광을 돌림으로써 하나님을 막지 않았습니다.

안디옥 교회를 둘러싼 환대의 향연들

이방인 고넬료 한 사람의 회심으로 포문을 연 하나님 나라의 새 국면이 안디옥 교회를 통해서 더욱 활짝 열렸습니다. 핍박으로 흩어진 헬라파 유대인들이 안디옥에서 행한 복음전도 때문이었습니다. 그들은 로마

제국의 삼 대 국제도시 안디옥에서 이방인 헬라인들을 전도했습니다. 그들을 환대했습니다. 헬라파 유대인들의 교회에 순수 이방인들까지 한 가족으로 참여하게 되었습니다. 국제도시를 닮은 국제적인 교회가 되었습니다. 천하만민을 복되게 하시고 땅끝까지 복음이 이르게 하시겠다던 약속을 이루신 하나님의 환대 사건이었습니다.

허다한 이방인들이 주께로 돌아왔다는 말을 듣고 예루살렘 교회는 기민하게 반응합니다. 위로의 사람, 헌신의 사람 바나바를 파송하여 교회가 복음의 탄탄한 토대 위에 서도록 도왔습니다. 교회와 바나바는 하나님의 일을 수용했고 동참했습니다. 이것이 하나님을 향한 환대입니다. 바나바는 자신만의 리더십에 만족하지 않았습니다. 그는 여전히 예루살렘 교회가 경계하던 바울을 과감하게 그의 고향 다소에서 안디옥으로 데려와 동역하였습니다. 그는 하나님이 하시고자 하는 일을 사람이 막지 못하게 한 담대한 사람입니다. 갖은 편견의 장벽을 다 깨부수었습니다.

바울도 더는 주저하지 않고 바나바의 제안에 응답했습니다. 그리고 잘 정리된 그의 신학의 도움으로 안디옥 교회는 거대한 세속 문화와 권력의 한 가운데서 온전한 신학적 뼈대를 갖추고 든든히 성장하고 성숙하여 '그리스도인'이라는 독특한 정체성을 가진 공동체가 됩니다. 동역한 지 일 년 만에 이룬 성과였습니다. 바나바와 바울의 환대에 안디옥 성도들이 성심껏 환대한 것입니다.

더 나아가 안디옥 교회의 성숙은 실천하는 사랑으로 이어집니다. 교회는 흉년이 있을 것이라는 아가보 선지자의 말을 따라 흉년을 미리 대비함으로써, 그리고 자신들을 영적으로 도와준 예루살렘 교회를 돕기 위해 물질을 보냄으로써, 그들은 이방인과 유대인, 예루살렘 교회와 안디옥 교회 간의 경계를 허물고 둘이 진정으로 예수 그리스도 안에서 하나가 되게 하시려는 하나님의 일에 참여했습니다. 환대의 사랑을 보임으로써 하나님의 위대한 역사의 진전을 가로막지 않고 오히려 힘있게 동참한 것입니다.

누가 성도이고 제자이고, 누가 참 하나님의 교회입니까?

"내가 누구이기에"

그분 앞에서 내가 누구인지 아는 사람입니다. 내 가치를 아는 사람입니다. 내 한계를 아는 사람입니다.

"하나님을 능히 막겠느냐?"

감히 하나님의 일을 막지 않는 사람입니다. 도리어 그분의 일을 알아보고 환영하고 경탄하고 찬송하고 믿어드리는 사람입니다. 그리하여 그분께만 영광을 돌리는 사람입니다.

함께 기도하겠습니다

사랑하는 주님,

우리의 최선과 열정이 우리가 원하는 결과로 돌려 받지 못할 때도

무지한 죄인이던 우리의 과거를 떠올리고

그런 우리를 기다리시고 가르쳐 일깨워 주시던

주님의 살뜰한 은혜를 생각하면서

인내를 가지고 너그럽고 맞이하게 하시옵소서.

친절하게 대답하고 주의 역사를, 주의 때를 기다리게 하시옵소서.

주님이 행하신 일을 알아보는 눈을 주시고

주님의 의지를 믿어드리는 저희가 되게 하셔서

주님이 하겠다고 하실 때 기꺼이 따라 하게 하시고

주께서 오시겠다고 하실 때 기꺼이 영접하게 하시며

주께서 포기하라고 하실 때 기꺼이 포기하고

주께서 품어주라고 하실 때 기꺼이 품어주는 자녀가 되게 하여 주옵소서.

비록 더듬어 나아가는 더딘 걸음이라 할지라도

주님의 환대의 사랑을 흉내내는 수준이라 할지라도

순종했다 말았다를 반복하는 미덥지 않은 삶이라 할지라도

저희의 작은 몸짓만 갖고도, 저희의 옹알이 같은 고백만 갖고도,

당신의 사람들을 부르시고,

당신의 교회를 세우시고,

당신의 나라를 진행하시는

주님의 놀라운 사랑과 능력과 지혜를 믿사오니
주님 저희를 거둬 주시옵소서.

내가 누구이기에 능히 하나님을 막겠느냐는
사도 베드로와 같은 고백을 저희도 하게 하시고
그 고백 앞에서 기꺼이 하나님의 역사를 인정하고 동참했던
예루살렘의 교회 성도들처럼
저희도 저희 한계 안에 주님을 가두지 않고
주께서 자유롭게 역사하시도록 내어드리는
믿음의 사람들로 삼아 주시옵소서.

아멘.

주의 사자의 구원과 심판

사도행전 12:1-25

끝없이 변하는 삶, 그러나 의미를 형성하는 삶

톨스토이Leo Tolstoy의 소설 《안나 카레니나》의 남자 주인공 이름은 레빈입니다. 톨스토이 소설의 특징은 소설 안에 늘 톨스토이 자신이 들어있다는 것입니다. 여기 이 레빈은 톨스토이의 분신입니다. 그런데 그의 부인 키티가 첫 아이를 낳던 날, 인생에서 가장 행복한 순간일 수 있는 바로 그날, 레빈은 불현듯 죽음을 생각하게 됩니다. 그리고 절망합니다. 그는 '자신을 포함하여 모든 인간의 앞길에는 고뇌와 죽음과 망각 이외에는 아무것도 없다'는 것을 확실하게 이해했습니다. 그는 무엇을 한들 의미가 없어 보였습니다. 어차피 다 죽을 텐데, 끝이 죽음이라면 오늘의 이 출생과 행복이 다 무엇이란 말인가? 행복할수록 더 허무해졌습니다. 하지만 어떤 농부를 만난 후에 죽음에 관해 큰 깨달음을 얻게 됩니다. 그 농부는 말합니다.

"그냥 사는 것이고 선하게 사는 것입니다."

레빈은 선하게 사는 것에서 죽음을 극복하는 하나의 단초를 얻게 됩니다. 이 소설의 마지막 문장은 이렇습니다.

"나의 생활 전체는 나에게 무슨 일이 일어나든 그것과 상관없이 매 순간 순간이 이전처럼 무의미하지는 않을 것이다."

이것이 자신의 삶에 대한 레빈의 입장입니다. 반면에 여자 주인공 안나는 자기 욕망만을 추구하다가 결국 기차역에서 만난 남자와의 불륜이 끝이 나자 기차역에서 스스로 목숨을 끊고 맙니다. 기차역에서 시작하여 기차역에서 끝이 나는 것은 그녀가 조금도 성장하지 않고 늘 제자리 걸음만 했다는 뜻이 아닐까 싶습니다. 톨스토이가 생각하는 '선한 일'은 인간이 시간 앞에서 겸손해지고 그 시간이 가져온 변화를 수용하는 것입니다. 죽음이 있음을 기억하면서 오늘을 살되 동시에 영원을 사는 것입니다. 그럴 때 인간은 성장한다고 믿었습니다. 오늘의 불행이 내일에는 행복이 될 수 있고 오늘의 상실이 내일에는 넉넉함이 될 수 있습니다. 오늘 세상이 다 끝날 것같이 아파도 나는 내일 또 살아갈 것이고, 그런 삶을 자원으로 삼아 시간은 내가 몰랐던 의미를 만들어낼 것입니다. 우리 그리스도인들은 그런 시간의 배후에 하나님이 계시다고 믿습니다. 일찍 죽을 수도 있고 오래 살 수도 있습니다. 부자로 살 수도 있고 가난한 나라나 전쟁이 일상이 된 나라에서 살 수도 있습니다. 성취보다 더 많은 패배를 경험하며 살 수도 있고, 건강한 날보다 아픈 날이 많은 삶일 수도 있습니다. 하지만 어떤 삶이든 결코 인생이 그 자체로 무의미하다고 생각해서는 안 됩니다. 무의미해지도록 놔두어서는 안 됩니다.

오늘 본문에서 우리는 한 성도의 순교도 보고 구원도 볼 것입니다. 하나님의 심판도 볼 것입니다. 기도의 응답도 볼 것이고 기도의 거절도 볼 것입니다. 이 모든 것 가운데 진정한 승자가 누구이며, 의미를 만드는 주체가 누구인지를 보게 될 것입니다. 사라져가는 것들 가운데서 사라지지 않는 것은 무엇인지 그것에 주목하기 바랍니다.

선교사들을 준비하는 예루살렘 박해

앞서 사도행전 11장에서 베드로를 통해 이방인들이 예루살렘 교회로부터 인정을 받는 것을 보았습니다. 더 나아가 헬라파 유대인들과 이방인들이 다수를 차지하고 있는 안디옥 교회가 시작되었고, 예루살렘 교회는 어머니 교회로서 바나바를 사역자로 파송하여 그 교회의 존재를 인정하고 섬기는 것도 보았습니다. 바나바와 바울의 섬김으로 '그리스도인'으로 불릴 만큼 뚜렷한 정체성을 가진 공동체로 성장한 안디옥 교회는 예루살렘에 기근이 나자 바나바와 사울을 보내서 구제하는 데 이릅니다. 우리는 그 장면을 보면서 마무리하였습니다. 이렇듯 유대인 중심의 예루살렘 교회가 이방인들이 참여한 안디옥 교회로부터 도움을 받는다는 것은 얼마 전까지만 해도 상상하기 어려운 큰 변화입니다. 실제 메시아 예수님을 거절하고 죽이려고 한 것은 이방인들이 아니라 유대인들이었습니다. 예수님을 죽인 유대교가 이방인들보다 결코 더 선하지 않으며, 따라서 그들이 구원에 대하여 우선적인 특권을 가져야 할 이유가 더는 없습니다. 그런데도 완고하게 고수했던 그들의 선민신학이 조금씩 아름답게 무너져 내리고 새순이 돋는 모습을 우리는 보았습니다. 그렇게 사도행전 11장은 바나바와 사울이 예루살렘의 장로들에게로[27] 구제헌금을

---

27 안디옥 교회의 구제는 주후 44년의 일이며, 이때는 사도들이 박해를 피해 예루살렘을 떠난 시점이다. 그래서 장로들이 구제헌금을 받았을 것이다.

모아서 떠나는 장면으로 끝이 났고, 12장은 이렇게 끝이 납니다.

> "바나바와 사울이 부조하는 일을 마치고 마가라 하는 요한을 데리고 예루
> 살렘에서 돌아오니라"(사도행전 12:25)

그렇다면 예루살렘을 배경으로 하고 있는 12장 내내 바나바와 사울은
예루살렘에 있으면서 이 모든 일어난 일들을 생생하게 보고 들었을 것입
니다. 바나바와 바울이 묵었던 숙소가 어디였을까요? 그들이 안디옥 교
회로 돌아올 때 "마가라 하는 요한"을 데리고 왔습니다. 그의 어머니의
이름은 마리아입니다. 베드로가 감옥에 갇혀 있는 동안 마리아가 소유한
집 다락방에서 예루살렘 성도들의 기도회가 열렸습니다.

> "마가라 하는 요한의 어머니 마리아의 집에 가니 여러 사람이 거기에 모여
> 기도하고 있더라"(사도행전 12:12)

이 다락방이 120명의 성도가 성령강림을 기다리며 기도하던 바로 그
다락방이었을 것으로 추측하기도 하고, 심지어 최후의 만찬이 벌어졌던
곳도 여기라고 주장하기도 합니다. 요한 마가는 바로 그 집의 아들입니다.
더군다나 그는 바나바와 사촌 관계입니다. 그렇다면 바나바와 사울이 그
곳에 머물렀을 가능성은 더욱 높아집니다. 거기서 그들은 야고보 사도의
순교 소식을 들었을 것입니다. 연달아 베드로도 잡혀 들어갔습니다. 그의
목숨도 위태로웠습니다. 바나바와 사울도 마가의 다락방에 모여 베드로
의 출옥을 위하여 예루살렘 교회와 함께 힘써 기도하였습니다. 어떻습니

까? 사도들을 위하는 일에 이방인 교회와 유대인 교회가 하나가 되고 있지 않습니까? 그리고 그들은 극적으로 주의 사자의 도움으로 감옥을 빠져나온 베드로가 자신들과 함께 기도하고 있던 예루살렘의 성도들을 찾아온 것도 보았을 것입니다. 당연히 베드로는 바나바와 사울을 알아보고는 즐겁게 인사를 나누고, 바나바와 사울은 그간 안디옥에서 있었던 놀라운 부흥의 역사를 사도 베드로에게 전해주었을 것이고, 베드로도 자신이 감옥에서 극적으로 탈출한 일을 들려주었을 것입니다. 그들은 또한 야고보를 죽인 헤롯이 죽었다는 소식을 얼마 지나지 않아 들었을 것입니다.

　　그럼 하나님은 왜 바나바와 사울이 예루살렘에 있는 중에 이런 일이 일어나게 하셨고, 왜 그들에게 이 핍박과 구원과 또 핍박자의 죽음을 경험하게 하셨을까요? 왜 그 구원에 성도들의 기도가 얼마나 중요한지를 알게 하셨을까요? 제 소견으로는, 이 두 사람이 예루살렘에서 보고 듣고 겪은 모든 일은 앞으로 그들이 선교지에서 겪을 일들인데, 그것을 미리 간접적으로 겪게 하신 듯합니다. 바나바와 사울, 두 사람은 이때까지만 해도 몰랐지만, 그들이 안디옥 교회로 돌아가면 머잖아 성령께서 둘을 따로 세워 이방인 선교에 나서게 하실 것입니다. 그들이 이방인 지역에 가서 전도하면 거기서 회당의 유대인들이 이 베드로에게 그랬듯이 두 사람을 맹렬히 반대할 것이고, 사법과 행정 권력을 이용하여 박해할 것입니다. 하나님이 바울을 버리신 듯 보이는 상황도 생길 것입니다. 베드로를 구원하셨듯이 극적으로 구원해주시기도 할 것입니다. 바로 그때 그들은 오늘 겪은 이 일을 기억해야 했습니다. 베드로를 구원하셨던 주의 사자를 기억하고 헤롯을 심판하셨던 주의 사자를 기억해야 했습니다. 성도의 기도에 응답하신 하나님을 기억해야 했습니다. 하지만 자신들도 언제든지 주의 뜻 가운데서 야고보처럼 순교할 수 있다고 생각해야 했습니다.

예루살렘에 박해가 있었지만, 성령께서는 이것을 유대와 사마리아에 복음이 전해지는 계기로 삼으셨습니다. 사탄의 교회 박멸 계획은 되려 사울이라는 유대교의 걸출한 일꾼이 주님의 일꾼으로 변하는 결정적인 기회가 되었습니다. 다시 예루살렘에 박해 열풍이 찾아왔지만 이번에도 그 와중에 바나바와 사울은 자신의 몸인 교회를 보호하시고 박해자를 심판하시는 하나님의 놀라운 능력을 경험하게 하신 것입니다. 그 신앙으로 그들은 이제 유대와 사마리아를 넘어 땅끝의 이방인들에게까지 이르게 될 것입니다.

헤롯의 박해, 야고보의 순교와 베드로의 투옥

안디옥에 교회가 생기고 클라우디우스 황제가 로마를 다스리던 때 팔레스틴은 헤롯 아그립바 1세주후 41-44년 통치가 다스리고 있었습니다. 이 헤롯은 아기 예수님을 죽이려고 베들레헴의 아이들을 대신 죽인 헤롯 대왕의 손자입니다. 예수님을 재판한 헤롯 안티파스는 그의 삼촌입니다. 그는 유대인들에게 상당히 인기가 있었으며 유대교에 독실했습니다. 요세푸스Flavius Josephus의 《유대 고대사》에서 그에 대해 이렇게 말하고 있습니다.

"아그립바는 유순하고 온정적인 기질의 사람이었다. 그는 계속해서 예루살렘에서 살기 좋아했고, 이 나라의 율법을 준수하는 것에 주의를 기울였다. 아그립바는 이로 말미암아 자신을 오로지 순전하게 유지했다. 그는 하

루도 거르지 않고 지정된 제사를 드렸다."(Ant. 19.7.3)

이 때문에 그는 로마의 황제들뿐 아니라 바리새인들과도 사이가 좋았습니다. 이렇게 유대인들에게 인기가 좋은 왕이 그들이 적대적으로 여기는 예수 운동을 혹독하게 다룬 것은 당연했습니다. 그는 사두개파와도 돈독한 유대관계를 맺기 위해 교회를 향해 강력한 박해 정책을 폈습니다. 그의 첫 번째 박해는 그가 로마에서 돌아온 직후인 주후 41년부터 시작되었습니다. 그리고 더 강력하게 몰아붙이는 과정에서 교회는 중요한 지도자를 잃고 맙니다.

"그 때에 헤롯 왕이 손을 들어 교회 중에서 몇 사람을 해하려 하여 요한의 형제 야고보를 칼로 죽이니"(사도행전 12:1-2)

그를 돌로 치는 종교적 형벌을 내린 것이 아니라 '참수했다'는 것은 그가 정치적인 죄목으로 죽었고, 이 처형에 로마가 깊이 관여했음을 보여줍니다. 이는 이 무렵 예루살렘의 그리스도인들이 더는 종교적으로 귀찮은 대상 정도에 그친 것이 아니라 정치적으로 예수를 방불하는 위협적인 대상이 되었음을 보여줍니다.[28] 이로써 스데반의 순교 이후 10년 동안 이어졌던 숨죽인 평화가 깨졌습니다.

우리는 야고보가 순교하는 이 대목에서 많이 놀랐을 겁니다. 사도 야고보가 누구입니까? 요한의 형제요, 베드로와 함께 예수께서 중요한 순

---

28 C. K. Barret, *Acts*(T&T Clark, 2004), 55.

간마다 늘 따로 챙기시면서 지도자로 훈련하셨던 바로 그 세 제자 중 하나입니다. 능력이 많으신 주님께서, 이전까지는 박해의 광풍 속에서 기적적으로 베드로를 구출하셨고 사도들을 모두 안전하게 지켜주셨는데, 왜 이번에는 앞날이 창창한 귀한 제자가 허망하게 칼에 맞아 죽도록 내버려 두시는지 알 수 없습니다. 뜻하신 바 있었다면 족히 그를 살리실 수 있었을 것이고, 서툰 우리 생각에는, 야고보 사도가 죽는 것보다 살아서 활동하는 것이 하나님의 교회에 훨씬 도움이 될 것 같은데, 왜 그런 선택을 하셨는지 짐작할 수도 없습니다. 우리가 이해하지 못했다고 해서 하나님께서 이렇게 하셔서는 안 된다거나 이것이 하나님의 부존재나 무능력이나 그분이 선하지 않은 증거라고 말할 수는 없습니다. 하나님은 자기 독생자마저 지키지 않고 십자가에서 죽도록 두신 전력이 있는 분인 것을 잊어서는 안 됩니다. 지금도 숱한 재난에 쓰러진 우리 곁의 목숨 가운데 귀하지 않은 생명이 없고 사연이 없는 사람도 없습니다. 수많은 유능하고 충성스런 사역자들이 허망하게 중한 병을 얻고 목숨을 잃는 일도 이제 놀랍지 않을 만큼 많습니다. 우리는 그 이른 죽음의 이유를 알 수가 없지만, 이것이 하나님의 실패나 사탄의 승리를 의미하는 일은 결코 없을 것이라는 것만은 확실히 믿을 수 있습니다.

바나바와 바울도 야고보의 순교 소식을 들었습니다. 이것이 초대교회 성도들과 지도자들이 예수 믿으면서 치러야 할 대가였습니다. 직접적인 종교적 박해가 없는 나라에서는 복음을 받아들일 때 누릴 수 있는 유익을 지나치게 강조하는 경향이 있는데, 그때나 지금이나 주인을 바꾸고 나라를 바꾸도록 요구하는 복음은 늘 그 혜택만큼이나 대가를 치를 각오를 해야 한다고 도전합니다. 야고보와 요한도 어머니를 앞세워 예수님을 찾아와 영광의 좌우편을 달라고 요청한 바 있습니다. 예수님의 부르심에 배와 아버지를 뒤로 하고 따랐으면 그 정도의 수익은 보장받아야 수지 맞는 투자가 된다고 생각했을 것입니다. 하지만 자신들이 누리고 싶은 세속적인 영광 말고 예수께서 십자가를 통해 주시고자 한 참된 영광을 얻으려면 자신들이 어떤 대가를 치러야 하는지는 잘 몰랐습니다. 예수께서 어떤 메시아인지 모르고, 그분이 가져오신 나라가 어떤 나라인지 몰랐으니 당연합니다. 그들은 베드로처럼 하나님의 일이 아니라 사람의 일을 생각하고 있을 뿐이었습니다. 그래서 예수께서 이 형제들에게 이렇게 물으신 적이 있습니다.

> "너희는 내가 마시는 잔을 너희가 마실 수 있으며 내가 받는 세례를 너희
> 가 받을 수 있느냐?"(마가복음 10:38)

이는 예수 자신의 죽음에 동참할 각오가 되어 있느냐는 질문이었습니다. 예수님의 영광은 십자가를 통해서만 얻을 수 있는데, 제자들도 그 영광에 참여하려면 예수님의 십자가잔과 세례부터 따라와야 했습니다. "자기를 부인하고 자기 십자가를 지고 나를 따르라"는 요구가 그것이었습니다. 하지만 야고보와 요한 형제는 그게 무슨 뜻인지도 모른 채 "할 수 있나이다"라고 대답했습니다. 그리고 이렇게 대답한 형제 가운데 야고보는 열두 사도 가운데 가장 먼저 죽었고, 요한은 가장 오래 살아남아 요한계시록까지 집필했습니다. 그런데 그들이 얼마나 오래 살았든지 간에, 둘은 결국 제자의 길이 어떤 것인지를 보여주었고, 예수님의 십자가의 길에 참여하여 주께서 약속하신 참 영광을 누렸습니다.

헤롯은 유대인들이 이 일을 기뻐하는 것을 알고는 이번에는 사도들의 대표인 베드로까지 잡아 가뒀습니다. 유대인들을 기쁘게 하려고 빌라도가 예수를 죽였듯이, 헤롯도 베드로를 죽여서 정치적인 지지를 확보하려고 하고 있는 것입니다. 강력한 세상 권력의 기초가 정의와 공평에 기대는 올바른 통치에 있지 않고 대중들의 선동적인 인기에 있다는 사실을 여실히 보여주는 대목입니다. 사도 야고보를 죽인 헤롯이 사도 베드로 하나 더 죽이는 건 문제도 아니었습니다. 메시아 예수까지 죽인 자들이니 더 말해야 무엇하겠습니까? 그런데 그때가 하필 무교절 기간이었습니다. 유대법에 따르면, 그 기간에는 재판을 하거나 처형하는 일은 금하고 있었습니다. 그래서 베드로를 감옥 ─ 야고보가 갇혀 있었던 헤롯 궁에 있는 ─ 에 감금한 채 무교절이 끝나기만을 기다렸습니다. 그들이 베드로를 얼마나 철저히 감시했는지 저자는 아주 자세하게 기록하고 있습니다.

"잡으매 옥에 가두어[29] 군인 넷씩인 네 패에게 맡겨 지키고"(사도행전 12:4)

네 명씩 사 교대 하며 모두 16명이 베드로 한 사람을 감시했습니다. 밤에 세 시간마다 교대하여 늘 깨어 상태를 유지하려고 했을 것입니다.

---

29 베드로는 예루살렘 서쪽에 있는 헤롯 궁에 딸린 감옥에 수용되었을 것이다. 아그립바 왕 밑에 있던 군대 사령관 실라가 거만하다는 죄목으로 감옥에 갇힌 적이 있는데, 충성의 대가로 받은 것이 "쇠사슬과 암울한 감옥 뿐"이라고 왕에 불평한 내용이 요세푸스의 글에 나온다(Josephus, *Ant.* 19.324).

이미 그들은 밤중에 감옥에 갇혀 있던 베드로가 탈출하여 새벽에 성전에 나타나서 가르쳤던 희한한 일을 겪은 적(행 5:17-21)이 있었습니다. 그 사건을 어찌 잊을 수 있겠습니까? 그런데 그들은 그것이 하나님이 하신 일이고, 얼마든지 다시 일어날 수 있는 일이고, 하나님이 작정하시면 아무도 막을 수 없다는 사실을 인정하지 않았습니다. 그래서 이전보다 더욱 철저하게 지키면 그와 같은 일을 막을 수 있다고 생각했습니다. 하나님의 역사를 저지하기 위해 세상 권력이 동원할 수 있는 것은 겨우 경비병 몇 명을 더 세우는 정도가 전부입니다. 이런 세상 권력의 위용에 놀라거나 주눅 들면 우리의 믿음은 너무 왜소해질 것입니다. 주께서 작정하시면, 인간의 그 어떤 방해나 핍박이나 대비책도 소용없음을 믿어야 합니다.

교회의 기도

교회는 다시 한번 놀랐을 것입니다. 걸출한 지도자들을 두 사람이나 한꺼번에 잃을 위험에 처했으니 당연합니다. 하지만 우리는 그들이 이 사태를 믿음으로 해석하고 담대히 대처했으리라고 짐작할 수 있습니다. 생각하지도 못한 일이 일어난 게 아니라 언제든 일어날 수 있으리라고 여겨졌던 일들이 일어났기 때문입니다.

이전에 장로와 서기관들이 사도들을 향해 "예수의 이름으로 아무에게도 말하지 말고 가르치지도 말라"고 겁박했을 때(행 4:18), 그들은 시편 2편을 묵상하면서 "헤롯과 본디오 빌라도는 … 하나님의 권능과 뜻대로 이루려고 예정하신 그것을 행하려고 이 성에 모였나이다"라고 적용한 후 이렇게 기도한 적이 있었습니다.

"주여 이제도 그들의 위협함을 굽어보시옵고 또 종들로 하여금 담대히 하
나님의 말씀을 전하게 하여 주시오며 손을 내밀어 병을 낫게 하시옵고 표
적과 기사가 거룩한 종 예수의 이름으로 이루어지게 하옵소서"(사도행전
4:29-30)

그리고 그 기도가 끝나자 하나님은 즉시 응답하셨었습니다.

"빌기를 다하매 모인 곳이 진동하더니 무리가 다 성령이 충만하여 담대히
하나님의 말씀을 전하니라"(사도행전 4:31)

기도 응답의 결과로 즉시 당면한 어려움이 해결된 것이 아니었습니
다. 상황은 더 악화되기도 하지만, 그들은 성령으로 충만하여 더는 죽음
을 두려워하지 않고 다시 자신들을 죽이려는 자들에게 나아가 복음을 증
거하는 사람이 되었습니다. 이 '담대함'이 진정한 성령의 선물이고, 이
용기와 이런 기도를 드릴 수 있는 믿음이 바로 진정한 기도 응답입니다.
초대교회는 이미 박해 앞에서 자신들이 어떻게 해야 할지 알고 있었습니
다. 그러니 당황하지 않았습니다. 다만 자신들이 해야 할 일을 했습니다.

"이에 베드로는 옥에 갇혔고 교회는 그를 위하여 간절히 하나님께 기도하
더라"(사도행전 12:5)

사랑하는 성도 여러분, 이것이 우리가 어떤 종류의 환난을 만났을 때
공동체나 우리 개인이 한결같이 보여야 할 태도입니다. 이렇게 간절히

기도했는데 그 결과가 야고보의 순교였습니다. 예루살렘의 교인들은 이 야고보의 순교를 하나님이 자신들의 기도를 거절하신 것으로 생각하지 않았을 것이라고 확신합니다. 베드로가 무사하길 당연히 바랐을 것입니다. 적어도 처형당하지 않기를 구했을 것이고, 가능하면 낮은 수준의 형벌을 받기를 원했을 것입니다. 하지만, 그들은 그것을 넘어서 베드로가 담대히 믿음을 지킬 수 있게 해달라는 기도를 더 간절하게 드렸을 것입니다. 가혹한 심문과 채찍질 가운데서 신앙을 지킬 수 있도록 기도했을 것입니다. 이 단어 '간절히'에크테노스, ἐκτενῶς는 예수께서 겟세마네 동산에서 기도하실 때 나온 표현입니다.

> "예수께서 힘쓰고 애써 더욱 간절히 기도하시니 땀이 땅에 떨어지는 핏방울 같이 되더라"(누가복음 22:44)

그리스도의 몸인 교회는 그리스도를 본받아 그리스도처럼 간절히 기도했던 것입니다.

주의 사자를 통한 베드로 구원

주님은 야고보를 순교의 자리로 나아가게 하셨는데, 베드로는 어떻게 하실까요? 그를 향한 성도들의 기도에는 어떤 식으로 응답하실까요? 이제 시간이 흘러 내일이면 무교절이 다 끝납니다. 헤롯은 이날을 학수고대했습니다. 이날 베드로를 재판하여 처형하면 유대인들이 자신을 호의적으로 대해줄 것이라고 기대했습니다. 성경 저자는 불필요한 듯 보이는데도 그들이 베드로를 얼마나 철저하게 감시하고 있는지를 밝히고 있습니다. 이는 이 베드로의 탈출이 예수님의 부활처럼 인간의 상상을 뛰어넘는 일임을 보여주기 위해서입니다.

> "헤롯이 잡아 내려고 하는 그 전날 밤에 베드로가 두 군인 틈에서 두 쇠
> 사슬에 매여 누워 자는데 파수꾼들이 문 밖에서 옥을 지키더니"(사도행전
> 12:6)

양손에 쇠사슬을 채우고, 양옆에 군인 둘이 지키고, 두 사람이 감옥 바깥에서 지켰습니다. 아마 병사 한 명씩 베드로의 각 팔을 사슬로 묶어 자기 몸에 연결한 것 같습니다. 베드로는 두 군인 사이에서 쇠고랑에 묶인 채로 잠을 잔 것입니다. 이런 상황에서 탈출과 도피는 꿈도 꿀 수 없습니다. 더군다나 우리는 하나님께서 야고보와 요한뿐만 아니라 베드로도 순교할 것이라고 예언하신 것을 기억하실 것입니다.

> "내가 진실로 진실로 네게 이르노니 네가 젊어서는 스스로 띠 띠고 원하는
> 곳으로 다녔거니와 늙어서는 네 팔을 벌리리니 남이 네게 띠 띠우고 원하
> 지 아니하는 곳으로 데려가리라 이 말씀을 하심은 베드로가 어떠한 죽음
> 으로 하나님께 영광을 돌릴 것을 가리키심이러라 이 말씀을 하시고 베드
> 로에게 이르시되 나를 따르라 하시니"(요한복음 21:18-19)

따라서 큰 이변이 없는 한 절기가 다 끝나는 무교절 다음 날, 즉 내일이면 이 예언이 성취될 것이라고 베드로도 생각했을 것입니다. 하지만 인간적으로 생각하면, 그것은 매우 두려운 일이 아닐 수 없습니다. 나중

에 보면 사도 바울은 온몸에 매질을 당해 고통스러웠을 텐데도 빌립보 감옥에서 기도하고 찬양하고 있습니다. 마찬가지로 베드로도 태평하게 깊은 잠에 빠져 있었습니다. 베드로의 이 잠 역시 바울과 실라의 찬양처럼 깊은 신뢰의 표현, 맡김의 표현입니다. 둘 다 죽음에 대한 담대한 표현이요, 그것은 이 시간 다른 곳에서 예루살렘 교회 성도들이 드리고 있는 기도에 하나님께서 응답하신 결과였습니다.

이어서 하나님의 또 다른 기도 응답이 나옵니다. 5장에서처럼 베드로를 감옥에서 빠져나오게 하십니다. 아직은 초대교회를 통해 전개되는 하나님 나라 역사에는 그가 더 필요했습니다. 아직은 그가 순교할 때가 아니었습니다. 순식간에 벌어진 일입니다. 베드로 자신도 꿈인지 생시인지 모를 정도였습니다.

"홀연히 주의 사자가 나타나매 옥중에 광채가 빛나며 또 베드로의 옆구리를 쳐 깨워 이르되 급히 일어나라 하니 쇠사슬이 그 손에서 벗어지더라 천사가 이르되 띠를 띠고 신을 신으라 하거늘 베드로가 그대로 하니 천사가 또 이르되 겉옷을 입고 따라오라 한대 베드로가 나와서 따라갈새 천사가 하는 것이 생시인 줄 알지 못하고 환상을 보는가 하니라 이에 첫째와 둘째 파수를 지나 시내로 통한 쇠문에 이르니 문이 저절로 열리는지라 나와서 한 거리를 지나매 천사가 곧 떠나더라"(사도행전 12:7-10)

주의 사자의 말 한마디에 강력한 세상이 만든 결박이 해체되었습니다. 하나님의 천사 앞에서 그들의 쇠사슬은 썩은 새끼줄이 되었습니다. 파수꾼들은 잠이 들고, 쇠사슬은 손에서 벗어지고, 쇠문은 저절로 열렸습니다. 쇠사슬이 순종하고 쇠문이 순종하듯이, 베드로 역시 주의 사자가 시키는 대로^{떠를 띠고 신을 신으라. 겉옷을 입고 따라오라} 다 순종했습니다. 그는 감옥을 "나와서 따라갔습니다". 9절의 "따라가다"와 "생각하다"^{"환상을 보는가 하니라"}를 직역하면 '환상을 보고 있다고 계속해서 생각했다'이다는 미완료 시제입니다. 이는 그가 꿈인지 생시인지 구분하지 못한 상태에서도 지속적으로 순종했음을 더 생생하게 보여줍니다. 그렇다면 그의 의식이 아니라 무의식이 순종한 것입니다. 그래서 더 큰 순종입니다. 이미 그의 무의식마저 하나님께 장악될 만큼 평상시에도 주께 민감한 사람이었다는 증거이기 때문입니다.

사도 바울이 부활의 예수님을 만났을 때 철저히 수동적이었던 모습이 생각납니다. 아니 모든 진정한 구원의 가장 도드라진 특징은 철저한 수동성입니다. 마치 홍해가 모세의 명령에 순종하여 갈라져 마른 땅의 길을 열었던 출애굽을 보는 것 같지 않습니까? 애굽의 마수에서 벗어나는 일이 이스라엘의 힘으로는 불가능했듯이, 예수께서 죽음을 이기고 부활하시는 것이 하나님의 역사로만 가능했듯이, 베드로의 탈옥 역시 그 어떤 인간 편에서의 논리나 시나리오로는 재구성할 수 없는 신비 사건이었습니다.

옥을 빠져나와 한 거리^{한 구간}를 지나서야 안심이 되었는지 주의 사자, 즉 천사가 홀연히 떠납니다. 그 후에 베드로는 정신이 들었습니다. 천사가 떠나고 나니 자신이 감옥이 아니라 시내에 서 있는 것을 안 것입니다. 그는 이것이 주의 사자를 통해서 하나님께서 하신 또 한 번의 구원이라는 것을 깨달았습니다.

"이에 베드로가 정신이 들어 이르되 내가 이제야 참으로 주께서 그의 천사
를 보내어 나를 헤롯의 손과 유대 백성의 모든 기대에서 벗어나게 하신 줄
알겠노라 하여"(사도행전 12:11)

베드로와 기도하던 교회의 만남

정신을 차린 베드로가 맨 먼저 찾아간 곳은 마가라 하는 요한의 어머
니 마리아의 집이었습니다. 그곳은 예루살렘의 여러 가정 교회 모임 장
소 가운데 하나였을 것입니다. 어려움이 생길 때마다 성도들이 합심하여
기도하던 공간이었습니다. 놀랍게도 그가 맨 먼저 찾은 사람은 예루살렘
교회의 대표격인 예수님의 형제 야고보가 아니었습니다. 단지 기도하는
공동체였습니다.

"깨닫고 마가라[30] 하는 요한의 어머니 마리아의 집에[31] 가니 여러 사람이
거기에 모여 기도하고 있더라"(사도행전 12:12)

베드로가 대문바깥 현관을 두드리자 '로데'라는 여자 아이가 누군가 알
아보려고 나왔습니다. 한밤중이었는데 거기엔 여전히 기도하는 사람들
이 많이 모여 있었습니다. 로데는 금방 밖에서 부르는 소리가 베드로의
소리인 줄 바로 알아차렸습니다. 믿기지 않았지만 사실이었습니다. 너무

---

30 이 마가는 딤후 4:11; 몬 24; 벧전 5:13에 나오는 마가와 동일 인물일 것이다. 초대교
  회는 그를 마가복음의 저자로 본다. 가장 이른 증거는 Eusebius, *Hist. eccl.* 3.39.15이
  다.
31 마리아는 대문이 있는 꽤 큰 집을 가진 부유한 사람이었다.

놀란 나머지 문 열어 주는 것도 잊은 채 얼른 안으로 들어가서 기도하고 있는 성도들에게 전합니다: "베드로가 대문 밖에 서 있습니다!" 믿기지 않은 소식, 황당한 소식, 도저히 일어날 수 없는 소식이었습니다. 그런데 기도가 문자 그대로 응답되었습니다. 그럼 기도하던 사람들이 어떻게 반응할 것 같습니까? "할렐루야!" 찬양하면서 얼른 밖에 나가 베드로를 영접해야 마땅했습니다. 그들은 성령이 충만하여 기도하던 사람들이었기 때문입니다. 그런데 그들의 반응을 보십시오.

"그들이 말하되 네가 미쳤다 하나 여자 아이는 힘써 말하되 참말이라 하니

그들이 말하되 그러면 그의 천사라 하더라"(사도행전 12:15)

안 믿었습니다. 그럼 그들은 기대하지 않고 기도한 것입니까? 그렇지 않습니다. 그들이 기도한 내용 가운데 베드로의 안전한 석방도 당연히 들어 있었을 것입니다. 하지만 그것보다 늘 그 이상이었을 것입니다. 베드로의 석방과 구원보다 항상 중요한 것이 있었습니다. 그것은 베드로가 끝까지 믿음을 지키는 것입니다. 베드로가 살아 돌아와야 기도 응답이 된 것으로 여기는 사람들이 아니었습니다. 그렇게 되면 야고보의 순교는 하나님의 기도 거절이고 허망한 죽음으로 끝난 일이 되어 버릴 것이기 때문입니다.

우리도 주변에 있는 여러 지인들의 육체적, 정서적, 경제적 회복을 위해서 기도하고 있을 것입니다. 교회와 국가의 회복을 위해서 기도할 것입니다. 다양한 매임과 속박으로부터 해방되어 건강한 모습으로 베드로처럼 저희 앞에 나타나 놀라게 해주기를 기대하고 있습니다. 하지만 우

리는 늘 그 이상의 기도를 드려야 합니다. 모든 상황에서도 주를 향한 신뢰만은 변함없이 지키는 성도가 되고, 언젠가는 각자에게 주신 고통의 의미를 깨달아 감사의 고백을 할 수 있게 되도록 기도해야 합니다. 감옥의 바울처럼 기도하고 찬양하고 부활의 소망을 붙들고 그 자리에서도 하나님과 교제하는 믿음의 사람이 된다면, 더 바랄 것이 없을 것입니다. 왜 우리는 그런 기도를 드려야 합니까? 우리는 거의 예외 없이 시간의 차이만 있을 뿐 결국엔 그 고통의 자리, 쇠약함의 자리, 환난의 자리에 가 있게 될 것이기 때문입니다. 좀 빨리 오고 늦게 올 뿐 다 맞닥뜨릴 것입니다. 모두에게 죽음의 순간은 반드시 찾아옵니다. 따라서 기도하여 그 시간이 잠시 연장될 때만 하나님이 선하신 분이 되신다면, 하나님은 기적 같은 치유나 번영을 경험한 아주 극소수의 사람들에게만 좋은 하나님, 사랑의 하나님이 되시는 데 그칠 것입니다. 순교한 야고보의 하나님도 선한 하나님이시고 구출된 베드로의 하나님도 선한 하나님이십니다. 결코 어울릴 것 같지 않은 순교와 구원, 둘 모두를 통해 하나님은 우리에게 복을 주시고 당신의 지혜로운 섭리를 펼쳐 보이실 것입니다.

마리아의 집에서 기도하던 예루살렘 교회의 성도들이 여자 아이 로데에게 "미쳤다"고 한 것은 불신의 표현이 아니라 놀라움의 표현입니다. 하지만 계속해서 로데가 정말이라고, 사실이라고, 내 말을 못 믿겠으면 밖에 나가 확인해보라고 하자, 그들은 그럼 그가 분명 "그의 천사" 즉 베드로의 수호천사일 것이라고 대답합니다. 그때나 지금이나 베드로의 구원, 그의 극적 탈옥은 인간의 상식과 상상으로는 이해할 수 없는 사건이었습니다. 하나님이 일으키신 '기적'이라고 밖에는 달리 말할 도리가 없습니다. 그러는 동안 밖에서는 베드로가 계속 문을 두드리는 소리가 들렸습니다. 그제야 그들도 정신이 들었습니다. 베드로가 자신의 구출을 믿지 못하다가 나중에 정신이 든 것처럼 말입니다.

"베드로가 문 두드리기를 그치지 아니하니 그들이 문을 열어 베드로를 보고 놀라는지라"(사도행전 12:16)

놀란 성도들, 베드로를 위해 기도한 성도들이 자기들 눈앞에 나타난 베드로를 보면서 어떻게 반응했을지 우리는 짐작하기도 어렵습니다. 얼마나 소란스럽게 떠들고 환호성을 지르고 할렐루야 찬양하면서 좋아했던지 베드로가 진정시킬 정도였습니다.

"베드로가 그들에게 손짓하여 조용하게 하고"(사도행전 12:17a)

베드로가 여기 있다는 것이 발각이라도 되면 모두에게 큰 위험이 닥칠 수 있기 때문이었을 것입니다. 그리스도인들이 마음껏 기도할 수도 없고, 마음껏 찬양할 수도 없고, 마음껏 좋아할 수도 없는 시대였습니다. 베드로는 감옥에 갇힌 때부터 이제까지 있었던 일을 소상히 들려주었습니다. 고넬료와 베드로 자신과의 관계에서 벌어졌던 일도 상세히 차례로 알려주었는데 이번에도 마찬가지였습니다. 이번에도 이야기의 주인공은 '주의 사자'였습니다. 따라서 그 사자를 보낸 주님, 부활하신 예수 그리스도께서 주인공이었습니다. 베드로는 은혜와 능력으로 구원받은 자일 뿐 그가 영웅은 아니었습니다. 그는 구원하신 분을 증언하는 증인일 뿐 구원받은 베드로가 받아야 할 영광은 없었습니다.

"주께서 자기를 이끌어 옥에서 나오게 하던 일을 말하고 또 야고보와 형제들에게 이 말을 전하라 하고 떠나 다른 곳으로 가니라"(사도행전 12:17b)

베드로는 예루살렘 교회의 대표로 있는 예수님의 형제 야고보에게 자신의 탈옥 소식을 알려달라고 당부한 후 떠나고 있습니다. 어디로 갔는지, 그리고 왜 떠났는지 성경 어디에서도 말해주지 않습니다. 다만 이전 극적인 탈출 때와는 뚜렷하게 달라진 것이 있습니다. 전에는 주의 사자의 기적 같은 탈출을 경험한 후 예수의 이름으로 전하지 말라는 경고를 당국자들에게 받고도 예루살렘에 머물며 복음 전하는 일을 중단하지 않았습니다. 대대적인 박해의 광풍이 불어 많은 전도자들이 유대와 사마리아로 흩어질 때도 베드로를 비롯한 사도들은 예루살렘에 남아 성도들을 보살폈습니다. 그런데 이번에는 떠나고 있습니다. 분명 예루살렘이 아닌 다른 지역으로 떠났을 것입니다. 신변의 안전을 지키려는 의도도 분명해 보입니다. 그 중요한 지도자 예수님의 동생 야고보와 장로들도 안 만나고 피신해야 할 만큼 상황이 긴박했습니다.

우리는 베드로가 어떤 기준과 감각으로 남아야 할 때와 떠나야 할 때, 담대하게 맞서서 증거해야 할 때와 숨어서 기회를 엿볼 때를 결정했는지 알기 어렵습니다. 그는 한 가지 공식만을 갖고 살지는 않았을 것입니다. 즉 하나님께서 어려움을 겪을 때마다 반드시 구원해주시고 안전을 지켜주실 것으로 믿은 것은 아닙니다. 동료 야고보처럼 순교할 수 있다는 것을 알고 있었습니다. 능력이 출중하면 더 오래 살고 그렇지 않으면 일찍 죽는 것도 아니었습니다. 그래서 늘 앞뒤 재지 않고 공권력과 맞서기만 한 사람도 아니었고, 반대로 어려움이 닥칠 것 같으면 무조건 피하여 숨기만 한 것도 아니었습니다. 둘 중 하나만 믿음이고 다른 것은 불신앙이 되는 것은 아닙니다. 만약 더 많이 그리고 더 간절히 기도하면 하나님께서 더 잘 지켜주신다고 믿는다면, 이미 주도권은 하나님이 아니라 내가 쥐고 있는 것이 되어 버립니다. 그렇지 않습니다. 기도는 주도권을 그분께 넘겨드리는 일입니다. 나의 뜻이 관철되기를 비는 것이 아니라, 그분의 뜻이 이루어지고 내가 그 뜻에 기꺼이 동참하게 해달라고 비는 일이 기도입니다. 설령 그것이 나의 기대와 바람과는 일치하지 않을지라도 말입니다.

바나바와 사울은 앞으로 이방인 선교의 길에 나설 때 이런 다양한 하나님의 역사를 경험하게 될 것입니다. 자신들이 어떻게 복음을 전해야 할지, 그것을 듣고 다양하게 반응하는 사람들에게 어떻게 대해야 할지, 그들은 시시각각 성령님을 통해서 경험해야 했습니다. 특별히 바울은 앞으로 베드로처럼 감옥에 갇히고 매도 맞을 것입니다. 심지어 사람들이 이미 죽었다고 생각하여 바울을 성 밖으로 버리는 일까지 있을 것입니다. 그런데 그러는 동안 그를 파송한 안디옥 교회와 예루살렘 교회는 기도하고 있을 것입니다. 그렇다고 그들의 기도의 강도에 따라 선교사들의 안전이 결정되는 것도 아닙니다. 이렇듯 우리는 예측하기 어려운 인생을 살고 있습니다. 뿌린 대로 거두는 것 같지 않은 인생입니다. 그래도 반드시 뿌린 대로 거둔다고 생각하면서 살아야 합니다. 선하게 살아야 합니다. 모든 인생의 배후에 하나님이 계시고 그분이 의미를 만드신다고 믿으며 살아야 합니다. 《안나 카레니나》의 레빈처럼 오늘 하루만 살 것처럼 살고 또 동시에 영원을 살 것처럼 살기도 해야 합니다. 때로는 나를 던지고 희생하기도 하면서 살아야 하고, 또 때로는 나를 아끼고 때를 기다리면서 살아야 합니다.

파수꾼의 죽음

아침이 밝았습니다. 지난 밤중에 마가라 하는 요한의 집이 베드로의 출현으로 난리가 났었다면, 감옥은 베드로의 탈출로 난리가 났습니다.

"날이 새매 군인들은 베드로가 어떻게 되었는지 알지 못하여 적지 않게 소동하니 헤롯이 그를 찾아도 보지 못하매 파수꾼들을 심문하고 죽이라 명하니라 헤롯이 유대를 떠나 가이사랴로 내려가서 머무니라"(사도행전 12:18-19)

날이 샌 아침에 헤롯의 진영이 얼마나 큰 혼란에 빠졌을지 짐작할 수도 없습니다. 왕은 베드로를 찾으려고 했지만 그는 이미 유월절 순례자들 사이에 숨어 예루살렘을 빠져나간 후였습니다. 죄수가 도망하면 파수꾼이 그 죄수가 받아야 할 벌을 대신 받는 것이 로마의 법입니다. 파수꾼을 죽였다는 것은 그들이 베드로를 죽이려고 했다는 것을 알 수 있습니다.

헤롯은 이스라엘에서 가장 큰 절기인 유월절과 무교절 기간에는 예루살렘에 올라와 보냈습니다. 로마의 총독과 함께 예루살렘의 치안을 담당하기 위해 자기 군대를 거느리고 왔을 것입니다. 이제 절기가 다 끝났으니 팔레스틴의 행정수도인 가이사랴로 내려갔습니다. 베드로를 놓친 아쉬운 마음을 안고 내려갔습니다. 그는 야고보를 죽일 수 있었고 베드로를 붙잡아 가둘 수 있었지만, 동시에 그는 베드로를 감옥 안에 계속 둘 수 없었고, 죽일 수 없었고, 그를 찾을 수도 없었습니다. 그는 애먼 파수꾼을 죽여서 자신의 분노를 해소하는 존재에 불과했습니다. 자기 뜻대로 되지 않으면 견딜 수 없는 사람, 어떤 예외나 뜻밖의 결과를 인정하지 않는 사람, 모든 것을 통제할 수 있다고 생각한 사람, 그가 헤롯이었습니다. 변화를 허락하지 않는 사람, 그래서 성장을 허용하지 않는 사람은 시간의 주인이신 하나님의 관점에서 보면 이미 죽은 사람입니다.

사랑하는 성도 여러분, 나를 불편하게 하는 자들을 제거하고 죽여서라도 예측 가능한 삶을 만들어내고야 말겠다고 생각한다면, 그는 이미 죽은 사람입니다. 그런 사람은 믿음을 가질 수 없습니다. 힘을 숭상하기 때문입니다. 불의한 권력에 부역하고 하나님이 역사의 주인이심을 믿지 않는 불신앙의 사람들은 죽은 사람들입니다.

헤롯의 교만과 주의 사자를 통한 죽음

저자는 이제 하나님께서 이 오만한 헤롯을 어떻게 다루시는지를 말하고 있습니다. 그럼으로써 누가 과연 역사의 참 주관자인지를 독자들에게 판단해보라고 요구하고 계십니다. 주변 나라들과의 관계에서 당시 헤롯왕의 위세가 얼마나 대단했는지를 성경은 이렇게 알려주고 있습니다.

"헤롯이 두로와 시돈 사람들을 대단히 노여워하니 그들의 지방이 왕국에서 나는 양식을 먹는 까닭에 한마음으로 그에게 나아와 왕의 침소 맡은 신하 블라스도를 설득하여 화목하기를 청한지라"(사도행전 12:20)

두로와 시돈은 팔레스틴으로부터 농산물을 공급받고 있었습니다. 그래서 헤롯과 우호적인 관계를 맺고 사는 것이 꼭 필요했습니다. 그런데 무슨 이유에서인지 헤롯이 그 나라들에 대해 크게 분노할 일이 생겼습니다. 이에 헤롯 아그립바는 갈릴리에서 수리아 남부로 보내는 양식의 수

송, 곡물의 수송을 막았습니다. 두로와 시돈은 이 문제를 해결하기 위해 힘을 합쳤습니다. 가이사랴에 사절단을 보냈고, 급히 헤롯의 종 가운데 블라스도라는 사람을 매수했습니다.

매수의 효과가 즉시 나타났습니다. 그래서 화목하기로 합의한 날을 택하여 공식적으로 선언하기로(행 12:21) 했습니다. 그 날 왕은 어의를 입고 단상에 앉아 백성들에게 연설하였습니다. 요세푸스는 아그립바가 등장했을 때, "태양 광선이 은으로 짠 옷에 비치자 그 옷은 멋지고 찬란하게 반짝거렸으며 그 옷을 주시하는 사람들 마음 속에 두려움과 경외감을 불러 일으켰다"(Ant. 19.344)고 기록하고 있습니다. 그 때 백성들에게서 헤롯왕이 기대하던 반응이 나왔습니다.

"헤롯이 날을 택하여 왕복을 입고 단상에 앉아 백성에게 연설하니 백성들이 크게 부르되 이것은 신의 소리요 사람의 소리가 아니라 하거늘"(사도행전 12:21-22)

그의 소리를 '신의 소리'라고 찬사를 보냈습니다. 그건 헤롯이 기대하던 것 이상의 반응이었습니다. 정통성이 없는 왕이라는 핸디캡 때문에 왕의 자리에 앉았지만 늘 좌불안석이었습니다. 언제 유대인들이 자신에게 등을 돌릴지 몰라서 두려웠습니다. 때로는 그들의 비위를 맞추기 위해서 애를 쓰다가도 또 그들을 길들이기 위해 모질게 대하기도 했습니다. 어떻게든 선대가 물려준 왕권을 잘 지키는 것이 급선무였습니다. 그런데 백성들이 그의 연설이 "신의 소리요 사람의 소리가 아니라"고 하니 고무되지 않았겠습니까? 하지만 그건 어떤 인간도 받아서는 안 되는 찬사였습니다.

그런데 우리는 이런 도를 넘는 경배는 블라스도가 꾸민 일이라는 것을 금방 짐작할 수 있을 것입니다. 그는 돈으로 사람들을 매수하여 헤롯에 대해 환호하게 만들었을 것입니다. 유대 지도자들이 예수를 죽이려고 할 때도 사람들을 고용하여 재판정에서 예수를 죽이고 바라바를 대신 살려주도록 빌라도에게 소리를 치게 하였던 것과 같습니다. 두 경우 모두 그 꼼수는 결국 사탄의 패배와 교회의 승리로 끝나고 말았습니다.

요한계시록이 가장 경계하고 있는 것이 바로 로마 황제숭배입니다. 황제 신전에서 황제숭배를 강요하는 로마제국은, 즉 음녀 바벨론은 반드시 망한다고 하는 것이 주님의 선고입니다. 죽기까지라도 황제숭배를 거부하는 것이 복 있는 사람이 되는 길이라고 요한계시록은 격려하고 있습니다. 그런데 헤롯은 그 영광을 고스란히 자기 몫으로 돌렸습니다. 십계명의 제1계명을 어긴 것입니다. 그 결과는 우상숭배자들에게 임하는 것과 같았습니다. 음녀 바벨론에게 임하는 심판과 같았습니다.

> "헤롯이 영광을 하나님께로 돌리지 아니하므로 주의 사자가 곧 치니 벌레에게 먹혀 죽으니라"(사도행전 12:23)

'신'이라고 불리던 사람이 '벌레'에게 먹히고 말았습니다. 그는 하나님을 떠난 인간은 벌레만도 못한 존재라는 것을 몰랐던 것입니다. 벌레 하나 감당하지 못할 만큼 인간은 연약한 존재입니다. 저자는 헤롯의 죽음의 더 근본적인 이유는 벌레가 아니라 "헤롯이 영광을 하나님께 돌리지 아니하"였기 때문이라고 합니다. 심판은 "주의 사자"가 집행하였습니다. 앞에서 그 헤롯의 손아귀에서 베드로를 구원하신 이도 '주의 사자'였습니다. 하나님을 의지하고 하나님께 기도하고 하나님의 복음을 선포하여 하나님의 나라와 그의 의를 구하고 그분께 영광을 돌리는 사람은 하나님께서 책임져주십니다. 반대로 그의 영광을 가로채는 사람, 자신의 주제를 모르는 사람, 그가 설령 한 나라의 왕이라 할지라도 하나님은 용납하지 않으십니다.

벌레에게 먹혀 죽었다는 누가의 기록에 대해 유대 역사가 요세푸스는 헤롯에게 "심한 통증이 그의 배에서 일어났다"고 말합니다. 심장을 찌르는 듯한 통증이 아니라 온 몸에 동시에 느껴지는 고통이 위를 강타했다고 적고 있습니다(Ant. 19.346). 너무 통증이 격심해서 왕궁으로 옮겨졌습니다. 하지만 불과 닷새 만에 숨을 거두고 맙니다. 요세푸스는 이렇게 덧붙입니다.

> "그는 교만하여 하늘의 별들도 잡을 수 있다고 생각했지만, 창자의 통증을 참지 못하고 시달리다가 마침내 죽어버린 대핍박자 안티오코스 에피파네스의 말년을 연상하게 한다."

야고보를 죽였고 파수꾼을 죽였던 큰 왕 헤롯이 이제 벌레에 의해 죽임을 당했습니다. 요세푸스의 글을 본 한 외과 의사는 회충이 장 속에서 단단한 공 모양으로 뭉쳐서 폐색증을 일으켜 헤롯이 죽었을 것이라고 진단합니다. 어떤 인간도 하나님과 비교하면 '벌레'만도 못한 존재가 됩니다. 바벨론의 비참한 멸망 장면이 떠오르지 않습니까?

"네 영화가 스올에 떨어졌음이여, 네 비파소리까지로다. 구더기가 네 아래
에 깔림이여, 지렁이가 너를 덮었도다."(이사야 14:11)

하지만 비교하지 않고, 그래서 감히 하나님의 영광을 내 몫으로 돌리
지 않고, 하나님 없이도 내 자원으로 살 수 있다고 생각하지 않고, 오직
하나님의 은혜로만 살려고 한다면, 하나님은 우리를 '자신의 형상을 따
라 지음 받은 존귀한 자'로 대접해주실 것입니다. 바울과 바나바가 일으
킨 기적과 그들의 말을 듣고 루스드라 사람들은 바나바는 제우스 신이라
고 추앙하고 바울은 헤르메스 신이라고 추앙했습니다. 그러자 두 사람은
어떻게 반응했습니까?

"두 사도 바나바와 바울이 듣고 옷을 찢고 무리 가운데 뛰어 들어가서 소
리 질러 이르되 여러분이여 어찌하여 이러한 일을 하느냐 우리도 여러분
과 같은 성정을 가진 사람이라 여러분에게 복음을 전하는 것은 이런 헛된
일을 버리고 천지와 바다와 그 가운데 만물을 지으시고 살아 계신 하나님
께로 돌아오게 함이라"(사도행전 14:14-15)

이제 성경은 우리에게 하나님과 견주다가 벌레만도 못한 인생이 될
것인지, 아니면 하나님을 인정하여 영광스런 인생이 될 것인지, 선택을
요구하고 있는 것입니다.

하나님의 말씀의 흥왕함과 바나바와 바울의 안디옥 귀환
본문은 하나님께서 궁극적인 승리자라는 것을 24절에서 다른 식으로

표현하고 있습니다.

> "하나님의 말씀은 흥왕하여 더하더라"(사도행전 12:24)

12장은 헤롯의 일파들이 단칼에 열두 사도 가운데 한 명인 야고보를 죽이고 수제자 베드로를 체포하는 것으로 시작했습니다. 그렇다면 12장은 어떤 이야기가 전개될 것 같았습니까? 혹시 그들의 위세가 하늘을 찔렀고 하나님의 말씀은 더는 전해지지 않았고 교회는 온데간데없이 사라졌다는 결론을 예상하지 않았습니까? 그런데 아닙니다. "말씀이 흥왕하였다, 말씀이 더해졌다"는 말로 끝나고 있습니다. 이 말은 인간의 말이 힘을 잃었다는 것입니다. 헤롯의 명령은 그의 죽음과 함께 힘을 잃었습니다. 하지만 하나님의 말씀복음은 영원하신 하나님의 말씀이기에 결코 쇠하지 않았습니다. 그분의 말씀의 영향력은 믿는 사람들 안에서 뿐만 아니라 믿지 않는 사람들에게까지 영향을 미치게 되었습니다. 그 결과 그 말씀을 믿는 자들이 더 많아졌습니다. 일전에 예루살렘에 임한 핍박이 유대와 사마리아까지 복음이 확장되는 놀라운 결과로 끝이 났었습니다.

> "그리하여 온 유대와 갈릴리와 사마리아 교회가 평안하여 든든히 서 가고 주를 경외함과 성령의 위로로 진행하여 수가 더 많아지니라"(사도행전 9:31)

이번에도 사탄의 도발은 결국 하나님 말씀의 능력만을 증명해주는 역할을 할 뿐이었습니다. 누가 진정한 역사의 주인인지를 증명해주었습니다. 따라서 야고보의 순교는 하나님의 무능력의 증거가 아니라 하나님의 말씀을 믿는 자는 죽음도 두려워하지 않게 된다는 것을 보여줌으로써 도리어 말씀의 권능을 입증한 사건이었습니다.

사도행전 11:24은 이제 본격적으로 13장부터 이방인 선교로 나아가기 전에, 사도 베드로를 통한 유대 해변 지역과 안디옥까지의 사역이 하나님 말씀의 역사로, 그리고 성령님의 역사로 얼마나 성공적으로 진행되었는지를 보여주는 마무리 구절 중 하나입니다. 바나와와 사울은 예루살렘 교회를 구제하기 위해 올라가 있는 동안 이 모든 과정을 지켜보았습니다. 예루살렘 교회는 흉년으로 경제적 고통을 겪고 있었는데 그 와중에 박해까지 받아 설상가상의 어려움을 만났지만 믿음이 약해지지 않고 말씀은 흥왕하고 믿는 자는 더 많아졌습니다. 안디옥 교회의 두 지도자는 이제 자신들이 예루살렘 교회에 전달해준 구제헌금보다 훨씬 더 많은 영적인 깨달음을 얻어 돌아왔습니다. 물질을 주고 간증을 받아왔습니다. 돌아올 때 마리아의 집의 아들인 '마가라 하는 요한'도 데리고 옵니다.

"바나바와 사울이 부조하는 일을 마치고 마가라 하는 요한을 데리고 예루살렘에서 돌아오니라"(사도행전 12:25)

여기서 마가라 하는 요한을 언급한 것은 사도행전 9:32-12:23까지의 사역을 마무리하는 동시에 13장부터 시작되는 본격적인 이방인 선교 단락을 준비하기 위해서일 것입니다. 이 마가라 하는 요한은 13장에서 사울과 바나바와 한 팀을 이뤄 첫 번째 선교여행에 동행할 것이기 때문입니다. 그런데 마가라 하는 요한은 1차 전도 여행 중간에 예루살렘으로 돌아가 버립니다(행 13:13). 이 마가를 2차 전도 여행에 다시 데려가는 문제를 두고 의견 대립을 하다가 결국 바나바와 바울은 결별합니다. 그래서 2차 전도 여행을 할 때 바울사울은 실라와 한 팀을 이뤄 떠나고, 바나바는 조카이기도 한(골 4:10) 이 마가라 하는 요한을 데리고 떠납니다. 물론 나중에 바울은 이 마가와 화해하고 동역하게 될 것입니다. 어쨌든 이 시점에서 바나바와 바울 두 사람은 예루살렘에서 앞으로 선교할 때 상기할 수 있는 소중한 신앙의 경험을 얻었으며, 동시에 좋은 선교 동역자까지 얻어서 안디옥에 돌아왔습니다.

나가는 말

막을 수도 침묵할 수도 없는 하나님의 말씀

세상 권력자의 '말'이 결코 하나님의 '말씀'을 막아 세울 수 없고 침묵하게 만들 수도 없습니다. 세상의 말이 우리를 가둘지라도, 믿음의 사람들은 믿음으로 곤히 잠을 잘 수 있습니다. 만약 주님의 더 분명한 뜻이 있다면, 우리를 통해서 이루실 사명이 있다면, 주님은 우리의 옆구리를 쳐서 분투하게 하시고 감옥 문을 열어서 나가게도 하실 것입니다. 우리를 향한 그분의 사명이 있는 동안은 어떻게든 주의 말씀이 역사하게 하실 것입니다. 우리는 그 시점을 이해하지 못한다 해도 그 사명이 다했다면, 야고보 사도처럼 이른 안식에 이르게 하실 것입니다.

조국교회가 참 어려운 시기를 맞았고, 그래서 더욱 믿음으로 살려고 애쓰고 있을 것입니다. 그러나 오늘 말씀을 통해 주님께서 '좀 더' 당신의 말씀을 당차게 담대하게 당당하게 전하자고 하십니다. 좀 더 믿음으로 살아내자고 하십니다. 그렇게 하자고 다시 기회를 주시고 우리의 옆구리를 치십니다. 혹시 베드로처럼 오늘 데려가신다 해도 감사하겠다는 심정으로 믿음의 잠을 청하였다면, 이제 어서 깨어 일어나 주의 사자의 뒤를 따라가기를 바랍니다. 부활의 주께서 이끄시는 대로 가기를 바랍니다. 아직 조국교회를 포기하지 않으시는 주님의 마음에 화답하기를 바랍니다.

강력하고도 무상한 세상 권력

톨스토이의 소설 《안나 카레니나》의 주인공 레빈을 다시 생각해보겠습니다.

"인생은 그냥 사는 것이고 선하게 사는 것이다."

"나의 생활 전체는 나에게 무슨 일이 일어나든 그것과 상관없이 매 순간 순간이 이전처럼 무의미하지는 않을 것이다."

인생은 시간 앞에서 숱하게 변하고 예기치 않은 일들이 찾아오고 또 사라질 것입니다. 시간이 우리에게 병을 주기도 하고 또 치유를 주기도 할 것입니다. 시간이라고 말했지만 사실 저에게 시간은 하나님의 다른 이름입니다. 시간 앞에서 인간은 누구든 피조물이 됩니다. 야고보를 죽일 정도로 대단한 권력자 헤롯, 시간은 그를 벌레에게 잡아먹혀 죽는 존재로 만들어버립니다. 감옥 안에 갇혀 죽음을 하루 앞둔 베드로, 시간은 그를 거리를 활보하고 믿음의 공동체에 찾아가는 사람으로 만들어버렸습니다. 그런데 다른 한 사람은 그 시간의 위력을 인정하지 않은 채 자신의 권세에 취해 살았습니다. 하지만 기도하는 공동체는 그 시간의 위력을 알고 겸손하게 엎드린 사람들입니다. 그리고 그들은 그 시간을 주장하시는 분의 말씀의 위엄이 저 칼을 든 헤롯의 권세보다 크다는 것을 한 번 더 경험했습니다. 헤롯의 죽음을 통해서, 베드로의 구출을 통해서 말입니다.

그러니 성도 여러분, 우리도 오늘 우리 몫의 걸음을 걸어갑시다. 고통스러운 일을 만났다고 포기하지 말고, 또 새로운 해가 떠오르면 살아가는 것입니다. 아픈 가슴을 쥐어 안고 선한 길, 저 하늘의 하나님이 원하시는 길, 성령님이 동행해주시는 길, 예수님이 인도해주시는 길을 따라 걸어가는 것입니다. 그러다 보면 주께서 당신의 말씀으로 살리시고 변화시키시고 세우시는 것을 볼 것입니다. 동시에 그분이 당신의 말씀으로 무너뜨리시고 죽이시고 심판하시는 것도 볼 것입니다. 오늘 우리의 걸음, 우리 공동체의 걸음을 통해 이 주님의 창조와 구원의 역사가 나타나길 바랍니다.

함께 기도하겠습니다

주님,

천지분간 못하는 한 권력자에 의해 교회가 핍박을 받고

귀한 사도 한 사람이 순교를 당하는 것을 보면서

한편으로는 너무 허망한 것이 아닌가 하는 생각이 들었지만,

그것이 결코 권력자의 승리나 신앙인의 패배가 아님을

결국 오늘 본문을 통해서 보여주셔서 감사합니다.

그것은 하나님의 아들 예수 그리스도께서 십자가에서 돌아가실 때

이미 일어났던 세상의 반역이었고,

그분의 부활에서 이미 증명되었던 하나님의 승리였는데,

주님 저희는 이런 일이 우리 앞에 닥칠 때마다

믿는 자의 최후의 승리를 확신하기보다는

있을 수 없는 일이 일어난 것처럼 의심하고 낙망하기를

얼마나 잘하는지 모릅니다.

내일이면 동료 야고보처럼 참수를 당할 수 있는 상황에서도

깊은 잠을 잘 수 있었던 베드로의 신앙을 본받고 싶습니다.

주님, 혹시 저희가 낙망이나 자포자기의 잠에 빠져 있다면

저희 옆구리를 쳐서 깨우시고,

일어나 함께 나가자고 말씀하여 주시기를 원합니다.

주님, 저희는 헤롯 아그립바 왕처럼

자신이 벌레에게 먹혀 죽을 수도 있는 연약한 사람인 것을 잊은 채

하나님의 자리를 찬탈하는 오만한 자가 되지 않게 하시고,

그런 불의한 권력에 줄을 대려고 혈안이 되는 사람이 되지 않게 하시고,

불의한 권력의 하수인으로 전락한 삶만은

절대 살지 않도록 지켜주시옵소서.

그래서 저희 자신과 이 시대의 주님의 교회에서

다시 하나님의 말씀이 흥왕하고 더해가는 은혜를 허락하여 주시옵소서.

그 말씀이 고난 속에서 희망을 창조하고,

그 말씀이 절망 속에서

교회를 교회답게 하는 역사를 오늘도 보게 하여 주시옵소서.

사도가 칼에 맞아 죽어도 주님의 역사는 끝나지 않은 것을 믿습니다.

우리의 노력이 결실하지 못하고 내가 기도한 대로 응답되지 않더라도

주님의 살리시는 역사만은 결코 중단되지 않을 것을 믿습니다.

그 믿음으로 오늘도 순종의 자리를 잘 지키게 하여 주시옵소서.

기꺼이 당신의 시간의 손질에 우리를 맡기게 하여 주옵소서.

아멘.

성령에 민감한 선교적 교회

사도행전 13:1-3

안디옥 교회, 이상적인 교회?

오늘은 저희가 안디옥 교회를 통해서 교회의 사명이 무엇이며, 또 교회가 교회다워지려면 어떤 모습을 갖추어야 하는지를 같이 생각해보려고 합니다. 성경에 나온 여러 교회들 가운데 이 안디옥 교회는 교회의 선교적 사명을 생각할 때 참으로 우리의 가슴을 뛰게 하는 멋진 교회입니다. 성경 저자는 선교적 교회의 좋은 모델을 제시하고 싶어서 이 안디옥 교회를 여러 각도에서 기술하고 있는 것 같습니다. 이 교회라고 어찌 연약함이 없었고, 헤쳐가야 할 어려움이 없었겠습니까마는, 저자는 그런 상세한 교회 사정은 생략한 채 안디옥 교회가 긍정적으로 성장하고 적극적으로 성령의 명령에 대답하는 모습을 기록하고 있습니다. 이런 긍정적인 모습에서 교회 됨의 이상을 찾기를 바란 것입니다.

안디옥 교회가 교회에 관한 모든 것을 다 말해주는 것은 아니고, 그래서 교회는 모두 안디옥 교회 같아야 하는 것은 아닙니다. 사도행전의 전개 과정을 고려해야 합니다. 이제 복음이 예루살렘과 유대와 갈릴리와 사마리아 지역 사역을 넘어 땅끝으로 나아가야 하는 단계에 와 있습니다. 하나님께서는 그 사역에 당시 로마제국에서 세 번째로 큰 국제도시였고, 회심한 이방인들이 처음으로 합류한 안디옥 교회가 어떻게 이 지역적 특성을 살려서 시대적 사명을 잘 감당했는지를 보려고 합니다. 그 사명을 감당하도록 하나님께서 어떻게 일꾼과 교회를 준비하셨는지도 볼 것입니다. 그들은 또 하나님께서 부여하신 선교적 사명을 어떻게 파악했고 어떻게 일꾼을 세워 그 일에 냉큼 순종할 수 있었는지도 살펴보려고 합니다.

사도행전 11장에서 안디옥 교회는 두 대표적인 지도자 바나바와 사울을 예루살렘 장로들에게 보내서 흉년을 겪고 있는 예루살렘 교회를 구제했습니다. 이 두 사람이 안디옥 교회 안에서 얼마나 주도적인 위치에 있었는지는 분명하지 않습니다. 우리 시대처럼 담임 목사와 부목사 같은 지위는 꼭 아니었을 것입니다. 왜냐하면 이미 안디옥에 먼저 도착하여 교회를 개척한 일꾼들이 있었기 때문입니다. 처음으로 이방인들이 회심하여 참여하기 시작했다는 소식을 듣고 예루살렘의 사도 교회는 귀한 일꾼 바나바를 보내서 이 헬라파 그리스도인들과 이방인 그리스도인들로 구성된 안디옥 교회가 사도적 전통을 따라서 잘 서 가도록 도왔습니다. 교회가 성장하면서 바나바는 교회를 더 탄탄한 신학적 토대를 닦고 뼈대를 세우기 위해 고향 다소에 내려가 있는 랍비 출신의 학자 사울^{바울}을 불러옵니다. 이때만 하더라도 예루살렘 교회는 물론이고 안디옥 교회 안에서도 그를 사도의 권위를 가진 일꾼으로 인정하는 분위기는 아니었을 것입니다. 그랬다면 예루살렘 교회가 그를 경계했을 리가 없고, 그가 고향 다소까지 내려가 거의 10년 넘게 아예 없는 존재처럼 살게 하지도 않았을 것입니다. 이 두 사람이 합류하면서 안디옥 교회는 세간에 '그리스도인'이라 불릴 만큼 그리스도의 삶을 본받는 것을 특징으로 하는 뚜렷한 정체성을 가진 교회가 되었고, 바나바와 사울 두 사람을 예루살렘 교회로 보내서 흉년을 겪는 모교회, 즉 예루살렘 교회를 물질적으로 도울 만큼 성장합니다. 그러니까 안디옥 교회는 순회선교사들을 통해서 개척되었고, 예루살렘이 파송한 선교사 바나바를 통해서 양육을 받았고, 선교사 사울을 통해서 신학적으로 탄탄한 교회가 되어 주변에 선교적 교회로서 존재감을 드러냈고, 자신들을 영적으로 도왔던 예루살렘 교회를 물질적으로 돕는 선교적 교회가 된 것입니다. 누구든 교회를 개척하면 이 안디옥 교회처럼 세우고 양육하고 자라서 어엿한 교회가 되기를 바랄 것입니다.

바나바와 사울 두 사람이 구제를 위해 예루살렘에 있는 동안 예루살렘의 교회와 흉년보다 더 무서운 일을 함께 겪었습니다. 그 기간에 헤롯이 주도하고 유대인들이 가담하여 교회가 핍박을 받았고, 결국 요한 사도의 형제 야고보 사도가 참수형을 당하고 수제자 베드로가 붙잡혀 투옥되기도 했습니다. 그들은 요한 마가의 어머니 마리아의 집에 머물면서 이 베드로를 위해 기도했고, 또한 교회가 이 박해를 믿음으로 잘 감당할 수 있도록 기도했습니다. 그 기도에 하나님께서 응답하셔서 베드로는 기적 같이 감옥에서 빠져나옵니다. 이 일을 겪은 다음 바나바와 사울은 이제 1차 선교여행에 동참할 마가라 하는 요한을 데리고 안디옥 교회로 돌아옵니다. 그러고 나서 얼마나 시간이 더 지났는지 모릅니다. 이제 안디옥 교회는 전혀 새로운 전환기를 맞았습니다.

다양한 지도자들

정확히 언제 안디옥 교회가 세워졌는지는 모릅니다. 다만 사울이 합류한 지 1년 남짓 되었습니다. 11장 26절은 바울이 교사로서 활동하기 시작하면서 큰 무리가 생겼고, 제자들이 안디옥에서 '그리스도인'이라는 선명한 정체성을 가진 존재가 되었다고 말합니다. 큰 변화입니다. 로마 제국에서 세 번째로 큰 도시 안디옥에서 그리스도인들은 비록 소수였을지 몰라도 그 존재감만은 뚜렷했습니다. 수적으로만 생각하면 안디옥 인구 전체 가운데 아직 극소수에 불과했을 테지만, 그리스도인이라는 자의식을 뚜렷하게 갖고 구별된 특징을 보이면서 사는 자들이 되었으니, 세상이 주목하지 않을 수 없었을 것입니다. 안디옥 사람들은 그들이 그렇게 사는 이유가 그들이 '그리스도메시아'라고 부르는 예수 때문이라는 것도 알고 있었습니다. 그래서 그들을 "그리스도를 따르는 자들"이라는 의미로 '그리스도인'이라고 불렀습니다. '그리스도인'이라는 명칭이 그들을 조롱하는 말인지 아니면 칭송하는 말인지는 분명하지 않습니다만, 조롱에 더 무게를 둘 수 있을 것 같습니다. 하지만 이 '그리스도인'이라는 정체성은 각각 그 정체성이 달랐던 히브리파 유대인 신자, 헬라파 유대인 신자, 사마리아 출신의 신자, 이방인 신자들을 그리스도 안에서 하나로 모을 수 있는 정체성이 되었고, 그들이 모두 공유하는 공통의 이름이 되었습니다.

제가 사도행전 시리즈를 쓰고 또《매일성경》과《묵상과 설교》를 만들면서 꿈꿔온 것이 있습니다. 이 땅이 '성서조선'이 되고 그리스도인들이 '묵상인'이 되는 데 기여하는 것입니다. 성경으로 명징하게 시대를 분간할 수 있는 그리스도인이 되게 하고, 왜 성경과 교회가 이 시대의 대안인지를 알 뿐 아니라 살아내는 그리스도인이 되게 하는 것이 꿈입니다. 제가 광주소명교회를 시작하면서 품은 꿈도 그와 같습니다. '소명인'이라고 불리면 그는 아는 것과 사는 것, 믿는 것과 사는 것, 소망하는 것과 사는 것이 일치하는 사람이라는 뜻이 되게 하는 것이 저의 꿈입니다. 사랑이 무엇인지를 고민하면서 그 사랑을 다채롭게 표현하는 사람들, 남이 잘 되는 것을 기뻐하는 이타적인 사람들, 남의 고통을 내 것으로 여기며 기도하고 손을 내밀어주는 '공감의 사람들', 말귀를 잘 알아듣고 깊이 배려하며 말하는 '소통의 사람들', 그러면서도 인간에 대한 예의를 잘 지키는 '인간미 넘치는 사람들', '소명인'광주소명교회 교인이라는 말이 그런 뜻이 되기를 바라고 있습니다. 어느 규모의 교회이든지 간에, 주께서 주신 사람들 간에 서로 가족이 되어 가는 공동체가 되고 싶습니다. 그래서 우리끼리의 모임이 아니라 바깥을 향해서도 그 존재감을 뚜렷히 드러내는 교회가 되고 싶습니다. 안디옥의 그리스도인들이 그랬습니다.

그런데 생명은 변합니다. 생명이기 때문에 변합니다. 생명은 성장하고 성숙해집니다. 머물러 있으면 죽은 것입니다. 성도의 변화의 주도권은 하나님이 쥐고 계십니다. 생명은 생명의 창조자와 주권자에게 화답합니다. 생명 있는 안디옥 교회가 성장하면서 이제 그들이 감당할 역할도 달라졌습니다. 교회 안에는 다양한 역할을 하는 지도자들이 생겼습니다. 교회가 시작할 때 필요한 종류의 사람과 성장한 교회에서 필요한 종류의 사람은 다릅니다. 건강한 교회가 되려면 교회의 성장 단계마다 적절한 사역자가 충원되기도 하고 교체되기도 해야 합니다. 현재 안디옥 교회 안에는 어떤 사역자들이 있었는지 1절에서 보여줍니다.

"안디옥 교회에 선지자들과 교사들이 있으니 곧 바나바와 니게르라 하는 시므온과 구레네 사람 루기오와 분봉왕 헤롯의 젖동생 마나엔과 및 사울 이라"(사도행전 13:1)

안디옥 교회를 섬기는 다섯 명의 지도자가 소개되고 있습니다. 그들의 역할은 크게 두 가지였습니다. 선지자[32]와 교사[33]. 그런데 누가 선지자이고 누가 교사인지 본문만으로는 알 수 없습니다. 한 사람이 선지자와 교사 역할을 다했을 수도 있고, 한 가지만 하는 지도자도 있었을 것입니다. 선지자들과 교사들이 더 있는데, 그 중에서 가장 대표적인 사람 다섯 명만 언급했을 수도 있습니다. 그런데 저자가 언급하고 있는 사람들을 보면 이 공동체의 성격을 가늠할 수 있습니다.

바나바는 우리가 이미 잘 알고 있는 사람입니다. 그는 구브로 출신의 레위 지파 사람입니다. 오순절 성령 강림 사건 이후로 회심한 대표적인 예루살렘의 성도였습니다. 얼마나 사랑이 많던지 교회가 그에게 붙여준 별칭이 바나바 즉 '위로의 아들'이었습니다. 그는 경계하고 있던 사도들과 연결해주었고, 안디옥에 파송되어 안디옥 교회와 예루살렘 교회, 그러니까 이방인과 헬라파 유대인들이 주축이 된 교회와 히브리파 유대인들이 주축이 된 교회를 연결하는 역할을 했습니다. 따스한 목회자의 이미지가 떠오르지 않습니까? 그가 맨 먼저 언급된 것을 볼 때 안

---

32 사도행전에 나오는 교회 안의 선지자로는 아가보(11:28; 21:10), 유다와 실라(15:32), 빌립의 딸들(21:9)이 있다.

33 1세기 교회 안에서 선지자와 교사, 사도의 역할과 기능이 명확하게 구분되어 있었다고 보기 어렵다. 가령 베드로, 바울, 바나바는 사도이자 선지자이며 동시에 교사였다.

디옥 교회에서 매우 중요한 역할을 한 것 같습니다.

그 다음에 나오는 사람은 "니게르라 하는 시므온"입니다. '니게르'는 '검은 자'라는 뜻입니다. 나중에 니그로nigro라고 하는 말이 이 단어에서 유래되었습니다. 그는 아마도 북아프리카 출신의 흑인이었을 것으로 추측합니다. 혹자는 그를 구레네 시몬과 같은 인물로 보기도 하는데, 누가복음 23:26에 나오는 시몬과 철자가 다른 것을 볼 때 다른 사람일 가능성이 큽니다. 또 그다음에 나오는 사람은 니게르처럼 북아프리카의 구레네 출신 루기오입니다. 그를 구레네 출신이라고 언급한 것을 볼 때 니게르라 하는 시므온은 구레네 출신이 아닌 것으로 보입니다. 안디옥 교회에 복음을 전하러 와서 교회를 세운 복음 전도자들이 누구였었는지 기억하십니까?

"그 때에 스데반의 일로 일어난 환난으로 말미암아 흩어진 자들이 베니게와 구브로와 안디옥까지 이르러 유대인에게만 말씀을 전하는데 그 중에 구브로와 구레네 몇 사람이 안디옥에 이르러 헬라인에게도 말하여 주 예수를 전파하니"(사도행전 11:19-20)

구브로와 구레네 출신 전도자들이 안디옥 교회를 개척했습니다. 그렇다면 이 루기오는 그 전도자 중 한 명이었을 수 있습니다. 순회 전도자였던 그는 계속 안디옥에 머물러 안디옥 교회의 지도자가 된 것입니다.

네 번째 사람은 "분봉왕 헤롯의 젖동생 마나엔"입니다. "젖동생"은 수양 형제라는 뜻입니다. 같이 젖을 먹고 자란 사이라는 뜻입니다. 그렇다면 혈육을 가리킬 수도 있지만, 아무래도 절친한 친구 사이를 의미할 가능성이 더 큽니다. 궁정 신하를 의미할 수도 있습니다.[34] 이 분봉왕 헤롯은 빌라도와 함께 예수님을 십자가에 죽인 바로 그 헤롯 안티파스입니다. 그도 예수님에 대해서 관심이 있어서 그를 만나보고 싶어 하기는 했습니다. 하지만 실제 예수님을 만나보고는 전혀 영향을 받지 않았습니다. 권력자의 눈에 비친 예수는 자신의 권력에 손해가 될 존재에 불과했습니다. 함께 젖을 나눠 먹던 친구들이 똑같이 복음을 들었는데, 한 사람은 예수님을 죽이는 데 참여하고 다른 한 친구는 친구가 죽인 예수를 믿고 그를 전하는 전도자가 되고 교회의 지도자가 된 것입니다. 이제 마지막으로 언급하는 안디옥 교회의 지도자는 '사울'입니다. 우리가 아는 그 사도 바울입니다. 맨 나중에 리더십에 참여했지만, 이후 선교 사역에서 가장 두드러진 역할을 할 것이기 때문에 가장 나중에 언급한 것 같습니다. 바나바를 맨 처음에, 사울을 맨 나중에 소개함으로써 두 사람을 강조하고 있습니다.

우리는 이 다섯 지도자들을 보면서 안디옥이 국제적인 항구 도시이듯이 안디옥 교회도 매우 다양한 지역의 출신들이 모였을 것이라고 짐작할 수 있습니다. 인종도 다르고 출신도 다릅니다. 사회적 지위도 다릅니다. 이전에 믿던 종교도 다릅니다. 학식의 차이도 뚜렷합니다. 그런데 그들이 모여서 교회의 리더십을 형성하고 있습니다. 이런 다양성과 그리스도 중심성이 교회의 중요한 특징입니다. 이렇듯 교회는 예수 그리스도의 복음 아래 한마음과 한뜻을 품고 그분의 나라와 그분의 의를 추구하고 그리스도의 한 몸을 이루어가면서 동시에 한 사람 한 사람의 특성을 존중하여

---

34 대럴 벅(전용우), 《사도행전》(부흥과개혁사, 2019), 565.

다양성을 살리는 곳이어야 합니다. 획일성이 아니라 조화를 추구하는 곳입니다. 사랑과 배려, 환대와 인내를 통해서 만들어가는 유기체적 공동체입니다. 화음을 잘 조율한 교향악단으로 비유해도 좋고, 멋지게 어우러진 군무라고 해도 좋을 것입니다.

다양한 사람을 환대할수록 우리는 다양한 하나님을 만날 수 있습니다. 하나님을 믿는 사람의 수만큼 우리는 다른 하나님을 경험할 수 있습니다. 서로 깊은 관계로 연결될수록 새로운 하나님을 함께 풍성하고 다채롭게 경험할 수 있습니다. 누군가를 내가 가진 지식이나 경험 안에 가두려 하지 않고 지체의 도움으로 내가 새로운 세상으로 나아가고, 나의 도움으로 지체가 새로운 차원을 경험하게 해줄 수 있는 곳이 교회입니다. 도움을 주고받는 영역도 다양합니다. 영적인 가르침을 주고 물질적인 도움을 받는 이들도 있고, 그 반대도 있습니다. 정서적인 상담을, 기도를, 섬김을 받기도 합니다. 다양한 은사들을 통해 교회는 교회다워집니다. 사람은 사람다워집니다.

이 다섯 명의 안디옥 교회 지도자들이 서로 어떤 역할을 맡았는지는 모릅니다. 우리 시대의 당회나 운영위원회와 어떻게 같고 다른지 알 수 없습니다. 다만 그들의 역할이 선지자의 역할과 교사의 역할이었다고 말해주고 있습니다. 어떤 은사가 더 중요하고 덜 중요하다는 식으로 나누지 않았고, 은사나 역할에 따라서 계급이 생기지도 않았습니다. 교회는 다양한 은사를 가진 분들이 저마다 소중하게 인정을 받고, 귀하게 여겨 주고, 또 그 역할을 발휘할 자리를 잘 마련해주어야 합니다. 한 사람이 너무 오래 한 자리에 머물러 권력이 되는 일이 없게 하고, 지체들의 은사를 발견하고 계발하고 격려하는 일도 같이해야 합니다.

교회에는 다양한 배경을 가진 이들이 모입니다. 살아온 내력이 다르고 신학적인 배경도 다르고 교회에서 채우고 싶은 필요도 다릅니다. 교회와 목회자를 향해서 품는 기대가 다릅니다. 그래서 사역자는 나름의 목회 철학을 갖고 있지만 그것을 고집할 수는 없습니다. 자기 것을 포기한다고 해서 절로 하나가 될 수 있는 것도 아닙니다. 서로를 존중하는 마음이 더 중요합니다. 존중하는 만큼 자기 것을 내려놓게 되고 상대의 것을 수용하게 됩니다. 서로 잘 귀 기울여서 여태 신실하게 섬겨온 시간들이 한 교회에서 멋진 그림으로 녹아들고 스며들고 번지도록 마음을 열면, 우리는 다른 데서 볼 수 없는 그리스도의 한 몸을 보게 될 것입니다.

안디옥 교회를 통해서 우리는 교회가 교회 되는 일에 가장 큰 장애물 중 하나가 어쩌면 '차별'일 수 있겠다는 생각도 해봅니다. 성적 차별, 인종적 차별, 사회적 지위의 차별, 학력 차별, 종교적 배경의 차별, 지역적 차별이 있었다면, 우리가 아는 그 안디옥 교회는 존재할 수 없었을 것입니다. 있었더라도 갈등과 분열만 있는 인간 집단에 다름 아니었을 것입니다. 아무도 그들을 그리스도를 따르고 그리스도를 닮은 '그리스도인'이라고 불러주지 않았을 것입니다. 안디옥 교회는 분열로 상처투성이가 된 우리네 교회가 다시 배워야 할 조화로운 교회입니다. 주님은 이방인 선교의 고귀한 과업을 이렇게 한마음과 한뜻이 된 선교 공동체에 맡기고 있습니다. 그들이 전해야 할 복음, 그들에게 맡기시는 복음이 바로 평화의 복음, 안식의 복음, 하나 됨의 복음이기 때문입니다.

교회의 소통 방식

이 지도자들을 하나로 묶어주고 또 그들이 지도자로 잘 서게 해주는 요인은 무엇이었을까요? 본문에는 그 모든 요인들이 다 나오지는 않았습니다. 여러 요인들이 있었을 것입니다. 하지만 2절을 보시면 "주를 섬겨 금식할[35] 때에"라는 말이 나옵니다. 여기 금식은 바로 위에 나온 다섯 지도자들이 하고 있는 금식을 말합니다. 그런데 그들이 어떤 특정한 목적을 위해서 '금식'했다는 언급이 따로 없습니다. 대개 하나님의 뜻을 구해야 할 때, 혹은 깊이 죄를 뉘우치고 하나님께 돌아가야 할 때, 혹은 간절하게 간구할 일이 있을 때 금식합니다. 그런데 그들은 "주를 섬겨" 금식하였다고 말합니다. 주님을 잘 섬기기 '위해서' 금식했다는 뜻이 아니라, 금식을 주님을 섬기는 일로 여겼다는 뜻입니다. 금식 자체를 주님을 섬기는 일로 간주한 것입니다. 주님을 향한 우리의 간절함을 더 어필하기 위해서, 그리하여 자신들이 바라는 무언가를 얻어 내기 위해서 금식한 것이 아니었습니다. 다만 금식은 성도다운 성도, 교회다운 교회로 섬기고자 하는 간절함의 한 표현이었습니다.

당면한 심각한 이슈가 없는데도 금식했다면, 그들의 금식은 하나님과 교제하는, 하나님을 섬기는, 하나님을 예배하는 그들의 일상적인 방식 가운데 하나였을 것입니다. 더군다나 교회가 잘 성장하고 좋은 평판을 얻는 상황에서, 그러니까 별 긴장이나 어려움이 없는 상황에서 지도자들이 모두 금식했다는 것은 평상시 그들이 얼마나 하나님을 향하여 순전한 믿음을 지켰는지를 엿볼 수 있게 합니다. 그들은 하나님을 한결같이 의지하는 사람들이었습니다.

금식을 한다는 것, 곡기를 끊는다는 것은 죽는다는 뜻입니다. 죽음의

---

35 현재형을 쓰고 있는데 이것은 규칙적인 금식을 표현하는 시제이다.

의식입니다. 욕망을 끊는 것, 죄를 끊는 것을 표현하며, 절대적인 헌신의 마음, 빈 마음, 가난한 마음을 구하는 일입니다. 내 자아가 죽고 내 안에 주께서 사시기를 원한다는 고백입니다. 먹지 않고 기도하면서 그들은 빈 마음으로 기도했습니다. 그 빈 공간에 성령께서 자유롭게 노닐고 말씀하시고, 그래서 자신들이 한 번도 안 가본 신앙의 영역으로 나아가게 하시기를 구했습니다. 생각지 못했던 용기와 담대함을 얻고, 겸손과 온유와 평강을 누릴 수 있게 하시기를 구했습니다. 그렇게 금식으로 형성된 공간이 있을 때 나와 생각이 다른 지체들, 나와 배경이 다른 지체들이 자유로이 노닐 수 있습니다. 하나님께서 원하시는 것을 하나님 뜻대로, 하나님 맘대로 하시도록 맡겨드리는 공동체에 주님께서 더 풍성하게 말씀하실 것입니다.

그런 공동체 안에 하나 됨이 이루어지는 것은 당연한 일일 것입니다. 리더들이 누구든 주를 바라보고 그분의 영광을 구하고 그분의 나라를 사모한다면, 정말 아름답게 연합된 리더십이 형성될 것입니다. 교회다운 교회는 어떤 교회입니까? 금식으로 주님을 섬기는 교회입니다. 지도자가 먼저 금식으로 기도하면서 하나님 중심의 사고를 하는 교회입니다. 문자 그대로의 금식이 아니더라도 철저하게 자아를 부정하고 자기 십자가를 지고 사는 지도자, 하나님의 은혜로만 살기를 간절히 바라는 지도자들이 있는 교회, 그런 지도자들이 주님을 섬기듯 성도들을 섬기는 교회, 그런 교회가 교회다운 교회로 주님이 원하시는 더 큰 사명, 더 선구자적인 사명을 감당할 수 있습니다. 그 사명은 더 유능한 사람이 아니라 더 큰 믿음의 사람, 더 큰 영적 상상력을 가진 자들이 해낼 수 있기 때문입니다.

성령의 음성에 민감한 교회

지도자들이 금식을 통해 주님을 섬기고 있을 때, 성령께서 그 교회를 향한 새로운 뜻을 보여주셨습니다.

"주를 섬겨 금식할 때에 성령이 이르시되 내가 불러 시키는 일을 위하여
바나바와 사울을 따로 세우라 하시니"(사도행전 13:2)

성령이 하시는 말씀을 듣다

성령께서 직접 말씀하셨습니다. 그런데 본문은 성령께서 구체적으로 누구에게 어떻게 말씀하셨는지는 말하지 않습니다. 성령께서 아주 중요한 명령을 하셨는데, 누가 들었는지 그리고 어떻게 들었는지는 전혀 모릅니다. 다만 사도행전에서 성령께서 교회에게 직접 명령하시는 대목은 여기가 유일합니다. 결과적으로 다섯 지도자들은 물론이고 안디옥 교회 전체 교인들이 두 사람 '바나바와 사울을 따로 세우는 것'이 성령께서 말씀하신 하나님의 뜻이라는 것만은 분명히 알아들었습니다. 당연히 바나바와 사울 두 사람도 내적으로 그 메시지를 받았을 것입니다. 저는 그들이 금식하면서 마음밭을 형성하였기에 성령께서 하시는 말씀을 더 잘 알아들었으리라 생각합니다. 개인이든 공동체든, 신앙이 자란다는 것은 바로 하나님의 뜻을 향한 '감'과 '촉'이 예민해진다는 뜻입니다.

성령께서는 이제 안디옥 교회가 새로운 차원으로 넘어가야 할 때가 되었음을 알게 하셨습니다. 순회 전도자들이 교회를 개척했고 바나바가 기반을 닦았고 사울바울이 견고한 뼈대를 갖추고 살이 오르게 했습니다. 어느덧 안디옥 교회는 자기 교회 안에만 머물지 않고 예루살렘 교회의

필요를 민감하게 간파하고 실천적으로 섬길 줄 아는 교회가 되었습니다. 예루살렘 교회를 도울 만큼 재정적으로도 안정된 교회였습니다.

그때 성령의 음성에 가장 민감했을 사람이 누구였겠습니까? 사울, 즉 사도 바울이었을 것입니다. 왜냐하면 그는 다메섹 가는 길에 부활하신 예수님을 만나는 자리에서 왜 예수님이 자신을 용서하시고 증인으로 부르셨는지 알았기 때문입니다. 즉 그는 사명을 아는 사람이었습니다.

> "주께서 이르시되 가라 이 사람은 내 이름을 이방인과 임금들과 이스라엘 자손들에게 전하기 위하여 택한 나의 그릇이라 그가 내 이름을 위하여 얼마나 고난을 받아야 할 것을 내가 그에게 보이리라 하시니"(사도행전 9:15-16)

사울은 이방인들이 다수를 차지하는 안디옥 교회로 부름을 받았을 때 이 하나님의 계획이 차츰 성취되어 가고 있다고 느꼈을 것입니다. 당연히 바나바도 사울의 사명을 들어서 알고 있었을 것입니다. 하지만 언제, 어디에서, 어떤 방식으로 그가 이방인과 임금들과 이스라엘 자손들을 상대로 복음을 전하도록 보냄을 받을 것인지에 대해서는 전혀 알 길이 없었습니다.

그런데 금식으로 기도하는 중에 그들은 이제 앞으로 안디옥 교회가 할 일은 안디옥 안에서 더 큰 교회로 발돋움하는 것이 아니라, 안디옥이라는 지리적 경계를 넘어서는 사역을 하는 것이라는 영적 도전을 받았습니다. 한 자리에서 성령의 한 음성을 들은 것이 아니라면, 다른 지도자들 역시 다른 방식으로 그것을 느꼈거나 공감했을 것입니다. 당연히 지도자들과 교회는 서로 교회의 비전에 대해서 충분히 대화를 나누기도 했을 것입니다. 지도자들은 성도들과 그 뜻을 공유했을 것입니다. 하나님께서 성령님을 통해 바나바와 사울을 따로 세우도록 오해의 여지가 없을 만큼 선명한 방식으로 알려 주셨을 수 있지만, 성령께서 명령하신 것이 온 교회에게 하나님의 뜻으로 받아들여지기까지 그들은 치열한 토의와 기다림과 기도가 있었을 것입니다. 상명하달의 방식으로 지도자들이 발표하지는 않았을 것입니다.

금식으로 다져진 그들의 관심은 안디옥 교회 안에 머물지 않았습니다. 그들의 관심은 '하나님 나라'였습니다. 사도행전 1장 8절에서 예수께서 제자들에게 남겨두신 사명이자 약속을 그들은 알고 있었고 기억하고 있었습니다. 그래서 이제는 다음 단계, 즉 이방인들이 있는 땅끝으로 나아가야 할 때가 되었고, 그 일을 놀랍게도 사도들이 있는 예루살렘 교회가 아니라 이방인들이 교인으로 참여하고 있는 안디옥 교회 자신들을 통해서 이루시는 것이 하나님의 뜻이라고 판단했다는 것이 중요합니다.

두 핵심 지도자를 파송하다

바나바와 사울이라고 하는 교회의 가장 중요한 두 일꾼이 빠지는 것을 무릅쓰는 결정이었기에, 이를 하나님의 뜻으로 확신하기는 쉽지 않았을 것 같습니다. 안디옥 교회 자신들이 심각하게 약화될 위험을 감수하면서 하나님께서 과연 이 일을 원하실까 하는 의구심도 들었을 것입니다. 만약 교회의 지도자들이 자기 교회만 생각했다면, 또 변화보다 안정을 원하는 성도들의 바람만을 생각했다면, 그들은 이렇게 두 사람을 따로 세울 수 없었을 것입니다.

다른 한편으로, 그럼에도 불구하고 이 두 핵심적인 일꾼들을 선교사로 파송하기로 결정할 수 있었던 것은 이미 두 사람의 역할을 대체할 수 있는 다른 일꾼들이 양육되었기 때문일 수 있습니다. 여기에 어떤 평신도와 성직자의 구분이 있었다는 암시를 찾아볼 수 없습니다. 물론 사도 바울의 위치는 교회사적으로 매우 독특했지만, 아직은 그를 열두 사도와 비슷한 정도의 권위를 가진 일꾼으로 인정하는 분위기는 아닙니다. 따라서 그를 대체하는 역할을 다른 사도가 아닌 일반 성도들이 담당했을 수 있습니다. 여기에 나오는 교사들과 선지자들은 그들의 직분이 아니라 그들의 사역을 뜻하는 명칭들 같습니다. 사도나 장로나 집사로서 그들은 선지자가 되기도 하고 교사가 되기도 했던 것입니다. 바울 장로와 바나바 장로 외에 다른 장로들이 존재했을 수 있습니다. 바나바와 사울에 미치지는 못했을지라도 성령님 보시기에는 성도들을 양육할 만한 지도자들이 안디옥 교회에 이미 충분히 세워져 있었던 것입니다. 그러니 바나바와 사울이 빠지더라도 교회가 흔들릴 일은 없다고 보셨고, 그 결과 둘을 이제 다른 사역지로 보내기로 하신 것입니다. 아마 바울과 바나바에게만 절대적으로 의존하는 교회였다면, 그들은 이 명령을 하나님의 뜻으로 판단하기가 어려웠을 것이고 판단했더라도 순종하기가 어려웠을 것입니다. 하지만 이 교회를 맨 처음 개척한 순회사역자들이 이미 안디옥 교회의 든든한 일꾼으로 섬기고 있었기에 가능했습니다.

교회 안에서 신학을 공부한 목사의 역할이 여전히 중요하지만, 성경의 원리에 따라 신앙생활을 잘해온 장로들과 집사들이 영적인 지도자들로 성도들을 양육하는 일에 참여해야 합니다. 또한 안디옥 교회처럼 우리 교회에 대한 관심에서 더 나아가 이 시대 이 지역에서 우리 사역자들

과 교회가 감당하기 원하는 사명이 무엇인지를 잘 살피고 고민해야 할
것입니다.

공동체가 함께 결정하다

안디옥 교회가 의사결정을 하는 모습을 보면 우리가 생각하는 것보다
는 바나바와 사울이 절대적인 권위를 가진 것은 아니었던 것처럼 보입니
다. 그들 역시 공동체의 구성원으로서 다른 사람들의 말에 귀를 기울이
고, 다른 사람들이 결정해준 대로 따라야 하는 자리에 있었습니다. 교회
안에서 담임 사역자나 목회자의 권위나 목회 철학, 그리고 지도자의 비
전이 중요하지만, 그것을 격려하고 도전하고 통제할 만큼 건강한 수평적
리더십도 잘 형성해야 합니다. 목회자가 목회계획을 세우고 비전을 제시
한다 해도 그것이 다른 지도자들이나 성도들에게 호응을 얻지 못하면 성
령의 생각이 아닐 수도 있고, 지금이 좋은 시기가 아닐 수도 있다고 생각
해야 마땅합니다. 지도자에게 매번 하나님의 뜻을 분별하는 더 특별한
능력을 주시는 것은 아닙니다. 지도자의 성령님은 공동체의 성령님도 되
신다는 것을 기억할 필요가 있습니다.

순종하는 공동체

이제 지도자들 간에, 그리고 안디옥 교회 안에 성령님의 뜻이 분명해
졌습니다. 그들은 여러 과정을 통해 성령께서 원하시는 것이 무엇인지
알게 되었습니다. 물론 그들은 앞으로 이 바나바와 사울이 얼마나 오래
같이 동역할 것인지, 또 어느 지역으로 가서 어떤 성과를 이룰 것인지, 자
신들의 교회가 이 사역에 어떤 역할을 감당하게 될 것인지 세세한 것까

지는 알지 못했을 것입니다. 교회는 늘 안 만큼 순종할 뿐입니다. 주도면밀하게 내일을 예측하여 준비하고 실행해도 우리가 전혀 생각하지 못한 문제는 항상 일어납니다. 안디옥 교회는 순종했습니다. 그 순종의 모습을 다음과 같이 묘사하고 있습니다.

"이에 금식하며 기도하고 두 사람에게 안수하여 보내니라"(사도행전 13:3)

여기 언급된 금식과 기도는 2절과는 성격이 좀 다릅니다. 하나님의 뜻을 묻고 그분의 능력과 인도하심을 구한다는 의미에서는 같지만, 이번에는 바나바와 사울을 따로 세워 보내는 아주 구체적인 일을 두고 금식하며 기도하고 있기 때문입니다. 교회는 두려운 마음으로 주님의 뜻이라고 확신한 일을 실행하기 시작합니다. 안디옥 교회가 할 수 있는 역할은 크기도 하고 작기도 했습니다. 이제 성령께서 이 두 사람을 책임져주셔야 합니다. 분명 험한 길이 될 것입니다. 또한 바나바와 사울 앞에 놓인 사역은 두 사람만의 일이 아닙니다. 안디옥 교회가 하는 일입니다. 두 사람이 가는 곳에 안디옥 교회가 같이 가는 것입니다. 두 사람에게 선교비만을 보내는 것이 선교의 전부는 아닙니다. 선교는 교회가 하는 것입니다. 교회가 교회를 세우는 일이 선교입니다. 바울과 바나바는 준비된 사람이었기에 가는 곳마다 교회를 세우고 제자들을 양육할 수 있었을 것입니다.

만약 바울이 주후 32/33년에 회심했다면, 이 때는 주후 45년 정도 됩니다. 그러니까 회심하고 나서 그 유능한 사도 바울이 처음 부르신 그 목적을 이루기 위해서 선교사로 나선 것은 그로부터 12, 3년이 흐른 뒤였던 것입니다. 그동안 긴 기다림이 있었고 준비가 있었고 교회를 세워본 경험도 있었습니다. 그동안 신학도 영글었을 것입니다. 선교지에서는 여기에서보다 훨씬 더 강력한 신학적 도전을 만날 것인데, 그때를 위해 그는 책상 위에서, 예루살렘의 사도들과의 만남을 통해서, 그리고 이방인들이 참여한 안디옥 교회를 세우면서 준비했던 것입니다. 그러고도 부족하여 탁월한 목회자인 바나바와 그의 조카 마가까지 동행했습니다. 그들은 참 이상적인 팀이었습니다. 신학자 바울과 목회자 바나바, 그들이 한 팀이 되어 선교지에 나갑니다. 그들은 작은 안디옥 교회였습니다.

교회는 그들을 안수하여 보냈습니다. 선교사로 공식적으로 임명하는 안수일 것이고 또 성령께서 충만하게 역사하시고 그들에게 주신 은사가 잘 발휘될 수 있게 해달라는 의미로 안수했을 것입니다. 바나바와 바울, 그들은 '보냄을 받았'습니다. 저는 이것이 사역자의 숙명이라고 생각합니다. 어쩌면 우리 모두는 그렇게 성령께서 보내신 곳에 있어야 합니다. 직장을 구할 때도 성령께서 보내신 곳인지 잘 분별해야 합니다. 공동체에게 기도를 요청하십시오. 분별이 필요할 때면 지도자에게 조언도 구하십시오. 직접 찾아와 듣기도 하고 말씀을 잘 듣고 묵상하면서 성경적 세계관을 잘 형성한다면, 그것을 통해서도 성령의 음성을 잘 들을 수 있을 것입니다.

교회의 중요한 특징이 바로 이 '거룩한 수동성'입니다. 금식하면서 기도하는 신중함과 두려움, 이런 수동성이 사라지면 교회는 인간의 탐욕이나 시대정신에 더 영향을 받을 수밖에 없습니다. 우리 각자와 우리가 속한 교회를 향한 하나님의 뜻을 묻기보다는 이 시대에 통하는 교회, 사람들이 소파에 파묻힌 듯 편안하기만 한 교회가 되려는 유혹을 받게 될 것입니다.

이렇게 11장에서는 바나바와 사울 두 사람을 보내서 예루살렘 교회를 경제적으로 지원했던 안디옥 교회가, 13장에서는 두 사람을 이방인들 가운데로 보내고 있습니다. 안디옥 교회는 그렇게 철저하게 선교적교회였습니다. 선교는 자신의 존재를 떼어주는 일입니다. 그래서 선교는 '환대'의 행위입니다. 선교는 대상에게로 가서 말로 복음을 전하는 일이지만 그 차원에 그치지도 않습니다. 선교는 외국으로 선교사를 파송하는 일일 뿐 아니라 우리가 사는 지역에 우리 자신의 존재를 떼어주며 그들을 환대하는 일입니다. 선교하는 일보다 선교적 존재가 되는 것을 우선합니다. 사람들이 교회로 찾아오게 하는 일뿐만 아니라 구심력적 교회, 세상을 향해 성도들이 나아가 하나님 백성으로 사는 모든 일 원심력적 교회이모두 교회가 하는 선교입니다. 성도들이 마을로 가고, 가정으로 가고, 직장으로 가고, 학교로 갑니다. 교회인 성도들이 가는 곳마다 그곳이 선교적 영역이 됩니다. 가령 우리 주변에 노동자로 와 있는 캄보디아 사람들을 잘 섬기는 것이 캄보디아에 선교사를 파송하는 것만큼이나 중요한 선교가 됩니다.

안디옥 교회가 어떻게 시작되었습니까? 스데반의 박해로 흩어졌던 자들이 세운 교회(행 11:19)였습니다. 그들이 흩어져 '말씀'을 전했습니다. 유대인에게만 전하지 않고 이방인들에게도 처음으로 복음을 전하기 시작했습니다. 편견을 깬 발상으로 안디옥 교회가 태어났습니다. 그런데 이제 안디옥 교회는 거기서 더 나아가 다시 그보다 더 넓은 곳으로 사람을 보내고 있습니다. 하나님의 말씀을 가장 잘 준비한 두 사람을 흩고 있습니다. 한 번은 박해를 통해서, 다른 한 번은 성령을 통해서 흩어졌습니다. 이제 우리도 흩어져야 합니다. 말씀을 갖고 흩어져야 합니다. 우리가 여러 선교사님들을 돕고 선교단체를 돕는 일, 우리가 사는 동네를 살리기 위해 하는 일, 그것이 바로 흩어지는 선교사역입니다.

이제 우리는 선배들의 시대보다 더 개혁적으로, 더 담대하게 경계를 넘는 교회가 되어야 합니다. 왜 그렇습니까? 그만큼 이 시대의 교회가 망가졌기 때문입니다. 본질에서 벗어나 부차적인 것에 매달려 있기 때문입니다. 그러나 본질은 늘 급진적입니다. 본질은 늘 혁명적입니다. 혁명은 본래 생명의 모습으로 바꾸어 내는 걸 말합니다. 가죽에 붙은 불순물을 없애고 진짜 가죽이 되는 것, 참 모습을 갖게 하는 일이 혁명입니다. 섬뜩한 측면도 있습니다. 그래서 혁명은 늘 춤추면서 해야 합니다. 노래하면서 혁명해야 성공할 수 있습니다. 혁명이란 이웃의 눈물을 서로 닦아 주는 일입니다. 율법주의가 되면, 그래서 자유가 없으면, 혁명은 실패하고 피만 남습니다. 교회 안에서 서로가 서로를 정죄하게 됩니다. 율법주의에는 눈물이 없고 온기가 없고 자비가 없습니다. 눈물이 있는 혁명, 눈물이 있는 예언자가 되어야 합니다. 그게 우리 시대의 진정한 선교입니다. 지난 주보다 더 인간적인 교회, 지난 주보다 더 끈끈한 교회, 지난 주보다 더 궁극의 것을 사모하는 교회, 지난 주보다 욕망이 덜어진 교회, 지난 주보다 더 따스해진 교회, 저는 그게 바로 경계를 넘어서고 차별을 넘어서는 교회가 되는 길이라고 생각합니다. 그렇게 했을 때 안디옥 교회는 어떤 교회가 되었습니까?

"주의 손이 그들과 함께 하시매 수많은 사람들이 믿고 주께 돌아오더라"(사도행전 11:21)

주의 손이 함께 하시는 교회가 되었습니다. 그렇게 혁명적으로 사랑했더니 사람들이 기겁하고 도망한 것이 아니라 숱한 사람들이 믿고 주께 돌아왔습니다. 껍데기뿐인 이 세상의 가죽을 벗겨냈기 때문입니다. 세상의 실상을 보여주었을 뿐 아니라 하나님 나라의 실상도 맛보게 해주었기 때문입니다.

나가는 말

이것이 안디옥 교회입니다. 왜 하나님께서 안디옥 교회를 값지게 사용하셨는지를 알 수 있습니다. 1) 그들은 지도자들부터 금식하며 섬기는 교회였습니다. 자신을 비우고 주님으로 채우기를 원했습니다. 2) 자기 교회보다 하나님 나라를 더 우선시했고 자신들의 생각보다 성령의 생각을 더 우선시했습니다. 3) 바나바와 바울이 없이도 흔들림 없는 교회가 될 수 있을 만큼 사람을 잘 세운 교회였습니다. 4) 머물고 고이는 교회가 아니라 늘 새롭게 열리고 변화되고 흩어지는 교회였습니다. 하나님께서 전개하시는 시대적 사명을 간파하고 순종한 교회였습니다. 5) 안디옥 교회는 교회를 세우는 교회였습니다. 6) 이를 위해서 온갖 차별의 장벽과 편견을 다 부순 급진적으로 혁명적인 교회였습니다.

주님이 오늘 이 시대에 여기에 여러분의 교회를 세우신 뜻이 무엇이라고 생각하느냐 물으십니다. 성도들을 통해, 그리고 지도자들을 통해 그 음성을 잘 듣고 빈 마음, 간절한 마음, 겸허한 마음, 두렵고 떨리는 마음으로 그 존재의 목적을 잘 이루는 교회가 되기를 바랍니다. 우리 가는 곳마다 주님도 같이 가셔서 거기서 주의 생명을 나누어주고 타고난 조건 때문에 버림받은 자들이, 몫이 없고, 목소리가 없는 자들이, 사랑을 받고, 존귀한 자로 대접받게 해주는 따스한 교회, 정의로운 교회가 되기를 바랍니다.

함께 기도하겠습니다

생명의 주님,

당신의 교회를 은혜로 태어나게 하신 것을 감사합니다.

그 존재의 목적을 오늘도 내일도 잘 듣고

주님이 친히 지어가시도록 맡기는 교회가 되게 하여 주옵소서.

또한 오늘 안디옥 교회를 통해서

한 교회가 어떻게 개척되고 양육되고 또 성장하여

다른 교회를 낳는 교회가 되는지를 보게 하신 것을 감사합니다.

선교사들을 통해서 태어난 교회가

선교사를 파송하는 교회가 되는 것을 보았습니다.

하나님이 다양한 배경을 가진 지도자들을 리더십으로 세우시고

그들이 다양한 은사로 교회를 섬기며

또 성령께서 공동체에게 주신 말씀을 한마음과 한뜻으로 잘 알아듣고

설령 그 명령이 다소 낯설고 불편하고 두려울지라도

금식하며 자기를 부인하여 온전히 순종하는 이 당찬 교회를 보면서

오늘 저희가 지향해야 할 교회의 모습을

보다 선명하게 그려가게 하시니 감사합니다.

주님, 이제 저희는 너무 오랫동안 하나님이 부어주신 은혜를

지나친 개교회주의의 방식으로 그릇되게 반응하여

덩치만 크고 활력은 사라진 허약한 교회로 만들어버렸습니다.

이제 다시 살아나길 원합니다. 깨어나길 원합니다.

다시 성도가 성도를 양육할 만큼 탄탄한 일꾼들이 세워지게 하시고

그래서 우리 교회의 가장 유력한 지도자들을

선교사로 보내시겠다고 해도

온 교회가 같은 마음으로 파송하는

성숙한 교회가 되게 하여 주옵소서.

우리 교회보다 하나님 나라와 의를 앞세우는 교회가

되게 하여 주옵소서.

선교사를 파송하는 교회가 되고 또한 성도들이 선교적 존재로서

어디에 있든지 그곳에서 그리스도인으로 살고,

그리스도를 드러내며 살고, 그리스도의 복음을 자랑하며 살고,

하나님 나라를 보여주며 사는 증인들이 되게 하옵소서.

주님, 부디 저희를 통해 주의 뜻을 이루시옵소서.

주의 영광을 나타내시옵소서.

생명을 잉태하고 생명을 낳는 교회가 되게 하여 주옵소서.

아멘.

땅끝을 향한
여정의 시작 ———— 사도행전 13:4-12

우리를 배려한 하나님의 속도

하나님께서 바울을 부르실 때만 해도 땅끝을 향한 복음의 진행, 이방인을 향한 하나님의 복음 전파는 곧 진행될 줄 알았습니다. 하지만 하나님의 시간은 바울의 시간과 달랐습니다. 그것은 인간을 배려한 속도였습니다. 하나님은 인간과 더불어 동행하고 싶어 하십니다. 그것은 우리를 창조하실 때부터 작정하신 일입니다. 우리를 당신 계획의 도구나 들러리나 관중으로만 삼을 생각은 없었습니다. 그것은 그분을 위한 계획이지만 우리가 없이는 이뤄질 수 없는 계획이었습니다. 우리를 하나님의 이야기의 당당한 주역으로 초청하신 것입니다. 관계라는 것, 사랑이라는 것이 원래 그렇습니다. 그러니 우리도 하나님을 위한다고 하면서 우리 자신이나 어떤 인간도 소외시키지 않아야 합니다. 우리만을 위한 일은 하나님을 위한 일이 되지 못하듯이, 하나님만을 위한 일도 하나님을 위한 일이 되지 못합니다. 인간을 소외시킨 채 이뤄지는 하나님을 위한 일은 없습니다. 이제 하나님은 당신의 속도에 우리가 적응하라고 요구하시지 않습니다. 그래서 숨이 차고 넘어지더라도 따라잡으라고 하시지 않습니다. 그럴 수도 없지만 말입니다. 오늘을 간신히 사는 인생이 내일에 대해 큰소리치는 것을 좋아하지 않으시고, 자기 몸, 가정, 교회 하나 제대로 건사하기 힘든 인생이 온 세상을 다 바꿀 것처럼 허풍떠는 것을 바라지 않으십니다. 우리 자신에게 어울리지 않는 그런 말과 열정에 주님은 감동하지 않으시고, 그것을 당신 향한 사랑이나 믿음으로 여기시지 않습니다. 하나님은 우리의 보폭에 따라 걷기로 하셨고, 우리의 믿음만큼만 하나님 자신을, 자신이 열어가는 시간을 보여주기로 하셨습니다. 하나님께 그 이상의 능력이 없어서가 아니라 모든 것을 하실 수 있는 능력이 있어서 그러신 것입니다. 가장 위대한 능력이 필요한 영역은 사랑이기 때문입니다.

복음을 전할 사람과 받을 사람을 준비하다

바울, 그는 대단한 사도입니다. 하지만 그도 사람입니다. 그냥 사람입니다. 누구의 경배를 받아서는 안 되는 그냥 사람입니다. 회심했다고 곧장 오늘 우리가 편지에서 만나는 그런 사도가 되는 건 아닙니다. 실제로 처음에는 그를 사도라고 인정해주는 이들이 거의 없었습니다. 그의 눈을 열어주고 그에게 사명을 알려준 아나니아를 보십시오. 그의 회심 소식을 들은 예루살렘 사도들의 반응을 보십시오. 사도로 인정하기는커녕 만나기도 꺼렸고, 그의 변화를 인정하기를 주저했습니다. 바울은 자신이 이방인의 사도로 부름 받은 것을 알았고, 자신의 사명이 무엇인지도 분명히 알았습니다. 하지만 대놓고 공개하지 않았습니다. 그래서 자신을 사도에 걸맞게 대접해주고 사도에 어울리는 일을 맡겨 달라고 요구하지 않았습니다. 잠시 예루살렘에 갔다가 그 후로 고향 다소로 내려가서 10년 넘게 있었습니다. 성경은 거기서 그가 무엇을 했는지에 대해서는 침묵하고 있습니다. 우리는 자신이 세운 교회에게 보낸 편지에서마저 자주 자신의 사도권을 변호하는 것을 볼 것입니다. 열두 사도 중에 속하지 않는 그가 사도라고 주장한다고 해서 곧이곧대로 믿는 분위기가 아니었던 것입니다.

바울이 다소에서 깊은 침묵과 준비의 과정을 거치는 사이에 복음은 예루살렘을 넘어 유대와 사마리아와 갈릴리 지역까지 퍼졌습니다. 빌립을 통해 에티오피아의 내시가 복음을 받았고, 베드로 사도를 통해 이방인 백부장 고넬료가 복음을 받았습니다. 국제도시 안디옥에서는 처음으로 이방인들이 헬라파 유대인 신자들에게 복음을 받아 교회의 일원이 되었습니다. 예루살렘 사도 교회는 바나바를 목회자로 보내서 안디옥 교회를 돕기 시작하자 "큰 무리가 주께 더하여"졌습니다. 그 무렵 바나바는 다소에서 바울을 불러 이방인의 다수를 차지하는 안디옥 교회를 지도하게 해주었습니다. 그러자 안디옥 교회의 성도들은 바깥으로부터 '그리스도인'으로 불리기 시작했습니다. 그들은 흉년으로 고생하는 모교회인 예루살렘 교회를 구제할 정도로 영적, 경제적으로 성장하였습니다. 안디옥 교회 안에는 바울과 바나바를 외에도 여러 선지자들과 교사들이 동역하고 있었습니다.

더욱이 바울과 바나바는 예루살렘 교회를 구제하러 갔다가 교회가 핍박받고 야고보 사도가 유대인들에게 순교하는 것을 보았습니다. 또 사도 베드로의 수감과 성령에 의한 극적인 탈출, 이를 위한 교회의 기도와 하나님의 응답도 경험하였습니다. 이는 바울에게는 무엇과도 바꿀 수 없는 소중한 경험이었습니다. 왜 그렇습니까? 그가 이제 곧 선교지에서 겪을 일이었기 때문입니다. 핍박과 하나님의 구원과 복음의 확산 모두 선교지에서 겪을 일이었습니다.

바울이 이방인의 사도로 부르심을 받고 땅끝으로, 이방인을 향하여 나아가기 전에 이런 일련의 긴 과정이 있었습니다. 그것은 1차적으로 바울을 위한 시간이었습니다. 그것은 또한 예루살렘 교회와 안디옥 교회를 위한 시간이었습니다. 선교는 하나님이 하십니다. 하지만 하나님 혼자 하시지 않습니다. 하나님은 선교의 파트너인 선교사와 그를 파송하는 교회를 준비시킨 후에 이제 땅끝으로 사도 바울을 보내신 것입니다. 그 복음을 기다리는 땅끝인 이방인 지역에서는 하나님께서 복음을 받을 사람들은 어떻게 준비를 하셨는지 우리는 모릅니다. 보냄을 받는 선교사들뿐 아니라 복음을 받는 사람들 가운데서도 하나님은 역사하고 계셨을 것입니다. 이 모두에게 시간은 필요했습니다. 하나님 나라는 옆으로도 자라지만복음의 지리적 확장, 안으로도 자라고개인의 내적 성숙, 가운데로도 자랍니다공동체의 내적 결속. 그것이 땅끝을 향한 준비로서만 의미가 있는 것이 아니라 그 자체로 하나님의 목적이었습니다. 바울과 사도들과 교회의 교인들 한 사람 한 사람에게 다 필요한 시간이었습니다. 교회든 선교사든, 우리는 결코 하나님의 목적을 이루는 '수단'이 아니라 하나님의 목적 자체입니다.

한 사람을 살리기 위하여

언젠가 드라마 〈응답하라 1988〉을 보는데, 쌍문동 주민들이 반상회

하는 장면이 나오더군요. 세 시간이 흘러도 반상회가 안 끝나서 다들 지쳐가는데, 그들이 모여서 심각하게 상의하는 안건이 무엇이었는가 하면, 이번 크리스마스 선물로 아이들에게 무엇을 줄 것인가 하는 것이었습니다. 결론은 '노트'였습니다. 공책을 선물로 주자고 결정하느라고 그렇게 길게 시간을 보낸 겁니다. 그렇게 끝나는 줄 알았던 회의가 난데없이 진주 엄마가 "지난 해 진주한테 산타클로스가 없다고 나불댄 사람 누구냐?"고 항의하면서 다시 긴 회의로 들어갑니다. 이번 안건은 서너 살 아이 진주한테 어떻게 하면 산타클로스가 살아있다는 걸 증명하느냐 하는 것이었습니다. 동네 어른들이 한마음 되어 한 아이의 동심, 판타지를 지켜주려고 안간힘을 쓰는 모습이 얼마나 정겹고 고마웠는지 모릅니다. 결국 진주는 '눈사람'을 갖고 싶다고 했고, 동네 어른들은 꼭 산타할아버지가 그 선물을 줄 것이라고 한 자신들의 말에 책임을 지려고 다시 회의를 소집합니다. 물론 실제 한 아이의 동심을 지켜주려고 온 동네가 머리를 싸매고 궁리하는 곳이 이 삭막한 도시에 과연 있겠습니까? 드라마에서나마 한 아이를 키우려면 한 마을이 필요하다는 말을 이 동네는 문자 그대로 실천하고 있었습니다. 눈물겹도록 보기 좋은 이 모습을 교회에서 다시 보면 얼마나 좋을까 하는 생각이 들었습니다.

오늘 드디어 바울은 선교의 장도에 오릅니다. 그런데 본문을 잘 보시면 첫 선교지에서 바울이 전도한 사람이 단 한 명 나옵니다. 다른 전도 활동도 있었고 또 긍정적으로 반응한 사람들이 더 있었겠지만, 그 큰 섬 구브로에서 바울이 전도한 사람이 단 한 명뿐인 듯이 기록하고, 다음 행선지인 밤빌리아로 떠나고 있습니다. 전도를 받은 사람의 이름은 서기오 바울입니다. 공교롭게도 사도 바울이 서기오 바울을 전도했습니다. 저자의 의도가 무엇인지에 간에 두 사람의 이름이 같다는 사실만으로 뭉클했습니다. 하나님의 관심은 지리적인 땅끝에 이르도록 복음이 전해지는 것이 전부가 아닐지 모른다는 생각이 들었습니다. 바울이 바울을 전도하다니요. 그렇다면 우리를 향한 하나님의 뜻은 가능하면 빨리, 가능하면 많은 사람들을 전도하는 것이 아닐지 모릅니다. 잘 준비된 사역자 바울이 선교를 시작했으니 점령군처럼 거칠 것이 없이 혁혁한 성과를 거둘 것이라고 기대할지 모릅니다. 하지만 하나님은 첫 사역지에서 바울이 그 자신의 이름과 같은 단 한 명만을 전도한 것만 소개하고 있습니다. 저자는 마치 이 과정에서 바울 자신이 선교사가 되어 가고 있다는 인상을 주고 있지 않습니까? 또한 이 한 명의 선교는 앞으로 전개될 바울 선교 사역을 이해하는 데 매우 중요합니다. 그것은 마치 사사기에서 첫 사사 옷니엘의 사역에서 앞으로 사사기에서 나오는 전형적인 패턴이 등장하는 것처럼, 바울의 전도 패턴을 보여주고 있기 때문입니다. 몇 명을 전도하든 결국 이 한 사람을 상대하듯 해야 한다고 말하는 것 같습니다.

그렇습니다. 바울의 선교는 이 한 사람을 상대하듯 해야 합니다. 몇 사람을 열매로 붙여주실지는 바울 소관이 아닙니다. 다만 성령께서 결정하실 것입니다. 많은 사람이 회개하고 주께로 돌아오면 능력자가 되고, 적게 돌아오면 무능력자가 되는 것은 아닙니다. 바울은 앞으로 누구를 만나든, 몇 사람을 만나든, 사역의 결과가 어떠하든, 그저 이 한 사람 서기오 바울을 전도하기 위해서 애를 쓰듯 해야 합니다. 그리고 그렇게 하는 것이 곧 바울 자신을 하나님의 사도로 창조해가는 일이 될 것입니다. 그래서 바울이 바울을 전도했다고 기록한 것이 아닌가 싶습니다.

성령이 보내신 선교

성령께서 안디옥 교회에게 두 사람 바나바와 사울을 따로 세워 선교사로 보내도록 명령하셨습니다. 교회는 금식하며 기도하고 두 사람에게 안수하여 보냈습니다. 어디로 보냈는지가 4절에 나옵니다.

"두 사람이 성령의 보내심을 받아 실루기아에 내려가 거기서 배 타고 구브로에 가서"(사도행전 13:4)

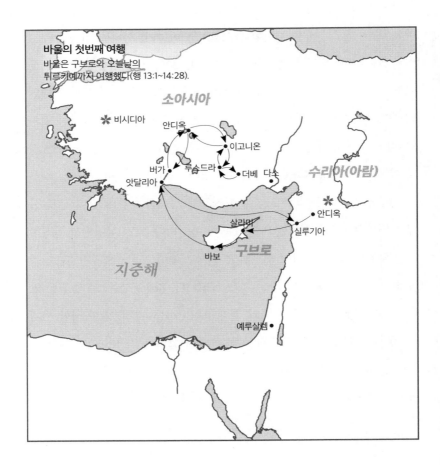

바울의 첫번째 여행
바울은 구브로와 오늘날의
튀르키예까지 여행했다(행 13:1~14:28).

소아시아

✳ 비시디아

안디옥

이고니온

버가   루스드라   더베 다소

앗달리아

수리아(아람)

✳ 안디옥

살라미

실루기아

바보   구브로

지중해

예루살렘 ●

우리는 곧장 3절과 4절이 뭔가 다르다는 것을 알아차릴 것입니다. 3절은 안디옥 교회가 두 사람을 보냈다고 나오는데, 4절에서는 "성령의 보내심을 받았다"고 말하고 있기 때문입니다. 분명 다르지만 우리는 그게 전혀 문제가 안 된다는 것도 알고 있습니다. 교회와 성령, 그 둘이 동의어가 될 때까지 서로 긴밀하게 소통해야 하기 때문입니다. 성령께서 교회 공동체를 통해 두 사람을 선교사로 보내셨고, 그들이 첫 선교지를 정하는 일을 공동체가 결정하도록 허용하셨기 때문입니다. 공동체만 강조하면 집단주의 혹은 전체주의가 되지만, 성령만 강조하면 은사주의 혹은 신비주의로 흐르게 됩니다. 두 경우 모두 결과적으로는 하나님 노릇하는 카리스마적인 지도자 몇몇에 의해 주도되고 말 것입니다.

안디옥 교회는 여러 지도자들이 금식하며 성령의 인도하심을 구하고 또 함께 모여 상의하여 선교하러 가야 할 사람과 행선지를 정했습니다. 그들의 첫 행선지는 '구브로' 섬이었습니다. 오늘날의 키프로스cyprus입니다. 이 섬은 주전 22년 이래 총독이 있는 로마 원로원의 속주였습니다. 그곳을 가기 위해 바울과 바나바와 마가 요한은 수리아의 항구 역할을 하고 황제의 해군 기지가 있었던 실루기아로 25킬로미터를 내려갔고, 거기서 배를 타고 약 100킬로미터를 항해하여 구브로에 이르렀습니다. 왜 첫 행선지를 '구브로'로 정했을까요? 본문에 이유가 나오지 않기에 추측할 수밖에 없습니다. 우선 구브로는 바나바의 고향입니다. 바나바와 사울 중에 지금은 바나바가 더 주도권을 쥐고 있기 때문에, 안디옥에서 가깝고 바나바에게 익숙한 구브로로 가는 것이 자연스러웠을 것입니다. 바울이 주도권을 쥐었다면 그의 고향 다소가 첫 행선지가 되었을지 모릅니다. 또한 안디옥 교회를 처음 설립한 전도자들 중에는 이 구브로 출신들이 있었습니다. 그들 역시 이 구브로를 첫 행선지로 제안했을 가능성이 있습니다. 따라서 첫 행선지 선정은 매우 상식적인 수준에서 내린 결정이었습니다. 그들은 첫 행선지를 로마제국의 심장인 로마로 정하지 않았습니다. 제국의 수도부터 복음으로 뒤집어서 단숨에 로마제국 전체를 복음화시키겠다는 포부를 가진 배포 큰 선교사들이 아니었습니다. 성령께서 도우시면 아무 문제 될 것이 없다는 식으로 생각하지 않았습니다. 그렇게 큰 꿈을 꾸어야 믿음이 좋은 사람이 되는 것은 아닙니다. 바나바와 사울, 그들은 우리보다 훌륭할지 모르지만, 우리가 생각하는 것만큼 그렇게 대단한 사람들이 아닐지도 모릅니다. 다만 그들이 의지하고 그들을 도우시는 성령께서 대단한 분이실 뿐입니다. 성령님마저도 그들이 자기 수준에 어울리도록 행선지를 정하기 원하셨을 것입니다. 하나님께서는 그들의 보폭에 맞춰 나가기 원하시기 때문입니다.

유대인의 회당에서 시작하다

바나바와 사울 일행이 맨 먼저 도착한 곳은 구브로 섬의 동쪽 해안 도시 살라미salamis였습니다. 살라미는 주전 2세기 톨레미 총독의 통치 본부였으며, 동부 구브로의 행정 중심지입니다. 그들이 거기서 맨 처음 찾은 곳은 그곳에 있는 유대인 회당입니다. 사도행전 11:19에 따르면 이미 이곳 구브로에 교회가 개척된 것으로 보이지만, 둘은 교회를 찾지 않고 회당을 찾았습니다. 이번 방문의 초점이 복음 전도에 있었기 때문입니다. 거기 "여러 회당들"에서 전했다는 말이 보여주듯, 이 살라미에는 유대인의 밀집 지역이 있었습니다. 다른 곳에서도 이방인의 사도인 바울이 선교지에 도착하면 거의 늘 맨 먼저 찾는 곳은 유대인의 회당이었습니다.

첫 선교 대상은 늘 유대인들이었습니다. 그가 예수님을 만나기 전까지 몸담았던 바로 그 헬라파 유대인들의 회당으로 갔습니다. 사도 바울, 그는 누구보다도 유대인들의 소망을 알고 있었고, 그들에게 필요한 복음을 알고 있었고, 어떻게 전해야 하는지를 잘 알고 있었습니다. 하나님을 가장 잘 믿고 있다고 여기는 그들이 정확히 어떤 지점에서 하나님을 떠나 있는지를 알고 있었습니다. 또한 메시아를 기다려온 그들이 어째서 이미 오신 메시아를 거절하게 되었는지를 알고 있었고, 예수가 그들이 기다리는 메시아임을 잘 전할 수 있는 길도 알고 있었습니다. 그렇게 잘 알고 전해도 유대인들이 거절할 수도 있겠지만 말입니다. 동족 유대인들에 대한 애정이 남달랐습니다. 이방인의 사도였지만 이방인만의 사도는 아니었습니다. 그는 자신이 왜 이방인이 복음을 받아들이고 동족 유대인들이 복음을 거절하는 시대를 살고 있는지를 잘 알고 있었습니다(롬 11:11-14). 하지만 바울과 바나바가 가는 곳마다 이방인들은 다른 신들을 믿고 있었습니다. 그들은 먼저 그들이 누구인지, 그들이 믿는 것이 무엇인지를 파악하고 나서야 복음을 제대로 전할 수 있었을 것입니다. 그래서 바울 일행은 유대인들에게 먼저 복음을 전하면서 차츰 그 지역의 이방인들을 이해하려고 애썼을 것이고, 그런 다음에 그 상황에 맞게 복음을 전하기 시작했을 것입니다. 그러나 안타깝게도 거의 늘 유대인들은 바울이 전한 복음을 거절했습니다. 그래서 바울은 박해받고 쫓겨나 이방인들에게로 갈 수밖에 없었습니다.

"그러나 바울과 바나바는 담대하게 말하였다. 우리는 하나님의 말씀을 당신들에게 먼저 전해야 하였습니다. 그러나 지금 당신들이 그것을 배척하고, 영원한 생명을 얻기에 합당하지 못한 사람으로 스스로 판정하므로, 우리는 이제 이방 사람들에게로 갑니다."(사도행전 13:46, 새번역)

그런데 여기 살라미에서는 유대인들이 어떻게 반응했는지 나오지 않고 있습니다. 다만 바나바와 바울 말고 다른 한 사람의 동행 선교사가 소개됩니다. '마가라 하는 요한'입니다. 그는 예루살렘에서 안디옥으로 데려온 바나바의 조카입니다. 그가 '수행원' 역할을 했다고 저자는 말합니다. 정확히 무슨 일을 했는지는 모르겠지만, 당연히 두 사람의 선교를 보조하는 역할을 했을 것입니다. 그 밖에도 더 있었는지를 확인할 수 없지만, 그랬을 가능성을 배제할 수 없습니다. '요한', 그는 바나바와 바울, 그리고 공동체에 의해서 충분히 검증된 일꾼이었을 것입니다. 하지만 그는 중도에서 포기하고 예루살렘으로 돌아가 버립니다. 훗날 2차 선교여행을 떠날 때 그를 데려가는 문제로 바나바와 바울이 다투게 되고, 결국 그들이 결별하는 원인을 제공하게 됩니다. 이 때까지만 해도 바나바가 선교의 주도권을 쥐고 있지만, 점차 바울에게로 주도권이 이동할 것입니다. 그리고 1차 선교여행 후에는 성경은 철저히 이방인의 사도인 바울 중심으로 기술하고 있습니다. 바나바 역시 그의 권위를 인정한 것이 분명합니다. 그것은 매우 바람직한 일이었습니다. 한 번 상관은 영원한 상관이 되는 것이 아니라, 역할이나 나이에 따라서, 얼마든지 지도력이 교체되거나 변경될 수 있어야 합니다. 담임 목사가 부목사가 되고, 선교팀의 리더가 팀원이 될 수 있어야 합니다. 처음부터 권력이 아니라 권위에 따른 팀워크가 잘 이뤄졌다면 어려운 일도 아닙니다.

살라미에서 바보까지

살라미에서 복음 전도를 시작한 바나바와 바울은 섬을 관통하여 남서쪽 해안에 위치한 바보까지 약 180킬로미터를 도보로 이동했습니다. 이곳은 신新 바보일 것인데, 아프로디테에 해당하는 수리아 여신 파피아 숭배 의식에 참가하는 자들의 숙박지이기도 했습니다. 지진으로 파괴된 구舊 도시는 16킬로미터 정도 떨어져 있습니다. 하루에 25-30킬로미터를 걷는다고 하면 살라미에서 바보까지 7일 정도 걸립니다. 하지만 그 중간에 여러 도시들키티온, 아마투스, 네아폴리, 쿠리온 등을 지나면서 쉬기도 하고 복음을 전하기도 했을 것입니다. 단지 이동하는 것이 목적이었다면 배를 이용하는 게 좋았을 것입니다. 그들이 도보로 이동했다는 것은 가는 중간마다 주요 성읍에서 복음을 전했고, 필요한 것들을 준비했음을 말해줍니다. "온 섬 가운데로 지나서" 바나바와 바울의 그 수고로운 여정이 이 네 단어로 정리되고 있습니다. 하지만 이번에도 그렇게 수고로운 복음 전도의 결과는 말해주지 않습니다. 꼭 성과가 없어서 그런 것만은 아닐 것입니다. 바나바와 마가 요한이 2차 선교여행 때 다시 이 구브로에 왔다는 것주후 49년은 반대 방향으로 떠난 바울처럼 첫째 선교여행 중에 이미 세워진 교회를 돕기 위한 목적에서였을 것입니다.

그러나 저자의 관심은 오직 바보에서의 바울의 사역에 맞추어져 있습니다. 바나바와 마가 요한의 사역도 있었겠지만 저자는 침묵합니다. 중요하지 않아서가 아니라 저술 의도에 부합하지 않기 때문입니다. 우리도 우리가 행한 일을 낱낱이 기억할 필요는 없습니다. 낱낱이 기록하여 기념해주기를 바랄 필요도 없습니다. 특히 사역자는 그래야 합니다. 기념하고 알아주길 바랄수록 별 뜻 없이 한 일이 대단한 신앙적 결단으로 둔갑

하기 쉽고, 그러면 하나님보다 사람이 영광을 받기가 쉽습니다. 우리가 기억하지 못하고 다 기리지 못하고 기념해주지 못해도 주님은 알아주실 것입니다. 아니 우리가 순수하지 못한 동기로 한 일도 다 알고 계십니다. 다 기록된다면 영광의 파란 줄보다 수치스런 빨간 줄이 훨씬 더 많아서 고개를 들지 못할 것입니다.

서기오 바울과 바 예수

드디어 바나바와 바울 일행은 바보에 도착했습니다. 바보는 주전 15년부터 구브로의 수도였고 전형적인 그리스-로마 도시입니다. 총독 관저가 있었고, 수많은 신전, 극장, 원형극장, 체육관, 목욕탕, 동전 주조소 등이 있었습니다. 구도시 바보에 있던 아프로디테 신전은 그 당시에도 유명했다고 합니다. 이제 누가는 거기서 만난 두 사람을 소개하고 있습니다. 한 사람은 '바 예수'바리에수스, Βαριησοῦς라는 유대인입니다. 엘루마'현명한'이라는 뜻라고도 불렸습니다. 다른 한 사람은 그 섬의 로마 총독인 '서기오 바울'세르기오스 파울로, Σεργίῳ Παύλῳ입니다. '바 예수'는 '예수의 아들'이라는 뜻입니다. 예수가 '구원자'라는 뜻이기 때문에 '구원자의 아들'이라는 뜻이 됩니다.

서기오 바울의 지혜

6절을 보면 그는 "유대인 거짓 선지자"와 "마술사"로 소개되고 있습니다. 그런데 그의 활약이 심상치 않습니다. 유대인이면서도 회당 유대인들에게만 영향력을 발휘하는 사람이 아니라 이방인 총독에게 총애를 받고 있었습니다. 7절에 보시면 그가 "총독 서기오 바울과 함께 있으니"라고 나옵니다. 함께 있다는 것은 그의 보좌관이라는 인상을 줍니다. 그렇다면 그는 왕실 점성가였을 것입니다. 그는 마술로 사람을 현혹하여 자신의 거짓 예언을 믿도록 서기오 바울을 꾀던 사람이었습니다. 총독이 현혹될 정도면 '바 예수'는 상당히 여러 분야에 조예가 깊으면서도 초자연적인 능력까지 겸비한 듯 보입니다. 그것은 서기오 바울의 왕성한 호기심 혹은 마음의 갈증을 자극했을 것입니다. 그런 게 없었다면 유대인을 가까이 두지 않았을 것입니다. 그는 몹시 열려 있고 열정이 있고 잘 배우는 사람인 것이 분명합니다. 그렇게 생각할 수 있는 근거가 바로 다음에 나옵니다. 그가 바나바와 바울을 어떻게 알았는지는 모르지만 7절을 보겠습니다.

"서기오 바울은 지혜 있는 사람이라 바나바와 사울을 불러 하나님의 말씀을 듣고자 하더라."(사도행전 13:7)

여기서 말하는 서기오 바울의 '지혜'는 무엇을 가리킬까요? 우선은 로마 총독이 되기에 충분한 지적 능력, 분별력, 판단력을 의미할 것입니다. 하지만 종교적 의미로 보면 복음의 메시지를 잘 깨닫는 능력을 가졌다는 의미로 볼 수 있습니다. 하지만 문맥상 이것은 그에게 '열린 마음'이 있었다는 뜻으로 보입니다. 그가 현명한 사람이 아니라 아둔한 사람이라면 단 한 사람 바 예수의 말만 들었을 것입니다. 하지만 '바 예수'도 서기오 바울 총독의 지적 호기심을 충분히 채워줄 수 없었습니다. 종교적 허기를 달래줄 수 없었습니다. 그러던 중에 바나바와 바울 소식을 들은 것입니다. 어쩌면 바 예수를 통해서 들었을 수 있습니다. 그러자 두 사람을 선제적으로 불러서 가르침을 받았습니다. 그것이 문맥이 말하는 그의 '지혜'의 의미입니다.

지혜는 나의 크기를 아는 일입니다. 내가 얼마나 부족한지, 내가 얼마나 모르는 것이 많은지를 아는 것이 지혜입니다. 서기오 바울, 그는 구브로의 총독이면서도 배우려고 했습니다. 들으려고 했습니다. 그래서 자신을 확장하고 갱신하려고 했습니다. 그가 바 예수의 마술에 현혹되고 거짓 예언에 현혹된 것은 어리석지만, 거기에 만족하지 않은 것은 지혜로운 것입니다.

바 예수의 방해

사탄이 이것을 지켜만 보고 있지 않았습니다.

"이 마술사 엘루마는(이 이름을 번역하면 마술사라) 그들을 대적하여 총독으로 믿지 못하게 힘쓰니"(사도행전 13:8)

'예수의 아들'이란 이름의 마술사가 총독이 '예수'를 믿지 못하도록 방해하고 있다니 이 얼마나 우스운 상황입니까? 여기 '힘쓰다'제톤, ζητῶν 가 현재시제인 것은 그들의 방해와 반대가 얼마나 집요하고 지속적이었는지를 보여줍니다. 그는 구원자의 아들이란 이름을 가졌지만, 사람을 구원하기는커녕 타락하게 만들고 있었습니다. 바울의 첫 선교 사역의 방해자가 '바 예수'란 이름의 거짓 선지자였다는 사실은 우연이 아니라 매우 의미심장합니다. 바울은 이제 선교하러 가는 곳보다 이 '바 예수들'을 만날 것입니다. 그가 예수님의 하나님 나라를 전할 때마다 유대인들은 자신들만의 하나님 나라를 전파하며 맞설 것입니다. 이방인들도 자신들이 믿는 우상이 진정한 구원자라고 주장할 것입니다. 하나님의 아들 예수와 바 예수의 대결, 이것이 지금도 벌어지고 있는 영적 전쟁의 실상입니다. 겉으로 보면 차이가 없는 듯 보일 것입니다. 그들이나 바울 모두 '바 예수'예수의 아들처럼 보이겠지만 사실 그들은 예수의 아들이 아니라 마귀의 아들이라는 것이 드러날 것입니다. 마술까지 행하는 그들을 보면 누구든 쉽게 매료될 것입니다. 하지만 마술사 엘루마의 목표는 분명합니다. 총독이든 누구든 예수를 하나님 나라의 왕으로 믿지 못하게 하는 것입니다. 복음을 받아들이지 못하게 만드는 일입니다.

사랑하는 여러분, 우리는 십자가에서 우리 위하여 돌아가신 하나님의 아들 예수를 믿고 따르고 있습니까, 아니면 저 구브로의 '바 예수'를 따르고 있습니까? 우리 시대가 만들어낸 바 예수는 누구입니까? 교회가 '바 예수'를 믿으면서 하나님의 아들 예수를 믿는다고 스스로 속아서는 안 됩니다. 나는 누구의 제자이고 누구의 아들인지 분명히 해야 합니다.

사도 바울의 서기오 바울 전도

바 예수의 방해를 바울은 가만 두지 않았습니다.

"바울이라고 하는 사울이 성령이 충만하여 그를 주목하고"(사도행전 13:9)

여기서 사도행전 저자 누가는 처음으로 사울을 '바울'이라고 부르고 있습니다. 그리고 이후부터는 사울이란 이름으로는 한 번도 부르지 않고 바울로만 부르기 시작합니다. 우리가 아는 대로 바울은 원래부터 그의 이름이었습니다. 이제 이방인들, 특별히 로마 총독을 상대하는 문맥이니 자연스럽게 '바울'이라고 부르고 있는 것입니다. 더군다나 바로 이 구절(행 13:9)부터 바나바가 아니라 바울이 먼저 언급되고 있습니다. 첫 선교지에서부터 바나바의 활약은 전혀 기록하지 않고 있습니다. 더군다나 이곳 구브로가 그의 고향인데도 말입니다. 그런데 여기뿐만 아니라 이후에도 그의 활약상은 나오지 않습니다. 그가 무언가를 잘못해서가 아닙니다. 당연히 바나바 역시 헌신적으로 수고했고 마가라 하는 요한도 마찬가지였겠지만, 저자는 의도적으로 바울 중심으로 기록하고 있습니다. 사도행전이 의도한 바나바의 역할은 사실상 끝난 것입니다. 그는 예루살렘의 초대 교회에 없어서는 안 될 소중한 일꾼이었습니다. 동시에 사도행전 저자의 입장에서만 보면, 그가 한 가장 큰 일은 다메섹에서 회심한 사울을 사도들에게 인도하고, 다소에 있는 그를 안디옥 교회로 안내하고, 또 그와 함께 이방인 선교에 맨 처음 참여한 일이었습니다. 하지만 이제 복음이 땅끝 이방인들에게로 나아가는 국면에서 사도행전 저자의 관심은 바나바가 아니라 이방인의 사도 바울이었습니다. 그래서 바나바가 사도행전에서만은 더는 주목받지 못한 것입니다. 하지만 여전히 하나님 나라에서는 중요한 존재로 주님의 기쁨이 되고 있었을 것입니다. 이런 이유로 그가 1차 선교여행 후에 바울과 결별하였다고 해도 독자들은 크게 놀랄 필요가 없었습니다.

우리 역시 우리의 역할이 어디까지인지 잘 아는 것이 중요합니다. 우리 모두가 바울이 될 수 없습니다. 바나바가 없는 바울은 없습니다. 우리를 통해서 바울이 배출되면 우리 할 일을 한 것입니다. 우리 교회를 통해서 바울 같은 사역자가 나오면 됩니다. 바울 같은 일꾼을 이끌어주다가 때가 되면 바울에게 그 자리를 내어주는 것이 진정한 순종입니다. 이제 바울이 주도적으로 활동하는 것이 하나님의 뜻임을 보여주는 표현이 있습니다. '성령이 충만하다'는 표현입니다. 그를 선교지로 보낸 분도 성령님이시고, 거기서 하나님 나라의 권능, 복음의 권능을 보이도록 힘을 주신 분도 성령님이십니다. 예수께서 성령에 충만하여 하나님 나라를 이 땅에 가져오셨듯이, 사도들이 성령에 충만하여 예루살렘과 유대와 갈릴리와 사마리아에 그 예수의 나라를 선포하였듯이, 이제 성령에 충만한 바울을 통해서 그 예수의 나라가 땅끝까지 이를 시간입니다. 성령에 충만한 바울의 눈에 바 예수의 방해가 보였습니다. 그의 실체가 보였습니다. 서기오 바울이 못 보는 것을 사도 바울은 보았습니다. 그는 담대하게 총독의 최측근 선지자 바 예수에게 맞섭니다. 그의 정체를 이렇게 폭로합니다.

"이르되 모든 거짓과 악행이 가득한 자요 마귀의 자식이요 모든 의의 원수여 주의 바른 길을 굽게 하기를 그치지 아니하겠느냐"(사도행전 13:10)

우리는 바 예수를 묘사하는 바울의 말을 들으면서 사탄의 나라가 어떤 나라이며, 그와 반대로 하나님의 나라는 또 어떤 나라인지 알 수 있습니다. 또 선교라는 것이 결국 사탄의 나라의 실체를 드러내고 하나님 나라로 초청하는 일인 것도 알 수 있습니다. 여기에 "모든"파스, πᾶς이라는 말이 세 번이나 나옵니다. '모든' 거짓, '모든' 악행, '모든' 의의 원수! 사도 바울은 성령이 충만하였는데, 바 예수는 모든 종류의 거짓과 모든 종류의 악행과 불의가 가득했습니다. '충만하다'플레스쎄이스, πλησθείς와 '가득하다'플레레스, πλήρης는 같은 어원을 가진 헬라어 단어입니다. 속에서 충만하면 밖으로 나오기 마련입니다. 누구에게 지배를 받느냐에 따라서 그들의 삶이 달라지기 마련입니다. 바울은 성령님을 따라서 말하고 살았습니다. 하지만 바 예수는 온갖 거짓과 악행과 불의에 지배를 받으며 살았습니다. 바 예수, 그의 이름은 '예수의 아들'이지만 실제로는 '마귀의 아들'이었습니다. 예수께서 기뻐하시는 대로 사는 것이 아니라 거짓말하는 자 마귀의 아들로 살았습니다. 바 예수는 또한 '의의 원수'였습니다. 하나님의 언약의 의를 이루기 위해 자신을 십자가에 내어주신 예수님과 달리 그들은 그 언약적인 신실함을 파괴하는 자, 예수께 불충하는 자, 즉 불의한 자였습니다. 바 예수는 또한 지속적으로 '그치지 않는다' 주의 바른 길을 굽게 하는 자였습니다. 예수를 못 믿게 하는 자였다는 뜻입니다. 예수의 길을 왜곡하였습니다. 세례 요한과는 대조적인 존재입니다. 그는 통절하게 회개를 촉구하는 오금 저리는 메시지를 통해서 주님 앞에 나오게 하는 자였습니다. 그것을 주께서 우리 삶의 왕으로 오시도록 "주의 길을 준비하고 그의 오실 길을 곧게 하는"(눅 3:4) 일이라고 했습니다. "모든 골짜기가 메워지고 모든 산과 작은 산이 낮아지고 굽은 것이 곧아지고 험한 길이 평탄해지는"(눅 3:5) 일이라고 비유했습니다. 하지만 바 예수는 서기오 바울을 위하는 척 하였지만 실상은 그를 파괴하는 자였는데, 그것을 바울에게 들킨 것입니다. 성령께서 그가 누구인지를 가르쳐주셨습니다. 이런 진단이 끝난 후 이제 바울은 그를 향해 저주를 선포합니다.

> "보라 이제 주의 손이 네 위에 있으니 네가 맹인이 되어 얼마 동안 해를 보지 못하리라 하니 즉시 안개와 어둠이 그를 덮어 인도할 사람을 두루 구하는지라"(사도행전 13:11)

바울이 이방인 선교에 나선 이후 그가 한 말이 직접 나오기는 여기가 처음입니다. 그런데 놀랍게도 그 첫 일성은 예수님을 전하는 말이 아니라 예수님의 심판을 선포하는 저주의 말이었습니다. 예수님은 하나님 나라가 가까이 왔다는 기쁜 소식을 전하셨는데, 사도 바울은 심판의 손을 선포하였습니다. 예수님은 눈 먼 자를 다시 보게 하는 활동을 하러 오셨다고 했는데, 바울은 보던 사람을 "맹인"으로 만드는 사역을 하고 있습니다. 복음 증거에는 이 두 가지가 모두 포함됩니다. 본다고 하는 자는 어두워지겠지만, 모른다는 것을 인정하며 겸허하게 배우려는 자들은 눈이 밝아질 것입니다. 바울 자신도 그랬습니다. 바울만큼 잘 알고 있다고 확신한 사람도 없었습니다. 그는 그리스도인들을 잡아 가두고 죽이는 것이 하나님께 영광을 돌리는 일이라고 믿었습니다. 하지만 그렇게 눈을 떴다고 생각한 그는 다메섹 도상에서 부활하신 예수님을 만난 후 눈이 멀었다가 주께서 보내신 아나니아를 통해서 눈을 뜹니다. 바 예수, 그는 회심하기 전 바울의 모습과 본질적으로 같았습니다. 그가 얼마 동안만 눈이 감겨 있었듯이 이 바 예수 역시 "얼마 동안"만 해를 보지 못하게 될 것이라고 선언합니다. 주께서는 바 예수 역시 이 제자처럼 회심하고 주께 돌아오기를 바란 것입니다. 그 결과 어떻게 되었습니까?

"안개와 어둠이 그를 덮어 인도할 사람을 두루 구하는지라"

순식간에 맹인이 되어 버렸습니다. 이제 '바 예수'는 스스로 자기 길을 갈 줄 모르는 자가 되었습니다. 그것이 원래 그의 영혼의 실상이었고, 우리 모두의 실상입니다. 주의 성령께서 분별하게 하시지 않으면 우리는 어디로 가는 줄도 모르고 갈 겁니다. 빨리 가려고만 하고 높이 오르려고만 할 것입니다. 우리가 맹인인 줄도 모르면서 말입니다. 한 사람은 사도 바울의 선포로 눈이 멀었다면, 다른 한 사람은 영적인 눈이 열렸습니다.

"이에 총독이 그렇게 된 것을 보고 믿으며 주의 가르침을 놀랍게 여기니라"(사도행전 13:12)

총독 서기오 바울의 눈이 열렸습니다. 믿었습니다. 총독의 변화는 그 이후 두 사람의 구브로 전도에 적잖은 유익이 되었을 것입니다. 그런데 놀랍게도 구브로 사역의 성과에 대해서 성경 저자는 함구합니다. 다만 이 한 사람의 회심만을 강조하고 있습니다. 사도 베드로가 이방인 백부장 고넬료를 회심에 이르도록 쓰임 받았다면, 사도 바울은 이방인 총독 서기오 바울을 믿음의 길에 들어서도록 쓰임 받고 있습니다. 서기오 바울, 그가 사도 바울을 통해 최초로 회심한 이방인입니다. 바울은 마귀의 아들, 바 예수의 속박에서 서기오 바울을 해방시켜 준 것입니다.

나가는 말

상징성이 강한 영적전투

바울의 선교 데뷔전이 끝났습니다. 그가 맨 처음 도착한 구브로는 역사 내내 애굽 사람, 베니게 사람, 헬라 사람, 앗수르 사람, 바사 사람, 프톨레마이오스 왕가를 포함해 넓은 범위의 민족이 거주해 왔습니다. 이 섬은 지중해의 역사를 모두 담고 있는 축소판이라고 해도 과언이 아닙니

310

다. 이제 땅끝까지 복음을 전하러 출발한 그들의 첫 사역지가 이런 상징성이 강한 곳인 것은 우연이 아닐 것입니다.

바울은 첫 장면부터 아주 강력한 상대를 만났습니다. 유대인 거짓 선지자입니다. 왕실 점성가입니다. 앞으로 그는 가는 곳마다 이런 유대인들에게 시달릴 것입니다. 심지어 바울의 편지들을 보면, 유대인 그리스도인들에게까지 시달리고 있습니다. 바 예수는 귀신의 힘을 빌어 마술을 행하는 마술사입니다. 초자연적인 능력으로 사람을 현혹하는 일은 어느 시대든지 있었습니다. 지금도 방언이나 예언, 병 고치는 것을 통해 유혹하는 이들이 적지 않습니다. 바 예수는 거짓 선지자와 마술사로서의 능력을 모두 겸비한 강력한 세력입니다. 그 이름 또한 바 예수, 즉 '예수구원자의 아들'입니다. 거짓은 진리의 탈을 씁니다. 그래서 속는 것입니다. 사탄을 '광명의 천사'라고 부르지 않습니까? 바울은 어둠의 세력이 어둠으로 돌아가도록 눈을 멀게 했습니다. 반대로 영적인 눈이 멀어 있던 서기오 바울, 그러나 간절히 진리를 갈망하여 바울과 바나바를 청하여 하나님 말씀을 들은 이 총독의 영안은 열리게 됩니다. 예수께서 공생애 사역을 시작하시기 전에 광야에서 시험을 받으셨듯이 사도 바울도 본격적인 선교 활동을 시작하기 전에 악의 세력과의 싸움에서 승리함으로써 앞으로 그가 선교지에서 어떻게 승리할 수 있는지를 경험하였습니다.

나 한 사람을 위한 사역

복음으로 로마의 총독이 무너졌다는 것은 장차 로마제국이 무너질 것임을 보여주는 상징적인 사건입니다. 로마 황제 가이사가 참 하나님의 아들이 아닙니다. 바 예수가 진정한 신의 아들이 아닙니다. 예수 그리스

도가 하나님의 아들입니다. 그분이 진정한 통치자이십니다. 그분이 '주'
이고 '구주'이십니다. 이 한 사람 서기오 바울의 구원을 위해 하나님은
참 오랫동안 사도 바울을 준비하셨습니다. 공교롭게도 두 사람의 이름
이 같습니다. 우연이겠지만 우연만은 아닐 것입니다. 하나님은 또한 바
울을 파송할 안디옥 교회도 준비하셨습니다. 그를 안디옥 교회로 인도한
바나바를 준비하셨고, 또 그의 선교에 동행한 마가 요한을 준비하셨습니
다. 무엇보다 당신의 아들 예수를 이 땅에 보내셔서 그의 십자가와 부활
로 인류의 구원을 준비하셨습니다. 이 한 사람을 위해서 말입니다. 오늘
도 주님은 우리 한 사람을 위해서 교회를 준비하셨고, 사역자들이 걸어
온 길도 성도 한 사람을 위한 일입니다. 성도 한 사람을 위하여, 우리 자
녀들 한 사람을 위하여, 우리 사역자들이 여기 있고, 우리 교회가 존재합
니다. 그러니 우리 성도들의 걸음도 내 곁에 있는 지체 한 사람의 구원을
위한 걸음이 되기를 바랍니다. 교회와 또 사역자들과 긴밀한 관계를 맺
고 지체들과도 깊은 연대를 맺는 한 몸의 지체로 빚어져 가야 합니다.

성령에 충만한 사람

우리 시대에도 변함없이 참 하나님의 아들 예수와 바 예수들의 싸움
이 있습니다. 성령이 충만할 때만 분별할 수 있고 이길 수 있습니다. 성령
이 충만할 때 바울처럼 '바 예수' 같은 이들을 노려볼 수 있습니다. 거짓
과 악행을 분별하고 의의 원수들을 분별하고 우리 주님의 바른 길을 굽
게 하는 행태들을 분별해낼 수 있습니다. 정치 세력들만 무속인에게 휘
둘리고 있는 게 아닙니다. 교회도 그래왔습니다. 돈에 눈이 멀었다는 점
에서는 세상과 다를 바 없었습니다. 안개와 어둠이 꽉 차 있습니다. 사랑

하는 성도 여러분, 우리도 그와 같다면 서기오 바울처럼 주의 말씀을 듣고 돌이키기를 바랍니다. 눈이 밝아지기를 바랍니다. 사도 바울이 서기오 바울을 전도했습니다. 바울이 바울을 전도했습니다. 모든 선교는 곧 나를 향한 선교가 먼저 되어야 합니다. 끊임없이 집요하게 사탄이 우리를 노리듯이, 우리도 끈기와 인내를 가지고 성령 하나님에 의해 선교가 되어야 합니다. 선교적 존재, 선교적 교회가 되어 가야 합니다.

함께 기도하겠습니다

주님,

오늘 사도 바울 일행이 선교의 장도에 오르는 모습을 묵상했습니다.

주께서 사랑하시는 사람들, 복음이 필요한 사람들에게

이 생명의 복음이 전해지기까지

적잖은 시간 동안 사도 바울을 준비하신 하나님,

안디옥 교회를 준비하신 하나님,

바나바와 마가 요한을 준비하신 하나님,

그것이 오늘 우리를 당신 백성으로 삼으신 방식이었음을

알게 하시니 감사합니다.

우리 한 사람을 위하여 당신의 아들을 하늘로부터 보내주시고,

오래 전 한 신앙 공동체를 이루어

오늘 저희가 언약 가족의 일원이 되게 하시고

귀한 사역자들을 정성껏 준비하셔서

오늘 이렇게 당신의 말씀을 듣고 배우게 하시니 감사합니다.

귀한 동료 지체들의 수고와 섬김을 통해서

하늘 공동체를 경험하게 하시고

주님과 얼굴과 얼굴을 마주하며 교제할

그 온전한 모습을 기대하게 하시니 감사합니다.

구브로 섬의 상징적인 존재와 같았던 '바 예수'를 잠잠케 하시고

거짓 선지자요 마술사요 총독을 쥐고 흔들던

그의 눈을 한동안 멀게 하셨던 하나님,

반면에 그의 마수 아래 있던 총독 서기오 바울의 마음과 눈을 여셔서

하나님의 말씀을 듣고 믿음으로 반응하게 하신 하나님,

이제 저희도 성령이 충만하여

주님의 이 사랑과 능력으로 눈을 떠서

선악과 시대 정신을 분별하게 하시고,

인간다움과 존엄을 훼손하는 악한 세력의 손아귀에서 벗어나

하나님 나라 증인으로 살아가게 하여 주시옵소서.

바 예수와 예수를 구별하게 하시고

로마 총독 바울이 아니라 하나님의 종 바울이 되게 하여 주옵소서.

그리하여 그 옛적 바울 일행을 통해 이루셨던 그 선교를

오늘은 부족한 저희를 통해 이루어 주시옵소서.

꼭 주님의 나라를 이루시고 주께서 영광 받으시옵소서.

아멘.

비시디아 안디옥 회당에 떨어진
부활의 복음 ——— 사도행전 13:13-52

부활의 복음의 중요성

유대인들에게 십자가에 달린 예수가 다윗의 후손으로 오신 하나님의 아들, 메시아인 것을 증명할 가장 결정적인 증거는 무엇일까요? 그것은 유대교의 가장 열정적인 수호자였던 바울을 변화시킨 것이 무엇이었는지를 보면 됩니다. 단연코 예수님의 부활이었습니다. 부활하신 예수님과의 만남이었습니다. 부활 공동체의 환대였습니다. 예수님의 부활이 예수님의 죽음이 죄인의 죽음이 아니라 죄인을 위한 의인의 죽음이었고, 하나님의 심판이 아니라 메시아를 거절한 자들이 반역한 결과였음을 보여주는 증거였습니다. 죽은 자가 살아난 것이 사실이라면, 그리고 그것이 단순한 소생이 아니라 영원한 생명으로 승천한 것이라면, 그것은 죽음만이 전부였던 세상에 처음으로 죽음을 극복할 수 있는 단초를 보인 사건이 됩니다. 그것은 그 부활 이후의 사람들에게만 의미 있는 사건이었던 것이 아닙니다. 그 예수님의 등장과 활동, 십자가와 부활이라는 그 역사에 이르기까지 연관된 모든 이야기들이 이제 비로소 그 명확한 의미를 갖게 해주는 사건이 예수님의 부활입니다.

예수의 부활 이야기는 그 이전 이야기에게 빛을 주고 그 이후를 사는 이들에게도 빛을 주는 이야기라는 뜻입니다. 이제 유대인들은 예수님의 부활에서 자신들이 고이 간직했고 자부심으로 삼았던 이스라엘의 역사, 그 끝을 소망하면서 잊지 않기 위해 식사 자리에서마다 아버지의 입을 통해서 전해왔던 그 소망의 이야기가 이제 예수님의 부활 사건을 통해서 현실이 되었다는 것을 알아야 했습니다. 그것은 이스라엘만의 이야기가 아닙니다. 오늘 이스라엘의 경계를 넘어서 21세기 대한민국 땅에 살고 있는 우리에게도 그 이스라엘의 이야기가 의미 있도록 만든 것이 부활 사건입니다. 더는 이스라엘의 이야기가 한 민족만의 이야기가 아니라 모든 시대, 모든 인류에게 연결되는 하나님 나라의 이야기이고, 예수님을 지나서 오늘 우리에게까지 이어지는 이야기라는 것을 말해주는 것, 그 결정적인 연결고리가 예수님의 부활입니다. 따라서 예수님은 이천 년 전 팔레스틴의 유대인들에게만 의미 있었던 메시아는 아닙니다. 그는 그 이전 하나님을 믿었던 모든 이들의 구원자이고, 그 이후 선교의 역사를 통해 하나님을 믿게 될 모든 이들의 구원자가 되십니다. 이제 새 이스라엘에게는 성령이 역사하는 질적으로 새로운 시대_{종말이라고 부르는가} 열렸습니다. 바울이 부활하신 예수님을 만난 후 깨달은 것이 그것입니다.

오늘 비시디아 안디옥 선교 장면에는 예수님의 부활을 주제로 하는 바울의 첫 설교가 등장합니다. 이 설교는 예수님의 취임 설교(눅 4장), 베드로의 오순절 설교(행 2장)와 함께 신약성경에 나타난 매우 중요한 설교입니다. 이 설교는 구약의 이스라엘의 역사는 물론이고 예수님의 사역과 사도들의 사역, 바울의 이방인 사역이 얼마나 연속성이 있는지를 저자가 잘 보여주고 있기 때문입니다.

비시디아 안디옥으로 가다

바울이 구브로 총독 서기오 바울을 전도하자 많은 사람들이 주의 가르침에 크게 놀랍니다. 얼마든지 더 머물러 교회를 세우고 일꾼을 양육할 수도 있었을 것입니다. 총독이 회심했으니 그의 전폭적인 지원으로 안정된 사역이 보장될 수도 있는 상황이었습니다. 하지만 그들은 떠납니다.

> "바울과 및 동행하는 사람들이 바보에서 배 타고 밤빌리아에 있는 버가에 이르니"(사도행전 13:13a)

짐작하건대 처음부터 구브로만 전도하고 안디옥으로 돌아오려는 계획은 아니었던 것 같습니다. 한 지역의 선교사로 파송된 것이 아니라 순회 선교를 하겠다고 계획하고 떠난 여정이었습니다. 그들은 안정된 목회 자리를 찾아다니는 사람이 아니라 하나님께서 가라고 하신 곳이면 어디든 가고, 떠나라 하실 때에 떠나는 사람들이었습니다. 그들은 앞으로 이방인 지역에서 복음이 어떤 식으로 확산될 것인지 조금도 예상하지 못했습니다. 그것은 철저히 하나님의 계획 안에 감춰져 있었으며, 바울 일행은 다만 성령의 인도하심을 따라, 신중하게 세운 계획대로, 때로는 그 계획을 수정하면서 한 걸음 한 걸음 걸어갈 뿐이었습니다. 그런데 여기 아주 흥미로운 표현이 나옵니다.

바나바가 주도하던 선교단이 이제 바울이 주도하는 선교단으로 바뀐 것입니다. 바나바는 아예 이름도 안 나오고 "동행하는 사람들" 안에 포함 될 뿐이었습니다. 동행하는 사람들이 만약 바나바와 마가 요한 뿐이라면 이렇게 표현하지 않았을 것입니다. 분명 거기에는 다른 일행들도 있을 것입니다.

바나바의 고향 구브로 섬을 떠나 일행이 향한 곳은 바울이 태어난 소 아시아의 남쪽 해안이었습니다. 보통은 앗달리아 항구로 가서, 거기서 19 킬로미터 내륙에 있는 버가로 걸어 들어갔습니다. 그런데 이번에는 바로 버가로 간 것으로 기록한 것을 볼 때 '세스트루스cestrus' 강을 통해 배를 타고 48킬로미터가량 간 다음에, 다시 7킬로미터 정도 더 육로로 걸어서 버가로 간 것으로 보입니다. 이 길이 더 빠른 길이었습니다. 총 길이가 약 280킬로미터 정도 됩니다. 이는 처음부터 바울 일행이 계획한 경로였을 것입니다. 그런데 13:14을 보면 "그들은 버가에서 더 나아가 비시디아 안디옥에 이 르러" 버가에서 복음을 전했는지 아니면 곧장 이동했는지 여부를 특정할 수 없습니다. 다만 분명한 것은 그들이 돌아오는 길에는 이 버가를 다시 방문하여 복음을 전하고 있다(행 14:25)는 점입니다.

학자들은 그들이 버가에서 비시디아 안디옥을 거쳐 더베로 갔다가 거 기서 바울의 고향 다소를 방문하고, 거기서 시리아 안디옥, 즉 그들을 파 송한 안디옥 교회로 돌아오는 코스를 구상했을 것이라고 추측합니다. 당 연히 그것이 훨씬 수월한 길이었을 것이고, 출발할 때는 바나바의 고향에 서 시작하고 마무리할 때는 바울의 고향에서 끝내고 있어서 이상적이기도 했습니다. 하지만 우리가 아는 대로 바울 일행은 더베에서 회행하여 자신들이 전도했던 교회들을 재방문하기 위해 왔던 길을 다시 밟아 되돌아오는 경로를 선택하고 있습니다. 특별히 버가에서 비시디아 안디옥으로 가는 길은 참으로 험난했습니다. 해발 1,000미터 정도 되는 타우루스 고원 지역을 지나 160킬로미터 이상 걸어가야 당도할 수 있었습니다. 지리적으로도 험준할 뿐만 아니라 거기에는 많은 산적들이 창궐하는 것으로도 유명했습니다. 고린도후서에서 그 고생을 이렇게 말한 적이 있습니다.

> "여러 번 여행하면서 강의 위험과 강도의 위험과 동족의 위험과 이방인의 위험과 시내의 위험과 광야의 위험과 바다의 위험과 거짓 형제 중의 위험을 당하고"(고린도후서 11:26)

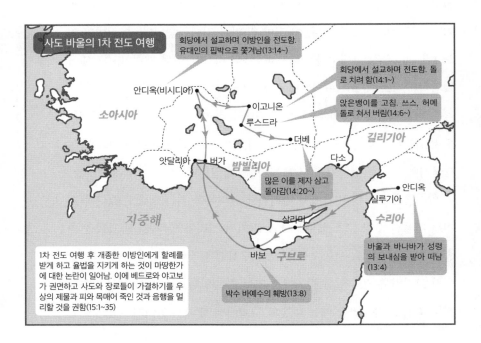

320

이 무렵 바울의 건강이 좋았던 것도 아니었습니다. 바울의 1차 전도 여행 때 다녔던 곳을 "갈라디아 지방"이라고 부릅니다. 갈라디아서는 바로 이 지역에 보낸 회람 서신입니다. 거기서 그가 갈라디아에 도착했을 때 병약하여 업신여김을 받을 정도로 초췌한 상태였습니다. 능력의 복음을 전하면서 정작 전도자 자신이 병약하다면 당연히 믿음이 없는 사람들은 그를 무시하기 쉬웠을 것입니다. 하지만 갈라디아 성도들은 바울을 천사처럼, 예수님처럼 영접해주었고 심지어 자기 눈을 빼어주려고 할 정도로 그를 인정하고 이해해주었습니다.

"내가 처음에 육체의 약함으로 말미암아 너희에게 복음을 전한 것을 너희가 아는 바라 너희를 시험하는 것이 내 육체에 있으되 이것을 너희가 업신여기지도 아니하며 버리지도 아니하고 오직 나를 하나님의 천사와 같이 또는 그리스도 예수와 같이 영접하였도다 너희의 복이 지금 어디 있느냐 내가 너희에게 증언하노니 너희가 할 수만 있었더라면 너희의 눈이라도 빼어 나에게 주었으리라"(갈라디아서 4:13-15)

하지만 누가는 그런 이야기를 시시콜콜하게 적지 않았습니다. 그들이 바보에서 버가로, 버가에서 비시디아 안디옥까지 무려 380킬로미터를 이동한 것을 단 두 절로 기록하고 있을 뿐입니다. 우리 인간은 굳이 기념비를 세워 낱낱이 새겨놓고 역사책을 써서 기록으로 남겨놓고 싶어 하지만, 성경의 저자들은 약속이나 한 듯 한결같이 인간의 역할을 애써 감추려고 합니다.

요한의 이탈

이때 갓 선교를 시작한 바울 일행에게는 타우루스 고원을 넘는 일보다 더 힘든 일이 생겼습니다. 선교 초기인데 함께 동행한 요한 마가, 즉 바나바의 사촌인 그 요한이 대열에서 이탈하기로 결정합니다. 밤빌리아에 도착하자 그는 예루살렘으로 돌아가 버립니다. 이것 때문에 그를 '신약의 요나'라는 별명으로 부릅니다. 물론 저자는 왜 그가 예루살렘으로 떠났는지 말하지 않고 있습니다. 다만 15:37-39에 보면, 2차 선교여행을 떠나면서 바울이 그를 다시 선교팀에 포함시켜 데려가는 문제를 두고 바나바와 크게 대립합니다. 결국 이 마가 요한의 이탈이 바울과 바나바에게 결별 원인으로 작용하는 것을 보면, 불가피한 이유로 이탈한 것은 아닌 것으로 보입니다. 거기서 바울은 "자기들을 떠나 함께 일하러 가지 않은" 사람이라고 요한을 가리키고 있습니다. 즉 항구에서 내려 버가까지 가서야 갈라선 데는 분명 바울이 용납하기 힘든 결별 사유가 있었던 것입니다. 그가 돌아간 곳이 그들을 파송해준 안디옥 교회가 아니라 요한의 집이 있는 예루살렘이었다는 점 때문에[36] 학자들은 그가 떠난 이유에 대해 몇 가지 추측을 하기도 합니다. 즉 바나바를 대체하여 바울이 선교 지도자가 된 데 반발했다는 설도 있고, 그가 바울이 이방인에게 복음을 전하는 방식이나 내용에 대해 동의하지 않았고, 그것을 예루살렘의 사도들에게 알리기 위해서 갔다는 설도 있습니다. 그 이유를 특정할 수 없지만, 하여튼 동료를 한 명 잃었다는 것이, 그것도 좋지 않은 일로 이탈했다는 사실이 저 험준한 타우루스 산을 넘기 전에 분명 바울에게는 적잖이

---

36 2차 선교여행을 떠날 시점에는 그가 안디옥에 와 있었다.

실망을 준 사건이었습니다. 그래서 2차 선교여행에 그가 합류하는 것을 반대한 것입니다.

저는 이것을 굳이 사탄의 시험이라고까지 말하고 싶지는 않습니다. 하지만 아무리 주님을 위한 우리의 사역이 고단하고 힘들더라도 동역자들의 마음이 나뉘는 것만큼은 힘들지 않습니다. 사역자와 성도들의 관계가 틀어지는 것만큼 힘들지는 않습니다. 선교지에서 겪는 가장 큰 어려움을 묻는 질문에 의외로 많은 선교사들이 "동료 선교사와의 관계"라고 대답하고 있습니다. 심지어 문화적, 환경적 어려움보다 더 견디기 어려웠다고 술회합니다. 타우루스 산보다 마가 요한의 중도 포기가 바울 일행에게는 더 험준한 일이었을 것입니다.

안식일에 회당에서 설교하는 바울

하지만 바울 일행은 결국 비시디아 안디옥에 도착했습니다. 비시디아 안디옥은 광대한 갈라디아 주 남반부의 정치, 군사적 중심지입니다. 정치적으로는 갈라디아에 속했지만, 언어적으로는 브루기아에 속해 있었습니다. 여기에는 유대인 인구가 많았습니다. 요세푸스는 주전 210년경에 유대인 2,000가구가 이곳에 이주해서 비시디아 안디옥에는 회당들이 많이 있었다고 전합니다.[37] 그들에게 안식일이 찾아왔습니다. 구브로의 수도 바보에서 그랬듯이, 그는 유대인들이 모인 회당에 먼저 찾아갔습니다. 로마제국 안에는 '안디옥'이란 이름의 도시가 16개나 되었습니다. 그래서 "비시디아 안디옥"이라고 불러서 안디옥 교회가 있는 "수리아의 안

---

37 Josephus, *Ant.* 12.3.4.

디옥"과 구분하고 있습니다. 바울은 이전처럼 먼저 유대인 회당을 찾아 유대인들과 유대교로 개종하거나 유대교에 호의적인 이방인들에게 복음을 전했습니다. 대개 회당예배의 순서는 다음과 같습니다.

1) 쉐마를 낭독합니다.

   (들으라 이스라엘아 주님은 우리 하나님이시요, 주님은 한분이시다.)

2) 기도를 합니다.

   (모임의 지도자가 대표로 기도합니다.)

3) 오경과 선지서에서 각각 성경을 낭독합니다.

   (바울이 인용한 것을 볼 때 그 날 그들은 신명기 1장과 이사야 1장을 읽었을 것입
   니다.)

4) 권면을 합니다.

   (회중 가운데 적당한 사람이 권면합니다.)

5) 제사장의 축복으로 끝납니다

   (민수기 6장으로 축복합니다.)

율법과 선지서의 글을 읽은 후에 회당장들이[38] 사람을 바울과 바나바에게 보내서 이렇게 청합니다.

"형제들아 만일 백성을 권할 말이 있거든 말하라"(사도행전 13:15)

---

38 회당장이 복수로 된 것은 여기에 있는 회당이 큰 공동체라는 것을 암시한다. 또 전임자
   도 존중하는 의미에서 포함시키기도 한다. 데럴 벅(전용우), 《사도행전》(부흥과개혁사,
   2019), 581.

사람을 보냈다는 것은 이미 회당장이 바울과 바나바를 만나서 알고 있었다는 뜻이고, 어쩌면 이때 바울이 자신이 가말리엘의 문하에서 수학한 훈련된 랍비였다는 사실을 알렸을 수 있습니다. 예수님도 회당에서 발언 기회를 얻으신 것을 볼 때 회당 안에 따로 고정적인 설교자가 있었던 것이 아님을 알 수 있습니다. 16절을 보면 두 사람 중에 바울이 권면하려고 나섰습니다. 바로 이 순간을 위해서 바울은 유대교 아래서 율법에 대해서 교육을 잘 받았고, 또 부활하신 예수님을 만나서 회심하였고, 고향 다소로 내려가 십년 가까이 긴 무명의 시절을 보내면서 신학적인 고민을 하고 체계를 세웠습니다. 그러고는 안디옥 교회에서 1년 동안 실전을 쌓은 후에 드디어 이방인 지역에 있는 유대교 회당에 선 것입니다. 그의 설교를 들어보면 그가 얼마나 깊이 준비했는지를 엿볼 수 있습니다. 아니 이제는 상황에 따라 사람에 따라 자유자재로 청중들에게 맞는 복음을 전할 수 있게 되었습니다. 그는 유대인들 청중들을 배려하면서도 그들과 자신이 얼마나 선명하게 다른지를 담대하게, 그러나 분명한 근거를 가지고 설득력 있게 설명하고 있었습니다. 그가 보낸 시간이 결코 헛되지 않았습니다. 그가 살아온 시절이, 그가 갖고 있는 것이, 그가 연마한 것이 바나바의 그것과는 사뭇 달랐습니다. 만약 바나바가 이런 바울을 시기한다면, 마가 요한과의 결별에 이어서 또다시 둘은 헤어져야 했을 것입니다. 바울이 어떤 사명을 받았는지를 알고 있었을 바나바는 이제 바울이 사역할 때가 왔다는 사실을 인지했을 것입니다. 이제 자연스럽게 바울이 나서고 있습니다.

"바울이 일어나 손짓하며 말하되 이스라엘 사람들과 및 하나님을 경외하

는 사람들아 들으라"(사도행전 13:16)

대개 회당에서 기도는 서서 하고 설교는 앉아서 했습니다. 그런데 이 곳 이방인 지역에 있는 회당에서 바울은 로마 연설가들의 모습으로 일어 나 손짓까지 해가면서 웅변가처럼 설교하기 시작합니다. 유대인에게는 유대인처럼, 이방인에게는 이방인처럼 그는 복음의 일꾼으로 쓰임 받고 있습니다. 여기에 언급된 "하나님을 경외하는 사람들"은 이방인들 가운 데서 회당예배에 참여한 헬라인들을 가리킵니다. 아직 할례를 받지 않았 기 때문에 완전한 개종자는 아니라도 에티오피아 내시처럼, 그리고 가이 사랴의 고넬료처럼 유대교에는 아주 호의적인 사람을 의미합니다.

구약 역사 개관

바울의 설교가 시작됩니다. 먼저 17-22절까지 구약의 역사를 개관합 니다. 여기서는 하나님의 이스라엘 선택, 출애굽, 광야 40년, 가나안 정 복, 사사시대, 사울을 왕으로 세우는 것, 다윗이 왕이 되는 것까지 족장들 부터 다윗까지의 역사를 말합니다. 그리고 23-31절까지는 그 다윗의 후 손으로 오신 예수 그리스도의 십자가와 부활에 대해서 소개합니다. 그러 고 나서 32-41절까지는 길게 예수님의 부활의 의미에 대해서 아주 상세 하게 다룹니다. 이것이 바울의 긴 설교입니다.[39] 이스라엘은 하나님의 선 택으로 시작되었습니다.

---

39 청중을 부르는 호칭이 세 번 나오는데(16절, 26절, 38절), 이것을 기준으로 설교를 셋 으로 구분하기도 한다. 1) 16-25절은 구원의 역사 서술, 2) 26-37절은 메시아 예수의 중요성에 대한 논증, 3) 38-41절은 청중의 회개 촉구하는 종결부.

17-22절   구약 역사 개관

23-31절   예수 그리스도의 십자가와 부활

32-41절   부활의 의미

"이 이스라엘 백성의 하나님이 우리 조상들을 택하시고 애굽 땅에서 나그네
된 그 백성을 높여 큰 권능으로 인도하여 내사 광야에서 약 사십 년간 그들의 소
행을 참으시고"(사도행전 13:17-18)

아브라함에게 주신 하나님의 약속언약으로 의미 있는 역사를 시작했
습니다. 그 역사의 주인 노릇 해주시겠다는 약속을 따라 야곱 때에 애굽
땅 고센에 정착했습니다. 거기서 400년을 보냈을 때, 그들은 그 땅에서
나그네가 되어 있었습니다. 바로가 자기 땅에서 큰 세력을 이룬 이스라
엘을 이제 위협적인 존재로 여긴 것입니다. 결국 애굽이 이스라엘 백성
들을 학대하자 400년 만에 하나님께서는 큰 권능으로 그들을 꺼내어 광
야로 인도하셨습니다. 여기 '큰 권능으로'는 직역하면 '높이 올려진 팔
로'메타 브라키오노스 휘페루, μετὰ βραχίονος ὑψηλοῦ입니다. 출애굽은 이스라엘
이라는 나라를 창조한 사건입니다. 죽음에서 생명으로 인도한 사건입니
다. 그것은 하나님의 권능의 팔로 하신 일입니다(출 6:1,6; 32:1; 신 3:24; 4:34;
시 136:11-12). 그 창조의 큰 권능으로 주 예수를 죽음 가운데서 높이시고
생명으로 인도하여 새 출애굽을 통해 하나님 나라를 창조하실 것입니다.
　출애굽 이후 전개된 광야 40년은 그 시작부터 끝까지 하나님께서 그
소행을 참으신에테로포포레센, ἐτροποφόρησεν 불순종의 시간으로 규정하고
있습니다. 그러나 동시에 불임의 땅, 죽음의 땅에서 하나님의 창조 능력

을 경험한 시간이었고, 하나님이 그들의 소행을 오래 참으시면서 언약을 지켜주신 시간이었습니다. 바울은 그 참으심의 결과가 메시아 예수 그리스도를 보내신 사건이고, 그 메시아 예수를 죽인 자들에게 바울과 바나바 같은 선교사를 보내서 다시 기회를 주신 것이 오늘의 이 순간이라고 말하고 싶었을 것입니다.

애굽에서 400년, 광야에서 40년, 그리고 정복 전쟁 10년 등 모두 450년 만에 그들은 약속의 땅 가나안에 정착할 수 있었습니다. 여호수아가 그 정복 전쟁을 이끌었습니다. 그가 죽자 사사시대가 이어졌습니다. 그 마지막 사사가 사무엘입니다.

"가나안 땅 일곱 족속을 멸하사 그 땅을 기업으로 주시기까지 약 사백오십 년 간이라 그 후에 선지자 사무엘 때까지 사사를 주셨더니"(사도행전 13:19-20)

하나님은 그 사무엘을 통해 영적인 광야, 영적 불임의 시대를 끊고 새로운 하나님 나라를 열기 위해 대대적인 영적인 각성을 일으키셨고 그들의 요구대로 왕정을 열어주셨습니다. 물론 주변 나라들과 전혀 다른 가치관을 갖고 있는 이스라엘은 사실상 신정국가였습니다. 이스라엘의 왕은 주변 나라들을 왕 되게 하는 조건과 달랐고, 왕에게 위임된 권한도 달랐고, 왕이 감당해야 할 사명도 달랐습니다. 하나님의 목소리에 청종하는 것, 그것이 이스라엘을 이스라엘 되게 하고, 왕이 왕 노릇 할 수 있는 조건이었습니다.

그렇게 세운 이스라엘의 초대 왕이 사울입니다. 그는 베냐민 지파 사람 기스의 아들로서 40년을 왕으로 통치하였습니다. 가장 큰 남북의 두

지파인 유다지파와 에브라임 지파 사이에 있는 작은 지파요, 기스의 가문은 베냐민 지파 중에서도 가장 약한 가문이었습니다. 하나님 밖에는 의지할 것이 없는 원초적인 조건을 가진 사울을 왕으로 삼으신 것입니다. 하지만 그는 시작할 때의 낮은 마음, 겸손한 마음을 잃고 다윗을 시기하여 그를 쫓아다니다가 결국 비극적으로 생을 마감하고 맙니다. 저자는 하나님께서 그를 "폐하셨다"메타스테사스, μεταστήσας라는 사실을 굳이 밝힙니다. 선민 이스라엘의 역사가 결코 하나님의 축복을 당연하게 여길 만큼 신실한 삶은 아니었고, 그와는 반대로 불순종의 역사를 참고 인내하신 역사였음을 강조하고 싶은 것입니다. 오늘 메시아 예수를 거절한 것으로 불순종의 역사는 이어졌지만, 동시에 예수의 부활을 통해 하나님의 자비와 은총의 역사도 이어지고 있다고 말하고 있습니다. 그러고 나서 세워진 왕이 바로 이스라엘의 대표적인 왕 다윗입니다. 22절을 보시면 다윗에 대해선 아주 특별하게 기술하고 있습니다.

"폐하시고 다윗을 왕으로 세우시고 증언하여 이르시되 내가 이새의 아들 다윗을 만나니 내 마음에 맞는 사람이라 내 뜻을 다 이루리라 하시더니"(사도행전 13:22)

하나님이 다윗을 왕으로 세우셨지만(시 89:20), 동시에 다윗에게도 하나님의 마음을 흡족하게 해드릴 만한 순전함이 있었다는 것(삼상 13:14)을 분명히 말해주고 있습니다.[40] 다윗이라면 하나님의 뜻을 온전히 이룰 수

---

40 사 44:28에서 고레스에게도 이 표현을 쓰고 있다. 이사야가 '기름 부음 받은 자'라고 언급한 것은 고레스 뿐이다.

있겠다 싶으셨던 것입니다. 다윗을 강조한 것은 예수 그리스도께서 다윗의 후손 메시아로 오셔서 다윗처럼 하나님의 마음에 합한 사람으로서 죽기까지 순종하다가 돌아가셨고, 결국 하나님의 뜻을 다 이루신 분임을 말하고 싶어서입니다. 불순종하였기에 죽어 마땅한 것은 메시아 예수가 아니라 그를 거절한 유대인들이라는 것입니다. 여기 다윗을 왕으로 세우셨다에게이로, ἐγείρω라고 할 때 쓰인 단어가 예수의 부활을 묘사할 때(행 13:30,37)도 사용되고 있습니다. 예수께서 부활하신 사건은 그가 왕으로 등극하신 사건이었습니다.

여기 16절부터 22절까지의 주어는 '하나님'입니다. 역사의 주인이 하나님이신 것을 바울은 강조합니다. 인간은 반항했고 불순종했고 떠나기도 했지만, 하나님이 한결같이 언약에 신실하셨기에 이스라엘의 역사는 다윗 왕 때까지 이를 수 있었습니다. 예수님을 거절하고 죽인 유대교의 문제는, 하나님께서는 반드시 자신이 원하는 타입의 메시아를 보내셔야 한다고 고집한 데 있었습니다. 그건 자신이 바라는 나라를 하나님은 반드시 이루셔야 한다는 의미였습니다. 그러고도 '하나님'의 나라라고 할 수 있을까요? 그런 그들에게 하나님은 우상과 다름 없었습니다. 그가 참 메시아인지 아닌지보다 더 중요했던 것은 그 메시아가 자신들의 요구와 필요를 채워줄 수 있는가 하는 것이었습니다. 하나님의 아들 예수는 그들이 만든 프레임 혹은 패러다임에서 벗어난 사람이었고, 그들의 기대를 저버린 자였습니다. 그래서 하나님이 보내셨는데도 그들은 예수가 메시아 자격이 없다고 거절했고 제거했습니다. 하나님은 인간의 결재를 받아서 당신 나라 일을 해야 할 처지로 전락했습니다. 그들에게는 이미 자기 뜻대로, 자신의 마음에 맞는 대로 역사를 주관하시는 하나님은 존재하지 않았습니다. 그래서 바울은 여기서 '하나님이 주도권을 갖고 역사를 이끌어가셨다'는 사실을 유독 강조한 것입니다. 바울은 청중들이 다 알고 있는 이스라엘 역사를 개관함으로써 설교자 자신과 청중 간 공통분모를 만들고 있습니다. 하나님께 선택받고 인도받고 약속의 땅을 받았던 은혜의 역사를 공유하고 있습니다. 바울 말고도 스데반 역시 자신의 설교에서 구약의 역사를 개관한 바(행 7장) 있습니다. 청중들과 공유하고 있는 지식을 나눔으로써 청중의 관심을 끌어 설득력을 높이려는 의도가 있었을 것입니다. 그리고 자신이 나눌 얘기, 예수 그리스도의 십자가와 부활은 바로 그 공유한 역사를 완성하는 사건이라고 말하기 위한 포석이었습니다.

구원자 예수님의 십자가와 부활

이 역사는 하나님 나라의 역사이고 그들이 위대하게 생각한 다윗왕까지 이어지는 역사입니다. 여기까지는 바울과 회당의 청중들이 공유한 역사입니다. 하지만 그 다음에 바울은 다윗을 지나 남북 이스라엘의 멸망과 포로기, 디아스포라 생활, 포로 귀환, 연이은 이방 나라들에 의한 이스라엘 지배의 역사는 생략하고 있습니다.

이스라엘을 위해 세우신 구주 예수

만약 생략하지 않았다면 여전히 회당 청중들은 바울이 지금 자신들의 이야기를 하고 있다고 생각했을 것입니다. 그런데 바울은 다윗에서 그의 후손 예수에게로 곧장 넘어가고 있습니다. 다윗을 '세우신' 하나님이 다윗에게 하신 약속을 이루기 위해 예수를 구주로 '세우신' 이야기를 하고 있습니다.

"하나님이 약속하신 대로 이 사람의 후손에서 이스라엘을 위하여 구주를 세우셨으니 곧 예수라"(사도행전 13:23)

하나님은 다윗과 언약을 맺으셨습니다. 사무엘하 7:12 "내가 네 몸에서 날 네 씨를 네 뒤에 세워 그의 나라를 견고하게 하리라"에 나오는 다윗 언약이 바로 그것입니다. 아브라함 언약, 시내산모압 언약, 다윗 언약이 구약옛 언약의 가장 핵심적인 언약들입니다. 특히 다윗 언약은 다윗의 왕위를 언제까지든 지켜주시겠다는 하나님의 약속입니다. 그런데 다윗 왕위가 역사 속에서 끊어졌습니다. 나라가 멸망했고, 유다의 마지막 왕 시드기야는 바벨론으로 잡혀가 눈이 뽑힌 후에 처형되었습니다. 그러면 하나님의 약속은, 하나님 나라 계획은 이제 끝난 것입니까? 그분이 약속을 어긴 것입니까? 아닙니다. 선지자들은 미래의 다윗을 기대했습니다. 이스라엘 백성들도 희망을 버리지 않았습니다. 다윗의 후손에서 메시아를 기다렸습니다. 결국 하나님이 그 기대대로 약속을 지키셨습니다. 다윗의 후손에서 이스라엘을 위하여 "구주"소테르, σωτῆρ를 세우셨습니다. 그가 바로 예수입니다. 구약에서 구주구원자는 성부 하나님을 가리키는 표현이었습니다 (사 45:15,21; 삼하 22:3; 시 17:7; 106:21; 사 43:3,11; 60:16; 호 13:4). 바울은 지금 예수님은 하나님의 종으로서 하나님께서 하셨던 구원 역사를 성취하시는 분이라고 소개하고 있는 것입니다.[41]

여기 회당의 청중들을 염두에 두고 예수를 구주로 세우신 것이 "이스라엘을 위하여"라고 했지만, 예수님은 이스라엘만을 위한 구주는 아닙니다.

---

41 누가복음 2:11에서 예수님의 탄생 선포를 할 때 구주라는 표현이 나온다. 누가복음 1:47에서는 하나님을 구주로 묘사한다.

이방인에게 다윗이 중요한 것은 그를 통해 만왕의 왕, 열방의 왕, 인류 역사의 왕이신 예수님이 태어나셨기 때문입니다. 바로 이 지점에서 유대인 랍비 바울과 이 회당 유대인들이 갈립니다. 예수님이 아브라함과 다윗에게 주신 언약을 따라 천하만민을 복 되게 하시려고 다윗의 후손으로 오신 구주, 메시아, 하나님의 아들임을 믿는 여부로 운명이 갈릴 것입니다.

예수님의 등장을 준비한 세례 요한

예수님이 등장하시기 전에 구약의 마지막 선지자 세례 요한이 회개의 세례를 전파하여 그분의 오실 길을 예비하였습니다.

> "그가 오시기에 앞서 요한이 먼저 회개의 세례를 이스라엘 모든 백성에게 전파하니라 요한이 그 달려갈 길[42]을 마칠 때에 말하되 너희가 나를 누구로 생각하느냐 나는 그리스도가[43] 아니라 내 뒤에 오시는 이가 있으니 [44] 나는 그 발의 신발 끈을 풀기도 감당하지 못하리라 하였으니"(사도행전 13:24-25)

저자 누가는 다른 복음서 기자들과 비교할 때 유독 이 세례 요한의 출생을 자세히 기록한 바 있습니다. 그래서 그가 예수님의 탄생과 사역 모두에서 그분의 길을 예비하는 자로 살았음을 강조하고 있습니다. 세례

---

42 '길'(δρόμος)는 운동경기나 경기가 벌어지는 도로를 가리킨다. 자주 맡은 노정을 비유하는 단어로 쓰인다.
43 직역하면 "나는 아니다"(οὐκ εἰμὶ ἐγώ)이다.
44 "그러나 보라"(ἀλλ' ἰδοὺ)는 말로 시작하는데 번역이 생략되었다.

요한은 자신은 그리스도가 아니고 자기 뒤에 오시는 분이 그리스도라고 명백히 밝히고, 자신은 그의 신발 끈을 풀 자격도 없을 만큼 비교 불가의 대상이라고 합니다. 그는 노예가 하는 가장 천한 일조차도 할 가치가 없다고 느낀 것입니다.

메시아에 대한 유대인들의 반응

하나님이 드디어 메시아를 보내셨습니다. 그런데 이스라엘 사람들은 그 하나님의 아들 메시아를, 그 구주를 어떻게 했습니까?

"형제들아 아브라함의 후손과 너희 중 하나님을 경외하는 사람들아 이 구원의 말씀을 우리에게[45] 보내셨거늘 예루살렘에 사는 자들과 그들 관리들이 예수와 및 안식일마다 외우는 바 선지자들의 말을 알지 못하므로 예수를 정죄하여 선지자들의 말을 응하게 하였도다"(사도행전 13:26-27)

이제 바울은 두 번째로 청중을 부르고 있습니다. 여기서 바울은 청중들을 부를 때 좀전과 다르게 부릅니다.

"형제들아 아브라함의 후손과 너희 중 하나님을 경외하는 사람들아"

여기 "아브라함의 후손"이 앞서 말한 "이스라엘 사람들유대인들"과 같

---

45 '우리에게'(ἐν ὑμῖν)는 문장 맨 앞에 나와서 강조하고 있다. '우리를 위한'이라는 의미다.

습니다. 이제부터는 그 이전까지의 역사와 예수께서 오신 사건을 이 청중들과 관련지으려고 하기 때문입니다. 이제 이 역사를 자신의 역사로 받아들일 것인지, 이 역사에 참여할 것인지, 이 역사기술 방식에 동의할 것인지를 청중들은 결정해야 할 시간이 된 것입니다. 그것에 따라서 '구원'이 결정되기 때문입니다.

그런데 바울은 하나님께서 "예수님"을 보냈다고 하지 않고 "구원의 말씀"을 보냈다고 합니다. 예수께서 선포하신 회개 요구와 하나님 나라로 들어오라는 요구, 예수님 자신을 믿고 빛으로 나아오라는 요구가 바로 "구원의 말씀"이었던 것입니다. 말씀으로 세상을 창조하신 하나님께서 이제 이 구원의 말씀을 통해서 세상을 새롭게 창조하려고 말씀이 육신이 되신 예수님을 보내신 것입니다. 그런데 유대인들은 거절했습니다. 그들은 예수께서 하신 말을 알아듣지 못했습니다. 안식일마다 외우던 선지자의 말을 깨닫지 못한 채 암송하기만 했습니다. 그러니 그 선지자들의 말이 예수님을 통해 성취되고 있는데도 몰랐습니다. 하나님이 원하시는 나라가 아니라 자신들이 바라는 나라에만 관심을 쏟았기 때문에 안 들렸습니다. 베드로에게 책망하셨듯이 그들은 '하나님의 일은 생각하지 않고 사람의 일만 생각했습니다.' 자기를 부인하고 자기 십자가를 지고 따라야 하는데, 사실상 자신들이 왕으로 군림하는 나라에 대한 야망으로 자아가 가득했으니, 많은 말씀을 배워도 소용없고 외워도 소용없었습니다. 결국 메시아를 죽였습니다. 불법이었습니다. 죄가 있어서 죽인 것이 아니라 자신들이 믿는 바와 달랐기 때문에 죽였습니다.

"죽일 죄를 하나도 찾지 못하였으나 빌라도에게 죽여 달라 하였으니[46] 성
경에 그를 가리켜 기록한 말씀을 다 응하게 한 것이라 후에 나무에서 내려
다가 무덤에 두었으니"(사도행전 13:28)

하지만 그런 반역 중에도 하나님의 역사는 중단되지 않았습니다. 십자
가의 죽음은 예고되어 있었습니다. 숱한 이전의 선지자들처럼, 직전의 세
례 요한처럼 메시아는 거절당할 것이라고 선지자들은 예언해왔습니다.

"선지자들의 말을 응하게 하였도다 … 성경에 그를 가리켜 기록한 말씀을
다 응하게 한 것이라"(사도행전 13:27)

인간은 여태 자기 하고 싶은 대로 했습니다. 하나님은 번번이 뒤통수
를 맞았고 가슴이 찢어졌습니다. 그런데 더 나중에 결과를 보면 결국 하
나님의 뜻이 이뤄졌습니다. 반역하는 인간과 그 배후에 있는 사탄이 해
낸 최고의 쾌거는 하나님의 아들 예수를 그가 사랑하는 사람들에 의해
십자가에 못 박히게 한 일이었습니다. 그날 어둠의 세계에서는 유례없는
축하 파티가 열렸을 것입니다. 하지만 동시에 절대로 회복할 수 없는 패
배가 자기들한테 기다리고 있는 줄은 몰랐을 것입니다. 메시아의 죽음으
로 성경의 예언이 성취된 것에 그치지 않았습니다. 하나님은 그를 죽음
가운데서 살리셨습니다.

---

46 누가복음 23:1-25, 47의 요점이다. 빌라도는 예수가 죽을 만한 아무 일도 하지 않았다
고 하면서도 유대 지도자들의 요구 때문에 예수를 죽이고 있다.

"후에 나무에서 내려다가[47] 무덤에 두었으나 하나님이 죽은 자 가운데서 그를 살리신지라"(사도행전 13:29b-30)

부활이 지어낸 얘기? 부활이 없으면 예수는 아무 것도 아닙니다. 예수는 오늘 우리와는 아무 관계가 없는 존재가 됩니다. 부활이 거짓이라면, 구약의 이스라엘의 역사는 하나님의 역사가 아니라 인간 영웅들의 역사에 그칠 것이고, 그것은 유대인들의 역사에 그칠 뿐 인류 역사로 이어지지 않을 것입니다. 부활이 거짓일 수 없는 이유와 근거는 수도 없이 많습니다.

"갈릴리로부터 예루살렘에 함께 올라간 사람들에게 여러 날 보이셨으니 그들이 이제 백성 앞에서 그의 증인이라"(사도행전 13:31)

부활하신 예수님을 본 사람들이 한둘이 아닙니다. 그가 부활하여 나타난 장소가 한두 곳이 아닙니다. 여러 부류의 사람들이 여러 방식으로 여러 장소에서 각각 따로 보았습니다. 갈릴리에서 보았고 예루살렘에서도 보았습니다. 오백 명이 일시에 본 적도 있었습니다. 집단으로 보기도 하고 개인적으로 보기도 했습니다. 그러니 심리적인 착각일 수도 없습니다. 바울은 자신이 맨 나중에 본 사람이라고 소개합니다. 그래서 자신을 "만삭되지 못하여 난 자 같다"고 한 것입니다. 부활을 보고 나서는 가만 있을 수 없었습니다. 증인이 되지 않고는 견딜 수 없었습니다. 그들은 하나같이 백성들 앞에 서서 증인이 되었습니다. 그 증인들이 교회를 이루

---

47 내리고 무덤에 둔 유대인들 빌라도와 살리신 하나님을 대조한다.

었고, 그 교회가 이어지고 또 이어져 오늘 우리에게까지 온 것입니다. 그래서 모든 교회는 부활의 공동체입니다. 부활을 믿는 공동체이고, 부활하신 예수님을 믿는 공동체이고, 그 부활을 증거하고 증명하는 공동체이고, 우리 몸의 부활을 고대하는 공동체입니다. 그 부활 소망으로 오늘 죽음의 문화에 저항하고, 죽음의 위협에 맞서서, 하나님을 부인하고 예수님을 또다시 십자가에 못 박도록 겁박하는 세상을 단호히 거절하는 이들이 교회입니다. 누군가를 죽여서 내가 살려고 하지 않고 내가 죽어서 누군가를 살리는 삶을 살고 싶다고 기도하는 공동체입니다.

바울은 예수님의 탄생과 그분이 공생애 동안 행하신 기적들에 대해서는 전혀 언급하지 않습니다. 다만 그분 생애의 절정인 십자가와 부활만을 언급합니다. 그것만 중요하기 때문이 아닙니다. 이 부활이 유대인들에게 전하고 싶은 가장 핵심적인 메시지였기 때문입니다. 이 부활이 십자가의 죽음을 하나님의 저주가 아니라 인간의 저주를 대신 담당하고 죽음이 되게 하고, 예수를 메시아가 되게 하기 때문입니다.

여기까지 들은 유대인들은 어떤 생각이 들었을까요? '정말 예수가 부활했다면, 정말 부활한 것이 맞다면, 사정이 전혀 달라지는 것이 아닌가? 이제 우리는 저 예수를 달리 상대해야 하는 것이 아닌가? 그렇다면 메시아의 새 시대가 열렸고 새로운 나라가 시작되었다는 뜻이 아닌가? 그 메시아를 죽인 이스라엘은 어떻게 되는가?' 부활은 그들의 견고한 신념에 균열을 내고 숱한 질문들을 만들어냈을 것입니다. 이때 바울 설교에 쐐기를 박을 논증이 32절부터 이어집니다.

부활의 의미

이제 바울은 부활의 의미를 설명하기 시작합니다. 이 부활은 새로운 주장이 아니고 이미 구약에서 예언된 것이라고 합니다. 그리고 이 부활로 인해 우리가 죄를 용서받고 하나님의 의로운 새 언약 백성이 될 수 있게 되었다고 합니다. 이것이 부활의 의미입니다.

부활의 첫째 의미: 약속 성취

먼저 부활은 하나님께서 약속을 지키신 사건입니다. 주께서는 이미 메시아의 부활에 대해 약속하셨습니다. 33-35절에서 세 구약 본문을 인용하고 있습니다.

1) 시편 2:7

먼저 시편 2:7을 인용하시면서 하나님께서 하나님의 아들을 보내신다고 약속하신 것을 부활로 지키셨다고 말합니다.

"곧 하나님이 예수를 일으키사 우리 자녀들에게 이 약속을 이루게 하셨다 함이라 시편 둘째 편에 기록한 바와 같이 너는 내 아들이라 오늘 너를 낳았다 하셨고"(사도행전 13:33)

시편 2:7은 "세상의 군왕들과 관원들이 여호와와 그 기름 부음 받은 자, 즉 이스라엘의 왕을 대적하여 일어났을 때" 하나님께서는 자기 아들을 시온에 세워 그들을 "철장으로 깨뜨리시고 질그릇같이 부술 것"이라고 약속하셨습니다. 그 여호와께 피하는 자는 복이 있다고 말하고 있습니다. 이 시편 2편이 신약에서 많이 인용되는 구약성경 중 하나입니다. 예수님의 부활이 바로 악의 세력에 대한 하나님의 승리를 가져온 사건이라고 말하면서 시편 2편을 인용하고 있습니다. 특히 시편 2편은 다윗 언약 가운데 "내 아들"이라는 표현이 나오는 사무엘하 7:14과도 연결됩니다. 여기 '예수를 일으키사'에서 '일으키다'아나스테사스, ἀναστήσας는 사도행전의 다른 곳에서처럼 당연히 부활을 가리키지만(행 2:24,32; 10:41; 17:3,31), 더 나아가서 예수를 하나님 나라의 왕으로 '세운다'는 의미까지를 포함하고 있습니다. 이것은 "오늘 너를 낳았다"에서 '낳았다'게게네카, γεγέννηκά는 예수가 부활로 비로소 아들이 되거나 아들로 입양되었다는 뜻이 아니라, 하나님의 아들 메시아임이 확증되었다는 뜻인 것과 연결됩니다. 따라서 부활이 없다면 예수님의 왕적 통치는 없고, 사탄의 권세를 이긴 하나님 나라는 존재할 수 없고, 따라서 죄와 사망으로부터의 구원도, 영생도 생각할 수 없습니다. 우리는 흑암의 권세 아래서 살고 있을 것입니다.

2) 이사야 55:3

둘째는 "내가 다윗의 거룩하고 미쁜 은사를 너희에게 주리라"는 이사야 55:3의 말씀을 예수님의 부활이 성취한다고 바울은 말합니다.

"또 하나님께서 죽은 자 가운데서 그를 일으키사 다시 썩음을 당하지 않게 하실 것을 가르쳐 이르시되 내가 다윗의 거룩하고 미쁜 은사[48]를 너희에게

---

48 '은사'라는 말은 원문에는 없다. 직역하면 "내가 거룩하고 미쁜 것들을 줄 것이다"이다. 이사야서에 나오는 '자비'(헤세드)를 '거룩한 것'으로 바꾸고 있다.

주리리라 하셨으며"(사도행전 13:34)

이사야 55:3은 이렇게 말씀하고 있습니다.

"너희는 귀를 기울이고 내게로 나아와 들으라 그리하면 너희의 영혼이 살리라 내가 너희를 위하여 영원한 언약을 맺으리니 곧 다윗에게 허락한 확실한 은혜이니라"(이사야 55:3)

다윗의 후손 예수님의 부활은 바로 다윗 왕조가 영원할 것이라는 약속을 이루시기 위해서 하신 일이라고 말하는 것입니다. 여기 '확실한 은혜'와 '거룩하고 미쁜 은사'는 다윗에게 약속하신 후사를 통해 굳건한 하나님 나라의 왕권을 세우시고 그를 통해 백성에게 내리실 축복을 의미합니다. 다윗 언약인 사무엘하 7:15에서도 "내가 네 앞에서 물러나게 한 사울에게서 내 '은총' 엘로스, ἔλεος, 헤세드, חֶסֶד 을 빼앗은 것처럼 그에게서 빼앗지 아니하리라"라고 하여 이 확실한 은혜를 약속한 것과 연결되고 있습니다.

3) 시편 16:10

마지막으로 시편 16:10을 인용하고 있습니다.

"또 다른 시편에 일렀으되 주의 거룩한 자로 썩음을 당하지 않게 하시리라 하셨느니라"(사도행전 13:35)

이 구절 역시 다윗 언약인 사무엘 7:12과 관련이 있습니다: "네 수한

이 차서 네 조상들과 함께 누울 때에 내가 네 몸에서 날 네 씨를 네 뒤에 세워 그의 나라를 견고하게 하리라." 죽음도 중단시키지 못할 하나님 나라의 언약에 대해서 말하고 있는데, 이것이 가능하려면 시편 16편 말씀처럼 그 왕권을 담당할 주의 거룩한 자가 썩음을 당치 않아야 합니다. 그런데 바울은 여기서 말하는 "주의 거룩한 자"가 다윗을 가리킬 리가 없는 이유를 36-37절에서 이렇게 말합니다.

> "다윗은 당시에 하나님의 뜻을 따라 섬기다가 잠들어 그 조상들과 함께 묻혀 썩음을 당하였으되 하나님께서 살리신 이는 썩음을 당하지 아니하였나니"(사도행전 13:36-37)

시편 기자는 다윗을 말한 것이 아니라 하나님께서 살리신 이, 그래서 썩음을 당하지 않은 예수를 가리킨다고 바울은 해석한 것입니다. 여기 34절부터 37절까지 "썩음"이란 말이 4번이나 나오고 있습니다. 다윗은 이스라엘 사람 가운데 가장 위대하다고 평가받는데, 그의 썩음과 예수의 썩지 않음이 극명하게 대조되고 있습니다. 하나님이 약속하신 메시아, 그리고 우리가 기대해야 하는 메시아는 다윗처럼 죽어서 썩는 인간이 아니라 예수처럼 자신도 썩지 않고 그래서 썩지 않을 영원한 나라를 가져오실 분이어야 한다는 점을 바울은 강조하고 있습니다. 그런데 죽고 썩은 다윗처럼 결국 쇠하고 사라질 군사적, 정치적, 민족적 나라를 세워줄 인간 메시아를 고대한 사람들에 의해 참 메시아 예수님은 죽임을 당했습니다.

부활의 둘째 의미

하나님의 약속을 이루는 것, 이것이 부활의 첫째 의미였습니다. 그럼 부활의 둘째 의미는 무엇일까요? 부활이 없다면 절대 우리에게 일어날 수 없는 일은 무엇일까요? 바울은 고린도전서 15:17에서는 이렇게 말한 바 있습니다.

"그리스도께서 다시 살아나신 일이 없으면 너희의 믿음도 헛되고 너희가 여전히 죄 가운데 있을 것이요"(고린도전서 15:17)

그것을 여기 비시디아 안디옥 유대인들에게는 이렇게 설명합니다.

"그러므로 형제들아 너희가 알 것은 이 사람을 힘입어 죄 사함을 너희에게 전하는 이것이며 또 모세의 율법으로 너희가 의롭다 하심을 얻지 못하던 모든 일에도 이 사람을 힘입어 믿는[49] 자마다 의롭다 하심을 얻는 이것이라"(사도행전 13:38-39)

바울은 부활이 우리에게 가져다준 것이 죄사함이고, 믿음으로 의롭다 하심을 얻는 것이라고 말합니다. 둘은 한 동전의 양면입니다. 예수님의 십자가와 부활이 신자들에게 가져다준 결과를 하나는 부정적으로, 다른 하나는 긍정적으로 설명한 것입니다. 믿음으로 우리는 예수님과 연합되

---

49 현재 능동태 분사인데(πιστεύων), 이 믿음이 주 예수에 대한 지속적인 헌신을 가리킨다는 것을 보여준다.

어 예수님의 죽음에 함께 죽고 예수님의 부활로 함께 살아났습니다. 부활은 죄 없으신 예수님이 우리 죄를 대신하여 돌아가신 것을 하나님께서 인정하신 사건입니다. 따라서 부활이 없으면 예수님은 대속하시는 구주가 되실 수 없고, 우리의 죄도 용서받을 수 없게 됩니다. 예수님의 부활을 통해 새 언약의 시대가 열렸습니다. 이제 예수님을 믿으면, 즉 예수님이 나의 삶에 왕으로 통치하시도록 내 주권을 양도하면, 이제 나는 의로운 하나님의 언약 백성이 될 수 있습니다. 예수께서 부활하여 살아계시기에 내가 믿는 것도 가능하고 그분의 나라의 의로운 백성이 되는 것도 가능해진 것입니다.

지금 이 비시디아 안디옥 지방은 로마 행정구역상 '갈라디아'에 속합니다. 이 지역의 교회들에게 보낸 바울의 서신인 갈라디아서의 가장 큰 주제가 바로 '이신칭의' 아닙니까? 갈라디아서를 제외하고는 로마서에 이 주제가 나오는데, 사도행전에서도 바울의 말을 인용하여 이 주제를 언급하고 있는 것이 놀랍습니다. 바울은 회당에 모인 사람들에게 "모세의 율법으로 너희가 의롭다 하심을 얻지 못한다"고 담대히 말하고 있습니다. 이것은 훗날 예루살렘 교회가 바울의 이방인 선교 방식을 인정해주는지를 두고 논의할 때 핵심 이슈가 될 것입니다. 모세의 율법을 지키지 않은 채 하나님의 백성이 된다는 것은 어떤 유대인도 상상할 수 없었기 때문입니다. 예루살렘 성전이 멀쩡히 존재하고 거기서 날마다 제사가 드려지고 있는 상황에서는 더욱 그랬습니다. 사도들과 예루살렘 교인들은 예수님을 메시아로 믿기 시작했을 뿐 유대교를 떠난 것은 아니었습니다. 그들은 유대교가 여전히 기다리고 있는 메시아가 이미 왔다고 믿는 자들일 뿐이었습니다. 그런데 바울은 율법으로는 의롭다 하심을 얻지 못한다, 즉 하나님의 새 언약 백성이 될 수 없다고 전하니 유대교는 물론이고 예루살렘의 유대인 그리스도인들마저 받아들이기 어려웠습니다.

바울의 논리는 이렇습니다. 율법은 단 하나만 어겨도 우리를 정죄합니다. 우리를 불의한 자가 되게 합니다. 우리는 모든 율법을 완벽하게 지킬 수 없으니, 만약 예수님은 없고 율법만 있다면, 아무도 하나님 앞에 의로운 자로 설 수 없습니다. 오직 우리를 불의와 정죄에서 건지신 "이 사람을 힘입어", 즉 예수님을 힘입어서만 우리는 의롭다 하심을 얻을 수 있습니다. 예수님의 사죄의 은총과 순종하는 믿음에 이르게 하시는 부활의 주님의 사랑만이 우리로 새 언약 백성의 축복을 누릴 수 있게 해줄 것입니다. 반대로 이 예수님의 부활을 믿지 않는 자들은 어떻게 됩니까? 바울은 하박국 1:5을 인용하면서 이렇게 말합니다.

"그런즉 너희는 선지자들을 통하여 말씀하신 것이 너희에게 미칠까 삼가라[50] 일렀으되 보라 멸시하는[51] 사람들아 너희는 놀라고 멸망하라 내가 너희 때를 당하여 한 일을 행할 것이니 사람이 너희에게 일러줄지라도 도무지 믿지 못할 일[52]이라 하였느니라 하니라"(사도행전 13:40-41)

하박국 1:5은 이렇게 되어 있습니다.

---

50 '삼가라'(βλέπετε)는 주의 깊게 경계하라는 뜻이다. 선지자들의 경고대로 심판에 떨어지지 않도록 주의하라는 의미다.
51 멸시하다(καταφρονηταί)는 비웃는 것인데, 무언가를 멸시하거나 모욕하는 것을 말한다. 신약에서는 여기만 쓰이고 있다.
52 이 일은 하나님이 그리스도 안에서 행한 일과 이 일에 대한 메시지를 합한 것이다.

"여호와께서 이르시되 너희는 여러 나라를 보고 또 보고 놀라고 또 놀랄지

어다 너희의 생전에 내가 한 가지 일을 행할 것이라 누가 너희에게 말할지

라도 너희가 믿지 아니하리라"(하박국 1:5)

바울은 하박국 1:5을 인용하면서 주님을 영접하는 것이 얼마나 시급

한지[53], 그리고 거절했을 때 "멸시하다" 얼마나 심각한 결과를 초래하는지

를 강조하고 있습니다. 이미 그는 거절당할 것을 알고 있는 사람처럼 말

했습니다.

유다가 이렇게 타락했는데 하나님은 어찌하여 가만 보고만 계시냐고

하박국이 하나님께 탄원하자, 하나님이 위와 같이 대답하셨습니다. 이제

유다에게 하나님께서 내리실 심판을 보고 나면 여러 나라가 보고 엄청나

게 놀랄 것이라고 하십니다. 그것은 하박국 생전에 일어날 것입니다. 그

건 갈대아 사람들, 그러니까 바벨론을 들어서 남유다를 심판하실 계획입

니다. 하지만 아무리 경고해도 안 믿을 것이라고 하십니다. 그런데 2장에

서 주님은 이렇게 말씀하셨습니다.

"이 묵시는 정한 때가 있나니 그 종말이 속히 이르겠고 결코 거짓되지 아

니하리라 비록 더딜지라도 기다리라 지체되지 않고 반드시 응하리라 보라

그의 마음은 교만하며 그 속에서 정직하지 못하나 의인은 그의 믿음으로

말미암아 살리라"(하박국 2:3-4)

---

53 '보라'(ἴδετε)는 명령형을 써서 긴장감을 고조시키고 있다. 이사야가 '보고 또 보라'고
   한 것을 '보라'는 한 마디 말로 인용하고 있다.

346

이 바벨론도 결국 심판받을 날이 올 것이라고 합니다. 유다의 심판과 바벨론의 심판, 이 모든 일이 하나님의 경고대로 일어날 것을 믿고 끝까지 하나님께 대한 신실함을 지키는 의인은 그 믿음으로 말미암아 구원을 받을 것이라고 하십니다. 이 2:4은 로마서와 갈라디아서와 히브리서에도 인용되고 있는 구약의 핵심 구절입니다. 바울은 지금 회당의 유대인들에게, 그리고 하나님을 경외하는 이방인들에게 부활하신 예수님을 믿음으로써 의인이 되어 이 무서운 심판을 피하라고 말해주고 있는 것입니다.

여기까지가 바울의 긴 설교입니다. 바울은 지금 회당의 유대인들을 향해 그들이 기다린 메시아가 이미 왔고 그가 바로 부활하신 예수이시니, 어서 그분을 믿으라고 회심을 촉구하고 있는 것입니다. 바울은 그 부활을 이스라엘 구속 역사의 절정으로 소개하고 있습니다.

설교에 대한 반응

물론 실제 설교는 이보다 훨씬 길었을 것입니다. 누가는 그 설교를 잘 요약하여 기록하고 있습니다. 믿는 자는 죄사함을 받고 의롭다하심을 얻는 데 반해 믿지 않는 자는 하박국 시대 유다가 심판을 받았듯이 하나님의 심판을 피하지 못할 것이라고 바울은 담대하게 전했습니다. 이제 그 말씀을 들은 사람들은 어떻게 반응합니까? 첫째 반응은 이것입니다.

"그들이 나갈새 사람들이 청하되[54] 다음 안식일에도 이 말씀을 하라 하더

---

54 '청하다'($\pi\alpha\rho\epsilon\kappa\alpha\lambda\sigma\upsilon\nu$)는 미완료 시제로서 그들이 얼마나 간곡하게 요청했는지를 보여준다.

라"(사도행전 13:42)

들을 귀 있는 자들이 있었습니다. 믿었다는 말은 안 나오지만, 분명 바울이 전한 것이 일리가 있다는 생각은 한 것입니다. 그래서 청중들은 더 듣고 싶었습니다. 더 알고 싶었습니다. 다음 안식일까지 기다릴 수 없는 이들도 있었습니다. 그들은 바울과 바나바를 따라나섰습니다. 그리고 그를 에워싸고는 물었습니다.

"회당의 모임이 끝난 후에 유대인과 유대교에 입교한 경건한 사람들이 많이 바울과 바나바를 따르니 두 사도가 더불어 말하고 항상 하나님의 은혜 가운데 있으라 권하니라"(사도행전 13:43)

여기 '두 사도와 더불어 말하다'와 '권하다'라는 말이 각각 현재 시제와 미완료 시제인 것을 볼 때, 청중들의 열정과 바울의 열정이 얼마나 대단했는지 짐작할 수 있습니다. 바울은 그들과 대화를 나눈 뒤 그들에게 이미 하나님의 은혜가 임했다는 것을 알았을 것입니다. 마음이 열린 것입니다. 말씀이 그들 안에서 역사하기 시작했습니다. 그래서 이렇게 권면합니다. "항상 하나님의 은혜 가운데 있으라." 하나님의 은혜 가운데 있다는 것은 이 복음을 항상 믿고 이 복음에 합당하게 하나님 나라의 왕이신 예수 그리스도의 통치 아래로 들어와 순종하며 살라는 뜻입니다. 새 언약 시대의 축복을 누리라는 뜻입니다. 이것이 명령의 형태인 것은 이 은혜를 누리는 일에 우리의 책임도 분명하다는 것을 말해줍니다. 주 예수의 통치 아래 있을 때 그분의 은혜를 만끽할 수 있는 것입니다. 이것이 앞서 말한 "다윗의 거룩하고 미쁜 은사"(34절)를 가리킬 것입니다.

바울의 선교에 대한 반응은 주중 모임에 그치지 않았습니다. 그다음 안식일이 되었습니다. 이미 한 주간 동안 바울 일행의 가르침에 대한 입소문이 비시디아 안디옥 전역으로 퍼졌습니다. 다른 회당들에까지 전해졌을 것입니다. 긍정적인 평가 일변도는 아니었을 것입니다. 경악할 정도로 우려하고 분노하는 반응이 더 많았을 것입니다. 하지만 특별할 것이 없는 그곳 사람들의 일상에 세찬 파문을 일으키기에 충분했습니다. 그 결과 어떤 일이 벌어집니까?

> "그 다음 안식일에는 온 시민이 거의 다 하나님의 말씀을 듣고자 하여 모이니"(사도행전 13:44)

물론 과장법을 쓰고 있습니다. 하지만 저자가 "거의 다"스케돈 파사, σχεδὸν πᾶσα라고 하여 최대한 정확하게 기술하려고 애쓰고 있다는 점을 감안하면, 매우 사실에 부합할 것입니다. 회당에서 모였으면 천 명이 넘는 인원이 모이기 불가능하겠지만, 본문은 이들이 모인 곳이 회당이었다는 언급이 없습니다. 넓은 광장이나 주 대로the cardo maximus 북쪽 끝의 아구스도 길augusta platea이라고 불리는 광장이나 극장에 모였을 것입니다. 얼마나 그 호응이 대단했는지를 알 수 있습니다. 하지만 당연히 바울의 가르침을 좋아하지 않는 이들도 있었습니다. 특히 기존의 유대인뿐 아니라 유대교에 입교하려는 이방인들을 빼앗긴 데 대해 대단히 심기가 불편한 유대인들도 있었습니다. 그들의 반응이 나옵니다.

"유대인들이 그 무리를 보고 시기가 가득하여 바울이 말한 것을 반박하고 비방하거늘"(사도행전 13:45)

그들의 시기는 가득했고, 그 시기에서 반박과 비방이 나왔습니다. 그들의 비방블라스페문테스, βλασφημοῦντες은 예수를 향한 신성모독적인 발언이었을 것이고, 예수가 십자가의 저주를 받아 죽은 것이라고 주장했을 것입니다(행 5:17). 여기 "시기"젤로스, ζῆλος는 단순히 바울의 인기를 지나치게 부러워하는 마음 정도가 아닙니다. 예수님을 죽였던 이들이나 스데반을 향해서 이를 갈았던 이들이 품었던 독한 시기입니다. 유대인들은 자신들이 비느하스의 열심을 본받는 것이라고 여겼습니다. 그렇다면 이 "시기"는 거의 유대교 자체에 대한 위기감을 나타냅니다. 바울의 가르침의 진위는 차지하고라도, 유대교는 신성 모독죄로, 로마는 정치범으로 정죄하여 십자가에 달아 죽인 예수가 부활한 메시아라는 주장에 회당 유대인들과 이방인들이 격렬하게 반응하는 것을 보면서 그들이 얼마나 두려웠겠습니까? 예수처럼 바울도 체제전복적인 인물로 보였을 것입니다. 그래서 적극적으로 반박하고 비방하면서, 즉시 그리고 단호히 대처한 것입니다. 그들의 신속하고도 집요한 대처는 그들이 이 메시지를 얼마나 심각하게 여겼는지를 보여줍니다.

하지만 시기가 가득한 자들이 성령에 가득하여 전하는 자들을 이길 수 없었습니다. 바울과 바나바는 그렇게 맹렬하게 반대하는 유대인들을 향해 마치 최후 선고 같은 말씀을 하십니다. 저자는 그들이 '담대히 말했

다.'파레시아사메노이, *παρρησιασάμενοί*라고 전합니다.[55]

> "바울과 바나바가 담대히 말하여 이르되 하나님의 말씀을 마땅히 먼저 너
> 희에게 전할 것이로되 너희가 그것을 버리고 영생을 얻기에 합당하지 않
> 은 자로 자처하기로 우리가 이방인에게로 향하노라"(사도행전 13:46)

바울과 바나바는 주님이 기뻐하시는 대로 유대인들이 좋아하는 말이
아니라 그들이 꼭 들어야 할 말을 전했습니다. 하나님의 뜻을 따라 '먼저
너희에게'(롬 1:16) 즉 유대인들에게 전했습니다. 그런데도 그들이 거절
했습니다. 여기 "버렸다"아포쎄이스쎄, *ἀπωθεῖσθε*는 표현은 '밀쳐내다', '한
쪽으로 치우고 거부하다', '강제로 다른 곳으로 밀다'는 뜻입니다. 그들
은 주로 지도자들이었을 것입니다. 그들이 거절하면 더는 이곳 유대인들
에게 전할 기회가 없어집니다. 바울은 그들이 예수님을 버림으로써 동시
에 "영생을 얻기에 합당하지 않은 자"가 되기로 했다고 표현합니다. 새
언약 시대의 하나님 나라 백성 됨의 축복을 거절한 것입니다. 따라서 바
울은 이제 이방인들에게 가서 하나님의 말씀을 전할 것인데, 유대인들이
그것까지 막을 자격은 없다고 말합니다. 물론 다른 지역에 가면 또 유대
인을 먼저 찾아가 복음을 전할 것입니다. 하지만 이곳 비시디아 안디옥
에서는 더는 유대인들을 찾아가 복음을 전하는 일은 안 할 것입니다.

원하면 언제든 복음을 들을 수 있는 것이 아닙니다. 그러니 오늘 복음

---

55 사도행전에서 이 표현은 7번 나오며(9:27-29 2회, 13:46; 14:3; 18:25-26; 19:8;
26:26) 바울이 바울에게 사용되고 있다.

을 듣고 묵상할 수 있는 시간이 주어졌을 때, 교회와 복음을 사랑하고 말씀에 신명을 바친 사역자들이 우리 곁에 있을 때, 우리 자녀들을 품에 품고 하나님을 전할 수 있을 때, 선교사를 파송할 여력이 있을 때, 복음에 헌신한 젊은이들이 있을 때, 믿음의 선배들이 예배당을 지켜주고 있을 때, 더 늦기 전에 조국교회가 복음으로 돌아오기를 바랍니다. 성심껏 말씀에 귀를 기울이고 반응하길 바랍니다.

바울은 이제 이방인들에게 가서 집중적으로 복음을 전하기로 자신이 결심한 근거를 구약성경을 인용하면서 제시하고 있습니다. 이사야 49:6을 인용합니다.

"주께서 이같이 우리에게 명하시되 내가 너를 이방의 빛으로 삼아 너로 땅 끝까지 구원하게 하리라 하셨느니라 하니"(사도행전 13:47)

이사야는 고난받는 종의 사명으로 언급하고 있습니다. 이 구절은 예수님을 품에 안고 시므온이 찬양하면서 언급한 본문이기도 합니다.

"주재여 이제는 말씀하신 대로 종을 평안히 놓아 주시는도다 내 눈이 주의 구원을 보았사오니 이는 만민 앞에 예비하신 것이요 이방을 비추는 빛이요 주의 백성 이스라엘의 영광이니이다"(누가복음 2:29-32)

그런데 바울과 바나바는 이 예수님의 사명을 자신들에게 적용하여 이제 하나님께서는 자신들을 통해 예수의 구원을 땅끝까지 전파하고 이방인들에게도 생명의 빛을 비추기를 원하신다고 믿었습니다. 이제 자신들이 여호와의 종, 예수의 사역을 대리하여 감당하고 있다고 해석하고 있는 것입니다. 여기 "땅끝까지"헤오스 에스카투 테스 게스, ἕως ἐσχάτου τῆς γῆς 라는 표현은 예수께서 교회에게 주신 사명(행 1:8; 참조. 마 28:19)을 생각나게 합니다. 그것이 오늘 복음을 전파해야 할 우리의 사명, 교회의 사명이기도 합니다. 이렇게 말하자 이방인들은 두 사람을 더욱 환영합니다.

"이방인들이 듣고 기뻐하여 하나님의 말씀을 찬송하며 영생을 주시기로 작정된 자는 다 믿더라"(사도행전 13:48)

"영생을 주시기로 작정된 자는 다 믿더라"는 표현에서 "작정된"데타그메노이, τεταγμένοι은 '특정한 부류에 집어넣다'는 뜻입니다. 이것은 하나님의 백성을 기록하는 생명책에 기록된다는 구약의 개념을 떠오르게 합니다. 이 표현 때문에 지나친 예정론을 펴는 이들도 있지만, 분명히 앞에서 바울은 영생의 길과 심판의 길 가운데 하나를 선택하도록 요구했기 때문에, 인간의 의지와 상관없이 처음부터 영생 얻을 사람들이 정해져 있다고 볼 가능성은 아예 없습니다. 영생이라는 부류에 넣어주기로 한 자, 즉 생명책에 기록하시는 자는 그 하나님의 말씀, 복음을 믿는 자들뿐입니다. 유대인들의 거친 반대에도 불구하고 주의 말씀은 그칠 줄 몰랐습니다. 바울 일행은 회당에서 반대를 받자 이제 광장으로 옮겨 복음을 전했습니다.

"주의 말씀이 그 지방에 두루 퍼지니라"(사도행전 13:49)

안디옥이 관할하는 50개 정도의 마을에 사는 사람들에게까지 주의 말씀이 퍼졌습니다.[56] 주의 말씀의 영향력이 커질수록 유대인들의 저항도 더욱 거세졌습니다. 바울과 바나바가 유대인들의 반박과 비방에도 물러서지 않자 그들은 더욱 패역한 방법을 사용합니다.

"이에 유대인들이 경건한 귀부인들과 그 시내 유력자들을 선동하여 바울과 바나바를 박해하게 하여 그 지역에서 쫓아내니"(사도행전 13:50)

강제로 추방해버립니다. 하지만 직접 하지 않았습니다. 이방인 출신의 경건한 귀부인들을 선동하였습니다. 이들은 지역 회당에 많은 것을 지원하는 자들로서 유력한 남편을 통해 영향력을 미쳤습니다. 또 시내의 유력자들, 즉 영향력 있는 관료들과 높은 지위에 있는 사람들도 선동했습니다. 결국 그들이 바울과 바나바를 박해하여 그 지역 밖으로 쫓아내 버립니다. 바울의 주장이 그 지역이 섬기는 신의 위치를 위태롭게 한다고 주장했을 것입니다. 그런데 바울은 로마 시민권자이면서도 이런 패악에 대해 전혀 마땅한 권리를 행사하지 않았습니다. 그냥 당하기만 했습니다. 쫓아내면 쫓겨 나갔습니다. 예수께서 고향 나사렛에서 추방되신 것처럼(눅 4:29) 그들도 당했습니다. 하나님이 기어이 도움 주셔서 추방을 면하게 해달라고 기도하지 않았습니다. 이 박해를 계기로 바울은 이제 비시디아 안디옥 지역을 떠날 때가 되었다고 판단했습니다.

---

56 누가는 자주 이 단어(διαφέρω)를 말씀의 전진과 공동체의 성장을 가리키는 용어로 쓰고 있다(2:41, 47; 9:31; 11:24; 12:24).

"두 사람이 그들을 향하여 발의 티끌을 떨어 버리고 이고니온으로 가거늘"(사도행전 13:51)

예수께서 하시던 대로, 가르쳐주신 대로(눅 9:5), 바울과 바나바는 행하고 있습니다. 발에 티끌을 떨어 버린 것이 그중 하나입니다. 이것은 어떤 행동의 책임이 사람이나 마을에 있다는 것을 표시하는 방법입니다. 이제 복음을 거절한 책임이 복음을 전한 바울 일행이 아니라 복음을 거절한 사람들에게 있음을 보여준 상징적인 행동입니다. 비시디아 안디옥에서 동남쪽으로 144킬로미터를 가면 이고니온이 나옵니다. 핍박을 받으면서 이 도시를 떠날 때 제자들의 심정은 어떠했을까요?

"제자들은 기쁨과 성령이 충만하니라"(사도행전 13:52)

쫓겨나는데도 기쁨이 충만했습니다. 성령이 충만했기 때문입니다.[57] 쫓겨났다는 것 자체가 이미 복음 증거가 성공을 거뒀다는 것을 의미했습니다. 복음이 성공을 거뒀으니 자신들이 쫓겨나는 것은 문제가 되지 않았습니다. 실제로 몇 달 후에 다시 이곳을 방문했을 때, 누가는 그들이 제자들의 마음을 굳게 하며 믿음에 머물러 있기를 권하고 심지어 장로들까지 세웠다고 전하고(행 14:22-23) 있습니다. 그들은 이 사건이 사역의 실패가 아니라 임지 변경에 불과하다는 것을 알았습니다. 핍박을 통해서

---

57 '충만하다'(ἐπληροῦντο)가 미완료시제다. 계속되는 기쁨과 성령의 역사는 밀접하게 관련이 있음을 보여준다.

사역지를 이동시키시는 성령님의 전형적인 방식이 이번에도 사용되었을 뿐입니다. 또 다른 곳에서 이 생명의 복음을 듣게 될 사람들을 생각하면, 그곳에도 하나님 나라가 임할 일을 생각하면, 기쁘지 않을 수 없었을 것입니다.

나가는 말

다양한 사람들에게, 그들에게 어울리도록

구브로를 떠난 바울 일행은 마가 요한이 중간에서 이탈하는 맘 고생을 겪었지만, 160킬로미터나 되는 험준한 타우루스 산맥을 넘어 비시디아 안디옥에 도착하여 복음을 전했습니다. 주님이 '땅끝'이라고 말씀하실 때까지 그들은 전진했습니다. 하나님이 선택하신 사람이면 어떻게든 구원하실 것이라고 말하지 않고 그들은 목숨을 걸고 가서 복음을 전했습니다. "먼저는 유대인에게요"라는 원리를 따라 먼저 유대인 회당을 찾았습니다. 그들에게 익숙한 표현과 그들이 알고 있는 구약의 말씀과 그들이 기대하고 있던 소망을 가지고 복음을 전했습니다. 그들을 배려하여 복음을 전했지만, 그들이 듣고 싶어 하는 대로 전하지는 않았습니다. 그들이 거절하자 즉시 이방인들에게로 발길을 돌렸습니다. 바울 일행은 유대인과 이방인을 차별하지 않았고, 평민과 귀부인들을 차별하지 않았고, 회당의 사람들과 일반 사람들을 차별하지 않았습니다. 누구에게든 기회가 있을 때마다 복음을 전했습니다. 슈나벨Eckhard J. Schnabel은 이 전도자들이 일곱 종류의 사회 계층의 사람들을 다양하게 만났다고 말해줍니다. 회당직원, 유대인, 회심자, 하나님 경외하는 자들, 고귀한 신분의 독실한 여성들, 이방인, 도시의 유력자들. 바울 일행은 그들 모두를 상대했고, 그들에게 어울리도록 상대해주었습니다. 성육신하신 그리스도를 본받는 선교를 하였습니다.

주의 말씀이 역사하도록

바울이 비시디아 안디옥에서 사용한 전도 방법은 설교였습니다. 하나님의 말씀을 선포했습니다. 그는 자신이 전하는 예수 그리스도의 복음을 "구원의 말씀"이라고 부르며 복음 증거를 시작했습니다. 자신이 설득하는 것이 아니라 하나님의 말씀이 듣는 이들 속에서 창조를 일으키기를 바랐습니다. 비시디아 안디옥에서 그들은 부활의 예수님을 전할 때 아무런 이적과 기사도 행하지 않았습니다. 다만 예수님이 다윗에게 약속하신 것을 성취한 메시아이며 그의 메시아 됨은 그의 부활을 통해 입증된 사실이니 이제 그 예수를 믿어 죄를 용서받고 의인이 되라고 요구하였습니다. 왜 예수가 메시아이고, 그의 십자가의 죽음이 죄인의 죽음이 아니라 이스라엘의 불순종 결과인지를 가르쳤습니다. 그분의 죽음은 물론이고 부활까지도 성경에서 약속하신 것, 특히 다윗언약을 이룬 사건임을, 이적과 기사를 통해서가 아니라 유대인들이 이미 알고 있는 구약성경을 인용하여 가르쳤습니다.

복음 전도는 결코 듣는 이들이 원하는 것을 하나님이 줄 수 있다고 말하는 일이 아닙니다. 그들이 반드시 알아야 하고 믿어야 하고 수용해야 하는 것이 있다는 것을 가르치는 일이고, 그것이 그들에게 왜 있어야 하는지, 또 그 믿음의 대상이 얼마나 믿을 만한 것인지를 말해주는 일이어야 합니다. 그것을 성경과 성경에서 약속한 것을 역사 속에서 이루신 것을 통해서 전하지 않는다면 무슨 수로 전할 수 있을까요? 오늘날에도 말씀이 빠진 복음 전도는 호객행위에 그칠 위험이 있습니다.

공적인 모임과 사적인 양육

바울의 회당 설교만으로도 충분히 깊은 신학을 담고 있었습니다. 재미있고 감동적인 이야기가 전부가 아니었습니다. 어쩌면 이방인들을 상대로 했다면, 그들이 기존에 물들어 있던 철학이나 문화의 허점을 파고드는 설교를 했을지 모릅니다. 게다가 더 배우려고 하는 자들과는 주중에 따로 만나서 교육했습니다. 어떤 얘기들이 오고 갔는지 알 수 없지만, 쏟아지는 그들의 질문에 바울과 바나바는 성심껏 대답해주었을 것입니다. 이후에 교회가 생기고 다시 돌아왔을 때는 장로로 세울 만한 사람까지 나온 것을 보면, 바울 일행의 교육이 얼마나 깊고 진지했는지 알 수 있습니다.

환대와 반대에도 기쁨으로

이렇게 최선을 다해서 복음을 전했지만, 그 반응이 늘 긍정 일변도는 아니었습니다. 비시디아 안디옥에 들어갈 때는 자신들이 선택하여 들어갔지만, 거기서 나올 때는 시기와 박해를 받고 쫓겨났습니다. 하지만 바울과 바나바는 헌신의 대가가 고작 추방인 것에 원망하고 불평한 것이 아니라 성령께서 주시는 기쁨으로 충만했습니다. 이것이 부활 신앙입니다. 그들이 당하는 고난이 예수께서 당하신 고난과 같으며, 이는 이 추방이 예수님의 실패나 자신들의 실패가 아니며, 주님은 자신들의 사역 성과와 상관없이 살아계신 하나님 나라의 왕이시며, 주님의 역사는 하나님의 섭리 아래 진행되고 있음을 믿는 것, 그것이 부활 신앙입니다. 그들은 부활을 전했을 뿐 아니라 부활 신앙으로 복음을 전했습니다.

사랑하는 여러분, 이 복음의 증인들의 수고로 오늘 우리에게도 복음이 전해졌습니다. 주님은 누군가가 여러분을 통하여, 아니면 우리 공동체를 통하여 이 예수님의 부활의 복음을 듣기를 원하고 계십니다. 땅끝의 빛을 비추는 역할로 우리가 부름을 받았습니다. 영생의 복음의 충실한 전달자가 되는 우리가 되기를 바랍니다. 성령에 충만하여 이 부활의 복음을 기쁨으로 살아내는 우리가 되기를 바랍니다.

함께 기도하겠습니다

부활의 하나님,

저희에게 구원의 말씀을 보내주셔서 감사합니다.

동역자를 잃었어도, 험준한 산을 넘고 바다를 건너야 했어도,

비방과 반대에도 영생의 복음 전하는 걸음을 멈추지 않은

신실한 당신의 종들을 통해 언약을 지키셔서

오늘 저희를 어둠에서 빛으로,

죽음에서 생명으로 이끌어주셔서 감사합니다.

그 긴 역사를 통과하는 동안 숱한 제국과 제국의 말들은 다 사라졌지만

주님의 약속만은 잊히지 않고 사라지지 않고 낱낱이 성취된 것은

약속하신 주께서 살아계신 분이며, 역사의 주권자이시며,

우리를 사랑하시는 분이시기 때문임을 고백합니다.

이제 저희가 그 복음의 전달자가 되어 저희에게 허락하신 땅끝에서

그 생명을 나누고 전하는 사람들이 되게 하여 주옵소서.

주님의 부활을 믿음으로 세상의 냉대에도 굴하지 않고

우리의 냉대를 인내하신 주님을 생각하면서

죄사함과 의롭다하시는 이 영생의 복음을 나누며

빛으로 살게 하여 주옵소서.

쫓겨나면서도 성령이 충만하여 기쁨으로 떠났던

사도 일행의 뒷모습이 보입니다.

이제 그 길을 우리가 따르게 하옵소서.

선교적 사명을 망각하여

우리가 믿는 바를 자랑할 수도 없을 만큼 거죽만 붙든 채

거대한 바벨탑 안에서 안주하다가 죽어가지 않도록

우리를, 이 시대의 교회를 불쌍히 여겨 주옵소서.

이제 우리가 믿는 하나님, 우리를 사랑하는 예수님,

우리와 함께하시는 성령님과 더불어 이 복음이 아니면

가망 없는 저 세상을 향해 나아가는

생명의 일꾼들이 되게 하여 주옵소서.

주님 저희에게 힘을 주시옵소서.

주님 저희에게 담대함을 주시옵소서.

아멘.

온 몸으로 보여준 십자가와 부활의 복음

사도행전 14:1-28

가식성이 아니라 가시성

중세의 교회가 제도화되고 성직자의 권위가 신적 권위로 여겨지던 12세기 무렵이었습니다. 성직자들이 세속적인 부와 명예까지 거머쥐는 지경에 이르자 분연히 제도교회와 결별하고 탁발수도회를 결성하여 자발적인 가난을 선택한 사람이 있었습니다. 절식, 기도, 침묵, 공동생활을 내세우면서 대안적인 교회의 모습을 보였던 신앙인이 있었습니다. 그가 바로 성 프란치스코Saint Franciscus입니다. 그가 제자들을 전도 여정에 보내면서 한 말은 지금까지도 널리 인용되고 있습니다.

"복음을 전하라. 그런데 꼭 필요하면 말을 해도 좋다."

말로 전도하고 꼭 필요하면 가끔 행동도 보여주라고 한 것이 아니라, 너희의 삶을 통해 복음을 전하라. 그리고 불가피한 경우에 말로 그 복음을 설명해도 좋다고 프란치스코는 말했습니다. 존 스토트John Stott가 선교의 마지막 세기라고 일컬어지는 21세기 선교에 있어서 가장 중요한 요소가 가시성visibility이라고 했던 것과 맥을 같이 합니다. 본질을 외면화하는 것, 말씀의 진실성integrity과 진정성authenticity을 삶으로 드러내 보이는 것, 그것이 진리가 없다고 말하는 21세기에 가장 강력한 복음 증거의 방법이라는 것입니다. 예수님의 십자가와 부활, 그것을 통해 죄인을 용서하시고 새롭게 창조하시는 역사, 그리하여 이루시는 하나님 나라, 이것이 성경이 말하는 복음입니다. 그렇다면 복음을 전하는 사람에게서 가장 뚜렷하게 나타나야 하는 것은 바로 이 십자가와 부활입니다. 하나님의 나라입니다. 이전과는 전혀 다른 가치관으로 살아가는 성도의 삶입니다. 본질이 없이 제도와 형식과 남은 교회, 잎만 무성하고 열매가 없는 나무 같은 가식성의 유사복음이 교회의 가장 큰 적이라면, 본질을 담은 열매 있는 가시성의 교회가 가장 강력한 선교가 될 것입니다.

예수님의 십자가에는 여러 의미가 있습니다. 그것은 죄인을 향한 하나님의 사랑의 표현이며, 하나님을 향한 예수님의 순종의 표현이기도 합니다. 그것은 악의 세력을 향한 타협 없는 진리의 선언이고, 이 세상을 향한 죽음, 그것도 참혹한 죽음이고 철저한 결별의 표현입니다. 예수님의 부활은 악에 대한 의의 승리입니다. 그것은 예수님의 순종에 대한 하나님의 인정입니다. 그것은 악의 거짓에 대한 하나님의 진리 주장입니다. 만약 사도들이 복음을 전한다면, 그들의 삶에 십자가와 부활이 드러나야 합니다. 그들은 어떤 일이 있어도 복음을 에누리 없이 전해야 합니다. 그들은 그 복음을 전하고 사는 대가가 무엇이든지 간에 굴복하지 않아야 합니다. 그러면 하나님께서 잠깐 악이 승리하는 듯 보일지라도, 결국 하나님의 승리를 경험하게 하실 것입니다. 죽음을 두려워하지 않는 자들을 통해 생명의 복음이 전해질 것입니다. 이것이 성육신적 선교입니다. 우리는 바울의 남은 1차 선교 여행의 여정에서 온몸으로 십자가와 부활을 전한 사도들을 만나게 될 것입니다.

이고니온 전도

바울은 비시디아 안디옥에서 안식일에 유대 회당에서 구약에서 전개된 하나님 나라의 역사, 언약의 역사를 살피면서 그 역사를 이루기 위해서 오신 다윗의 자손 예수님을 소개했습니다.

특히 그리스도의 부활이 구약에서 이미 예언된 것이 성취된 것임을 찬찬히 설명하면서 복음을 전했습니다. 유대인과 이방인 중에 믿는 자들이 생겼습니다. 하지만 그것을 반박하고 비방하던 유대인들이 결국엔 이방인들을 사주하여 바울과 바나바 일행을 그 지역에서 쫓아버립니다. 박해를 통해 다시 한번 복음은 다른 지역으로 이동하였습니다.

이번에 두 사람이 간 곳은 이고니온입니다. 현재 터키의 코냐konya 지역 중앙부인데, 터키 중부 초원지대 고원에 위치한 고립된 지역이었습니다. 대체로 춥고 나무도 없고 물이 부족한 곳이었습니다.[58] 안디옥에서는 남동쪽으로 140-160킬로미터 떨어져 있습니다. 1세기 갈라디아 지역에서는 안디옥 다음으로 중요한 도시였습니다. 그들은 여기서도 "평소와 같이" 유대인 회당에 들어가 복음을 전하였습니다. 우리 성경에는 "두 사도가 함께"라고 번역했는데, 여기 '함께'에 해당하는 헬라어 단어 '카타 토 아우토'κατὰ τὸ αὐτὸ가 '전과 마찬가지로NRSV'라고 번역할 수도 있는 표현입니다. 문맥상 이것이 더 적절합니다. 앞에서 유대인들이 반대하자 "이방인에게로 간다"고 했지만, 그건 비시디아 안디옥에서 그렇게 하겠다는 말이었을 뿐, 그가 유대인들보다는 이방인들 선교로 방향 전환을 했다는 의미는 아니었습니다.

그 결과 "유대와 헬라의 허다한 무리가 믿었습니다." 이 '믿음'은 회심을 의미하기보다는 긍정적인 반응을 뜻할 것입니다. 긍정적인 반응만 있었던 것은 아닙니다. 그리고 복음을 거절한 자들은 단지 받아들이지 않는 데 그치지 않습니다. 지금도 하나님을 믿지 않겠다고 하는 사람들은 단지 거절하거나 원래 자신들이 믿는 바에 충실한 것이 아니라, 복음을 비판하고 교란시키고 교회가 믿는 바를 희석시키려고 안간힘을 썼습니다. 관용tolerance이란 이름으로 동시에 다수의 진리가 존재할 수 있다고

---

58 대럴 벅(전용우),《사도행전》(부흥과개혁사,2019), 602.

말하는 포스트모던 시대에 우리는 살고 있지만, 유대인들은 예수의 복음이 옳다면 자신들은 메시아를 죽인 불법을 저지른 것이 되기 때문에 가만있지 않았습니다. 우리 시대가 타인의 신념에 대해 무척 관대한 것처럼 보이지만, 사실 유독 교회를 향한 비판이 다른 종교에 비해 혹독한 것을 봅니다. 그래도 우리는 억울해야 할 필요가 없습니다. 우리가 믿는 것이 진리라면, 우리의 작은 오점마저도 크게 만들고, 확대경을 들이대면서 비난하고, 상종해서는 안 될 대상으로 만드는 것은 비진리의 악한 세력들이 마땅히 할 일이기 때문입니다. 유대인 중 대다수는 믿지 않는 것에 그치지 않고 어떻게 했습니까?

> "그러나 순종하지 아니하는 유대인들이 이방인들의 마음을 선동하여[59] 형
> 제들에게 악감을 품게 하거늘"(사도행전 14:2)

유대인들은 자신들을 지지하는 회당의 이방인들이 바울이 주장한 것에 대해 나쁜 마음을 갖게 유도하고, 그 악한 마음을 행동으로 옮기도록 선동했습니다. 하지만 사도들은 굴하지 않았습니다. 올바른 복음을 전하는데 왜 이런 고난을 받아야 하는가, 왜 우리는 환영받지 못하고 냉대를 감수해야 하는가, 라고 생각하지 않았습니다. 마치 이미 예상을 했다는 듯, 그들은 반드시 떠나야 할 때라고 판단될 때까지는 의연하게 그 복음을 전했습니다.

---

59 선동하다(κακόω)는 누군가를 다른 사람에 대해 나쁘게 생각하게 하다는 뜻이다 (BDAG 502 §2), 어떤 사람의 마음을 오염시키다(BDAG 398 §2, RSV, NIV, NET, NLT("불신을 불러일으키다")).

"두 사도가 오래 있어 주를 힘입어 담대히 말하니 주께서 그들의 손으로 표적과 기사를 행하게 하여 주사 자기 은혜의 말씀을 증언하시니"(사도행전 14:3)

유대인들과 이방인들의 반대가 있었지만, 둘은 이고니온을 떠나지 않고 머물기로 결정합니다. 우리 성경에는 번역을 안 했지만, 이 문장은 'μὲν οὖν'멘 운으로 시작합니다. 데럴 벅은 "그렇기는 하나 오히려"로 번역하기를 제안하는데 대단히 적절하게 보입니다. 어려움이 닥친다고 무조건 안전한 곳으로 피하는 것이 하나님의 뜻은 아닙니다. 그들은 반대를 만났다고 금방 다른 곳으로 가지 않고 오래 머물며 인내하면서 사역했습니다. "오래 있어"히카논 크로논, ἱκανὸν χρόνον가 어느 정도 기간을 의미하는지 특정할 수 없지만, 길게는 몇 달을 뜻할 수도 있습니다.[60] 그들은 자기 힘으로 이런 악감을 견뎌낼 수 있었던 건 아닙니다. 아무리 강심장이라고 해도 한계가 있습니다. 우리의 상대는 눈에 보이는 사람들, 유대인들이 아니기 때문입니다. 그들은 "주를 힘입어 담대히 말"할 수 있었습니다. 주께서 그들의 마음을 담대하게 해주셨을 뿐 아니라 그들이 표적과 기사를 행하도록 역사하심으로써 그 표적과 기사가 바울이 전한 은혜의 말씀, 즉 복음을 확증하게 해주셨습니다. 여기 "담대히 말하다"파레시아조메노이, παρρησιαζόμενοι의 동사가 현재 시제인 것은 그들이 반대에도 굴하지 않고 지속적으로 말씀을 전했음을 보여줍니다. 안디옥에서는 한 차례도 없었던 표적과 기사를 이고니온에서는 행하고 있습니다. 그렇습니다.

---

60 에크하르트 슈나벨(정현),《강해로 푸는 사도행전》(디모데,2018), 637.

바울과 바나바가 행하고 싶을 때 한 것이 아니라 '주께서' 행하게 하신대로 순종했습니다. 부활하신 주께서 스스로 자신의 때에 자신을 증명하시고 있습니다. 그래서 '하나님의 선교'라고 부르는 것입니다. 여기 '자기 은혜의 말씀'은 하나님의 아들 예수님의 삶을 통해 드러난 하나님의 은혜의 역사를 가리킵니다. 그것은 은혜로 이루신 언약의 이야기입니다.

이렇게 복음의 기세가 맹렬해질수록 반감도 거세어졌습니다. 사람들의 소속도 분명해졌습니다. 복음을 선명하게 전하지 않고 세상 어디서든 들을 수 있는 교양강좌나 종교적 담론으로 변질시키면, 교인들도 정체불명의 사람들이 됩니다. 자신의 진정한 소속이 어딘지 스스로 모른 채 삽니다. 하지만 바울을 통해 선명한 복음이 전해지자 즉시 이고니온은 두 정체성으로 갈라졌습니다.

> "그 시내의 무리가 나뉘어 유대인을 따르는 자도 있고 두 사도를 따르는
> 자도 있는지라"(사도행전 14:4)

이것이 복음입니다. 복음은 세상에 두 왕국만 있다고 말합니다. 진리와 진리 아닌 것이 있고, 빛과 어둠이 있고, 선과 악이 있다고 말합니다. 복음은 필연 분열을 일으킵니다. 모든 이들을 기쁘게 하는 복음은 진짜 복음이 아닙니다. 사도행전에서는 여기와 14절에서 유일하게 바나바와 바울을 "사도"라고 부르고 있습니다. 열두 사도와는 구분되지만, 하나님의 위임된 사자들을 가리키는 단어입니다(고전 9:4-6 참조).

이제 두 사도들을 싫어하고 따르지 않는 자들은 단지 그들이 전한 복음에 동의하지 않는 데 그치지 않고 사도를 아예 제거하려고 하였습니

다. 그들은 둘이 공존할 수 없다는 것을 직감적으로 안 것입니다. 복음은 그들을 기다릴 수 있고 관대할 수 있지만, 그들에게는 그렇게 할 여지가 없었습니다.

"이방인과 유대인과 그 관리들이 두 사도를 모욕하며 돌로 치려고 달려드니 그들이 알고 도망하여"(사도행전 14: 5-6a)

사도 일행을 반대하는 데는 인종과 계급이 따로 없었습니다. 그들은 모욕하고 돌로 치려고 달려들었습니다. 모욕한다는 말은 오만한 태도로 누군가를 학대하는 것을 말합니다. 괴롭히고 폭행하고 물리적인 위협을 가하는 것까지 다 해당합니다. 그런 악감이 돌을 던지는 행동으로 나타났습니다. 그들은 두 사도가 분명 신성모독의 죄를 범했다고 여겼을 것입니다. 여기 "관리들"은 폭력적인 유대인들의 군중 소요를 방치하는 것으로 반대 대열에 동참하였을 것입니다. 하지만 이것은 정당한 법집행이 아니었습니다.

하지만 어떻게 알았는지 알려지지 않았지만, 바울 일행은 사전에 이 사실을 알고는 이고니온을 떠났습니다. 안디옥에서는 추방당했다면 이번에는 탈출했습니다. 하지만 나중에 바울 일행은 돌아가는 길에 다시 이곳을 들러서 장로를 세우는데(행 14:21-23), 그렇다면 이 기간에 교회를 이미 세웠음을 보여줍니다.

우리는 누구든 이 대목에서 하나님께서 도와 미리 알게 하셨다고 말할 것입니다. 물론 그랬을 것입니다. 하지만 누가는 그것에 대해선 아무 말도 하지 않습니다. 왜냐하면 어떤 경우엔 이렇듯 아무 해도 당하지 않고 탈출하거나 추방되었지만, 또 어떨 때는 죽도록 돌을 맞고 버려지기도 할 것이기 때문입니다. 그런데 왜 하나님께서 미리 피하도록 도와주시지 않았을까요? 모를 일입니다. 우리는 당연히 모든 경우가 '하나님의 주권' 아래 있다고 말할 수 있어야 합니다. 하지만 정말 주의해서 사용해야 하는 말이 이 하나님의 주권, 하나님의 뜻이라는 말입니다.

결국 이번에도 '박해'가 복음 확산의 계기가 되고 있습니다. 악의 세력은 더 강력하게 연대하여 눈엣가시 같던 바울을 눈앞에서 사라지게 하였지만, 그 복음이 들불처럼 다른 지역으로 퍼져나가게 해주고 있다는 생각은 못했을 것입니다. 사랑하는 성도들이 각자 신앙의 여정에서 겪은 아픔이 새로운 교회를 형성하고, 그런 공동체들을 통해서 많은 영혼들이 주님을 만나고, 훨씬 더 선명한 복음을 듣게 되고, 신앙도 새롭고 깊은 차원으로 나아가기도 합니다. 그것은 사탄을 웃다가 울게 만드는 하나님의 통쾌한 역전의 역사입니다. 이것이 십자가의 역사이고 부활의 역사입니다. 모두를 기쁘게 하는 복음은 없습니다. 복음을 있는 그대로 전하고 그 대가로 수치와 모욕을 당한 것이 십자가였습니다. 하지만 주님은 그 복음이 죽지 않고 살아서 다른 지역으로 퍼지게 하심으로써 그 복음이 부활하게 하셨습니다. 이고니온의 성도들 역시 고난 속에서 더욱 굳은 믿음으로 자라갔을 것입니다. 십자가와 부활의 복음은 이미 십자가의 사람들을 창조하고 부활의 사람들을 만들고 있었습니다.

루드스라 전도

이고니온을 가까스로 탈출하여 바울 일행이 어떤 여정을 걸었는지 6-7절에서 개관하고 있습니다.

"그들이 알고 도망하여 루가오니아의 두 성 루스드라와 더베와 그 근방으로 가서 거기서 복음을 전하니라[61]" (사도행전 14:6-7)

바울 일행이 간 곳은 루가오니아입니다. 갈라디아 주州는 셋으로 나누어지는데, 루가오니아, 브루기아, 비시디아입니다. 바울 일행은 루가오니아의 두 성 루스드라와 더베를 방문하여 복음을 전합니다. 루스드라는 이고니온에서 36킬로미터 정도 떨어져 있고, 더베는 루스드라에서 남동쪽으로 약 150킬로미터 떨어진 곳에 있습니다. "그 근방"이라는 표현이 말해주듯 이 두 도시를 거점으로 삼아 세바스테 도로에 있는 다른 도시들에서도 복음을 전했을 것입니다.

개요

그런데 당시의 사정을 안 독자들이라면 왜 바울이 다른 더 큰 도시들을 두고 이 두 도시를 선택했는지 다소 의아해할 것입니다. 대체로 바울은 한 지역의 거점이 될 만한 큰 도시를 중심으로 사역했는데, 이곳은 인구도 많지 않고 동서를 잇는 로마의 주요 교역로에서도 벗어나 있습니다. 특히 루스드라는 "조용한 벽지"로 불릴 만큼 한적한 곳이었습니다. 여기 사람들은 호전적이고 고집 세고 로마식으로 살지 않는 동네였습니다. 가장 번성한 곳에서 가장 낙후된 곳으로 온 것입니다. 제 생각에는 루스드라는 그들이 전략적으로 선택한 곳이 아니었을 것입니다. 처음 그들

---

61 현재분사는 사도 일행이 이 두 도시 외에 다른 도시들("그 근방")에서도 복음을 전했을 가능성을 보여줍니다. 세바스테 도로를 통해서 달리산도스, 코디레소스, 포살라, 일리스트라, 라란다를 통과했을 것입니다.

이 생각했던 전도 루트가 아니었는데, 급히 이고니온에서 탈출하여 피하려고 임시로 선택한 피난처였을 것으로 보입니다.

하지만 그들은 거기서도 숨기만 한 것이 아니라 복음을 전했습니다. 소박하게 전한 게 아니라 나중에 이고니온에서 그 소문을 듣고 루스드라까지 원정대를 파견하여 폭력을 사주할 정도로 왕성하게 활동하였습니다. 훗날 이 방문이 계기가 되어 이곳에 교회가 세워지고, 바울이 2차 선교 여행 때 다시 이곳을 방문하는데, 이곳 루스드라에서 평생의 동역자 '디모데'를 만나기도 합니다. 그리고 다음에 방문하는 도시 더베에서는 '가이오'라는 귀한 동역자를 만납니다. 그는 바울이 예루살렘에 선교헌금을 전달하러 갈 때 동행할 정도로 신망이 높은 사람이었습니다. 피하여 숨기 위해 찾아간 도시, 원래 계획에도 없던 도시, 바울이 복음을 전하다가 죽을 뻔한 도시에서, 그렇게 모든 것이 뒤엉켜버린 도시에서, 하나님은 훗날 바나바 대신 사도 바울을 도와 복음의 파수꾼이 될 사람이며 더 나중에는 아시아의 수도 에베소 교회의 장로가 될 한 사람을 준비하고 계셨던 것입니다.

사랑하는 성도 여러분, 저와 여러분의 인생 계획에서 이 교회는 없었습니다. 이 교회가 개척되리라고 미리 알고 있었던 성도는 없었습니다. 그렇다면 오늘 이 교회에서 바로 여러분을 통해 또 누군가가 어떤 의미 있는 사역을 위해 분명히 준비되고 있을 것입니다. 오갈 데 없는 이들의 피난처로 시작한 우리 공동체를 통해서 우리 자녀들이 양육되고, 부모님이 구원받고, 친구들이 주님을 만나는, 참으로 멋진 일이 준비되고 있을 것입니다.

앉은뱅이 치유

여기 루스드라에서 사도 일행을 기다리고 있던 또 한 사람의 준비된 영혼이 있었습니다. 복음을 듣기만 하면 받아들일 마음의 밭이 기경된 사람이 있었습니다. 한 앉은뱅이였습니다.

> "루스드라에 발을 쓰지 못하는 한 사람이 앉아 있는데 나면서 걷지 못하게 되어 걸어 본 적이 없는 자라 바울이 말하는 것을 듣거늘 바울이 주목하여 구원 받을 만한 믿음이 그에게 있는 것을 보고 큰 소리로 이르되 네 발로 바로 일어서라 하니 그 사람이 일어나 걷는지라"(사도행전 14:8-10)

이것이 성경에 기록된 바울의 첫 기적 사건입니다. 물론 이고니온에서도 기적을 행했지만(행 14:3), 기록으로 나온 것은 여기가 처음입니다. 그런데 사도들이 행한 첫 번째 기적과 매우 비슷하다는 것을 조금만 주의를 기울이면 알게 될 겁니다. 베드로와 요한은 성전 미문에 앉은 나면서부터 앉은뱅이인 사람을 고쳤습니다(행 3:4). 사도들이 "주목하여" 본 것처럼 바울도 그를 주목하여 보았습니다(행 14:9). 그 결과 두 경우 모두 앉은뱅이가 '뛰어 걸었습니다'(행 3:8,10). 사건이 일어난 장소도 '성전 문'(행 3:2)과 '문 곁'으로 비슷합니다. 베드로 곁에는 요한이 있었다면, 바울 곁에는 바나바가 있었습니다. 둘 다 박해와 적대의 문맥에서 일어난 치유 기적 사건입니다.

그런데 우리는 베드로와 바울만 비슷한 것이 아니라 이것이 예수님의 첫째 기적과도 비슷하다는 것을 알면 저자의 의도가 무엇인지 더 분명히 읽을 수 있습니다. 누가복음 5장에 보면 예수님의 첫 번째 기적이 나옵니다. 예수님도 수족이 마비된 사람을 고치십니다. 그렇다면 우리는 예수님의 능력을 베드로와 바울이 이어받고 있다는 것을 금방 눈치채실 것입니다. 지금 이 바울의 치유 사역은 또 한 명의 종교 신동의 재주가 아니라, 부활하신 예수의 능력을 받아 예수의 남은 사역을 바울이 감당하고 있다는 것을 저자 누가는 보여주고 있는 것입니다. 이제 주 예수님은 자신의 왕적 통치의 역할을 이 땅에서는 교회에게 부탁하셨기 때문입니다. 저자는 이 앉은뱅이의 상황이 얼마나 절박한지를 유독 강조합니다.

"발을 쓰지 못하는", "앉은뱅이", "걸어 본 적이 없는", "앉아 있었다"

선천적 질병이라서 인간적으로는 회복될 가망이 없는 상태였습니다. 스스로는 일어나 걸을 수 없습니다. 그런 그가 바울의 복음을 들었습니다. 그는 그 복음에서 희망을 보았습니다. 그가 전했을 부활의 예수님에게서 희망을 보았습니다. 만약 그가 메시아의 시대에 앉은뱅이가 일어나 걸을 것이라고 했던 약속을 알고 있었다면, 그 희년의 은총이 자신에게 임할 수 있으리라고 기대한 것은 당연합니다. 물론 곧장 앉은뱅이 신세를 면할 거라고 확신하지는 않았을 것입니다. 하지만 적어도 앉은뱅이로서 이 루스드라에서 받았던 대우, 그가 이 세상에서 가질 수 있는 희망을 한 순간에 쓸모없는 유물로 만들어버릴 놀라운 소식, 하나님 나라의 소식을 들은 것입니다. 소경이자 걸인이던 바디매오를 흥분시킨 그 복음, 수로보니게 여인으로 하여금 상 위에서 떨어진 부스러기 복음이라도 좋다면서 한없이 자신을 낮추기를 기꺼이 하게 만들었던 그 복음, 그 복음에 이 앉은뱅이의 마음도 열렸습니다. 바울이 그것을 감지했습니다.

"바울이 말하는 것을 듣거늘 바울이 주목하여 구원 받을 만한 믿음이 그에

게 있는 것을 보고"(사도행전 14:9)

여기 '말하는 것'랄룬토스, λαλοῦντος이 현재분사인 것을 볼 때, 이 앉은 뱅이가 일정 기간 바울의 말을 들었음을 알 수 있습니다. 그런데 바울의 눈에 그가 듣는 태도가 남다른 것이 포착되었습니다. 그가 바울이 전하는 복음을 믿고 있는 것이 보였던 것입니다. 그 믿음은 그가 구원여기서는 치유 받을 만한 믿음이었습니다. 메시아 시대에 있을 것이라고 했던 하나님의 치유가 임할 것임을 믿었습니다. 예수 그리스도를 통한 죄 용서가 자신에게도 임할 것이라고 믿었습니다. 그 용서와 치유가 불가분의 관계에 있음을 그는 알고 있었을 것입니다. 이 믿음의 사람에게 바울은 명령합니다. 그 믿음을 담대히 발휘하도록 도전합니다. 표현하도록 도전합니다.

"큰 소리로 이르되 네 발로 바로 일어서라 하니"(사도행전 14:10a)

하나님의 치유 능력을 믿었기에 요구했고, 이 앉은뱅이의 믿음을 보았기에 명령했습니다. 이것은 빌립보의 간수에게 "주 예수를 믿으라"고 한 요구와 같습니다. 평생 한 번도 걸어본 적이 없는 사람에게 일어나 걸으라는 명령은 비웃음과 거절로 돌려줘도 할 말 없는 황당한 요구입니다. 자신을 조롱하는 말로 들을 수 있을 만한 요구입니다. 하지만 말씀에 대해 구원 받을 만한 믿음이 있었던 앉은뱅이는 그 명령에 순종했습니다. 소경 바디매오가 예수님의 치유 능력을 믿었듯이, 요한과 베드로의 손에 이끌려 자리에서 일어나 걸으며 뛰었던 성전 미문 앞 앉은뱅이 걸인이 그랬듯이, 그는 믿었습니다. 그리고 말씀대로 되었습니다.

"그 사람이 일어나 걷는지라[62]"(사도행전 14:10b)

일어나 걸은 앉은뱅이의 표정을 상상해보십시오. 그는 자신이 걷고 있다는 사실이 믿기지 않아서 여기저기 다녔을 것입니다. 뛰어보기도 했을 것입니다. 앉은뱅이로 있을 때 가장 부러웠던 것이 춤이었습니다. 그는 누가 보든지 말든지 춤을 추었을 것입니다.

이 사람은 주께서 우리에게 기대하시는 믿음이 무엇인지 보여줍니다. 앉은뱅이에게 바울의 '말'은 정보가 아니었습니다. 듣고 배우고 참고할 자료가 아니었습니다. 그에게 말은 인격이고 능력이었습니다. 그래서 그 말대로 하면 그 말이 무언가를 창조할 것이라고 믿었습니다. 하나님의 말씀에 세상이 창조되었듯이 그 말씀에 우리가 순종할 때 하나님이 기뻐하시는 나라가 창조되고, 그 나라 안에서만 인간이 참된 인간이 되고, 참된 복과 생명을 누리며, 하나님이 영광을 받으시는 조화롭고 아름다운 안식의 나라가 된다고 믿는 것이 참 믿음입니다.

사랑하는 성도 여러분, 말씀의 권능을 믿음으로써 영적인 앉은뱅이인 우리가 절망의 자리에서 일어나 희망을 얻고, 주께서 열어가실 새로운 삶을 기대하는 인생이 되고 교회가 되길 바랍니다. 그렇게 살아나고 깨어난 우리와 교회를 통해 세상을 일으키고 생명을 얻게 하는 역사가 일어나기를 간절히 소원합니다.

---

62 '일어나'는 부정과거시제이고, '걷다'는 미완료시제다. 일어나는 것은 순간적인 동작이고, 걷는 것은 지속적이고 반복적인 동작이었음을 보여준다.

바울의 복음 전도와 반응

앉은뱅이 치유 사건은 한 사람만 변화시키는 데만 목적이 있지 않았습니다. 이 치유는 바울이 전한 복음이 무엇인지, 예수께서 가져오신 하나님 나라가 어떤 곳인지를 보여주는 데 목적이 있었습니다. 설교가 귀로 듣는 복음이라면, 치유는 눈으로 보는 복음입니다. 예수님도 이 두 방법으로 복음을 전하셨습니다. 그런데 이것을 지켜본 루스드라 사람들 안에서 바울이 전혀 기대하지 않은 반응이 일어났습니다. 바울을 지지하든 반대하든 둘 중 하나의 반응이 일어나야 할 것 같은데, 대단히 적극적인 믿음처럼 보이는데 사실은 더 강한 불신앙의 행태가 되는 일이 나타났기 때문입니다. 그래서 복음 전도자나 교회 사역자들을 타락시킬 수 있는 아주 강력한 어둠의 역사가 일어났습니다. 성령의 역사라고 믿고 싶지만 분별력이 없으면 알 수 없는 일이 벌어졌습니다. 그것은 바울을 향해서 돌을 던지려 했던 이고니온의 박해보다 더 간교하고 더 미묘하여 더 이기기 어려운 반응이었습니다.

"무리가 바울이 한 일을 보고 루가오니아 방언으로 소리 질러 이르되 신들이 사람의 형상으로 우리 가운데 내려오셨다 하여 바나바는 제우스라 하고 바울은 그 중에 말하는 자이므로 헤르메스라 하더라 시외 제우스 신당의 제사장이 소와 화환들을 가지고 대문 앞에 와서 무리와 함께 제사하고자 하니"(사도행전 14:11-13)

바울의 기적을 본 루스드라 사람들은 토착 언어로 소리 지릅니다. 난리가 났습니다. 그들이 바울과 바나바를 신들의 환생으로 간주한 것입니다. 바나바는 만신전의 최고의 신 제우스가 인간의 몸을 입고 나타난 것으로 보았고, 바울은 제우스의 대변인이던 신 헤르메스가 나타난 것이라고 호들갑을 떨었습니다. 그냥 해본 소리가 아니었습니다. 제우스 신당 제사장들이 소와 화환을 갖고 이 둘이 있는 곳까지 와서 무리와 함께 제사하려고 했습니다. 소는 주로 신들 중 가장 힘이 센 제우스에게 바쳤고, 사람들은 나뭇가지로 만든 화환을 쓰고 시내에서 신전으로 향하는 행렬에 참여했습니다. 이 바나바와 바울이 신전 앞에 있는 제우스 제단까지 가는 동안 화환을 머리에 쓰도록 준비해온 것입니다. 따라서 여기 "대문"은 도시의 성문을 가리키며, 거기서부터 신전으로 가는 행렬이 시작되었습니다.

그들은 이미 오비드Ovid의 『메타모르포세스』 8:611-724에 나오는 이야기를 알고 있었을 것입니다. 바우키스와 필레몬 부부는 프리지아 언덕 위에 초라한 집에서 살고 있었습니다. 이들에게 사람의 모습을 한 제우스와 헤르메스가 찾아왔는데, 이 부부는 다른 집과는 달리 없는 살림에도 둘을 극진히 모셨습니다. 이에 두 신들은 환대의 보상으로 이 집에 신전을 만들고 부부가 제사장이 되게 해주었습니다. 마지막에는 두 사람을 신성한 나무로 만들고 다른 사람들에게는 심판을 내렸습니다.[63]

둘 중 바울이 주로 설교를 담당했기에 그를 헤르메스로 여겼습니다. 그들의 눈에는 바울보다 바나바가 더 리더인 듯 보인 것 같습니다. 그래서 바나바를 최고신 제우스의 현신으로 간주한 겁니다. 여러분 놀랍지 않습니까? 바울 사도는 참 대단한 분입니다. 실질적으로는 바울이 전도

---

63 Christoph Strenschke, *Luke's Portrait of Gentiles*(Mohr Siebeck,1999), 183.

378

여정에서 주요한 역할을 감당하는데도 다른 사람들이 보기에는 여전히 바나바가 리더였다는 것은 바울이 얼마나 그의 리더십을 끝까지 존중하며 활약하였는지를 말해주기 때문입니다. 참 멋진 모습 아닙니까? 저자 누가는 바울을 중심으로 이야기를 전개하지만, 실질적으로는 바나바가 리더로서 팀을 이끌고 있었습니다.

이런 무리의 오해가 진정으로 복음이 무엇인지를 아는 자들에게는 엄청나게 위태로운 순간입니다. 복음의 핵심이 무엇입니까? 예수께서 왕으로 다스리신다는 소식입니다. 그분의 나라가 이 땅에 임했다는 소식입니다. 이 세상 그 누구도 아닌 바로 예수님이 주권자고 구원자라는 소식입니다. 인간은 영적으로는 날 때부터 앉은뱅이였던 사람처럼 아무도 스스로 자신을 구원할 수 없고, 스스로 자기 인생을 살아갈 수 없고, 스스로 영원한 생명을 얻을 수도 없다는 것이 복음을 믿는 전제입니다. 그런데 그 복음을 듣고 나서 도리어 그 복음을 전하는 인간을 신적인 존재로 추앙하다니요. 세상에 이런 왜곡은 없습니다. 최악의 오해입니다. 가장 사악한 열매입니다. 그런데 우리는 교회 역사에서 이런 왜곡과 변질에 복음을 전한 지도자들이 강력하게 저항하지 않음으로써 예수님이 아니라 사람이 교회의 주인 되고 경배를 받고 왕 대접을 받은 역사를 보았고, 지금도 보고 있습니다. 자신들의 말을 신의 말로 들어주는 사람들과 자기를 위해 꽃을 주고 소를 주고 제사를 드리는 사람을 물리치기란 정말 어려울 것입니다. 하지만 단호히 거절하고 심지어 불쾌하게 여기지 않는다면, 그것이 우리 왕 예수 그리스도를 향한 변절의 시작이 될 것입니다. 바울의 즉각적인 반응은 이것이었습니다.

"두 사도 바나바와 바울이 듣고 옷을 찢고 무리 가운데 뛰어 들어가서 소리 질러"(사도행전 14:14)

두 사도가 '들었다'고 한 것은 누군가가 루스드라 토착어를 통역해준 말을 들었다는 뜻일 것입니다. 듣는 즉시 그들은 옷을 찢었습니다. 극도의 혐오감과 슬픔과 두려움 같은 복합적인 감정을 표현한 것입니다. 신성모독이라고 여기며 분노했습니다.

성도들에게 나를 '인간 박대영'으로 대해 달라고 간곡히 부탁했습니다. 오래도록 성도들 곁에서 변질되지 않은 '복음'을 전하고 싶었기 때문입니다. 그것은 하나님께서 우리 가운데 홀로 주인공이 되시고 예배의 대상이 되실 때만 가능하기 때문입니다. 자연스레 한 인간으로 말씀의 일꾼들을 대하는 것이 낯설고 무례하게 보일 수도 있겠지만, 우리는 사역자들에게서 십자가와 부활이 드러나는 만큼만 그들이 권위를 얻을 수 있다고 믿어야 합니다. 그런데 바울은 이런 자기 경배의 사태를, 청중들의 오해를 복음 증거의 기회로 삼았습니다. 자신이 높임을 받을 자격이 없다고 말하는 데서 그치지 않고 정말 그들이 알아야 하고 영접해야 하고 예배해야 할 분이 누구신지를 알게 하는 기회로 삼은 것입니다. 그는 정말 대단한 전도자입니다. 어떤 상황에서든 예수 그리스도를 전하려고 하는 전도자의 열정을 바울에게서 볼 수 있습니다.

이제 나오는 설교는 바울이 순수하게 이교도 이방인들을 상대로 한 첫 번째 설교입니다. 훗날 아테네의 아레오바고에서 하는 설교와 성격이 비슷합니다. 따라서 13장에서 유대인 회당에서 한 설교와 전혀 다를 수밖에 없습니다. 청중이 다르기 때문입니다. 한 번도 성경을 읽어본 적이 없는 사람들에게 복음을 전하는 상황과 같습니다. 우리 중에 어떤 분들은 "이순신 장군은 구원을 받았습니까?"라고 묻고 싶은 분들이 있을 것입니다. 선교사를 통해 복음을 듣거나 번역된 성경을 가져본 적이 없는 사람들은 어떻게 구원을 받을 수 있는지 궁금하기도 할 것입니다. 그런 질문에 대해 성경이 여러 곳에서 대답해주는데, 사도행전 14장의 루스드라 설교와 17장의 아레오바고 설교, 로마서 2장이 대표적인 곳입니다. 다행히도 이번에는 설교가 매우 짧습니다. 당연히 누가는 바울의 설교를 요약해서 옮겨놓았을 것입니다. 이방인들을 향한 바울의 설교는 아래와 같이 구성되어 있습니다.

1. 바울과 바나바도 인간이다(15a절)
2. 우리가 복음을 전하기 위해서 왔다(15b-17절)
 1) 헛된 우상에게서 하나님께로 돌아와야 한다(15절)
 2) 하나님은 주권자요 창조주이시다(15절)
 3) 하나님은 모든 민족의 지난 행동은 참아주신다(16절)
 4) 하나님은 창조질서를 주관하시는 선한 분이다(17절)

바울은 무엇보다 자신이 신적인 존재로 추앙받아서는 안 되는 이유를 밝히면서 시작합니다.

"이르되 여러분이여 어찌하여 이러한 일을 하느냐 우리도[64] 여러분과 같

---

[64] "우리도"(καὶ ἡμεῖς)가 문장 맨 앞에 나와 강조되고 있다. 사람인 우리가 아니라 하나님께만 영광을 돌려야 한다는 것이다.

은 성정을 가진 사람이라"(사도행전 14:15a)

베드로도 고넬료가 신 앞에서 절하듯 자신에게 절하자 '나도 사람이라' 하면서 거절한 것과 같습니다. 이것이 참 지도자와 거짓 지도자를 가르는 기준입니다. 목에 힘이 들어가고, 자신이 성도들과 다른 성정의 사람인 듯 행세하는 자들, 자신이 사람이라는 사실, 자신이 먼지에 불과한 존재라는 사실을 잊고 지내는 사람, 그들은 참 지도자가 아닙니다. 그들이 제아무리 대단한 성취를 이루어냈다 하더라도 교만한 자들은 진짜가 아닙니다. 심지어 그 위대한 엘리야 선지자마저도 '우리와 성정이 같은 사람'이지만, 오직 그는 하나님께 대한 믿음으로 기도했기에 놀라운 일들을 해낼 수 있었다고 말하고 있지 않습니까? 사역자와 성도들이 같은 성정을 가진 자라는 것은 어떤 사역자라도 성도들의 도움과 기도와 용서와 인내로만 살 수 있다는 뜻입니다. 바울은 자신이 여기까지 와서 복음을 전한 목적을 이렇게 설명합니다. 바울의 자기 손가락을 볼 것이 아니라 자기가 가리키는 달을 보라고 합니다.

"여러분에게 복음을 전하는 것은 이런 헛된 일을 버리고 천지와 바다와 그 가운데 만물을 지으시고 살아 계신 하나님께로 돌아오게 함이라"(사도행전 14:15b)

복음은 제우스 숭배와 헤르메스 숭배가 헛된 일이라고 말해줍니다. 어떤 종교든 결국 똑같은 하나님을 믿는 것이라고 말하는 종교다원주의를 헛된 일이라고 합니다. 복음이 말하는 하나님은 창조주 하나님입니다.

비인격적인 신이 아니라 살아계신 하나님입니다. 그 헛됨은 무능력이요 비인격입니다. 따라서 그들은 앉은뱅이를 고칠 마음도 없고 능력도 없습니다. 그들은 인간의 역사에 개입하지 않고 개입할 수 없습니다. 그것은 살아계신 하나님만 하실 수 있습니다. 바울이 여기까지 와서 복음을 전하는 이유는 그들이 헛된 일을 버리고 살아계신 창조주 하나님께 돌아오도록 하기 위함입니다. 역사에 개입하실 수 있는 하나님은 이 세상과 역사를 창조하시고 주관하시는 하나님 뿐입니다. 바울은 자신이 전하고 싶은 하나님을 좀더 자세히 설명합니다.

> "하나님이 지나간 세대에는 모든 민족으로 자기들의 길들을 가게 방임하셨으나"(사도행전 14:16)

바울은 유대인들에게 설교하던 때와 달리 구약성경을 전혀 인용하지 않고 있습니다. 심지어 유대인의 메시아 예수에 대해서, 그리고 그분의 십자가와 부활에 대해서 한마디도 하지 않습니다. 만약 제가 이런 식으로 설교하거나 복음을 전했다면, 저에게 '복음이 없다'라고 평가하실지 모르겠습니다. 하지만 사도 바울은 대상에 따라서 어떻게 접근하고, 또 나중에는 어떻게 발전적으로 복음을 전개해야 하는지를 잘 아는 사람이었습니다. 살아계신 하나님, 창조주 하나님은 지나간 세대에는, 즉 예수님이 오시기 이전에는, 루스드라 사람처럼 하나님 모르는 변방의 사람들이 자기 길로 다니는 것을 허락하셨다고 말합니다. 여기 "방임하셨다"는 것이 묵인하고 죄로 간주하지 않는다는 것인지, 다른 뜻이 있는지는 분명하지 않습니다. 사도행전 17:30에서는 "알지 못하던 시대에는 하나님이 허물치 아니하셨거니와"라고 말씀하시고 있습니다. 그런데 로마서 1장에서 바울은 하나님께서 만드신 모든 피조물 속에 그분의 신성과 영원하신 능력에 관한 계시가 있어서 이방인들이라도 하나님을 알만한 것을 주셨으며, 따라서 하나님을 몰랐다거나 그분을 경배하지 않은 것에 대해 심판대 앞에서 변명의 여지가 없다고 말씀하고 있습니다. 그렇다면 여기 "방임하셨다"는 것은 방치했다는 뜻이 아니라 정죄 받아 마땅한데도 인내하시고 오래 참으시면서 그들이 하나님을 바로 알 수 있도록 기다리셨다는 뜻이 될 것입니다. 바울은 이런 시대에도 하나님께서 자신에 대한 증거를 열방 나라들에 남겨놓았다고 말합니다. 우리가 흔히 말하는 '일반계시'입니다. 하나님은 당신의 지문을 당신이 창조한 세상에 남겨두셔서 사람들이 그것을 보고 창조주 자신을 헤아리게 하셨습니다.

> "그러나 자기를 증언하지 아니하신 것이 아니니 곧 여러분에게 하늘로부터 비를 내리시며 결실기를 주시는 선한 일을 하사 음식과 기쁨으로 여러분의 마음에 만족하게 하셨느니라 하고"(사도행전 14:17)

하나님은 땅에 비를 내려 사람들이 넉넉히 수확할 수 있게 하시고 기쁘게 음식을 나누며 만족하게 하심으로써 자신을 계시하셨습니다. 세상의 질서를 당연한 것으로 여기지 않는 사람이면, 그 질서를 만드신 이를 동경하게 될 것입니다. 신약성경에서 하나님이 증언하지 아니하신 것 아마르튀론, ἀμάρτυρον이 아니라고 직접 언급한 곳은 여기가 유일합니다. 하나님께서 피조물이 자신을 믿든지 그렇지 않든지 자신이 창조한 것에 책임을 다하셨습니다. 그것을 바울은 "선한 일을 하사"아가쏘포이에오,

$\dot{\alpha}\gamma\alpha\theta o\pi o\iota\acute{\epsilon}\omega$라고 표현합니다. 자신이 창조한 세상을 그 보기에 심히 좋은 모습으로 회복하시고 원래의 창조 의도를 이루어가는 일이 하나님의 선한 일입니다. 오늘 우리가 복음에 합당하게 산다, 그리스도인답게 산다, 교회가 교회답다는 말은 바로 그 창조의 질서를 유지하시고 완성해가시는 하나님의 선한 일에 동참한다는 뜻입니다. 이 계시와 선물은 신자들에게만 주신 특권이 아닙니다. 신자와 불신자, 유대인과 이방인 모두에게 주신 은혜입니다. 축복입니다. 이것 자체가 복음입니다.

다시 한번 바울의 선교사다운 복음 증거를 보십시오. 그는 복음을 받는 대상을 고려하지 않은 채 자기 할 말만 하는 사람이 아니었습니다. 알아듣든지 못 알아듣든지 성령께서 역사하실 것이라고 믿고 자기가 준비한 것만 지하철이든 광장이든 어디서든 확성기로 전하는 사람들에게 바울은 "그러지 말라"고 조언하실 것 같습니다. 그것은 예수님의 성육신적 복음 전도의 태도가 아니기 때문입니다. 철저히 현지화 전략을 쓰는 선교의 기본에 부합하지 않기 때문입니다. 그것은 무례함이고 '언어폭력'입니다. 하지만 바울은 후에 이들이 믿음으로 나아온 후에는 분명 예수 그리스도의 십자가와 부활의 복음, 하나님 나라의 복음을 신실하게 가르치셨을 것입니다. 대상에 따라, 단계에 따라, 필요에 따라 그는 지혜롭게, 융통성을 가지고 접근했습니다. 따라서 올바른 선교를 위해서는 성경 본문만 잘 해석해서는 안 되고 말씀을 듣는 사람들도 잘 해석해야 합니다. 바울의 설교에 무리는 어떻게 반응할까요?

"이렇게 말하여 겨우 무리를 말려 자기들에게 제사를 못하게 하니라"(사도행전 14:18)

바울의 설교는 성공적이었습니다. 그들이 바울과 바나바를 숭배하여 제사하지 못하게 막았습니다. 수월하지 않았습니다. '겨우'몰리스, μόλις 제지했습니다. 참다운 복음이 선포되면 인간 숭배가 종식됩니다. 사람들이 눈을 떠서 이 세상에 가득한 우상숭배를 분별합니다. 자식을 숭배하지 않고, 돈을 숭배하지 않고, 권력을 숭배하지 않고, 하나님만 예배하는 사람들이 됩니다. 그것이 참 복음입니다. 그것이 십자가 정신입니다. 십자가를 전하면서 자신을 부인하지 않는다면, 그것은 십자가에 대한 모독이 됩니다.

박해와 치유

두 사도는 사태를 잘 수습했습니다. 그런데 과연 루스드라 사람들은 복음을 잘 이해했을까요? 만신전을 떠나서 하나님께로 돌아왔을까요? 그들이 바울과 바나바를 신적인 존재로 추앙하면서 대대적으로 열광했던 것만큼 하나님께는 열광한 것 같지 않습니다. 이때 여전히 바울의 뒤를 집요하게 추격하는 자들이 있었습니다. 안디옥과 이고니온의 유대인들입니다. 루스드라에까지 바울 일행을 뒤쫓아왔습니다. 바울의 복음이 유대교 기반을 뒤흔들 수 있는 엄청난 논리라는 것을 알았던 것입니다. 그를 가만두면 유대교가 위태로워질 거라고 보았을 겁니다. 바울, 그는 왕년에 유대교 최고 논객이 아니었습니까? 다메섹까지 쫓아가서 예수 믿는 자들을 잡아오려고 했던 사람 아닙니까? 루스드라에서 그가 당한 일은 그가 예루살렘에서 예수 믿는 자들에게 행했던 일을 똑같이 당한 것이고, 다메섹에서 하려고 했던 일을 당한 것입니다. 바울은 예수를 박해하던 자에서 예수를 위하여 박해당하는 자로 변했습니다. 신적인 존

386

재로 숭배받던 자리에서 시신으로 간주되어 버려지는 데까지 떨어졌습니다. 이것이 신적인 대접을 거절한 결과로 하나님이 주신 '상'이었습니다. 이고니온에서 온 자들이 루스드라 사람들을 충동합니다. 유대인들만이 아니라 이방인들도 충동했고, 그것은 매우 성공적이었습니다.

> "유대인들이 안디옥과 이고니온에서 와서 무리를 충동하니 그들이 돌로 바울을 쳐서 죽은 줄로 알고 시외로 끌어 내치니라. 제자들이 둘러섰을 때에 바울이 일어나 그 성에 들어갔다가"(사도행전 14:19-20a)

무엇이라 충동했는지는 몰라도 아마 그들은 신이 아니라 거짓 선지자라고 고소했을 것입니다. 유대인들은 정말 그렇게 그가 신성모독을 하고 있다고 여겼을 것입니다. 사도 일행은 당국에 의해 재판을 거친 후 형벌을 받은 것이 아닙니다. 이것은 불법적인 형벌이었습니다. 얼마 전까지 신으로 추앙했던 사람을 향해 오늘은 돌을 던졌습니다. 이것이 군중들의 전형적인 특징입니다. 그러니 군중들의 환호에 우쭐해서는 안 됩니다. 우리는 군중이 아니라 제자를 만들어야 합니다.

하나님은 이번에는 바울을 미리 빼돌리시지 않았습니다. 하나님 대접을 거절한 대단한 사도들에게 내리신 대가치고는 너무 야박합니다. 우리는 그 이유를 모릅니다. 스데반이 돌에 맞아 죽을 때도 외면했던 하나님, 그 자리에 있었던 바울, 스데반을 향해서 돌 하나쯤은 던졌을 바울, 그가 지금은 그 동족 유대인들에게 돌을 맞고 있습니다. 단순히 경고하려고 한 일이 아닙니다. 죽이려고 작정하고 던진 돌이었습니다. 그는 훗날 자신이 돌 맞은 사건을 회상한 적이 있습니다.

"세 번 태장으로 맞고 한 번 돌로 맞고 세 번 파선하고 일 주야를 깊은 바

다에서 지냈으며"(고린도후서 11:25)

한 번 돌 맞은 사건이 바로 이 루스드라에서 겪은 일입니다. 얼마나 심하게 맞았던지 사람들은 이미 그가 죽은 줄 알고 시외로 끌어 내쳤습니다. 이전에 바울이 기독교인들을 박해하여 "끌어냈듯이"(행 8:3) 그도 죽도록 맞은 후 도시 밖으로 "끌려 나갔습니다." 그는 다시 한번 예수님의 십자가의 삶에 동참했습니다. 그를 수습해준 것은 제자들이었습니다. 루스드라에서 바울의 전도를 받고 예수를 믿게 된 사람들입니다.

"제자들이 둘러섰을 때에 바울이 일어나 그 성에 들어갔다가 이튿날 바나

바와 함께 더베로 가서"(사도행전 14:20)

바울이 어떻게 치유되었는지 모릅니다. 제자들이 둘러서서 바울을 위해 기도했을 때, 그가 깨어났을 수 있습니다. 부축해주면 걸을 수 있을 만큼은 되었습니다. 이적과 기사를 일으켜 루스드라 사람들을 고쳤던 바울이 자기 자신에 대해서는 치유할 수 없었고 공동체를 통해서 치유를 받고 회복되고 있는 이 모습이 시사하는 바는 큽니다. 여기 제자들은 바울이 돌을 맞을 때는 나서지 못할 만큼 소수였지만, 바울이 죽을 만큼 맞아서 버려지는 것을 보고도 도망하지 않고 믿음을 포기하지 않았습니다. 바울은 고린도후서에서 이런 상황을 두고 "거꾸러뜨림을 당하여도 망하지 아니하고"라고 표현하고 있습니다. 그는 작은 부활을 경험했습니다. 깨어나고 나서 얼마나 더 흘렀을까요? 원기를 회복하자 바울이 한 일은

우리를 그야말로 놀라게 합니다. "그 성에 들어갔다가" 바울은 자신을 죽여 내쳤던 루스드라로 다시 들어간 것입니다. 거기에는 죽음의 위협이 남아 있었지만, 동시에 고난 속에 있는 성도들이 있었기 때문입니다. 거기서 그는 형제들과 함께 하루를 묵습니다.

데베 전도

그리고 다음 날 루스드라에서 남동쪽으로 약 150킬로미터 떨어진 더베로 떠납니다.

> "이튿날 바나바와 함께 더베로 가서 복음을 그 성에서 전하여 많은 사람을 제자로 삼고"(14:20b-21a)

더베 사역은 여덟 개 단어만으로 아주 간략하게 기술하고 있습니다. 짧게 기록했다고 해서 짧게 사역하였거나 성과가 없었던 것은 아닙니다. 아무런 박해도 기록하고 있지만 당연히 반대를 받았을 것입니다. 그의 복음 전도 사역은 매우 성공적이었습니다. 또 많은 사람이 제자가 되었습니다. 진지하게 그 복음에 반응한 사람이 많이 나왔습니다. 죽음을 두려워하지 않는 전도자가 전하는 십자가의 복음과 자신이 친히 눈으로 본 부활의 예수님과 자신이 몸소 경험한 기적적인 치유 사건은 그가 전하는 복음을 더욱 확신 가득한 메시지가 되게 하였을 것입니다. 살아보고 전한 사람만이 가진 힘을 청중들은 말씀 속에서 느꼈을 것입니다. 제가 되기를 바라고 또 이 시대 주님이 요청하는 말씀 사역자가 바로 역사에 두 발을 딛고 사는 전도자입니다. 땅을 살면서 전하는 사람입니다.

바울의 선교지 재방문 및 귀로

비시디아 안디옥에서 더베까지 온 길만큼 더 가면 나오는 도시가 바울의 고향 다소입니다. 안디옥 교회로 귀환하려면 이 길이 가장 빠르고 안전합니다. 아마 바울 일행이 처음 계획한 여정은 이와 같았을 것입니다. 2차 선교 여행의 경로를 보면 예상할 수 있습니다. 그는 2차 선교 여행 때는 육로를 이용하여 더베, 루스드라, 이고니온을 다시 심방하고 있습니다. 하지만 그는 아주 놀라운 여정을 선택합니다. 이는 분명히 바나바와 상의하고 다른 일행과도 의논하여 내린 결정이었을 것입니다.

놀랍게도 그들은 왔던 길로 되돌아가고 있습니다. 그래서 이전에 방문하여 복음을 전했던 곳에 가서 제자들을 위로하고 격려하기로 했습니다. 물론 거기에 가면 바울 일행을 극진히 환영하고 그들에게서 큰 힘을 얻을 만한 성도들이 있었습니다. 그들이 세상에서 어떤 존재였던지 간에 그들에게는 이제부터 말씀의 목자가 필요해졌기 때문입니다. 하나님과 그의 아들 예수님과 성령 하나님을 더욱 알아야 했기 때문입니다. 하지만 동시에 거기엔 바울 일행을 죽이려고 했던 자들이 기다리고 있었습니다. 그들의 분노와 울화가 가라앉기에는 너무 짧은 시간이었습니다. 하루 아침에 바울에게 등을 돌린 사람들도 있었습니다. 그런데도 바울은 다시 방문하기로 결정합니다. 그 이유는 두 가지입니다. 첫째, 그들의 신앙을 더욱 북돋아 주기 위해서였습니다. 둘째, 자신이 없는 동안 교회가 질서 있게 유지될 수 있도록 조직을 정비해주기 위해서였습니다. 그가 신앙을 다시 굳게 해주는 장면을 이렇게 묘사합니다.

"루스드라와 이고니온과 안디옥으로 돌아가서 제자들의 마음을 굳게 하여 이 믿음에 머물러 있으라 권하고[65] 또 우리가 하나님의 나라에 들어가려면 많은 환난을 겪어야 할 것이라 하고"(사도행전 14:21b-22절)

"마음을 굳게 한다"[66]는 표현은 여기 말고도 사도행전에서 종종 나오는데(행 15:32,41; 16:5; 18:23), 여기 "믿음 안에 머문다"는 말과 함께 고난을 잘 인내하라는 뜻입니다. 항상심을 가지고 변치 않는 마음으로 주를 섬기라는 뜻입니다. 그러면서 아주 중요한 권면 하나를 그들 마음에 새겨줍니다. "우리가 하나님의 나라에 들어가려면 많은 환난을 겪어야 할 것이라." 십자가의 삶은 바울과 바나바 같은 사역자들에게만 해당하는 것이 아니었습니다. 성도들도 부활의 삶을 살려면 십자가의 삶을 거쳐야 했습니다. 사도들이 복음을 전한 메시지뿐 아니라 그들이 보여준 삶도 본받아야 했습니다. 여기에 '반드시 ~해야 한다'는 뜻의 '데이'δεῖ라는 조동사가 들어 있습니다. 환난을 받는 일이 많으니 신앙생활 할 때 단단히 각오하라는 정도가 아니라 반드시 환난을 받아야 한다고 합니다. 환난을 받을 수밖에 없다고 합니다. 예수 믿으면 좀더 편하게 살고 세상적으로도 번성할 줄 알았는데 반드시 환난을 겪어야 한다고 하십니다. 복음 아닌 것을 거절하고, 하나님 대신 우상을 섬겼던 삶을 청산하고, 세속적인 가치관과 단절하고, 예수님만을 주권자로 모시고 살자면, 당연히 어떤 형태로든 세상의 반대를 받고, 그들을 불편하게 하고, 그들로부터 불온한 자로 여김 받는 것을 감수해야 할 것입니다. 바울 일행이 선교지를

---

65 현재형 분사(παρακαλοῦντες)를 써서 지속적인 권면을 표현한다.
66 현재형 분사(ἐπιστηρίζοντες)를 쓰고 있는데, 가르침과 상담을 통해 지속적으로 사역했음을 보여준다.

재방문한 이유가 하나 더 있습니다.

> "각 교회에서 장로들을 택하여 금식 기도 하며 그들이 믿는 주께 그들을
> 위탁하고"(사도행전 14:23)

복수의 장로를 세웠습니다. 신앙을 가진 지 얼마나 안 지난 상황이기 때문에 이 장로들이 지금 우리가 교회에서 세우는 장로나 혹은 신학을 공부한 목사와 같을 수는 없었을 것입니다. 어떤 기준으로 세웠는지는 모르지만, 그들을 세우고는 금식하며 기도했습니다. 이 장로들을 주께서 맡아 지도해달라고 기도했습니다. 교회의 머리는 장로들이 아니고 사도 바울도 아니기 때문입니다. 교회의 머리가 되시는 예수께서 맡아주셔야 교회는 교회다워질 수 있습니다. 사도 바울은 이런 교회 정치를 안디옥 교회에서 먼저 경험했을 것입니다. 그는 자신이 다 해야 한다고 생각하지 않았습니다. 이제 곧 떠나야 할 것이니 그럴 수도 없었습니다. 장로들에게 맡겼습니다. 그 장로들을 또한 주께 맡겼습니다. 성도들이 하나님 나라의 삶에 동참할 때 많은 환난을 겪을 것인데, 이런 성도들을 양육하고 끝까지 제자로서 믿음을 지키도록 돕는 일을 이 장로들이 맡았습니다. 리더들은 모두 주께 권위를 위탁받은 존재들로 자신을 여기면서 주만 의지하는 교회가 되어야 그리스도를 머리 삼은 교회, 그리스도의 몸인 교회, 그리스도의 교회가 될 것입니다. 그렇게 주께 부탁한 후 바울 일행은 이제 자신들을 파송해준 안디옥으로 돌아옵니다.

> "비시디아 가운데로 지나서 밤빌리아에 이르러 말씀을 버가에서 전하고

앗달리아로 내려가서 거기서 배 타고 안디옥에 이르니 이 곳은 두 사도가 이룬 그 일을 위하여 전에 하나님의 은혜에 부탁하던 곳이라"(사도행전 14:24-25)

비시디아에서 밤빌리아까지의 이 여정은 모두 80킬로미터이고 11일 정도 걸립니다. 여기 버가는 밤빌리아 속주의 수도로서 수리아 안디옥 다음으로 가장 큰 도시였습니다. 이 도시를 그냥 지나칠 수 없어 '말씀을 전했습니다.' 귀환하는 길이니 그리 길게 머물며 전하지는 않았을 것이고, 그 도시의 반응도 언급되고 있지 않습니다. 버가에서 15킬로미터 떨어진 항구 도시가 앗달리아였습니다. 거기서 배를 타고 그들을 파송한 교회가 있는 수리아의 안디옥으로 480킬로미터 항해하여 갔습니다.

안디옥 교회를 묘사하면서 두 사도가 이룬 그 일을 위하여 하나님의 은혜에 부탁하던 곳이라고 묘사하고 있습니다. "그 일"이라는 표현은 그들이 성령께서 "그 일"을 위해 바나바와 바울을 따로 세우라고 했다(행 13:2)고 할 때도 나온 표현입니다. 안디옥 교회는 두 사람을 파송했습니다. 주님의 명령을 따라 파송했습니다. 그 사역을 지원했습니다. 가장 큰 지원은 그들을 하나님의 은혜에 부탁한 일입니다. 하나님께서 그들이 가는 곳마다, 그들이 전하는 사역마다 은혜를 베풀어달라고 부탁한 교회가 안디옥 교회였습니다. 어머니 품으로 돌아오듯, 고향으로 돌아오듯, 두 사람은 안디옥 교회로 돌아왔습니다.

선교 보고

사도 일행은 교회 앞에 그간 겪었던 일들을 보고하기 시작합니다.

"그들이 이르러 교회를 모아 하나님이 함께 행하신 모든 일과 이방인들에게 믿음의 문을 여신 것을 보고하고 제자들과 함께 오래 있으니라"(사도행전 14:27-28)

그가 "교회를 모았다"고 한 것에 주목합니다. 그가 상대한 것은 교회의 중직들이 아니었습니다. 교회 공동체 전체였습니다. 안디옥 교회는 그랬습니다. 위아래가 분명한 곳이 아니라 형제들 간의 유대가 돈독한 곳이었습니다. 그래서 바울과 바나바도 성도 전체를 상대했습니다. 바울과 바나바는 당연히 자신들이 한 일을 보고했습니다. 하지만 저자는 그것을 "하나님이 함께 행하신 일을 보고했다"고 말합니다. 사도 일행의 강조점은 하나님이 친히 자신의 선교를 어떻게 하셨는가 하는 데 있었던 것입니다. 그들의 선교는 '하나님의 선교'Missio Dei였습니다. 하나님이 주도하신 선교였고, 사도들을 통해 함께 이루신 선교였습니다. 당신의 사람을 부르신 선교였고, 하나님의 하나님 되심을 자증한 선교였습니다. 하나님의 선교와 사람의 선교, 둘 중 어느 하나만 지나치게 강조해도 선교가 될 수 없습니다. 하지만 순서는 반드시 중요합니다. 하나님이 앞서 행하시도록 하는 것이 진정한 선교입니다. 선교사 혼자만 감당하겠다는 생각도 문제이고 파송한 교회와 긴밀하게 연결하여 그들의 공급과 기도를 받아야 합니다. 그래서 보내는 교회와 보냄 받은 선교사가 한마음으로 움직일 때 하나님의 선교가 되는 것입니다. 이제 바울은 안디옥 교회 앞에 정말 중요한 보고를 하고 있습니다.

"이방인들에게 믿음의 문을 여신 것을 보고하고"(사도행전 14:27b)

이 소식이 이방인들이 많은 안디옥 교회에게는 큰 문제가 되지 않지만, 단 한 사람의 이방인도 없이 오직 유대인 그리스도인 일색의 예루살렘 교회에게는 적잖은 놀라움과 부담 주는 소식이 될 것입니다. 그래서 2차 선교 여행을 떠나기 전에 바울은 예루살렘에 가서도 선교 보고를 할 것입니다(행 15장). 이때 이방인들의 회심에 대해서도 보고하게 됩니다. 그런데 바리새파 출신 그리스도인들이 이방인들에게 할례와 모세의 율법 준수를 요구해야 한다고 강력하게 주장한 것 때문에 예루살렘에서 공회가 개최될 만큼 이방인들을 형제와 가족으로 받아들일 준비가 되어 있지 않았습니다. 안디옥 교회에게 보고하기를 마친 사도 일행은 성도들과 함께 오래 머물며 휴식을 취했습니다. 적어도 2년가량은 안식을 취한 것으로 보입니다.

나가는 말

하나님의 선교

여기서는 이고니온과 루스드라와 더베에서의 복음 증거를 보았습니다. 그것은 사도 일행을 통한 증거였지만, 저자 누가는 그것은 주께서 하신 일이었다고 일관되게 말합니다. 사도들도 귀환하여 보고하는 자리에서 "하나님이 함께 행하신 모든 일과 이방인들에게 믿음의 문을 여신 것을 보고"했습니다. 이적과 기사를 동반한 복음 증거로 그들이 전하는 부활의 예수님을 눈으로 보고 귀로 듣고 손으로 만질 수 있게 해주었습니다. 주께서 자기 은혜의 말씀을 증언하게 하셨습니다(행 14:3). 순수한 이방인들인 루스드라 사람들에도 창조주 하나님과 역사의 주권자이신 하나님을 전했습니다. 바울은 자신들이 여기 도착하기 전에도 그들에게 선한 창조 질서를 통해서 당신을 계시하시고 은혜를 베푸신 하나님을 전했습니다. 이 모든 것이 하나님의 선교였습니다. 그분의 선교는 중단된 적이 없었습니다. 그 방법이 달랐을 뿐입니다. 지금도 하나님께서 다채롭게 복음을 들어야 할 사람들의 상황과 수준과 필요에 맞게 그들과 소통하고 계십니다. 하나님 선교의 핵심은 이 하나님의 주권입니다. 그것은 인간의 적극적인 참여와 순종을 요청하는 주권입니다.

사람의 선교

바울과 바나바는 하나님께서 주인이 되시는 복음을 전했습니다. 이를 위해서 그들은 철저히 '사람'의 자리를 고수했습니다. 그들은 주 예수 그리스도의 복음을 전했습니다. 자신들이 그 복음을 따라서 예수님처럼 고난 당하는 것을 당연하게 여겼습니다. 그 마땅한 일을 말로만 전하지 않고 직접 시연해 보인 것입니다. 그들은 쉬운 길을 선택하지 않았고, 대접받는 길을 따르지 않았습니다. 외면당하고 쫓겨 다녔고, 죽을 만큼 돌에 맞기도 하였습니다. 때로는 주께서 피하게도 하셨고 회복해주시기도 하셨습니다. 제자들이 그를 수습하여 회복하도록 도와주었습니다. 그렇게 사람이 사람의 자리를 잘 지키는 것이 복음 증거의 필수 조건입니다. 그것이 하나님이 선교하시게 하는 길입니다. 자기 전부를 내어놓고도 하나님만 드러나게 하는 것, 그것이 선교입니다. 그렇게 할수록 하나님의 나라가 서고 하나님의 뜻이 더 온전히 이루어질 것이기 때문입니다.

공동체의 선교

바울의 선교는 공동체의 선교였습니다. 그를 파송하고 하나님의 은혜에 부탁한 안디옥 교회가 있었고, 그와 동행하면서 동역한 바나바와 또 이름 모를 다른 사역자들이 있었습니다. 현지에서 복음을 듣고 제자가 된 자들도 믿는 즉시 성도의 도리를 하며 사도 일행의 복음 증거 사역을 도왔습니다. 그들을 반대한 자들이 공동체였다면, 그들을 지지하고 북돋아 준 이들 역시 공동체였습니다. 바울 일행은 복음만 전한 채 돌아오지 않고 그곳에 교회를 세웠습니다. 분명 박해가 기다리는 위험한 곳인데도 그곳에서 믿음을 지키며 신앙 생활을 하는 성도들을 생각하여 다시 방문합니다. 그리고 교회마다 장로들을 세워 사도들의 자리를 대신하게 합니다. 그는 한 성도를 전도하는 데 그치지 않고 그들이 그리스도의 몸인 한 공동체를 형성하도록 세워준 것입니다. 1차 선교 여행을 마치고 돌아왔을 때, 사도 일행은 안디옥 교회가 마련한 안식을 누렸을 것입니다. 그들이 약 2년여 동안 안디옥 교회에 머무는 동안 그 교회가 얼마나 극적으로 성숙하고 성장했을지 상상하는 것만으로 벅찹니다. 선교지에서 경험한 생생한 주의 역사가 그들의 선포하는 말씀에 더욱 힘을 실어주었을 것이고, 더욱 원숙한 사역자들로서 이 안디옥 교회를 선교적 교회로 잘 세워갔을 것입니다. 물론 이 쉼을 통해 그들은 다시 충전되기도 했을 것입니다.

주 안에서 사랑하는 성도 여러분, 우리는 이것을 탁월한 한 신앙 영웅의 이야기로 듣지 않고 우리 자신과 교회를 통해서도 '하나님의 선교'가 이뤄지도록 우리 자신을 내어드리고 비워드리고 우리 자신을 주장하지 않고 주님이 인도하시는 말씀을 잘 따라 순종하기를 바랍니다.

세상을 창조하시고

그 세상 역사를 주관하시는 하나님 아버지,

한결같이 당신께서 창조하신 세상을 아름답게 보존해오셨고,

인간은 창조주를 인정하지 않고 이 선한 질서를 무너뜨려왔지만

주님은 줄곧 그 세상을 치유하시고 온전하게 하시고

마침내 창조하실 때 의도하신 질서로 만들어가고 계심을 감사합니다.

사람과 자연을 향한 그 하나님의 풍성한 은혜로

성경이 저희 손에 오기 전에도, 복음이 저희 귀에 들리기 전에도,

피조물인 저희들이 주님을 경험하게 아시고

주님과 소통하게 하시니 감사합니다.

우리가 당신을 거절하고 포기할지언정

주께서는 단 한 사람도 포기하지 않으시고

끝까지 추격하여 주의 사랑과 은총을 선물을 허락하셨기에

오늘 저희가 이렇게 주님을 찬미하고 있음을 고백합니다.

그렇게 모든 선교의 주인이 되셔서 친히

당신의 사랑의 언약을 지키시는 하나님,

이제 바울과 바나바 일행처럼 선교사들을 세상 곳곳에 보내셔서

당신의 복음을 전하게 하셨고,

오늘도 교회가 선교적 공동체로서

사명을 감당케 하심을 믿습니다.

사도들처럼 저희도 이 십자가와 부활의 메시지를 말로만이 아니라
삶을 통해 증거하여 하나님의 살아계심과 주 예수 그리스도의 사랑을
더욱 선명히 드러내보이는 성도와 교회가 되게 하여 주시옵소서.
하나님 나라에 들어가려면 반드시 고난을 받아야 한다고 하셨던 말씀이
저희에게 진리가 되어 오늘 그 복음을 전하고
그 복음 따라 살아가는 삶에서 고난을 만나거든 마땅한 일로 여기고
기도하며 그 걸음을 중단하지 않도록 도와주시옵소서.

주님 저희를 당신의 나라 위하여 사용하여 주옵소서.
주께서 전도의 문을 친히 여시니 오직 주께서 일하시도록 맡겨드리고
주의 말씀이 창조하도록 순종해드리는 저희들 되게 하여 주옵소서.

공동체가 보내고 공동체가 기도하고 공동체가 받아주고
공동체가 회복시키는 역사를 보았습니다.
우리 시대 주님의 몸인 교회가
그렇게 오늘의 자기 역할을 충실히 감당하여
주께서 하신 일을 보고하고, 당신의 영광을 드러내며,
생명을 담는 소중한 그릇이 되게 하여 주옵소서.

아멘.

환대의 사도행전
사도행전 9-14장

초판 1쇄 발행 2023년 12월 15일

지은이 박대영
펴낸이 이재원

펴낸곳 선율
출판등록 2015년 2월 9일 제 2015-000003호
주소 경기도 구리시 동구릉로 148번길 15
전자우편 1005melody@naver.com
전화 070-4799-3024 팩스 0303-3442-3024
인쇄 · 제본 성광인쇄

ⓒ 박대영, 2023

ISBN   979-11-88887-22-4   03230

값 20,000원